***ACCESO GRATIS** a la Lectura en la Nube*

Para visualizar el libro electrónico en la nube de lectura envíe junto a su nombre y apellidos una fotografía del código de barras situado en la contraportada del libro y otra del ticket de compra a la dirección:

ebooktirant@tirant.com

En un máximo de 72 horas laborales le enviaremos el código de acceso con sus instrucciones.

La visualización del libro en **NUBE DE LECTURA** excluye los usos bibliotecarios y públicos que puedan poner el archivo electrónico a disposición de una comunidad de lectores. Se permite tan solo un uso individual y privado

EL DEFENSOR JUDICIAL

COMITÉ CIENTÍFICO DE LA EDITORIAL TIRANT LO BLANCH

María José Añón Roig
Catedrática de Filosofía del Derecho de la Universidad de Valencia

Ana Cañizares Laso
Catedrática de Derecho Civil de la Universidad de Málaga

Jorge A. Cerdio Herrán
Catedrático de Teoría y Filosofía del Derecho Instituto Tecnológico Autónomo de México

José Ramón Cossío Díaz
Ministro en retiro de la Suprema Corte de Justicia de la Nación y miembro de El Colegio Nacional

María Luisa Cuerda Arnau
Catedrática de Derecho Penal de la Universidad Jaume I de Castellón

Manuel Díaz Martínez
Catedrático de Derecho Procesal de la UNED

Carmen Domínguez Hidalgo
Catedrática de Derecho Civil de la Pontificia Universidad Católica de Chile

Eduardo Ferrer Mac-Gregor Poisot
Juez de la Corte Interamericana de Derechos Humanos Investigador del Instituto de Investigaciones Jurídicas de la UNAM

Owen Fiss
Catedrático emérito de Teoría del Derecho de la Universidad de Yale (EEUU)

José Antonio García-Cruces González
Catedrático de Derecho Mercantil de la UNED

José Luis González Cussac
Catedrático de Derecho Penal de la Universidad de Valencia

Luis López Guerra
Catedrático de Derecho Constitucional de la Universidad Carlos III de Madrid

Ángel M. López y López
Catedrático de Derecho Civil de la Universidad de Sevilla

Marta Lorente Sariñena
Catedrática de Historia del Derecho de la Universidad Autónoma de Madrid

Javier de Lucas Martín
Catedrático de Filosofía del Derecho y Filosofía Política de la Universidad de Valencia

Víctor Moreno Catena
Catedrático de Derecho Procesal de la Universidad Carlos III de Madrid

Francisco Muñoz Conde
Catedrático de Derecho Penal de la Universidad Pablo de Olavide de Sevilla

Angelika Nussberger
Catedrática de Derecho Constitucional e Internacional en la Universidad de Colonia (Alemania). Miembro de la Comisión de Venecia

Héctor Olasolo Alonso
Catedrático de Derecho Internacional de la Universidad del Rosario (Colombia) y Presidente del Instituto Ibero-Americano de La Haya (Holanda)

Luciano Parejo Alfonso
Catedrático de Derecho Administrativo de la Universidad Carlos III de Madrid

Consuelo Ramón Chornet
Catedrática de Derecho Internacional Público y Relaciones Internacionales de la Universidad de Valencia

Tomás Sala Franco
Catedrático de Derecho del Trabajo y de la Seguridad Social de la Universidad de Valencia

Ignacio Sancho Gargallo
Magistrado de la Sala Primera (Civil) del Tribunal Supremo de España

Elisa Speckman Guerra
Directora del Instituto de Investigaciones Históricas de la UNAM

Ruth Zimmerling
Catedrática de Ciencia Política de la Universidad de Mainz (Alemania)

Fueron miembros de este Comité:
Emilio Beltrán Sánchez, Rosario Valpuesta Fernández y Tomás S. Vives Antón

Procedimiento de selección de originales, ver página web:
www.tirant.net/index.php/editorial/procedimiento-de-seleccion-de-originales

EL DEFENSOR JUDICIAL

María Amalia Blandino Garrido

tirant lo blanch
Valencia, 2024

Copyright ® 2024

Todos los derechos reservados. Ni la totalidad ni parte de este libro puede reproducirse o transmitirse por ningún procedimiento electrónico o mecánico, incluyendo fotocopia, grabación magnética, o cualquier almacenamiento de información y sistema de recuperación sin permiso escrito de la autora y del editor.

En caso de erratas y actualizaciones, la Editorial Tirant lo Blanch publicará la pertinente corrección en la página web www.tirant.com.

La presente obra ha sido sometida a la revisión de pares ciegos según el protocolo de publicación de la editorial a efectos de ofrecer el rigor y calidad correspondiente tanto en su contenido como en su forma, aplicándose los criterios específicos aprobados por la Comisión Nacional E 016 (BOE num. 286, de 26 de noviembre de 2016).

© María Amalia Blandino Garrido

Esta obra ha sido cofinanciada por la Facultad de Ciencias del Trabajo de la Universidad de Cádiz.

© TIRANT LO BLANCH
EDITA: TIRANT LO BLANCH
C/ Artes Gráficas, 14 - 46010 - Valencia
TELFS.: 96/361 00 48 - 50
FAX: 96/369 41 51
Email: tlb@tirant.com
www.tirant.com
Librería virtual: www.tirant.es
DEPÓSITO LEGAL: V-1516-2024
ISBN: 978-84-1056-880-8
MAQUETA: Tink Factoría de Color

Si tiene alguna queja o sugerencia, envíenos un mail a: *atencioncliente@tirant.com*. En caso de no ser atendida su sugerencia, por favor, lea en *www.tirant.net/ index.php/empresa/politicas-de-empresa* nuestro procedimiento de quejas.

Responsabilidad Social Corporativa: http://www.tirant.net/Docs/RSCTirant.pdf

A Arturo,
por vivir mis ilusiones como propias.

Índice

Capítulo Tercero

EL DEFENSOR JUDICIAL DE LAS PERSONAS MENORES

Capítulo Cuarto

EL DEFENSOR JUDICIAL COMO MEDIDA DE APOYO PARA LA PERSONA CON DISCAPACIDAD

Capítulo Quinto
EL DEFENSOR JUDICIAL DE LA PERSONA DESAPARECIDA

Capítulo Sexto
LA COMPARECENCIA DEL DEFENSOR JUDICIAL EN EL PROCESO Y EN LOS EXPEDIENTES DE JURISDICCIÓN VOLUNTARIA Y NOTARIALES

Capítulo Séptimo

EL NOMBRAMIENTO DEL DEFENSOR JUDICIAL

Capítulo Octavo

ACTOS PROHIBIDOS AL DEFENSOR JUDICIAL, CELEBRADOS SIN SU INTERVENCIÓN O CON EXTRALIMITACIÓN DE FUNCIONES

Capítulo Noveno

LA EXTINCIÓN DEL CARGO DE DEFENSOR JUDICIAL

Abreviaturas

A: Auto.

ADC: Anuario de Derecho Civil.

Anteproyecto de la LAPD: Anteproyecto de Ley por la que se reforma la legislación civil y procesal en materia de discapacidad, publicado por el Ministerio de Justicia el 26 de septiembre de 2018.

AP: Audiencia Provincial.

APDC: Asociación de Profesores de Derecho Civil.

BOCG: Boletín Oficial de las Cortes Generales.

CC: Código Civil.

CCCat: Código Civil de Cataluña.

CCJC: Cuadernos Civitas de Jurisprudencia Civil.

CDFA: Decreto Legislativo 1/2011, de 22 de marzo, del Gobierno de Aragón, por el que se aprueba, con el título de «Código del Derecho Foral de Aragón», el Texto Refundido de las Leyes civiles aragonesas.

CDN: Convención sobre los Derechos del Niño, adoptada y abierta a la firma y ratificación por la Asamblea General de las Naciones Unidas, en su resolución 44/25, de 20 de noviembre de 1989.

CEDH: Convenio para la Protección de los Derechos Humanos y de las Libertades Fundamentales, hecho en Roma el 4 de noviembre de 1950 (Convenio Europeo de Derechos Humanos).

CGPJ: Consejo General del Poder Judicial.

CDPD: Convención sobre los derechos de las personas con discapacidad, hecho en Nueva York el 13 de diciembre de 2006.

CP: Código Penal.

DGSJFP: Dirección General de Seguridad Jurídica y Fe Pública.

FN: Ley 1/1973 de 1 de marzo, por la que se aprueba la Compilación del Derecho Civil Foral de Navarra o Fuero Nuevo de Navarra.

JPI: Juzgado de Primera Instancia.

LAJ: Letrado de la Administración de Justicia.

LAPD: Ley 8/2021, de 2 de junio, por la que se reforma la legislación civil y procesal para el apoyo a las personas con discapacidad en el ejercicio de su capacidad jurídica.

LEC: Ley de Enjuiciamiento Civil.

LH: Ley Hipotecaria.

LJCA: Ley 29/1998, de 13 de julio, reguladora de la Jurisdicción Contencioso-administrativa.

LJV: Ley 15/2015, de 2 de julio, de la Jurisdicción Voluntaria.

LN: Ley del Notariado de 28 de mayo de 1862.

LOPJ: Ley Orgánica 6/1985, de 1 de julio, del Poder Judicial.

LOPJM: Ley Orgánica 1/1996, de 15 de enero, de Protección Jurídica del Menor, de modificación parcial del Código Civil y de la Ley de Enjuiciamiento Civil.

LRC: Ley 20/2011, de 21 de julio, del Registro Civil.

Observación General núm. 1 (2014): Observación General, número 1, de 19 de mayo de 2004, del Comité sobre los Derechos de las Personas con Discapacidad de las Naciones Unidas.

Observación General núm. 12 (2009): Observación General, número 12, de 20 de julio de 2009, del Comité de los Derechos del Niño, sobre "El derecho del niño a ser escuchado".

Observación General núm. 14 (2013): Observación General, número 14, de 29 de mayo de 2013, del Comité de los Derechos del Niño, sobre el derecho del niño a que su interés superior sea una consideración primordial (artículo 3, párrafo 1).

RCDI: Revista Crítica de Derecho Inmobiliario.

RDC: Revista de Derecho Civil.

RDGSJFP: Resolución de la Dirección General de Seguridad Jurídica y Fe Pública.

RDN: Revista de Derecho Notarial.

RDP: Revista de Derecho Privado.

RDPatr.: Revista de Derecho Patrimonial.

RGLJ: Revista General de Legislación y Jurisprudencia.

SAP: Sentencia de la Audiencia Provincial.

STS: Sentencia del Tribunal Supremo.

TC: Tribunal Constitucional.

TEDH: Tribunal Europeo de Derechos Humanos.

TS: Tribunal Supremo.

Presentación

Nuestro Código Civil introdujo, desde su redacción originaria, la figura del defensor judicial del menor, cargo que guardaba una relativa semejanza con el "curador para pleitos" o *curador ad litem* de la Ley procesal, cuyos precedentes se remontan a nuestro Derecho histórico. Nos encontramos, pues, ante una institución de honda raigambre en nuestro sistema jurídico que ha permanecido incólume prácticamente hasta nuestros días. En efecto, hasta hace escasos años, los cambios en la regulación del defensor judicial habían venido acompasados a la necesidad de adaptar su régimen a los nuevos postulados en la configuración de la patria potestad o de la tutela, instituciones a las cuales simplemente suplía. La aprobación de la Ley 8/2021, de 2 de junio, *por la que se reforma la legislación civil y procesal para el apoyo a las personas con discapacidad en el ejercicio de su capacidad jurídica* (en adelante, LAPD), ha provocado un cambio profundo en la disciplina del defensor judicial cuando es requerido para prestar apoyo a la persona con discapacidad. En este sentido, la reforma ha redimensionado la figura del defensor judicial, hasta el punto de que, bajo la misma denominación —de intensa tradición en nuestra normativa civil y procesal— la institución adquiere un perfil novedoso.

Tradicionalmente, la importancia de este cargo ha descansado en su versatilidad y en su flexibilidad, manifestada en las diversas sedes donde se encontraba recogida, así como en su carácter subsidiario o supletorio de otras instituciones tuitivas del menor o de los denominados en la legislación anterior "incapacitados". La figura del defensor judicial respondía a la necesidad que se planteaba, en determinadas situaciones puntuales, de defender los intereses del menor o de representar a la persona con la capacidad modificada judicialmente.

Tras la reforma de 2021, la regulación del defensor judicial se bifurca y, por un lado, nos encontramos con el defensor judicial del menor de edad; por otro lado, para las personas mayores de edad o menores emancipados, acorde al cambio de paradigma sobre la discapacidad introducido por la Convención de Nueva York sobre los derechos de las personas con discapacidad (CDPD), el defensor judicial se erige en una medida formal, de naturaleza judicial, de apoyo a la persona que pueda tener alguna dificultad en el ejercicio de su capacidad jurídica. En este segundo ámbito, el de la discapacidad, la figura del defensor judicial ha experimentado un claro protagonismo: desaparecida la incapacitación y cualquier forma de limitación judicial de la capacidad jurídica de los mayores de edad, la LAPD configura al defensor judicial como una medida de apoyo.

De la regulación actual del cargo de defensor judicial cabe destacar que aumentan las situaciones que pueden dar lugar a su intervención y que, respecto a las personas con discapacidad, desaparece la nota de la subsidiariedad asociada a su nombramiento. Así, junto a las situaciones tradicionales de conflicto de intereses del menor no emancipado con sus representantes legales o de imposibilidad de desempeñar sus funciones por el tutor, se acudirá también, como novedad, al defensor judicial para complementar la capacidad del menor emancipado en caso de que los progenitores no puedan actuar (y no solo cuando exista con ellos un conflicto de intereses). La LAPD centra su atención en regular la figura del defensor judicial de la persona con discapacidad. En este ámbito, el defensor es una figura prevista para casos similares a los que se contemplaban en la regulación anterior y, además, para cuando una persona necesite apoyos para el ejercicio de su capacidad jurídica de manera esporádica. El defensor será nombrado, de este modo, cuando se suscite un conflicto de intereses, una dejación de funciones o mientras se tramita la provisión de apoyos; pero, además, constituye una medida autónoma que permite prestar la asistencia puntual que pueda precisar la persona con discapacidad. Y, en esta función, el defensor judicial es una institución preferente a la curatela, medida formal de apoyo que se aplicará tan solo a quienes precisen el apoyo de modo continuado.

La LAPD ha ampliado los supuestos y el ámbito de intervención del defensor judicial, al mismo tiempo que ha provocado un cambio absoluto de perspectiva en la función que asume el defensor respecto de las personas con discapacidad. Así, el defensor judicial ha pasado de constituir una institución tutelar a convertirse en una medida de apoyo para el pleno ejercicio de la capacidad jurídica, lo que conlleva unas intensas modificaciones en el contenido y criterios de su actuación. Pero no solo debemos acercarnos con otra perspectiva a la figura del defensor judicial de la persona con discapacidad, sino que también se impone realizar un análisis y comprensión de las instituciones de protección del menor con un punto de partida renovado. No podemos seguir anclados en la visión del defensor judicial del menor como un mero representante legal de éste para una serie de asuntos puntuales en los que los progenitores o el tutor deben quedar al margen y cuya actuación se limita a sustituir la voluntad del menor en un asunto concreto. Por el contrario, cobra relevancia en nuestros días, dentro del marco de la protección del mejor interés del menor, la plena satisfacción de sus derechos y el reconocimiento a su autonomía progresiva.

Existen otros supuestos en que procede nombrar un defensor judicial, como en la situación tradicional de desaparición de la persona. Igualmente, la Ley de la Jurisdicción Voluntaria extiende el nombramiento a otros supuestos no contemplados de forma expresa en el Código Civil. Se mantiene, además, la designación de defensor judicial prevista en la Ley de Enjuiciamiento Civil, para la comparecencia en juicio. La Ley 8/2021, ha modificado también la Ley del Notariado, y ha establecido el recurso al defensor judicial en diversos expedientes sucesorios notariales cuando cualquiera de los interesados fuera menor y careciera de representante legal, o persona con discapacidad sin apoyo suficiente. Al margen de estas leyes, encontramos referencias al defensor judicial en otros sectores de la legislación estatal, así como en algunos Derechos civiles autonómicos.

A través de esta obra se persigue el objetivo de presentar un estudio acerca del sentido y la finalidad del nombramiento del defensor judicial, así como exponer su régimen de funcionamiento. En concreto, se analizan con detalle cada uno de los supuestos legales que justifican su nombramiento, prestando una especial atención a la situación de conflicto de intereses, en la medida en que ha sido la que tradicional mente ha justificado esta figura, así como al supuesto novedoso de que el defensor judicial se configure como una medida de apoyo de carácter autónomo y esporádico para la persona con discapacidad. Se distingue en este trabajo entre el defensor judicial del menor y el defensor judicial de la persona con discapacidad, en especial, respecto a las funciones asumidas en uno y otro caso, así como en orden a los principios y criterios que deben guiar su actuación. Asimismo, se destina un capítulo a la figura tradicional del defensor judicial nombrado a la persona desaparecida. Una vez analizados los presupuestos de su designación y el modo de ejercicio del cargo, se aborda el régimen de su nombramiento (legitimación para solicitarlo, capacidad y condiciones personales exigidas a la persona que deba ostentar esta función, etc.) y las vías procedimentales para su designación. Igualmente, se dedica un apartado a conocer el ámbito de actuación del defensor judicial (actos prohibidos, celebrados sin su intervención o con extralimitación de funciones), y el régimen y efectos de la extinción. La obra cuenta también con un capítulo de antecedentes de la figura del defensor judicial y de la evolución normativa que ha sufrido desde su entrada en la regulación originaria de nuestro Código Civil. Se ofrece, además, un panorama de la regulación que del defensor judicial contienen los Derechos civiles autonómicos. Figura, asimismo, en este libro un capítulo en el que se abordan los aspectos procesales y notariales del nombramiento e intervención del defensor judicial.

La oportunidad e incluso, la necesidad, de una obra como la presente resulta indudable, pues a la revalorización de la figura tras la reforma de 2021 se suma el hecho de que contamos con escasas obras monográficas y casi todas ellas publicadas en el siglo pasado, destinadas a analizar una institución de enorme relevancia en la vida diaria de las personas. Se trata, además, de un estudio que aborda la figura del defensor judicial en su integridad, pese a que la reforma de su contenido provenga de la adaptación de nuestro sistema a los nuevos postulados del ejercicio de la capacidad jurídica por las personas con discapacidad. En definitiva, el gran desarrollo experimentado en la disciplina del defensor judicial en cuanto a su ámbito de actuación y la relevancia de sus funciones, desde su incorporación en la redacción inicial del Código Civil, justifican el estudio que a través de esta obra se presenta.

Capítulo Primero

Precedentes y evolución normativa de la figura del defensor judicial

I. BREVE APUNTE SOBRE LOS PRECEDENTES DE LA FIGURA PREVIOS A LA ETAPA DE LA CODIFICACIÓN

De forma concisa, expondré en este apartado cuáles han sido los antecedentes histórico-legislativos de la figura del defensor judicial. A tales efectos, es importante tomar en consideración que, si con anterioridad a la reforma de 2021, la conclusión más acertada era la que afirmaba que no existía un precedente claro respecto al defensor regulado por el Código civil[1], en la actualidad, con el giro que ha supuesto en materia de capacidad jurídica la Ley 8/2021, la distancia entre aquellas instituciones que guardaban cierto paralelismo con el defensor judicial y el alcance que ha adquirido este cargo, ha aumentado exponencialmente[2].

Partiendo de esta idea clave, los precedentes remotos de la figura que hoy conocemos como defensor judicial pueden hallarse en el Derecho romano, en el denominado curador *ad litem* o "curador que puede ser dado para cierta causa". Un antecedente más próximo del defensor judicial, tal y como se configura en el Código Civil, se en-

---

1 FLORENSA I TOMÀS, C. E., *El defensor judicial,* Civitas, Madrid, 1990, p. 23.

2 Esta falta de consenso respecto a la existencia de un claro antecedente del defensor judicial, tal y como había quedado configurado con la Ley de 24 de octubre de 1983, fue puesta de manifiesto por FLORENSA I TOMÀS, C. E., *El defensor judicial,* cit., p. 23. Señalaba este autor que, con posterioridad a dicha Ley, "la mutación de los principios inspiradores en lo que concierne al nuevo régimen de guarda legal, supone una extensión y/o ampliación de la figura del defensor judicial, tanto en su regulación positiva —lo cual es plausible— como en los presupuestos y el ámbito de su actuación".

cuentra en las Partidas[3], que preveían que la madre o los parientes llamados a suceder a un menor de catorce años huérfano de padre, que no le hubiese designado "guardador" en su testamento y sin pariente cercano que se ofreciese a guardarlo, debían pedir al juez que le nombrase un "guardador" para él y sus bienes. Este guardador se nombraba por el juez en presencia del huérfano menor o en su ausencia, y aun cuando éste se opusiese. Una vez nombrado, la guarda se mantenía hasta que el menor cumpliese los catorce años si era varón o hasta los doce si era mujer[4]. A partir de estas edades, el juez debía nombrar al huérfano menor otro guardador, llamado "curador", el cual debía velar por aquél hasta que alcanzase los veinticinco años, siempre que el menor lo pidiese o tuviere que intervenir en juicio[5]. Este curador es el que había que nombrar también a los mayores que fuesen locos o desmemoriados; fuera de estas situaciones, solo era obligatoria la designación de curador a los mayores de veinticinco años cuando interviniesen como demandantes o demandados en un litigio judicial[6].

Respecto a sus antecedentes en el Derecho castellano, MORENO QUESADA[7] encontró un precedente extraído del Protocolo notarial de Santa Fe, en la provincia granadina, correspondiente a los años centrales del siglo XVI; en el mismo figuraba el denominado "Padre de menores", que aparece en una escritura representando a los menores en los intereses contrapuestos con su madre en la partición, pero también cumpliendo otras funciones, como dar cuenta de la existencia de menores tutelables, haciendo entrega de los bienes a administrar en presencia del escribano público o participando junto con la autoridad judicial en la rendición de cuentas a un tutor.

---

3 *Vid.* el análisis de este precedente de La Siete Partidas en BLANCO GONZÁLEZ, A. M., *El defensor judicial*, Tórculo, La Coruña, 2003, pp. 10-11.

4 Ley XII, Título XVI, Partida Sexta.

5 Ley XVII, Título XVI, Partida Sexta.

6 Ley XIII, Título XVI, Partida Sexta.

7 MORENO QUESADA, B., "El curador, el defensor judicial y el guardador de hecho, *RDP*, abril 1985, pp. 322-323.

II. EL DEFENSOR JUDICIAL EN LA CODIFICACIÓN

El conflicto de intereses ha sido el supuesto de actuación que tradicionalmente ha caracterizado la designación del defensor judicial (con esta u otras denominaciones) en la legislación codificada. No obstante, como vamos a ver, la contraposición de intereses, único fundamento previsto para el nombramiento de defensor en el Código civil, no fue la causa exclusiva para la designación del curador *ad litem* en la legislación procesal[8].

1. En los proyectos de codificación civil

La primera referencia legal cercana a la figura del defensor judicial, en los diferentes proyectos de codificación civil, puede encontrarse en el Proyecto de Código Civil de 1836, en el "curador especial" del art. 533, en sede de instituciones tutelares[9]. Este curador especial no aparecía, sin embargo, en las disposiciones del Proyecto de 1836 referidas a la patria potestad[10].

Respecto del defensor judicial en las relaciones paterno-filiales, su antecedente directo es el "procurador" del art. 159 del Proyecto de 1851[11]. Este precepto establecía que, en todos los casos en que el padre tuviese un interés opuesto al de sus hijos menores, serían éstos representados en juicio y fuera de él por su "procurador", que se les nombraría judicialmente para cada uno de los casos[12]. Este cargo

---

8 FLORENSA I TOMÀS, C. E., *El defensor judicial,* cit., p. 36.

9 El citado art. 533 decía así: "Curador especial es el que se da para uno o varios negocios determinados. Cuando se trata de pleitos, la persona encargada se llama curador *ad litem*".

10 FLORENSA I TOMÀS, C. E., *El defensor judicial,* cit., pp. 33-34.

11 Aporta FLORENSA I TOMÀS, C. E., *El defensor judicial,* cit., p. 43, diversos argumentos a favor de que "el verdadero antecedente directo del defensor judicial, *ex* antiguo artículo 165 Cc, es el «procurador» del artículo 159 del Proyecto de 1851".

12 Poco importaba, según GARCÍA GOYENA, F., *Concordancias, Motivos y Comentarios al Código civil español,* T. I, reimpresión 1852, Cometa S.A., Zaragoza, 1974, p. 98, que "se llame procurador, ó *curador ad litem,* si ha de obrarse

se nombraba por el juez del domicilio, no por el padre interesado, ni por el mismo menor[13]. Con la excepción del nombre, esta figura coincidía sustancialmente con la del defensor judicial que finalmente introdujo el Código Civil en su art. 165; en concreto, su extensión y sus fines, eran idénticos[14]. Para el menor sujeto a tutela, en cambio, a los efectos de sustentar sus derechos en juicio y fuera de él, si estuvieran en oposición con los del tutor, se preveía la intervención del pro-tutor (art. 188.1.º). Por último, en caso de intereses opuestos entre curador e incapaz, a éste se le nombraba un "curador adjunto", con las mismas facultades y obligaciones que el pro-tutor (art. 295), excepto cuando la curaduría era ejercida por el padre o la madre, en cuyo caso se estaba a lo dispuesto en el art. 159. Una regulación parecida era la contenida en el art. 198 del Proyecto de Ley del Libro primero del Código civil, de 1869.

En el anteproyecto de Código civil de 1882 se recoge la misma regulación que la contenida en el art. 159 del Proyecto de 1851, si bien se abandona el término "procurador" y se utiliza el de "defensor". En concreto, el art. 132 establecía que cuando en algún asunto el padre tenga un interés opuesto al de sus hijos no emancipados, se nombrará a éstos un defensor que los represente en juicio y fuera de él en ese asunto determinado; se preveía que el nombramiento se efectuaría por el juez y recaería en el pariente a quien correspondería en su caso la tutela legítima.

2. *En la Ley de Enjuiciamiento Civil de 1881*

La LEC de 1881, en su versión originaria, contenía dos disposiciones que respondían a la esencia de lo que hoy en día entendemos por defensor judicial. La primera, el art. 1057, preveía el nombramiento de un "curador especial para el juicio", cuando el tutor, cura-

---

en juicio, ó bien curador *ad hoc*, si es para un negocio especial fuera de juicio: el fundamento, es decir, la necesidad es igual es igual en ambos casos, y el nombrado hará las veces que el protutor en la tutela".

13 GARCÍA GOYENA, F., *Concordancias, Motivos y Comentarios*, cit., p. 98.

14 HERNÁNDEZ GIL, F., "Sobre la figura del defensor judicial de menores", *RDP*, T. XLV, 1961, p. 202.

dor, padre o madre tuvieran en la herencia un interés incompatible con el del menor o incapacitado a quien representasen. La intervención de este curador *ad litem* especial estaba limitada a los actos en que existiese dicha incompatibilidad. Al margen de esta hipótesis del conflicto de intereses, el art. 1853 contemplaba la designación de un "curador para pleitos" —expresión ya recogida en la LEC de 1855[15]—, para el caso de que los padres del menor sujeto a la patria potestad, o sus tutores o curadores, no pudieran representarlos en juicio con arreglo a las leyes; se acudía también a esta figura si el menor o incapacitado no tuviere nombrado tutor o curador[16]. El nombramiento de dichos curadores lo efectuaba el juez, tratándose de menores de catorce y doce años, según el sexo o de incapacitados (art. 1854); o por designación de los menores en comparecencia ante el juez, si eran mayores de dicha edad (art. 1856). El curador para pleitos había de ser "un pariente inmediato del menor, si lo hubiere; en su defecto, persona de su intimidad o de la de sus padres; y no habiéndolas o no teniendo la aptitud legal necesaria, persona de su confianza que la tenga" (art. 1855 de la LEC de 1881).

Otro supuesto, aunque menos frecuente, de nombramiento de un "curador", como figura equivalente al defensor judicial, se hallaba en el art. 1914 de la LEC de 1881. Según dicho precepto, constituido el depósito de una persona[17], "se nombrará al depositado un curador

---

15 La LEC de 1855 disponía en su art. 1253 que "[n]o se nombrará curador para pleitos á los menores de doce y catorce años, ni se permitirá los nombren á, los mayores de dichas dos edades respectivamente, sino cuando sus tutores ó curadores no puedan con arreglo á derecho representarlos". Asimismo, el art. 420 preveía que, si el tutor o el curador de algún heredero menor o incapacitado tienen interés en la herencia, le proveerá el Juez con arreglo a derecho de un curador especial para el juicio, o hará que lo nombre si tuviere edad para ello.

16 El nombramiento del curador *ad litem* se hacía por el Juez tratándose de menores de catorce y doce años, según su sexo (art. 1854 de la LEC de 1881), pero los mayores de esta edad y menores de veinticinco podían ellos mismos designar curador para pleitos (art. 1856 de la LEC de 1881).

17 El art. 1880 de la LEC de 1881 preveía que podía decretarse el depósito de una persona en una serie de situaciones, como el de la "mujer casada que se proponga intentar demanda, o haya intentado, demanda de divorcio, o querella de amancebamiento contra su marido, o la acción de nulidad del

para pleitos, y discernido que le sea el cargo, se le entregarán los autos, a fin de que exponga y pida en el juicio correspondiente lo que convenga en defensa de aquel".

3. En la redacción originaria del Código Civil

En la codificación civil, la figura del defensor judicial entronca con la institución de la curatela: al eliminarse ésta con la aprobación del Código civil[18], surge la necesidad de crear figuras jurídicas nuevas cuyas funciones y contenido fuesen similares a los de la curatela[19]. En la redacción primigenia de nuestro Código civil, el campo de actuación del defensor judicial era exclusivamente el de las relaciones paterno-filiales de los menores de edad sujetos a la patria potestad[20], para los casos de existencia de conflicto de intereses entre padres e

---

matrimonio" o aquella "contra la cual haya intentado su marido demanda de divorcio, o querella de adulterio, o la acción de nulidad del matrimonio"; el de la "mujer soltera que, habiendo cumplido 20 años, trate de contraer matrimonio contra el consejo de sus padres o abuelos"; el supuesto de "los hijos de familia, pupilos o incapacitados, que sean maltratados por sus padres, tutores o curadores, u obligados por los mismos a ejecutar a ejecutar actos reprobados por las leyes"; o el caso del "huérfano que hubiere quedado abandonado por la muerte, ausencia indefinida en país ignorado, o imposibilidad legal o física de la persona que lo tuviere a su cargo".

18 Con la entrada en vigor del Código civil, las disposiciones de la LEC de 1881 relativas a la curatela, aunque conservaron su vigencia, quedaron sin aplicación, dado que respondían a una institución que había desaparecido.

19 HERNÁNDEZ GIL, F., "Sobre la figura del defensor judicial de menores", cit., p. 205.

20 El legislador no pudo prever que fuera de la patria potestad, en el organismo tutelar, tuvieran interés opuesto el menor, el tutor, el protutor y el Consejo de familia. No obstante, en la práctica, se dio ese caso, salvándose dicha laguna nombrando al menor un defensor judicial, como aconteció en la STS de 5 de diciembre de 1895, con motivo de la cual el Tribunal Supremo expuso que el cargo de defensor era perfectamente compatible con las funciones encomendadas a los tutores y protutores y con las del Consejo de familia (DE ERCILLA, J., "Defensor de menores", *Enciclopedia Jurídica Española,* F. Seix, T. X, Barcelona, 1910, p. 508).

hijos[21]. En concreto, el defensor (inicialmente no se le calificaba de "judicial") estaba destinado a representar a los menores no emancipados, en juicio y fuera de él, siempre que en algún asunto el padre o la madre tuvieran un interés opuesto al de sus hijos (art. 165.I)[22]. En su párrafo segundo, indicaba quienes estaban legitimados para la designación del defensor, así como las personas a quienes se podía conferir el cargo[23].

---

21 Las SSTS de 8 de enero y 5 de julio de 1917 señalaron que "el nombramiento de defensor sólo se da para un asunto determinado, en que el interés del menor es opuesto al del padre o de la madre".

22 El art. 165 del CC fue uno de los preceptos reformados por la segunda edición del Código Civil. Como es sabido, las ediciones del Código civil fueron dos, aunque en realidad, la segunda fue la oficial vigente, que se titula reformada y se publica por Real Decreto de 23 de julio de 1889 (SÁNCHEZ ROMÁN, F., *La codificación civil en España,* Madrid, 1890, p. 94). En relación con el art. 165 del CC, las reformas efectuadas en la edición primitiva no fueron simples correcciones de erratas, sino que afectaron a aspectos de relevancia, a los efectos de mejorar el contenido de la norma. Así, se introduce en su primer párrafo la referencia a la madre, omitida en la redacción original; se amplía la legitimación para solicitar el nombramiento de defensor al propio menor, al Ministerio Fiscal, así como a cualquier persona capaz de comparecer en juicio; y, por último, se faculta al juez para que, en caso de que faltasen los llamados a la tutela legítima, pudiese nombrar defensor a otro pariente o a un extraño. *Vid.* FLORENSA I TOMÀS, C. E., *El defensor judicial,* cit., pp. 24-26.

23 El cargo de defensor del menor debía conferirse, según disponía el art. 165. II del CC, a petición del padre o de la madre, del propio menor, del Ministerio fiscal o de cualquiera otra persona capaz para comparecer en juicio. El nombramiento podía recaer en el pariente del menor a quien en su caso correspondiese la tutela legítima, según se disponía en el art. 211 CC, y, a falta de éste, a otro pariente o a un extraño. Ha de tenerse en cuenta que, a falta de pariente a quien hubiera correspondido el cargo de tutor, los demás parientes del menor no tenían un derecho preferente al extraño (SSTS de 14 y 31 de enero de 1896 y 9 de octubre de 1908). Respecto a la aplicación del art. 211 del CC para la designación del defensor, norma que en su último párrafo señalaba que "la tutela de que trata no tiene lugar respecto de los hijos legítimos", estimaba SÁNCHEZ ROMÁN, F., *Estudios de Derecho Civil,* Vol. 2º, T. V, 2ª ed., Madrid, 1912, p. 1148, que, dado que el art. 165 se refería en general a los hijos no emancipados, sin distinguir si eran legítimos, naturales reconocidos o adoptivos, resultaba indudable que a los de esta última clase era aplicable también, y no solo a los legítimos, el

El art. 165 se encontraba ubicado en el capítulo destinado a la regulación de "los efectos de la patria potestad respecto de los bienes de los hijos"[24]. A este respecto, señalaba DE CASTRO[25] que "el peligro de lucro ha sido sin duda el que originó la creación del defensor judicial. Evitar que abusase el padre de su situación privilegiada cuando sus intereses se encontrasen en oposición con los del hijo". Con todo, la doctrina ya entonces puso de manifiesto que "a pesar de que sea más frecuente que sobrevenga la hipótesis del *interés opuesto* entre el padre ó madre que ejerza la patria potestad y el hijo, en lo que a las relaciones patrimoniales se refiere, al fin dicha hipótesis no puede ser absoluta, y de lo que se trata es de proveer a la *representación excepcional y supletoria* del hijo en tal caso de *incompatibilidad de intereses*"[26]. Asimismo, en este ámbito patrimonial, para el Tribunal Supremo "existen intereses opuestos en un asunto, negocio o pleito, cuando su decisión normal recae sobre valores patrimoniales que, si no fueran directa o indirectamente atribuidos al padre, corresponderían o aprovecharían al hijo, o viceversa"; esto es, tal contraposición de intereses ocurrirá "cuando el beneficio patrimonial de una de las partes sea en perjuicio de la otra"[27].

---

medio supletorio de completar su representación, en el caso de oposición de intereses con sus padres, con el nombramiento de un defensor. Esta misma interpretación era defendida, entre otros, por MUCIUS SCAEVOLA, Q., *Código Civil Comentado y Concordado extensamente,* T. III, 4ª ed., Madrid, 1903. p. 455 o por MANRESA Y NAVARRO, J. M.ª, *Comentarios al Código Civil español,* T. II, Madrid, 1890, p. 41.

24 Capítulo III del Título VII ("De la patria potestad") del Libro primero del CC.

25 DE CASTRO Y BRAVO, F., "El autocontrato en el Derecho privado español", *RGLJ,* vol. 76, núm. 151, 1927, p. 417.

26 SÁNCHEZ ROMÁN, F., *Estudios de Derecho Civil,* cit., p. 1147. Es por ello por lo que este autor mantuvo que "quizá hubiera figurado mejor colocado este precepto como excepción de aquella falta de representación que menciona el número 1.1 del art. 155, que no con aquella especial aplicación a dichos efectos de la patria potestad respecto a los bienes de los hijos".

27 SSTS de 6 de junio de 1934 y 30 de noviembre de 1961 *(Tol 4337503).* Este concepto del conflicto de intereses en el ámbito patrimonial fue elaborado por GONZÁLEZ Y MARTÍNEZ, J., "El defensor judicial", cit., p. 257.

A diferencia del curador *ad litem* o para pleitos de la LEC, cuya misión principal, como su propio nombre indicaba, era la de representar al menor en las contiendas judiciales, cuando sus representantes legales no pudieran hacerlo, el defensor de menores, en la forma en que se regulaba en el art. 165 del CC, era el representante del menor en juicio y fuera de él, es decir, en todos los actos jurídicos, cualquiera que fuese la naturaleza de los mismos, y para los que, teniendo en cuenta el interés opuesto de los padres, hubiera sido nombrado[28]. Es por ello por lo que, la doctrina coincidía en señalar que, pese a las conexiones entre el curador *ad litem* y el defensor judicial, no se trataba de un precedente que guardase una total identidad, dado que el primero tenía un sentido de marcada aplicación a la representación judicial[29].

La intervención del defensor judicial estaba reducida o concretada al asunto en que el interés del menor fuese opuesto al del padre o madre[30], quienes conservaban la representación del hijo en todos los

---

28 DE ERCILLA, J., "Defensor de menores", cit., Barcelona, 1910, p. 506. GONZÁLEZ Y MARTÍNEZ, J., "El defensor judicial", *RCDI*, 1930, núm. 64, p. 257, opinaba que la curatela *ad litem* había quedado absorbida por el defensor judicial. La jurisprudencia hipotecaria señaló que el defensor judicial es un representante especial, que se halla dotado de facultades que ya le aproximan al antiguo curador *ad litem* por su actuación procesal, ya parecen más propias de un *tutor ad hoc,* atendida la supresión del cargo de curador (RDGSJFP de 27 de junio de 1924). No tiene gran interés el discutir si el defensor judicial se acerca en sus funciones a los antiguos curadores o es más bien un tutor *ad hoc* (resolución de 22 de diciembre de 1933); y, por último, la de 26 de junio de 1951 dispuso que el defensor judicial del art. 165 era un representante de los menores dotado de facultades semejantes a las de los antiguos curadores *"ad litem"* y *"ad bona"* o de un tutor *"ad hoc"*.

29 SÁNCHEZ ROMÁN, F., *Estudios de Derecho Civil,* cit., p. 1147.

30 Decía SÁNCHEZ ROMÁN, F., *Estudios de Derecho Civil,* cit., p. 1149, que la duración del cargo de defensor judicial estaba "determinada por la especialidad del asunto que motiva el nombramiento". MUCIUS SCAEVOLA, Q., *Código Civil Comentado y Concordado,* cit. p. 456, señalaba, en la misma línea, que "su ejercicio no es perpetuo ni permanente" y que su existencia aparecía en realidad limitada "al asunto ó asuntos para los que tuvo lugar la designación".

demás asuntos en que existía tal incompatibilidad[31]. Señalaba HERNÁNDEZ GIL[32], en este sentido, que la del defensor judicial de menores era una representación "especial, anormal o excepcional"[33]. El defensor judicial, tal y como se configuraba en el art. 165 del CC, resultaba compatible con la patria potestad, que tan solo limitaba en el asunto determinado para que el que se producía el nombramiento. Es más, el defensor del art. 165 tenía como presupuesto ineludible para su designación que existiese una representación legal en que el menor tuviese intereses contrapuestos con su padre o madre[34]. Respecto al menor sujeto a tutela, en cambio, para el caso de que sus intereses estuviesen en oposición con los del tutor, en juicio y fuera de él, se preveía la intervención del protutor (art. 236.2.°). Sin embargo, la jurisprudencia amplió el ámbito de actuación del defensor judicial a la tutela, para cuando surgiesen también conflictos de intereses entre el protutor y el pupilo menor de edad o cuando fuere removido todo el organismo tutelar[35].

El Código civil, en el mencionado párrafo primero del art. 165, exigía como condición para el nombramiento de defensor judicial que los hijos menores de edad para quienes tal cargo se confería fuesen no emancipados. Discutían los autores si cuando se trataba de menores emancipados y en asuntos en que su padre o madre tuvieren intereses opuestos a ellos, necesitaban los primeros de la intervención del defensor, tratándose de aquellos actos para los que la ley

---

31 RIVES MARTÍ, F. P., "Defensor judicial", *Enciclopedia Jurídica Española,* F. Seix, T. X, Barcelona, 1910, p. 510.

32 HERNÁNDEZ GIL, F., "Sobre la figura del defensor judicial de menores", *RDP,* T. XLV, 1961, p. 205.

33 Indicaba CASTÁN TOBEÑAS, J., *Derecho civil español, Común y Foral,* T. 4°, Instituto Editorial Reus, Madrid, 1942, p. 41, que "[p]ara el caso excepcional de que el padre o la madre tengan en algún asunto un interés opuesto al de sus hijos, establece el Código civil una representación extraordinaria a cargo de una persona denominada ordinariamente *defensor judicial* o *defensor de menores".*

34 HERNÁNDEZ GIL, F., "Sobre la figura del defensor judicial de menores", cit., p. 205.

35 FLORENSA I TOMÀS, C. E., *El defensor judicial,* cit., pp. 26-27, con cita de la STS de 5 de diciembre de 1895.

exigía también entonces la intervención de determinadas personas[36]. En general, la doctrina era partidaria de resolver la situación de oposición de intereses entre el hijo emancipado y sus padres, en los actos que aquél no podía realizar por sí solo, con el nombramiento del defensor judicial[37].

El precepto, cuyo contenido se acaba de esbozar, se mostraba insuficiente en cuanto a la regulación de esta figura y así fue puesto de relieve casi unánimemente por los autores[38]; con todo, pese a sus sombras y vaguedades, la doctrina y la jurisprudencia contribuyeron a la labor de configuración del defensor judicial.

Contenía, asimismo, la redacción originaria del Código Civil otra mención al defensor en el procedimiento por el que se declaraba la incapacidad para administrar los bienes y el nombramiento de tutor "a los locos, dementes y sordomudos mayores de edad" (art. 213). En este procedimiento, estaba prevista la designación de un defensor al presunto incapaz que no quisiera o no pudiera defenderse (art. 215)[39]. Este defensor necesitaba autorización especial del consejo de familia para deducir demanda contra los autos que pusieran término al expediente de incapacidad (art. 219). Otro supuesto para el que se dispuso el nombramiento de un defensor fue el del presunto incapaz

---

36 Expone, con amplitud, los términos de este debate, DE ERCILLA, J., "Defensor de menores", pp. 507-508.

37 *Vid.*, por todos, HERNÁNDEZ GIL, F., "Sobre la figura del defensor judicial de menores", cit., p. 222.

38 Consideraba SÁNCHEZ ROMÁN, F., *Estudios de Derecho Civil,* cit., p. 1148, "deficiente el precepto legal", en cuanto a la "claridad del supuesto que provoca ese nombramiento respecto de la circunstancia de *interés opuesto* que la motiva, ya en cuanto a la naturaleza voluntaria u obligatoria del cargo, deberes, responsabilidades, etc.". Una relación de las críticas planteadas por la doctrina en FLORENSA I TOMÀS, C. E., *El defensor judicial,* cit., pp. 17-18.

39 No contenía el CC referencia expresa a las personas en quienes debía recaer el cargo de defensor de los mayores de edad presuntos incapaces para administrar sus bienes por locura, sordomudez o prodigalidad. Este silencio lo suplía la doctrina adoptando el mismo criterio establecido para la designación de defensor en el caso de los menores de edad (RIVES MARTÍ, F. P., "Defensor judicial", cit., p. 511).

por prodigalidad que no hubiere comparecido en juicio, siendo el Ministerio Fiscal parte (art. 223).

Respecto a la persona desaparecida de su domicilio sin saberse su paradero y sin dejar apoderado que administrase sus bienes, el Código civil preveía el nombramiento judicial de "quien le represente" en todo lo que fuere necesario (art. 181 del CC). Este representante pasa a denominarse "defensor" con la reforma de la ausencia introducida por la Ley de 8 de septiembre de 1939.

III. CAMBIOS NORMATIVOS MÁS RELEVANTES EN EL RÉGIMEN DEL DEFENSOR JUDICIAL TRAS LA CODIFICACIÓN

1. *Los cambios sistemáticos operados por la Ley 11/1981, de 13 de mayo*

En la redacción originaria del Código civil, como se ha indicado, el régimen del defensor judicial menor se contenía en el art. 165 del CC. Tras la entrada en vigor de la Ley 11/1981, de 13 de mayo, de modificación del Código civil en materia de filiación, patria potestad y régimen económico matrimonial, la regulación del citado precepto se traslada al art. 163. Este cambio de ubicación sistemática tuvo su relevancia, dado que la figura pasa de estar regulada en el capítulo referente a los "efectos de la patria potestad respecto a los bienes de los hijos" (art. 165) para integrarse en el capítulo relativo a "la representación legal de los hijos" (art. 163). Esta modificación aportó un argumento clave a favor de la consideración de que el conflicto de intereses podía alcanzar no solo el ámbito patrimonial sino también el personal. Antes de la Ley de 1981, la mayoría de la doctrina apreciaba que el conflicto de intereses que justificaba el nombramiento del defensor judicial se circunscribía al ámbito de los bienes. Tras la citada reforma, se considera que el conflicto de intereses puede comprender también el ámbito personal[40].

---

[40] Tras la reforma de 1981, como afirma MORENO MARTÍNEZ (*ob. cit.*, p. 95), se despeja cualquier duda acerca de la inclusión de los conflictos de

Es relevante, asimismo, de la redacción que la Ley de 1981 otorga al art. 163 de CC que la actuación del defensor judicial en caso de conflicto de intereses no quedaba limitada a los hijos no emancipados, sino que el precepto preveía que "[s]e procederá también a este nombramiento cuando los padres tengan un interés opuesto al del hijo menor emancipado cuya capacidad deban completar". En concreto, conforme a lo establecido en el art. 323 del CC, debía acudirse al defensor judicial si el menor emancipado quería "tomar dinero a préstamo, gravar o enajenar bienes inmuebles y establecimientos mercantiles o industriales u objetos de extraordinario valor" y concurría un conflicto de intereses con sus padres. Esta función de complemento de la capacidad del menor emancipado, en caso de conflicto de intereses con sus progenitores, ha permanecido en el art. 163 hasta la redacción actualmente vigente.

El párrafo tercero del art. 163 del CC indicaba que "[a] petición del padre o de la madre, del menor, del Ministerio Fiscal o de cualquier persona capaz de comparecer en juicio, el Juez nombrará defensor, con las facultades que señale al pariente del menor a quien en su caso correspondería la tutela legítima, y a falta de éste o cuando tuviere intereses contrapuestos, a otro pariente o a un extraño". Este párrafo fue suprimido por la LOPJM (disposición final decimoctava, apartado 2). Con esta salvedad, el art. 163 ha pasado inalterado a nuestro régimen vigente, con la mera sustitución formal de los términos "padre", "madre" y "padres" por "progenitor" o "progenitores" operada por la Ley 4/2023, de 28 de febrero[41].

---

carácter personal, puesto que el nuevo art. 163 CC recoge la figura del defensor judicial como claramente representativa del menor. La anterior tesis fue confirmada con la reforma del Código Civil por la Ley 13/1983, puesto que al establecer el art. 299 "... de algún asunto...", se puede predicar que el mismo abarcaría tanto a los conflictos de naturaleza personal como patrimonial.

41 Ley 4/2023, de 28 de febrero, para la igualdad real y efectiva de las personas trans y para la garantía de los derechos de las personas LGTBI.

2. *La extensión de la figura del defensor judicial a las instituciones tutelares a través de la Ley 13/1983, de 24 de octubre*

La esfera originaria de actuación del defensor, limitada a los eventuales conflictos de intereses en el desenvolvimiento de la patria potestad, se vio ampliada merced a la Ley 13/1983, de 24 de octubre, en materia de tutela, que extendió la figura a las instituciones tutelares constituidas para la protección de las personas cuya capacidad hubiera sido modificada judicialmente. Esta ley, como es sabido, reemplaza el sistema de tutela de familia por el de autoridad o judicial, lo que determinó la supresión de las figuras del Consejo de familia y del protutor, al cual, entre otras funciones, le correspondía la representación de las personas sometidas a tutela en situaciones de conflicto de intereses con sus tutores, función que se atribuye ahora al defensor judicial. Al recuperar, además, la institución de la curatela, la necesidad de intervenir en caso de conflicto de intereses se extiende también los curatelados. Se atribuye, asimismo, al defensor la facultad de intervenir en supuestos de inactividad de los tutores o curadores.

La reforma de 1983 dota, por primera vez, al "defensor judicial" —que es la denominación utilizada a partir de entonces— de un régimen unitario, al que destina el capítulo IV ("Del defensor judicial"), que abarcaba los arts. 299 a 302 del CC[42], del Título X ("De la tutela, de la curatela y de la guarda de los menores o incapacitados"). El defensor se configura, a partir de entonces, como una institución de protección, al igual que la tutela, la curatela y la patria potestad prorrogada[43], aunque de naturaleza sustitutiva y provisional[44]. La actuación del defensor judicial quedaba reflejada en el apartado 1 del

---

42 El defensor judicial era objeto de tratamiento en algunos otros preceptos, como los arts. 207, 215.3.º, 249, 256, 280 y 296 del CC.

43 Conforme a lo establecido en el art. 215 del CC, tras la reforma de 1983: "La guarda y protección de la persona y bienes o solamente de la persona o de los bienes de los menores o incapacitados se realizará, en los casos que proceda, mediante: 1. La tutela. 2. La curatela. 3. El defensor judicial".

44 MARTÍN AZCANO, E. M.ª, "El defensor judicial del menor", en *Derecho de Familia 2022,* Ortega Burgos, E. y Echevarría de Rada, T. (dirs.), Tirant lo Blanch, Valencia, 2022, p. 294.

art. 299, que declaraba procedente su nombramiento "cuando en algún asunto exista conflicto de intereses entre los menores o incapacitados y sus representantes o el curador", precisándose que "en el caso de tutela conjunta ejercida por ambos padres, si el conflicto de intereses existiere sólo con uno de ellos, corresponderá al otro por ley, y sin necesidad de especial nombramiento, representar y amparar al menor o incapacitado". El recurso al defensor judicial también se contemplaba en este precepto "[e]n el supuesto de que, por cualquier causa, el tutor o el curador no desempeñare sus funciones hasta que cese la causa determinante o se designe otra persona para desempeñar el cargo", así como "[e]n todos los demás casos previstos en este Código"[45]. Esta norma ha permanecido intacta de 1983 hasta su modificación por la LAPD.

A partir de la reforma operada por la Ley 13/1983, de este modo, la institución del defensor judicial se convirtió en la figura de protección de menores e incapaces en los supuestos de conflictos de intereses con los encargados de su guarda y protección y para aquellas ocasiones en que los encargados de esa guarda y protección no cumpliesen sus funciones por cualquier motivo (art. 299 del CC).

La Ley 13/1983 introdujo el art. 299 bis del CC, pero en aquella redacción inicial no se preveía el recurso al defensor judicial para la administración de los bienes de la persona que estaba sujeta a un procedimiento para la constitución de la tutela, sino que lo previsto era que "el Juez podrá designar un Administrador de los mismos, quien deberá rendirle cuentas de su gestión una vez concluida". El Anteproyecto de reforma incluía este supuesto dentro del precepto en el que se contemplaban los casos en que procedía el nombramiento de un defensor judicial (art. 301.2.º que se convierte en el art. 299

---

[45] Entre estos otros supuestos, se encontraba el art. 249 del CC, que disponía el nombramiento de un defensor judicial al tutelado durante la tramitación del procedimiento de remoción; o el art. 256 del CC, mientras se resolvía acerca de la excusa del tutor, cuando el que la hubiese propuesto no ejerciera su función.

bis). Sin embargo, finalmente se opta por añadir el art. 299 bis con la redacción conocida[46].

El art. 300 del CC atribuía al juez, en procedimiento de jurisdicción voluntaria, el nombramiento del defensor, cargo que debía recaer en quien estimase “más idóneo para el cargo”. Se consideraban aplicables al defensor judicial las causas de inhabilidad, excusas y remoción de los tutores y curadores (art. 301 del CC). Por último, el defensor judicial tenía las atribuciones que le hubiera concedido el juez, al que debía rendir cuentas de su gestión una vez concluida (art. 302 del CC).

La reforma de 1983 diferenció el tratamiento que debía conferirse a quienes no tenían pleno autogobierno del que correspondía a los pródigos. Conforme a lo establecido en el art. 296 del CC, cuando el demandado por prodigalidad no compareciere en juicio, y el Ministerio Fiscal fuere parte, le representaba un defensor nombrado por el juez.

3. *El defensor judicial en la LEC de 2000*

La Ley 1/2000, de 7 de enero, de Enjuiciamiento Civil, en su redacción originaria, introdujo la intervención del defensor judicial en el proceso en diversos preceptos. Comenzando por la comparecencia en juicio y la representación, respecto a las personas físicas que no se encontrasen “en el pleno ejercicio de sus derechos civiles” (art. 7.1), dispuso que habrían de comparecer “mediante la representación o con la asistencia, la autorización, la habilitación o el defensor exigidos por la ley”. Si no hubiere persona que legalmente las representase o asistiese para comparecer en juicio, el art. 8.1 señalaba que el tribunal le nombraría, “mediante providencia, un defensor judicial, que asumirá su representación y defensa hasta que se designe a aquella persona”.

---

46 Comenta las vicisitudes de la redacción de este precepto en su redacción inicial, ANGOSTO SÁEZ, J.F., “Comentario a la Disposición final primera, apartado cincuenta y dos”, en *Comentarios a la Ley 15/2015, de la Jurisdicción Voluntaria,* Fernández de Buján, A. (dir.) y Serrano de Nicolás, A. (coord.), Civitas-Thomson Reuters, Cizur Menor (Navarra), 2016, pp. 918-919.

En el ámbito de "los procesos sobre la capacidad de las personas", el art. 758 preveía que si el presunto incapaz o la persona cuya declaración de prodigalidad se solicitase no comparecieren en el proceso con su propia defensa y representación, y el Ministerio Fiscal hubiera sido el promotor del procedimiento, se designaría un defensor judicial, a no ser que estuviere ya nombrado.

Por último, en el procedimiento para la división de la herencia, en el ámbito de la convocatoria a junta a los interesados en la herencia que fuesen menores o incapacitados y no tuviesen representación legítima, se establecía la representación por el Ministerio Fiscal hasta que aquellos estuviesen habilitados de representante legal o defensor judicial (art. 783.4).

4. *Los cambios introducidos por la Ley 15/2015, de 2 de julio, de la Jurisdicción Voluntaria*

Con la aprobación de la LJV se incorporan normas reguladoras de la institución del defensor judicial a esta ley[47], en una reglamentación que no recibió una valoración plenamente positiva en la doctrina[48]. Dentro del Título II, que es el destinado a los expedientes de jurisdicción voluntaria en materia de personas, se introduce el Capítulo II, titulado "De la habilitación para comparecer en juicio y del nombramiento de defensor judicial", que abarca los arts. 27 a 32. Inicialmente, este capítulo contenía la regulación del expediente para el nombramiento de "un defensor judicial de menores o personas con capacidad modificada judicialmente o por modificar", así como para la habilitación y ulterior nombramiento de defensor judicial.

---

47 Una visión general de la incidencia de la LJV en la figura del defensor judicial en SEVILLA BUJALANCE, J. L., "Influencia de la Ley Orgánica 1/1996, de 15 de enero, deprotección de menores, sobre la figura del defensor judicial", *La Ley*, 1998, pp. 1991-1993.

48 Pone de manifiesto MORENO MARTÍNEZ, J. A., "Problemática actual del defensor judicial: hacia una nueva concepción de la institución", *RDP*, núm. 5, septiembre-octubre 2018, p. 43, cómo la aprobación de la Ley 15/2015, de 2 de julio, de Jurisdicción voluntaria, ha provocado, al tiempo que sustanciales incidencias en el funcionamiento de la institución, ciertas disfunciones con el marco normativo que proporciona, a su vez, el Código Civil.

En esta nueva reglamentación, además de reproducir los supuestos de actuación contemplados en el Código civil (conflicto de intereses y falta de desempeño de sus funciones por el tutor o el curador), se recogieron algunos otros, si bien de carácter puntual, como el relativo a la administración de los bienes de la persona respecto a la que deba constituirse la tutela o la curatela. En coherencia con ello, la LJV modifica el art. 299 bis del CC, al introducir la posibilidad de nombrar defensor judicial en el caso de que fuese necesario administrar los bienes de la persona que debía ser sometida a tutela o curatela hasta que finalizase el procedimiento. El precepto, seguía atribuyendo al Fiscal la representación y defensa de las personas que debían ser sometidas a tutela o curatela, en tanto no recayese resolución judicial que pusiera fin a estos procedimientos. Sin embargo, en el supuesto de que además del cuidado de la persona hubiera de procederse al de los bienes, sustituyó la potestad del juez para designar un administrador de los bienes por la del LAJ para nombrar un defensor judicial[49].

En esta nueva regulación del defensor judicial se encomienda al LAJ (en su momento, a los secretarios judiciales) las competencias que antes estaban atribuidas a la autoridad judicial en orden a su nombramiento, incidencias que puedan surgir durante el ejercicio del cargo y a la finalización de la gestión (excusa, remoción y rendición de cuentas). A los efectos de coordinar las referencias al juez o tribunal contenidas en el Código civil, la Ley 15/2015 introdujo los ajustes oportunos en los arts. 300 y 302[50].

Respecto al defensor judicial de la persona desaparecida, la LJV termina con la regulación contenida en los arts. 2031 a 2947 de la LEC de 1881, e introduce un capítulo destinado a "la declaración de ausencia y fallecimiento" (capítulo IX del Título VIII), en el que se regula el expediente para el nombramiento del defensor judicial en caso de desaparición de la persona (art. 69). Al mismo tiempo, la LJV otorga nueva redacción al art. 181 del CC, a los efectos de otorgar la

---

[49] ANGOSTO SÁEZ, J.F., "Comentario a la Disposición final primera, apartado cincuenta y dos", cit., p. 918.

[50] Disposición final primera, apartados 53 y 54, de la LJV.

competencia para el nombramiento del defensor al secretario judicial (hoy en día, LAJ).

Capítulo Segundo

El nuevo diseño del defensor judicial tras la Ley 8/2021, de 2 de junio, de reforma de la capacidad jurídica

I. LA REVALORIZACIÓN DE LA FIGURA DEL DEFENSOR JUDICIAL

En el régimen inmediatamente anterior, el defensor judicial estaba configurado como un cargo de carácter transitorio que actuaba por designación judicial cuando existía contraposición de intereses entre el que estaba sometido a patria potestad, a tutela o a curatela y su representante legal o curador, así como en los casos en que el tutor o el curador no desempeñaban adecuadamente sus funciones. Tradicionalmente, su función ha estado dirigida a la protección y asistencia de menores, incapacitados y pródigos. Ha sido, de este modo, un cargo mediante el cual una persona sustituía temporal y provisionalmente a los progenitores, al tutor o al curador, en la representación y/o asistencia del menor, incapacitado o pródigo. En este sentido, son dos los elementos que han caracterizado el régimen de esta institución de guarda hasta la reforma de 2021: la transitoriedad y la subsidiariedad[51]. Ciertamente, la función del defensor judicial ha tenido un carácter transitorio o temporal, en la medida en que su intervención estaba prevista para un asunto concreto y determinado[52]; en cuanto a la subsidiariedad, el defensor venía a realizar

---

51 PARRA LUCÁN, M.ª A., "Artículo 299", en *Comentarios al Código Civil,* Bercovitz Rodríguez-Cano (dir.), T. II, Tirant lo Blanch, Valencia, 2013, p. 2498.

52 El defensor judicial se ha definido como "un órgano eventual e intermitente de representación y amparo de los menores, incapacitados o declarados pródigos" (LACRUZ BERDEJO, J.L, SANCHO REBULLIDA, F. A., LUNA SERRANO, A., DELGADO ECHEVARRÍA, J., RIVERO HERNÁNDEZ, F. y RAMS ALBESA, J., *Elementos de Derecho Civil,* IV, Familia, 4ª ed., revisada y puesta al día por Rams Albesa, J., Dykinson, Madrid, 2010, p. 446).

una función sustitutiva y supletoria cuando se producía una crisis en el funcionamiento de las instituciones de guarda y asistencia[53]. La importancia de esta institución ha descansado en su versatilidad y flexibilidad, manifestada en las diversas sedes donde se encontraba recogida[54]. Del defensor judicial se ha dicho que "funciona como una pieza de ajuste de todos los sistemas u organismos de protección ordinaria —patria potestad, tutela y curatela— a los cuales, en clave de supletoriedad y subsidiariedad, complementa"[55].

En la LAPD la figura del defensor judicial se mantiene prácticamente idéntica para los menores no emancipados y, con un leve incremento de sus atribuciones respecto a los menores emancipados. En cambio, para las personas con discapacidad, pese al continuismo terminológico a la hora de perfilar las diferentes medidas de apoyo[56],

---

53 PARRA LUCÁN, M.ª A., "Artículo 299", cit., p. 2498 y, de forma reciente, SÁNCHEZ-VENTURA MORER, I., "Supuestos en los que interviene el defensor judicial: mención especial a la situación de conflicto de intereses", en *Claves para la adaptación del ordenamiento jurídico privado a la Convención de Naciones Unidas en materia de discapacidad,* De Salas Murillo, S. y Mayor del Hoyo, M.ª V. (dir.), Tirant lo Blanch, Valencia, 2019, p. 272.

54 FLORENSA I TOMÀS, C. E., *El defensor judicial,* cit., p. 19.

55 FLORENSA I TOMÀS, C. E., *El defensor judicial,* cit., p. 20.

56 La nueva legislación resulta continuista, en la medida en que opta por conservar términos clásicos, en ocasiones decimonónicos, para la construcción del recién estrenado sistema de apoyos a las personas con discapacidad. A mi modo de ver, a fin de no arrastrar con el peso del contenido tradicional atribuido a figuras como la curatela, la guarda de hecho o el defensor judicial, hubiera sido deseable establecer una institución genérica —denominada "apoyo", "asistencia" o algún otro término nuevo— fácilmente adaptable a las necesidades y circunstancias de la persona, al modo de la Ley de apoyos colombiana núm. 1996 de 26 agosto de 2019 (denominada Ley "por medio de la cual se establece el régimen para el ejercicio de la capacidad legal de las personas con discapacidad mayores de edad"), que habla de "acuerdos de apoyo" y de "apoyos adjudicados judicialmente". Ello hubiera evitado la rigidez que conlleva la delimitación de unas figuras concretas a las que se dota de un régimen diferenciado y cerrado. En relación con el Anteproyecto de la LAPD, advertía DE LA CUESTA SÁENZ, J. M.ª., "Discapacidad y ejercicio de los derechos", en *Contribuciones para una reforma de la discapacidad. Un análisis transversal del apoyo jurídico a la discapacidad,* Muñiz Espada, E., La Ley – Wolters Kluwer, Madrid, 2020, p. 178, que "[l]a reforma ahora proyectada viene a acuñar un nuevo término, el «apoyo», que

el defensor judicial aparece como una figura de contornos totalmente renovados[57]. A este respecto, la reforma no solo ha ampliado los supuestos y el ámbito de intervención del defensor judicial, que ya no queda relegado a un papel residual y subsidiario[58], sino su propia naturaleza jurídica, pues de ser una institución de protección se ha transformado en una medida de apoyo.

Las piezas esenciales de la reforma residen, en primer lugar, en el desdoblamiento de la figura, según se trate de una persona menor de edad o de una persona con discapacidad; ello permite distinguir, a efectos de la regulación legal, entre el defensor judicial del menor (arts. 235 y 236 CC) y el de la persona con discapacidad (arts. 295 a 298 CC)[59]. En segundo lugar, junto a los supuestos de intervención

---

se erige en verdadero eje de la futura regulación, de modo que coexisten viejos vocablos que vuelven a cambiar una vez más de significado jurídico, y se insertan todos ellos en un nuevo receptáculo que es el «apoyo»".

57 Destaca GARCÍA RUBIO, M.ª P., "Artículo 250", en *Comentario articulado a la reforma civil y procesal en materia de discapacidad*, García Rubio, Mª. P. y Moro Almaraz, Mª. J. (dirs.), Varela Castro, I. (coord.), Civitas - Aranzadi Thomson Reuters, Cizur Menor (Navarra), 2022, p. 223, que en el nuevo texto se han mantenido expresiones clásicas en nuestro ordenamiento, como la guarda de hecho, la curatela o el defensor judicial, pero "dotándolas de un contenido completamente diferente al que tenían hasta entonces".

58 Como puse de manifiesto en BLANDINO GARRIDO, M.ª A., *El defensor judicial de la persona con discapacidad*, en *La reforma civil y procesal en materia de discapacidad. Estudio sistemático de la Ley 8/2021, de 2 de junio*, De Lucchi López-Tapia, Y. y Quesada Sánchez, A.J. (dirs.) y Ruiz-Rico Ruiz, J. M. (coord.), Atelier, Barcelona, 2022, p. 401, "[l]a reforma introducida en nuestra legislación por la Ley 8/2021, de 2 de junio, por la que se reforma la legislación civil y procesal para el apoyo a las personas con discapacidad en el ejercicio de su capacidad jurídica, ha redimensionado la figura del defensor judicial, en cuanto amplía los supuestos y ámbito de su intervención, al mismo tiempo que mantiene, en líneas generales, las notas esenciales relativas al nombramiento, contenido y extinción del cargo".

59 En la legislación anterior no se distinguía, como en la actual, entre defensor judicial del menor y de las personas con discapacidad. Destaca este aspecto ÁLVAREZ ÁLVAREZ, H., "Artículo 235 CC", en *Comentarios a la Ley 8/2021 por la que se reforma la legislación civil y procesal en materia de discapacidad*, Guilarte Martín Calero, C. (dir.), Thomson Reuters Aranzadi, Cizur Menor (Navarra), 2021, p. 445. Para MARTOS CALABRÚS, M.ª A., *El defensor judicial de la persona con discapacidad*, Aranzadi, Cizur Menor (Navarra),

clásicos (conflicto de intereses; inadecuado desempeño de las funciones; en tanto no recaiga resolución en el procedimiento, ahora de provisión de apoyos, para la administración de los bienes, etc.), el defensor judicial se erige actualmente en una medida de apoyo judicial autónoma para la persona con discapacidad (arts. 250.VI y 295.5.º CC). La tercera y última novedad reseñable reside en la previsión de su nombramiento cuando el menor emancipado requiera el complemento de su capacidad y a quienes corresponda prestarlo no puedan hacerlo (art. 235.3.º CC), nombramiento que el Código civil (art. 163) y la Propuesta de CC de la APDC[60] limitaba a la existencia de conflicto de intereses. Veamos, a grandes rasgos, cómo se plasman estas reformas en la vigente regulación legal.

Como se ha apuntado, el defensor judicial continúa configurándose como una figura cuyo nombramiento se prevé tanto en el caso de menores como de los mayores con discapacidad. Se mantiene, por tanto, común para ambos[61]. Ahora bien, siguiendo la opción contemplada en la Propuesta de CC de la APDC[62], el régimen del defensor judicial se divide y, por un lado, el Código regula —de manera escueta— el defensor judicial del menor de edad (emancipado o no) y el

---

2023, p. 51, esta regulación diferenciada del defensor judicial "en ocasiones hacen pensar que estamos ante dos instituciones diferentes [...] además de tener un fundamento distinto".

60 El art. 253-2 de la Propuesta de CC de la APDC, que regula el nombramiento de un defensor judicial siempre que en algún asunto los padres tengan un interés opuesto al de sus hijos no emancipados, prevé que se procederá también a este nombramiento cuando los padres tengan un interés opuesto al del hijo menor emancipado cuya capacidad deban completar [ASOCIACIÓN DE PROFESORES DE DERECHO CIVIL (coord.), *Propuesta de Código Civil*, Tecnos, Madrid, 2018, p. 410].

61 SÁNCHEZ-VENTURA MORER, I., "Supuestos en los que interviene el defensor judicial", cit., p. 272.

62 En la Propuesta de CC de la APDC el defensor judicial se regula en el Capítulo III del Título V, que trata de la representación legal de los hijos; en concreto, el art. 253-2 contempla el nombramiento de un defensor judicial del menor no emancipado en caso de conflicto de intereses con sus padres. Asimismo, dentro del Título VIII, en el que, según se indica en la Propuesta, se contienen las instituciones de apoyo de las personas con facultades mentales o intelectuales, físicas o psíquicas disminuidas (personas vulnerables), el Capítulo IX versa sobre el defensor judicial.

de la persona con discapacidad, si bien, para la regulación del primero remite a la detallada normativa del segundo (art. 236 del CC); ello demanda al intérprete una labor de adaptación de los principios de la discapacidad a los que rigen durante la minoría de edad, que excluye una mera aplicación en bloque automática de los arts. 249 y siguientes del CC al defensor del menor.

Respecto de los menores, como se ha puesto de manifiesto, la idea de la reforma es continuista con la regulación anterior[63], de manera que el defensor sigue desempeñando la misma función de órgano de guarda y protección de los menores no emancipados de carácter subsidiario o supletorio a la patria potestad y a la tutela. Como primicia, la función de complemento de la capacidad de los emancipados, que antes desempeñaba el curador, se asigna ahora al defensor judicial (art. 235 CC). Su nombramiento se prevé, de este modo, para el caso de que exista conflicto de intereses entre los menores y sus representantes legales (art. 235.1.º del CC), cuando el tutor (del menor no emancipado) no desempeñare sus funciones (art. 235.2.º del CC) o cuando el menor emancipado requiera el complemento de capacidad previsto en los arts. 247 y 248 y a quienes corresponda prestarlo no puedan hacerlo o exista con ellos conflicto de intereses (art. 235.3.º del CC).

Para las personas mayores con discapacidad, el defensor judicial se erige en una medida de apoyo, con todos los efectos que implica este cambio de perspectiva; en especial, la actuación del defensor de la persona con discapacidad habrá de estar guiada por el respeto a "la voluntad, deseos y preferencias de la persona a la que se preste apoyo" (art. 297 CC). El defensor judicial de la persona con discapacidad adquiere, de este modo, unos caracteres y funciones independientes de las atribuidas tradicionalmente a este cargo[64].

La determinación de las causas que conducen al nombramiento del defensor judicial, a fin de prestar apoyo de modo no continua-

---

63 ÁLVAREZ ÁLVAREZ, H., "Artículo 235 CC", cit., p. 445.

64 ÁLVAREZ LATA, N., "Artículo 295 CC", en *Comentarios a la Ley 8/2021 por la que se reforma la legislación civil y procesal en materia de discapacidad,* Guilarte Martín Calero, C. (dir.), Thomson Reuters Aranzadi, Cizur Menor (Navarra), 2021, pp. 831-832.

do, se contiene en el art. 295 CC. En cuanto a las situaciones que tradicionalmente ocasionaban su designación, se conservan, aunque adaptadas a las líneas maestras de la reforma. Así, el defensor judicial ha dejado de estar previsto para completar la limitada capacidad de obrar de los "incapacitados" en caso de que sus intereses entren en conflicto con los del tutor (figura hoy desterrada para los mayores de edad) o del curador (tal y como era configurado antes de la reforma)[65]; la intervención se contempla ahora para cuando exista conflicto de intereses entre la persona con discapacidad y la que haya de prestarle apoyo (art. 295.2° CC). La imposibilidad coyuntural de ejercer el cargo, que permite acudir al nombramiento del defensor judicial, viene ahora referida a "quien haya de prestar apoyo" (art. 295.1°. CC) y no al tutor o curador[66]. Respecto al nombramiento del defensor durante la tramitación de la excusa alegada por el curador (art. 295.3°. CC), desaparecida la figura del tutor para los mayores de edad, no procede, en la actualidad, que la excusa provenga del tutor de una persona con discapacidad[67]. Y en cuanto a la designación del defensor para la administración de los bienes mientras se tramita el procedimiento, este viene referido a la provisión de medidas judiciales de apoyo a la persona con discapacidad (art. 295.4°. CC). Frente al planteamiento más inmovilista de la propuesta de CC elaborada por la APDC[68], el defensor judicial se prevé para casos similares a los

---

65 Arts. 299.1.° y 221.2.° CC, en su redacción anterior.

66 Arts. 299.2.°, 249 y 256 CC, según la versión precedente.

67 Art. 256 CC, en la redacción anterior a la reforma de 2021.

68 En la propuesta de CC presentado por la APDC se propone un sistema de pluralidad de apoyos y medidas de protección para la persona, de carácter alternativo. Algunas de estas medidas tienen carácter más estable (curatela y tutela); otras son más puntuales, como es el caso de la figura del defensor judicial, a la que se destinan los arts. 179-1 y 179-2. El primero de ellos prevé la posibilidad de nombrar un defensor judicial "que asista o represente los intereses de las personas con discapacidad mental o intelectual" en alguno de los supuestos clásicos siguientes: "a) Cuando en algún asunto existe conflicto de intereses entre el curador, el tutor o, en su caso, el asistente, y la persona protegida o el menor. b) Cuando, por cualquier causa, el curador o el tutor o, en su caso, el asistente no desempeña sus funciones hasta que cese la causa determinante o se nombra otra persona para desempeñar el cargo. 2. Cuando una persona necesite de una especial protección y en tanto no recaiga resolución judicial que acuerde la medida correspondiente

que ya estaban previstos, pero, además —a falta de medidas voluntarias o de guarda de hecho— para cuando una persona necesite apoyos de manera esporádica[69] (art. 295.5.º del CC), lo que constituye una "innovación significativa en la configuración de la institución"[70]. Ciertamente, si la persona con discapacidad no ha previsto medidas de apoyo voluntarias y no se está ejerciendo una guarda de hecho, cabe la posibilidad de optar por la curatela o por un defensor judicial. El defensor judicial se configura ahora, de este modo, como una medida de apoyo autónoma para interactuar en el tráfico jurídico en condiciones de igualdad[71]. Es más, resulta preferente a la curatela,

---

asume su representación y defensa el Ministerio Fiscal. Además, se puede nombrar un defensor judicial que administre sus bienes, el cual debe rendir cuentas de su gestión una vez concluida". El art. 179-2 recoge la posibilidad de acudir al juez para que autorice la conclusión de uno o de varios actos que de forma ocasional y concreta resulten necesarios para la protección de una persona con discapacidad, imposibilitada de prestar un consentimiento eficaz para ello. A tales efectos, después de haber examinado a la persona afectada, si es posible, oído el Ministerio Fiscal, contar con un dictamen médico y verificado el consenso de sus parientes más próximos, o al menos la ausencia de conflicto, el juez puede nombrar un defensor judicial que apoye a la persona para ese supuesto determinado (ASOCIACIÓN DE PROFESORES DE DERECHO CIVIL (coord.), *Propuesta de Código Civil*, Tecnos, Madrid, 2018, p. 301).

69 PALACIOS GONZÁLEZ, D., "Guarda de hecho, curatela o defensor judicial: buscando el mejor apoyo para las personas con discapacidad psíquica", en *Un nuevo orden jurídico para las personas con discapacidad: Comentarios a las nuevas reformas legislativas,* Cerdeira Bravo de Mansilla, G. y García Mayo, M., (dirs.), Wolters Kluwer, Madrid, 2021, p, 414.

70 MARTÍN AZCANO, E. M.ª, "El defensor judicial de persona con discapacidad", en *El ejercicio de la capacidad jurídica por las personas con discapacidad tras la Ley 8/2021, de 2 de junio,* Pereña Vicente, M. y Heras Hernández, M.ª M. (dirs.) y Núñez Núñez, M. (coord.), Tirant lo Blanch, Valencia, 2022, p. 286.

71 Tal y como comenta PALACIOS GONZÁLEZ, D., "Guarda de hecho, curatela o defensor judicial", cit., p. 423, la figura del defensor judicial estaba prevista en el Anteproyecto de Ley para casos generales similares a los que ya existían —conflicto de intereses entre la persona sometida a tutela o curatela y el tutor o curador o cuando estos no pudiera ejercer sus funciones transitoriamente— y también para cuando la persona necesite apoyos ocasionalmente, aunque sea de manera recurrente. Aunque en el Proyecto de Ley se eliminó esta última y novedosa posibilidad, se reintrodujo sorpre-

que entrará en juego "cuando no exista otra medida de apoyo suficiente para la persona con discapacidad" (art. 269, párrafo primero, CC), acudiéndose al defensor judicial si el apoyo que precisa la persona con discapacidad puede ser ocasional, aunque sea recurrente (art. 250, párrafo sexto, CC)[72].

Novedoso es también el nombramiento de un defensor judicial en los casos de guarda de hecho de la persona con discapacidad, respecto de "aquellos asuntos que por su naturaleza lo exijan" (art. 264, párrafo cuarto, CC)[73]. Queda desdibujada, con ello, su consideración como institución supletoria y subsidiaria[74], al extenderse su ámbito de actuación desde la resolución de problemas puntuales de conflicto de intereses o de paralización de las ayudas instituidas, hasta el apoyo ocasional (aunque sea estable).

---

sivamente tras su paso por el Senado. En relación con la versión del Proyecto de Ley, comentaba MUNAR BERNART, P. A., "Notas sobre algunos principios y las últimas novedades del Anteproyecto", en *Principios y preceptos de la reforma legal de la discapacidad. El Derecho en el umbral de la política,* Munar Bernart, P. A. (dir.), Marcial Pons, Madrid, 2021, p. 185, que, con la redacción propuesta, "el defensor judicial del menor de edad y de la persona con discapacidad que precise apoyos no se distingue para nada, en cuanto a las causas que puedan originar su nombramiento".

72 En relación con el Anteproyecto, MAGARIÑOS BLANCO, V., "Comentarios al Anteproyecto de Ley para la reforma del Código Civil sobre discapacidad", *RDC,* vol. V, núm. 3 (julio-septiembre, 2018), Estudios, p. 204, consideraba forzada la inclusión de la asistencia para casos recurrentes dentro del ámbito del defensor judicial y que no existían razones consistentes para cambiar y ampliar su contenido, concluyendo que la ampliación del ámbito del defensor judicial establecido en el art. 293 del Anteproyecto resultaba excesivo y poco riguroso.

73 Estima PALACIOS GONZÁLEZ, D., "Guarda de hecho, curatela o defensor judicial", cit., p. 418, que "[n]o hay motivo para entender que esas actuaciones no puedan ser de carácter personal como, por ejemplo, las relacionadas con actuaciones sanitarias".

74 FLORENSA I TOMÀS, C. E., *El defensor judicial,* cit., pp. 20, 145 y 178-181. Para este autor (*ob. cit.,* p. 178), la supletoriedad provenía de que se "exige la previa existencia de un sistema de protección, de un cargo principal al que esté sometido el protegido" y la subsidiariedad "porque sólo interviene excepcionalmente, según los casos expresamente previstos por la Ley".

Permanece el nombramiento de un defensor judicial en los casos de desaparición de una persona de su domicilio o del lugar de su última residencia, sin haberse tenido más noticias, a fin de que el mismo ampare y represente al desaparecido en juicio o en los negocios que no admitan demora sin perjuicio grave (art. 181 CC). Sin embargo, eliminada con la Ley 8/2021, de 2 de junio, la prodigalidad como institución autónoma —al encajar los supuestos contemplados por ella en las normas sobre medidas de apoyo[75]— queda suprimida, como es lógico, la intervención del defensor judicial en los anteriores casos de conflicto de intereses entre el pródigo y su curador. Subsiste, además, en el art. 27.2 LJV la habilitación y ulterior nombramiento de defensor judicial de los menores o personas con discapacidad.

En definitiva, la reforma de 2021 mantiene las situaciones que, de manera tradicional, han permitido el recurso al defensor judicial, fundamentalmente, la existencia de un conflicto de intereses (ahora entre el menor o la persona con discapacidad y sus representantes legales, progenitores o quien preste el apoyo), así como la imposibilidad de desempeñar sus funciones por los progenitores, el tutor o el prestador de los apoyos[76]. Es por ello por lo que, en buena medida, el defensor judicial sigue siendo una figura subsidiaria, cuya actuación está prevista con carácter ocasional y no permanente en una serie de supuestos heterogéneos[77]. Sin embargo, el defensor judicial se erige

---

75 Apartado III del Preámbulo de la LAPD.

76 La reforma ha exigido la reubicación de los títulos XI y XII del Libro Primero del CC, dedicados, respectivamente, a las medidas de apoyo a las personas con discapacidad para el ejercicio de su capacidad jurídica y a las disposiciones comunes. Asimismo, el título IX pasa a referirse a la tutela y guarda de los menores y el título X se dedica a la mayoría de edad y la emancipación.

77 Sobre el alcance de la reforma, comenta ÁLVAREZ LATA, N., "Artículo 295 CC", cit., pp. 832-833, lo siguiente: "Como aproximación general, el nuevo defensor judicial comparte buena parte del régimen y filosofía de su precedente: el carácter ocasional y no estable de la figura; su perfil heterogéneo —opera en supuestos dispares, como en el caso del sistema anterior—; el carácter atípico de sus funciones (…); cierta subsidiariedad, en tanto que entra en juego en situaciones específicas de crisis en el funcionamiento de las demás medidas de apoyo, sustituyendo o supliendo a sus titulares, subsidiariedad ahora matizada por el supuesto del art. 295.5.º CC; y su nom-

ahora en una medida de apoyo autónoma, a la que cabe recurrir con carácter preferente a la curatela, para prestar apoyo puntual, aunque sea de modo recurrente, a la persona con discapacidad. El tiempo nos dirá si esta función de apoyo autónomo que puede prestar el defensor judicial, para actuar en situaciones concretas (aunque reiteradas en el tiempo), es efectivamente utilizada por los tribunales a fin de adaptar las medidas judiciales a las necesidades reales que presenta la persona con discapacidad.

II. EL RÉGIMEN JURÍDICO DEL DEFENSOR JUDICIAL EN LA LEGISLACIÓN ESTATAL

A nivel estatal, el defensor judicial es una figura contemplada en el Código civil, pero también en otras leyes, como la LJV o la LEC. La institución homónima en la legislación precedente estaba regulada en preceptos aislados del Código Civil, como los arts. 163, 181, 215, 249, 256 y 280, además de la ordenación contenida en el Capítulo IV (arts. 299 a 302). En el régimen instaurado en 2021, el legislador otorga un tratamiento diferenciado según se trate de menores de edad (y, a su vez, de si están emancipados o no) o de personas adultas con discapacidad. Respecto a los menores de edad, una vez que la reforma deja sin contenido la incapacitación, se destina el Capítulo II del Título IX del Libro I al defensor judicial del menor, que contiene solo dos preceptos (arts. 235 y 236). Estas normas han de completarse con las del régimen previsto para el defensor judicial de las personas con discapacidad, al que remite el art. 236 del CC. Asimismo, la intervención del defensor judicial del emancipado está prevista en los arts. 247 y 248 del CC.

El régimen jurídico del defensor judicial de la persona con discapacidad se ubica en el Capítulo V del Título XI, que lleva precisamente por rúbrica "Del defensor judicial de la persona con discapacidad" y abarca los arts. 295 a 298 CC. Son también aplicables los arts. 249 a 253, en cuanto "disposiciones generales" de las medidas de

bramiento por la autoridad judicial —en concreto, desde 2015, por los Letrados de justicia—".

apoyo a las personas con discapacidad para el ejercicio de su capacidad jurídica, así como el art. 300, precepto que comprende el Título XII de "disposiciones comunes". La ordenación del defensor judicial se completa con las reglas especiales sobre la partición de la herencia contenidas en los arts. 289 *in fine* y 1060 CC, aplicables tanto al defensor judicial de menores como al defensor judicial de personas con discapacidad con medidas de apoyo.

La reforma operada por la Ley 8/2021 ha incidido, asimismo, en el régimen que sobre el defensor judicial se contiene en la Ley de la Jurisdicción Voluntaria. La promulgación de la Ley 15/2015, introdujo un capítulo destinado a la habilitación para comparecer en juicio y al nombramiento del defensor judicial (Capítulo II del Título II, relativo a los expedientes en materia de personas, y que abarca los arts. 27 a 32). El art. 27.1 determina el ámbito de aplicación de este capítulo en cuanto señala que sus disposiciones resultarán de aplicación "en los casos en que proceda conforme a la ley el nombramiento de un defensor judicial de menores o personas con discapacidad". Como veremos *infra,* con la Ley 8/2021, las causas para el nombramiento del defensor judicial han salido de este precepto y se concentran ahora en los arts. 235 y 295 CC.

En la LEC, las referencias al nombramiento del defensor judicial se contienen en los arts. 8 ("Integración de la capacidad procesal") y 758 (en sede de los procesos sobre la adopción de medidas judiciales de apoyo a personas con discapacidad).

III. EL DEFENSOR JUDICIAL EN LOS DERECHOS CIVILES AUTONÓMICOS

1. El defensor judicial de los menores

El recurso a un defensor judicial que intervenga en las situaciones de conflicto de intereses entre los progenitores (o el tutor) y los hijos menores de edad es una medida contemplada en los Derechos civiles catalán, navarro y aragonés.

Así, el art. 236-20 ("Conflicto de intereses") del CCCat prevé que, si en algún asunto existe conflicto de intereses entre los hijos y ambos progenitores, o con el que ejerce la potestad, debe nombrarse al defensor judicial establecido por el art. 224-1. Por su parte, el art. 222-29 dispone el nombramiento de un defensor judicial en caso de conflicto de intereses respecto a las personas sujetas a tutela (hoy en día, la persona menor no emancipada tutelada). Cabe acudir también a la designación de un defensor judicial mientras no recaiga la resolución que ordene la remoción del tutor del menor y el nombramiento de la persona que debe ocupar el cargo en sustitución de la que ha sido removida (art. 222-34 del CCCat). En sede de acciones filiación, el art. 235-16.3 del CCCat declara que "el letrado de la Administración de justicia puede nombrar a un defensor judicial si el hijo debe intervenir por medio de un representante legal y lo justifica su interés".

En Navarra, la Ley 76 de la Compilación del Derecho Civil prevé la intervención del defensor judicial "cuando hubiere intereses contrapuestos entre los progenitores y los hijos bajo su responsabilidad". Matiza esta norma que, si la contraposición de intereses existiera solo con uno de los progenitores, corresponde al otro la representación del hijo sin necesidad de nombramiento judicial. En cuanto al nombramiento, recaerá en "alguna de las personas a quienes en su caso podría corresponder el ejercicio de la tutela". Está previsto también que los hijos no emancipados serán representados por el defensor judicial en la liquidación de la sociedad conyugal o comunidad de bienes de anterior matrimonio o pareja estable (Ley 114). En el reconocimiento de la filiación, la Ley 54 acude al nombramiento de un defensor judicial cuando se formule oposición por la madre menor de edad no emancipada.

Por último, el CDFA consagra la intervención de un defensor judicial cuando entre la persona menor de catorce años y quienes le representen exista conflicto de intereses en algún asunto (art. 13). Este precepto detalla las diversas situaciones que pueden darse y las que conducen, en su caso, a que el menor sea representado por un defensor judicial[78]. El art. 17 exige que la división de un patrimonio

78 A tenor del art. 13 ("Oposición de intereses"): "1. Cuando entre el menor y quienes le representen exista oposición de intereses en algún asunto:

o cosa común practicada por un defensor judicial en representación del menor deberá aprobarse por la Junta de Parientes o el juez. Respecto al menor mayor de catorce años, el art. 28 contempla la presencia del defensor judicial cuando exista oposición de intereses entre el menor y quienes hayan de prestarle asistencia[79].

---

a) Si es por parte de uno solo de los padres o tutores, le representa el otro, a no ser que en la delación de la tutela se hubiera dispuesto otra cosa de modo expreso.
b) Si es por parte del único padre titular de la autoridad familiar o del tutor único, la actuación de este requiere autorización de la Junta de Parientes o del Juez, sin que sea necesaria además la autorización o aprobación que en su caso exija el acto. También podrá ser representado por un defensor judicial.
c) Si es por parte de ambos padres o tutores, la representación corresponde a la Junta de Parientes o a un defensor judicial. Cuando intervenga la Junta de Parientes en representación del menor en actos que requieran autorización o aprobación, esta será necesariamente judicial.
d) Si es por parte de un tutor real y no hay otro que tenga la administración de los mismos bienes, le representarán los titulares de la autoridad familiar o el tutor.
2. Cuando en el mismo acto varios menores o incapacitados, que habrían de ser representados por la misma persona, tengan intereses contrapuestos, se nombrará a cada uno de ellos un defensor judicial".

79 Según el art. 28 ("Oposición de intereses"): "1. Cuando entre el menor y quienes hayan de prestarle la asistencia exista oposición de intereses en algún asunto:
a) Si es por parte de uno solo de los padres o tutores, la asistencia será prestada por el otro, a no ser que en la delación de la tutela se hubiera dispuesto otra cosa de modo expreso.
b) Si es por parte del único padre titular de la autoridad familiar o del tutor único, así como si es por parte de ambos padres o tutores, la asistencia será suplida por la Junta de Parientes o un defensor judicial.
c) Si es por parte del administrador voluntario, la asistencia será prestada por uno cualquiera de los padres o el tutor.
2. Cuando en el mismo acto varios menores o incapacitados, que habrían de ser asistidos por la misma persona, tengan intereses contrapuestos, se nombrará a cada uno de ellos un defensor judicial".

2. *El defensor judicial de las personas con discapacidad*

2.1. Panorama de las medidas de apoyo en los Derechos civiles autonómicos

En el Dictamen núm. 34/2019 del Consejo de Estado al Anteproyecto de la LAPD, de 11 de abril de 2019, se hizo constar que "la reforma proyectada del Código Civil se entiende sin perjuicio de las disposiciones que puedan aprobarse en las comunidades autónomas con derecho civil propio, las cuales tienen aplicación preferente de acuerdo con el artículo 149.1.8ª de la Constitución y los correspondientes estatutos de autonomía, siéndoles de aplicación la proyectada ley con carácter supletorio, conforme a la regla general del artículo 13.2 del Código Civil". En concreto, según el mencionado Dictamen, esas comunidades que podían tener legislación civil propia en materia de apoyo en el ejercicio de la capacidad jurídica son tres: Cataluña, Galicia y Aragón. En ninguna de estas comunidades se ha aprobado aún la normativa civil de adaptación de la discapacidad a los nuevos principios[80].

En Cataluña, la Ley 25/2010, de 29 de julio, del libro segundo del Código civil catalán, relativo a la persona y la familia, regula la capacidad jurídica y las instituciones tutelares y, entre ellas, la figura del defensor judicial. A fin de adaptar, con carácter transitorio, el régimen del CCCat a la CDPC, el Gobierno catalán dictó el Decreto-ley 19/2021, de 31 de agosto, por el que se adapta el Código Civil de Cataluña a la reforma del procedimiento de modificación judicial de la capacidad. Por su parte, la comunidad gallega contenía una regulación de la autotutela en el título III (arts. 42 a 45) de la Ley 2/2006,

---

80 Pone de manifiesto la repercusión que el cambio normativo operado por la LAPD produce en las leyes civiles autonómicas reguladoras de la vieja incapacitación o modificación judicial de la capacidad, GARCIA RUBIO, M.ª P., "La reforma operada por la Ley 8/2021 en materia de apoyo a las personas con discapacidad: planteamiento general de sus aspectos civiles", en *El nuevo Derecho de las capacidades",* Llamas Pombo, E., Martínez Rodríguez, N. y Toral Lara, E. (dirs.), La Ley – Wolter Kluwer, Madrid, 2022, p. 50.

de 14 de junio, de Derecho Civil de Galicia[81], si bien la STC de 16 de noviembre de 2017[82], ha rechazado la competencia del legislador gallego en materia de autotutela, dando lugar a la declaración de nulidad de los preceptos que la regulaban; con todo, se ha planteado la necesidad de una intervención del legislador gallego para la supresión de las referencias a capacidades adicionales, obstáculos o requisitos añadidos para la eficacia de la actuación de las personas con discapacidad, presentes en la Ley 2/2006, con la finalidad de dar cabida a los principios de la CDPD[83]. Por último, en Aragón, la regulación se contiene en el Código del Derecho Foral de Aragón[84], que, como vamos a ver, contempla la figura del defensor judicial y que, en la actualidad, se encuentra en fase de reforma.

Al margen de estos tres Derechos civiles autonómicos expresamente nombrados en el Dictamen del Consejo de Estado, conviene destacar la regulación aprobada por la Ley Foral 31/2022, de 28 de noviembre, de atención a las personas con discapacidad en Navarra y garantía de sus derechos. A través del capítulo IV (arts. 24 a 24)[85]

---

81 Estos preceptos facultaban a cualquier persona mayor de edad, en previsión de una eventual incapacidad, para designar en escritura pública la persona o personas, físicas o jurídicas, a fin de que ejercieran el cargo de tutor, o nombrar substitutos de los designados y excluir a determinas personas para el cargo (art. 42). Se preveía también que la persona interesada podía delegar en su cónyuge u otra persona la elección del futuro tutor (art. 43), así como otra serie de medidas, como la retribución o las medidas de vigilancia y control de la actuación tutelar (art. 44). El título se cerraba con la previsión de que estas disposiciones vinculaban al juez al constituir la tutela, salvo que el beneficio del incapacitado exigiera otra cosa, lo que requería decisión motivada.

82 *Tol 6988438.*

83 ÁLVAREZ LATA, N., "El impacto de la reforma sobre el ejercicio de la capacidad jurídica de las personas con discapacidad en el Derecho Civil de Galicia", *Cuadernos de Derecho Privado,* núm. 6, mayo-agosto, 2023, pp. 10-44.

84 Aprobado por Decreto Legislativo 1/2011, de 22 de marzo, del Gobierno de Aragón.

85 No contiene el citado Capítulo IV ninguna referencia al defensor judicial, sino que, una vez enunciados los denominados "principios de la capacidad jurídica y capacidad de obrar" (art. 20) (art. 21), se imponen a la Administración de la Comunidad Foral de Navarra una serie de deberes, como la promoción y la sensibilización y conocimiento sobre la capacidad de

y en la disposición final primera, se adapta el ordenamiento foral al art. 12 de la CDPD, estableciendo los principios fundamentales, así como la promoción del nuevo sistema de provisión de apoyos que garanticen el ejercicio de la capacidad jurídica por las personas con discapacidad, completando y modificando en la aludida disposición las reglas y remisiones del Derecho Civil Foral, contenidas en el FN, a los cambios producidos en el régimen común y procesal tras la LAPD[86]. En lo que concierne al defensor judicial de la persona con discapacidad, la única referencia es la contenida en la Ley 54; en la misma se prevé que cuando la oposición al reconocimiento de la filiación sea formulada por una madre para quien se hayan establecido medidas para el ejercicio de su capacidad jurídica, se estará a lo dispuesto en las mismas o, en su defecto, se le nombrará a tal fin un defensor judicial.

2.2. El defensor judicial en el Derecho civil catalán

2.2.1. La regulación del defensor judicial en el Libro segundo del Código civil de Cataluña

El libro segundo del Código civil de Cataluña, relativo a la persona y la familia, dedicaba el título II a la regulación de las instituciones de protección de las personas con la capacidad modificada judicialmente[87], a las que la autoridad judicial, por medio de sentencia, suje-

---

decisión respecto a los apoyos, así como la información y formación a las personas con discapacidad sobre otras formas de planificar decisiones; la formación e información sobre el régimen jurídico de la guarda de hecho y facilitar la acreditación de dicha circunstancia (art. 22); y la garantía de la prestación de apoyos en situaciones urgentes (art. 23). Por último, se establece que la Administración citada garantizará la provisión de los apoyos necesarios a personas adultas con discapacidad residentes en la Comunidad Foral, cuando así lo acuerde la autoridad judicial y en los términos establecidos por esta, y los criterios que deben regir esta actuación (art. 24).

86 Apartado IV del Preámbulo de la Ley Foral 31/2022, de 28 de noviembre.

87 El sistema de las instituciones tutelares del Libro segundo del CCCat proviene de la Ley 9/1998, de 15 de julio, del Código de Familia (arts. 237 a 246), cuya regulación, a su vez, tuvo origen en la Ley 39/1991, de 30 de diciembre, de la Tutela e Instituciones Tutelares.

taba al régimen de la tutela, la curatela o bajo otra medida temporal de protección. Junto a la regulación de la tutela y la curatela, el libro segundo del CCCat introdujo en el capítulo VI la figura de la asistencia, un nuevo instrumento de protección dirigido al mayor de edad que lo necesita para cuidar de su persona o de sus bienes debido a la disminución no incapacitante de sus facultades físicas o psíquicas.

Dentro de este libro segundo, el capítulo IV de su Título II aborda la figura del defensor judicial (arts. 224-1 a 224-5). Tal y como se indica en el Preámbulo, este capítulo "mantiene el carácter versátil y flexible del defensor judicial partiendo de su configuración como institución tutelar que cumple una función de ajuste de las demás instituciones de protección, incluida la potestad parental"[88]. Al margen de este capítulo destinado *ad hoc* al defensor judicial, tanto en la regulación de la tutela como en la referente a la curatela se contienen normas relativas a esta figura. Asimismo, el art. 225-5, dentro del Capítulo V destinado a la guarda de hecho del menor o de la persona "en quien se da una causa de incapacitación", establece como causa de extinción de la guarda de hecho "el nombramiento de defensor judicial".

La tutela, a la que se destina el Capítulo II, se configuraba como una institución aplicable a los menores no emancipados que no estén en potestad parental, pero también —como en el sistema derogado de nuestro Código Civil— a los incapacitados, si lo determinaba la sentencia (art. 222-1 del CCCat). Para las situaciones de tutela, la figura del defensor está prevista en caso de conflicto de intereses con el tutelado, y su nombramiento corresponde al LAJ (art. 222-29 CCCat). Se acude también a la designación de un defensor judicial mientras no recaiga la resolución que ordene la remoción del tutor y

---

88 Resalta ABRIL CAMPOY, J.M., "Capítol IV. El defensor judicial", en *Comentari al llibre segon del Codi civil de Catalunya. La persona física i les institucions de protecció de la persona*, Egea i Fernàndez, J y Ferrer i Riba, J. (dir.) y Farnós i Amorós, E. (coord.), Atelier, Barcelona, 2017, p. 435, que la peculiaridad del Derecho catalán radica en el hecho de que el defensor judicial es una institución propia de los sistemas que optan por la tutela de autoridad, mientras que los que se decantan por la tutela de familia, como el Derecho catalán, emplean la figura del protutor.

el nombramiento de la persona que debe ocupar el cargo en sustitución de la que ha sido removida (art. 222-34 del CCCat).

Junto a la tutela, la otra figura destinada a las personas con discapacidad era la curatela. Concebida como una institución complementadora de la capacidad en que era la persona protegida la que actuaba por sí misma, se admitía que en supuestos de incapacitación parcial la sentencia pudiese conferir facultades de administración al curador, que, si es preciso, podía actuar como representante. La entrada en escena del defensor judicial, en el capítulo III destinado a la curatela, se contiene en el art. 223-7 del CCCat, para las situaciones de conflicto de intereses entre la persona puesta en curatela y el curador, así como en el caso de imposibilidad, siendo también en este caso la autoridad encargada de su nombramiento el LAJ.

2.2.2. El papel del defensor judicial tras el Decreto-ley 19/2021, de 31 de agosto

Tras la entrada en vigor de la reforma estatal —que ha eliminado el procedimiento de modificación judicial de la capacidad de obrar y lo ha sustituido por los procesos sobre provisión de medidas judiciales de apoyo a las personas con discapacidad— los presupuestos de la tutela, la curatela y la potestad parental prorrogada o rehabilitada de las personas incapacitadas, que regulaba el Código civil de Cataluña, devienen inaplicables. Es cierto, sin embargo, que el libro segundo del CCCat también introdujo instituciones de apoyo que operaban sin la necesidad de que la capacidad de la persona concernida estuviese modificada judicialmente, como los poderes en previsión de una situación de incapacidad, regulados en el art. 222-2, o la asistencia, disciplinada en los art. 226-1 a 226-7, medidas cuya regulación era factible mantener, con las debidas adaptaciones.

A fin de coordinar el Derecho sustantivo catalán con la reforma del Derecho estatal operado por la LAPD, el Gobierno catalán dictó el Decreto-ley 19/2021, de 31 de agosto, por el que se adapta el Código Civil de Cataluña a la reforma del procedimiento de modificación judicial de la capacidad. Esta disposición permite adaptar, con carácter transitorio, el régimen del CCCat a la CDPD hasta que se dicte la nueva legislación que proceda a reformar y replantear las instituciones a las que se someten las personas mayores de edad con discapacidad, y adaptarlas a los nuevos principios y reglas generales sobre los apoyos en el ejercicio de la capacidad jurídica derivados de la CDPD[89].

El régimen que establece el citado Decreto-ley se fundamenta en la modificación de la institución de la asistencia, que reemplaza en Cataluña la tutela, la curatela y la potestad parental prorrogada y rehabilitada en relación con las personas mayores de edad (art. 226-1.1 del CCCat)[90]. Mientras no se produzca la futura reforma del conjunto de instituciones de protección de la persona, la tutela y la curatela se aplicarán sólo a las personas menores de edad, sin perjuicio de que la regulación legal del cargo de la tutela resulte aplicable supletoriamente a la asistencia en todo aquello que no se oponga al régimen propio de esta (art. 226-6 del CCCat)[91]. La normativa de la asistencia se modifica a fin de flexibilizarla para permitir su aplicación a todo el abanico de facultades que la persona concernida pueda necesitar[92]. Asimismo, como novedad, se introduce la posibilidad de

---

89 Expone SOLÉ RESINA, J., "La reforma del Derecho catalán en materia de discapacidad", *Actualidad Jurídica Iberoamericana,* núm. 17, 2022, p. 131, que esta norma "busca disponer un marco normativo suficiente para hacer tránsito a la aprobación de la completa adaptación del derecho catalán a la Convención de Nueva York; de una parte, para dar respuesta a los nuevos procedimientos de provisión de apoyo que se inicien en Cataluña tras la entrada en vigor de la Ley 8/2021; y, de otra, para la revisión, después de esta fecha, de las medidas que se aplican a las personas sujetas a alguna de las instituciones tutelares reguladas por la legislación civil catalana".

90 El art. 226.1 del CCCat determina que "[l]a persona mayor de edad puede solicitar la designación de una o más personas que la asistan de acuerdo con lo que se establece en este capítulo, si la necesita para ejercer su capacidad jurídica en condiciones de igualdad".

91 Exposición de Motivos del Decreto-ley 19/2021, de 31 de agosto, por el que se adapta el Código Civil de Cataluña a la reforma del procedimiento de modificación judicial de la capacidad.

92 Un análisis del significado del cambio legal producido mediante el Decreto-ley 19/2021, en el régimen de la asistencia, en RIBOT IGUALADA, J., "La proyectada reforma del Código Civil de Cataluña en materia de apoyo al ejercicio de la capacidad jurídica", en *El nuevo sistema de apoyos a las personas con discapacidad y su incidencia en el ejercicio de su capacidad jurídica,* Álva-

que la constitución de la asistencia se pueda llevar a cabo mediante el otorgamiento de una escritura pública notarial, y no solo, como hasta ahora, por la vía judicial (art. 226-1.2 del CCCat).

Suprimidas las tres instituciones de protección tradicionales (tutela, curatela y patria potestad prorrogada o rehabilitada), que quedan sustituidas por la figura ya existente —y ahora reformada— de la asistencia, quedan otras figuras de apoyo para las personas con discapacidad, como son los poderes preventivos, la guarda de hecho y el defensor judicial, que de momento, y hasta su obligada reforma, siguen plenamente vigentes con la actual regulación, aunque deberán interpretarse conforme a los actuales principios aplicables en el ámbito de la discapacidad[93]. En concreto, respecto al defensor judicial, nada se indica en el Decreto-ley 19/2021 en torno a esta figura, por lo que las disposiciones del Capítulo IV, que lo regulan y las referencias al defensor contenidas en el Capítulo II (en sede de tutela) y III (para la curatela), deben entenderse vigentes, con las debidas adaptaciones, que procedemos a poner de manifiesto.

En primer lugar, al quedar excluida la institución tutelar para las personas mayores de edad, la intervención del defensor judicial respecto a las personas sujetas a tutela queda limitada al conflicto de intereses entre la persona menor no emancipada tutelada y su tutor (art. 222-29 del CCCat). Se podrá acudir también a la designación de un defensor judicial mientras no recaiga la resolución que ordene la remoción del tutor del menor y el nombramiento de la persona que debe ocupar el cargo en sustitución de la que ha sido removida (art. 222-34 del CCCat).

En segundo lugar, en la medida en que la curatela ya no se puede constituir en relación con las personas mayores de edad, la figura del curador queda limitada a la asistencia de los menores de edad

---

rez Lata, N. (coord.), Thomson Reuters Aranzadi, Cizur Menor (Navarra), 2022, pp. 171-174.

93 SOLER MARTÍN-JAVATO, V., "La reforma de la legislación civil en materia de discapacidad en Cataluña", en *La reforma de la discapacidad. Comentarios a las nuevas reformas legislativas*, Castro-Girona Martínez, A., Cabello de Alba Jurado, F. y Pérez Ramos, C. (coord.), vol. I, Fundación Notariado, Madrid, 2022, p. 365.

emancipados, cuando los progenitores han muerto o han quedado impedidos para ejercer la asistencia prescrita por la ley [art. 223.1.a) del CCCat]. En consecuencia, la norma del art. 223-7, que prevé el nombramiento de un defensor judicial para las situaciones de conflicto de intereses entre la persona puesta en curatela y el curador, así como en el caso de imposibilidad, queda circunscrita a los menores de edad emancipados.

Centrándonos en la regulación del defensor judicial contenida en el Capítulo IV, el primer precepto, el art. 224-1, en el que se determinan los supuestos en que el LAD debe nombrar un defensor judicial, ha de interpretarse en el sentido de que esta designación procederá en los siguientes casos:

a) Si existe conflicto de intereses entre el tutor y el menor tutelado; respecto de los hijos sujetos a la potestad parental, cuando hay contraposición de intereses con ambos progenitores o con el que ejerce la potestad[94]; o también, entre la persona que presta la asistencia y la persona con discapacidad[95].

---

94 El art. 236-20 ("Conflicto de intereses") del CCCat prevé que, si en algún asunto existe conflicto de intereses entre los hijos y ambos progenitores, o con el que ejerce la potestad, debe nombrarse al defensor judicial establecido por el artículo 224-1.

95 Respecto al conflicto de intereses en el Código civil catalán, la RDGSJFP de 7 de octubre de 2022 *(Tol 9269955)* recuerda que, "aun cuando en dicho Código no existe precepto alguno que determine en qué consiste y cuándo se produce una situación de conflicto de intereses, se ha ocupado de ello la Dirección General de Derecho y de Entidades Jurídicas de Cataluña en las resoluciones de 28 de febrero de 2012 (JUS/628/2012), 9 de octubre de 2014 (JUS/2425/2014) y 1 de marzo de 2018 (JUS/389/2018). En la primera apreció la existencia de un conflicto de intereses porque «la madre toma una decisión sobre un valor patrimonial que correspondería a sus hijas menores y que, en base a esta decisión, pasa a su patrimonio personal» (fundamento de Derecho segundo, 2.3), es decir, porque, como consecuencia de la actuación de quien ostentaba la representación legal, se producía un incremento patrimonial a su favor, en perjuicio o detrimento del patrimonio de sus representados. En la segunda de estas resoluciones, negó la existencia del conflicto de intereses, ya que, habiéndose producido esta situación «en el ámbito de la representación legal, cuando entran en contradicción los [intereses] del representante con los [intereses] del representado, y subordina a los de este último a los del primero» (funda-

b) Si lo exigen las circunstancias de la persona menor que debe ser tutelada, mientras la tutela no se constituya.

c) En los supuestos en que por cualquier causa los tutores no ejerzan sus funciones, mientras no finalice la causa o no se designe otra persona para el ejercicio de los cargos.

d) Por último, se podrá acudir al nombramiento del defensor judicial en los demás casos determinados por la ley[96].

Del análisis de los diferentes supuestos en los cuales cabe proceder al nombramiento de un defensor judicial en el Derecho catalán, merece destacar las siguientes notas definidoras de esta figura: es una institución subsidiaria, dado que requiere siempre la existencia de una institución de protección derivada de la potestad parental o de la tutela; tiene un carácter temporal (se nombra para solucionar un concreto conflicto de intereses o hasta que se constituya o pueda

---

mento de Derecho tercero, 3.3), entendió que, en ese caso concreto, no se producía ningún tipo de contradicción ni de subordinación. Además, también resolvió afirmando que «la situación de conflicto de intereses constituye una excepción a la regla general de representación legal» (fundamento de Derecho tercero, 3.4). En la tercera resolución, también se negó la existencia de conflicto de intereses, puesto que se produce «la aceptación del legado por parte de los dos progenitores de la hija menor de edad actuando en nombre de ésta, y esta situación se produce porque ambos progenitores concurren a la misma sucesión a la que ha sido llamada su hija y en la misma condición -como legatarios- en la que ella concurre. Y que dicha circunstancia no significa necesariamente que haya una situación de conflicto de intereses, puesto que la situación de conflicto no se plantea a partir de la simple concurrencia de intereses que se produce cuando varias personas son llamadas en un mismo concepto a una misma sucesión, sino cuando, además y sobre todo, como consecuencia de ello, se suscita una contradicción entre los distintos intereses concurrentes, de modo que unos prevalecen sobre otros, subordinando éstos a aquéllos» (fundamento de derecho segundo, 2.5)".

96 Debe entenderse derogada, por tanto, la letra c) de este art. 224-1, en cuya virtud, se preveía el nombramiento del defensor judicial mientras no se constituyese la curatela "de pródigos o de personas en situación de incapacidad relativa".

volver a ejercitarse la institución de protección) y actúa de manera eventual (tan solo en los concretos supuestos exigidos por la ley)[97].

Sigue estando vigente, en su integridad, el régimen de los art. 224-2 a 224-5 del CCCat. De este modo, el LAJ nombrará defensor judicial, de oficio o a petición del Ministerio Fiscal, del tutor, del curador, del propio menor o de cualquier persona con un interés legítimo (art. 224-1.1). Este nombramiento deberá recaer "en la persona que el letrado de la Administración de Justicia crea más idónea, teniendo en cuenta el hecho que determina el nombramiento" (art. 224-1.2). En cuanto a la actuación del defensor en los casos de conflicto de intereses, se limitará a los actos que hayan determinado su nombramiento (art. 224-3). Se prevé que los actos realizados por el tutor, por el apoderado nombrado de acuerdo con el artículo 222-2.1 o por la persona puesta en curatela con la asistencia del curador, en caso de conflicto de intereses, si no ha nombrado a un defensor judicial, son anulables (art. 224-4). Por último, respecto al régimen jurídico aplicable al defensor, serán de aplicación l las normas relativas a la aptitud para ejercer el cargo de tutor, a las excusas para no ejercerlo, a las causas de remoción y, si procede, a la remuneración. El defensor judicial deberá dar cuenta de su gestión, una vez finalizada, a la autoridad judicial. Y si el defensor judicial, de acuerdo con lo establecido por el artículo 224-1, ejerce funciones tutelares, se le aplican las normas de la tutela o de la curatela, según proceda (art. 224-5).

2.2.3. El defensor judicial en la futura Ley de apoyos catalana

El borrador de Anteproyecto de Ley de modificación del Código civil de Cataluña en materia de apoyo al ejercicio de la capacidad jurídica de las personas[98], otorga una nueva rúbrica al Título II del Libro segundo de CCCat, que pasa a denominarse "Las instituciones

97 ABRIL CAMPOY, J.M., "Capítol IV. El defensor judicial", cit., pp. 435-436.

98 La última versión del borrador de Anteproyecto de ley de modificación del Código civil de Cataluña en materia de apoyos al ejercicio de la capacidad jurídica de las personas, elaborado por la Comisión de Codificación de Cataluña, es de 11 de abril de 2023.

de protección y de apoyo de la persona"[99]. En este Título proyectado, el Capítulo I regula las instituciones de protección de las personas menores de edad, mientras que el Capítulo II se refiere al ejercicio de la capacidad jurídica por las personas adultas.

Respecto a las personas con discapacidad, el borrador de Anteproyecto distingue entre apoyos formalizados y no formalizados. Estos últimos se identifican con las prácticas sociales de apoyo existentes al margen de un procedimiento judicial o notarial previsto legalmente[100]. Dentro de los apoyos formalizados se encuentran las medidas establecidas por la propia persona por vía notarial —la fundamental, la designación de asistente mediante acuerdo formalizado ante notario en escritura pública— y el nombramiento judicial de asistente. La asistencia puede tener por objeto el apoyo para un asunto o cuestión concreta, ocasional o recurrente, o un soporte de carácter continuado en el tiempo. Por tanto, y a diferencia de la dualidad de medidas judiciales de apoyo de la curatela y el defensor judicial que contiene el Código Civil, la propuesta de reforma catalana mantiene una única figura que sirve para ambos tipos de necesidades[101]. El borrador de Anteproyecto culmina el capítulo relativo a las medidas de apoyo con una sección dedicada a las salvaguardas, una de las cuales es la previsión de nombramiento de una o varias personas a quienes se atribuye la función de supervisión del ejercicio de los apoyos. Según se indica en el Anteproyecto, corresponden al órgano de supervisión, si no se establece otra cosa, entre otras facultades, "autorizar los actos cuando exista conflicto de intereses". Esta función de intervenir en caso de conflicto de intereses, propia y característica del defensor judicial en el Derecho civil común, se asigna en el texto catalán al órgano de supervisión.

---

99 Realiza estudio del borrador de Anteproyecto de reforma del CCCat, RIBOT IGUALADA, J., "La proyectada reforma del Código Civil de Cataluña", cit., pp. 174-174.

100 Art. 225-3 del borrador de Anteproyecto de modificación del CCCat.

101 RIBOT IGUALADA, J., "La proyectada reforma del Código Civil de Cataluña", cit., p. 181.

2.3. El defensor judicial en el Derecho civil aragonés

2.3.1. La regulación vigente en el Código del Derecho Foral de Aragón

Desde la aprobación de la Ley 13/2006, de 27 de diciembre, de Derecho de la persona, el Derecho civil aragonés dispone de una regulación en materia de instituciones tutelares[102]. Este régimen se contenía en el Título III, arts. 87 a 155, de la citada Ley, y estaba inspirado en el sistema tutelar propio del Derecho histórico aragonés, adaptado a los principios que entonces regían en materia de protección de los "incapacitados"[103]. Tras la refundición de las leyes civiles aragonesas a través del Decreto legislativo 1/2011, de 22 de marzo, el régimen de las relaciones tutelares se contiene en el Título III del Libro I del CDFA (arts. 100 a 169), que se ocupa de las relaciones tutelares en toda su amplitud, referidas tanto a menores como a incapacitados. Esta regulación, sin embargo, no se encuentra adaptada

---

102 Explica LÓPEZ AZCONA, M.ª A., "El sistema de apoyos a las personas con discapacidad en Derecho aragonés", *Actualidad jurídica iberoamericana,* núm. 17, 2022, p. 50, que esta regulación cuenta con sus precedentes en el Derecho histórico, toda vez que, como se indicaba en el propio Preámbulo de la Ley de Derecho de la persona 2006, el Cuerpo de Fueros y Observancias "contenía un sistema propio de instituciones tutelares, completado, como en otros países, con los principios del Derecho común europeo". Sin embargo, comenta la autora, en el periodo codificador la Comisión General de Codificación entendió que la tutela debía regirse en Aragón por el Código civil de 1889, salvo dos especialidades que se recogieron en el Apéndice de 1925, referentes a la delación voluntaria hecha por los progenitores (art. 8) y la capacidad de la mujer para ser tutora (art. 9). El mismo criterio se siguió en el texto de la Compilación de 1967 definitivamente aprobado, que dedicaba a esta materia tan solo los arts. 15 a 19 al objeto de incluir ciertas singularidades.

103 Este sistema, destaca LÓPEZ AZCONA, M.ª A., "El sistema de apoyos a las personas", cit., p. 51, puede calificarse de tutela de autoridad, si bien, de una parte, se potencia la autonomía de los particulares a través de las figuras de la delación voluntaria y el mandato de autoprotección; y de otra, se refuerzan los rasgos familiares de los cargos tutelares (en particular, del tutor y curador), atribuyéndoles las funciones de los titulares de la autoridad familiar y dando entrada a la Junta de Parientes en caso de oposición de intereses con la persona con discapacidad.

a la CDPD, lo que provoca un desfase en esta materia entre la legislación aragonesa y la estatal[104].

Al defensor judicial se destina el Capítulo VI, que da comienzo con la fijación de los supuestos en que procede su nombramiento. El defensor judicial, según el art. 153, representa o asiste al "incapacitado" cuando en algún asunto exista oposición de intereses, cuando por cualquier causa los titulares de la tutela o curatela no desempeñen sus funciones, hasta que cese la causa determinante o se designe por resolución firme otra persona para desempeñarlas, así como en todos los demás casos previstos en la ley[105]. Su nombramiento, según el art. 154, corresponde al juez, de oficio o a petición del Ministerio Fiscal, del propio incapacitado o de cualquier persona capaz de comparecer en juicio, y ha de recaer en "quien estime más idóneo para el cargo". Por último, el art. 155 sienta el régimen aplicable, y dispone que el defensor judicial tendrá las atribuciones que le haya concedido el Juez al que deberá dar cuenta de su gestión una vez concluida; este precepto determina que cuando el acto que ha determinado el nombramiento de defensor judicial requiera autorización judicial previa, esta se entenderá implícita en el nombramiento si el Juez no dispone otra cosa.

2.3.2. Los cambios introducidos por el Proyecto de Ley de reforma del Código del Derecho Foral de Aragón

Con el fin de ajustar la regulación aragonesa de la "incapacidad e incapacitación" y de las "relaciones tutelares" de menores e "incapacitados" a los principios de la CDPD, las Cortes de Aragón están tra-

---

104 LÓPEZ AZCONA, M.ª A., "El sistema de apoyos a las personas", cit., p. 51.

105 A este respecto, el art. 129 del CDFA dispone que, durante la tramitación del procedimiento de excusa sobrevenida o de remoción, podrá el Juez o Tribunal suspender en sus funciones al titular del cargo tutelar y nombrar a la persona protegida un defensor judicial. Asimismo, entre otros, el art. 181 establece que, en los casos de competencia preferente o alternativa de la Junta de Parientes, si solicitada su intervención transcurre un mes sin haber obtenido acuerdo, se podrá optar por acudir a la decisión judicial o, en su caso, al nombramiento de un defensor judicial.

mitando el Proyecto de Ley de modificación del Código del Derecho Foral de Aragón en materia de capacidad jurídica de las personas, elaborado por la Comisión Aragonesa de Derecho Civil[106]. Según se indica en la Exposición de Motivos, "[m]anteniendo sus caracteres esenciales, se introduce alguna modificación puntual en el defensor judicial en orden a ampliar su ámbito de actuación". En concreto, los preceptos destinados al defensor judicial son los arts. 129, 129-1 y 129-2, en los que se contiene una regulación común para los menores y para las personas con discapacidad[107]. El art. 129 enumera los supuestos en que procede la designación del defensor judicial; el art. 129-1 regula el nombramiento, con una remisión a la LJV; por último, el art. 129-2 contiene un régimen muy similar a la regulación actual contenida en el art. 155 del CDFA, en materia de régimen aplicable[108].

Con relación a las personas con discapacidad, el texto no contempla la figura del defensor judicial como medida de apoyo ocasional y, en su caso, recurrente, tal y como se ha configurado en el art. 295.5.º del CC, a pesar de que fue una opción valorada en la Comisión Aragonesa de Derecho Civil, finalmente rechazada. Por tanto,

---

106 El Proyecto de Ley se ha publicado en el Boletín Oficial de las Cortes de Aragón, núm. 40, Año XLII, Legislatura XI, de 8 de febrero de 2024. En relación con el Anteproyecto, los aspectos más trascendentales de la reforma fueron expuestos por LÓPEZ AZCONA, A., en una Ponencia sobre la situación actual del Derecho civil de Aragón, impartida en las Jornadas en homenaje y recuerdo al profesor Jacinto Gil Rodríguez "Una mirada a la situación actual de los Derechos Civiles Autonómicos", celebradas los días 30 de noviembre y 1 de diciembre de 2023, en la Facultad de Derecho de la Universidad del País Vasco.

107 El Proyecto otorga nueva redacción a los apartados 2 de los arts. 13 y 28, en orden a suprimir la referencia a los incapacitados.

108 El art. 129-2 del Proyecto tiene esta redacción: "1. El defensor judicial tendrá las atribuciones que se le hayan concedido y deberá dar cuenta de su gestión una vez concluida. 2. Los actos otorgados por el defensor judicial en representación del menor o de la persona con discapacidad no requerirán autorización o aprobación de la Junta de parientes o del Juez, salvo que en su nombramiento se disponga otra cosa. 3. Serán de aplicación al defensor judicial, con las necesarias adaptaciones, las disposiciones establecidas para la vigilancia y control y la inhabilidad, excusa y remoción del tutor o curador".

se mantiene su consideración como medida de apoyo (asistencial o representativa) puntual y supletoria. Se le sigue dando entrada en los supuestos de oposición de intereses y de imposibilidad de prestar el apoyo por quienes lo presten de continuo. Pero, junto a ello, de modo coincidente con el art. 295.4.º del CC, se extiende su actuación al proceso de medidas judiciales de apoyo, en particular, al objeto de encomendarle, de estimarse necesario, la administración de los bienes de la persona con discapacidad.

IV. APROXIMACIÓN GENERAL A LA FIGURA DEL DEFENSOR JUDICIAL

1. La disparidad de funciones asumidas por el defensor judicial

En la regulación precedente, se consideraba que la institución del defensor judicial era susceptible de un tratamiento homogéneo para todos los supuestos en que estaba previsto su nombramiento[109]. Con el régimen vigente, sin embargo, los caracteres definitorios del defensor judicial no son uniformes en todas las situaciones que habilitan su designación, por lo que resulta difícil seguir manteniendo que se trata de una única institución. Efectivamente, no es igual la función que asume el defensor de un menor de edad no emancipado, que el nombrado a un menor que ha alcanzado la emancipación o el que actúa para prestar apoyo a la persona mayor de edad con discapacidad; es más, respecto al defensor judicial del desaparecido, ya antes de la reforma se dudaba que fuese una manifestación de una sola institución[110]. Partiendo, no obstante, de esta diversidad de funciones y de principios que rigen la actuación del defensor judicial, existen una serie de características esenciales que, como expondré en el apartado siguiente, son aplicables cualquiera que sea el supuesto que provoque su nombramiento. Procedamos en este a resaltar lo que distingue e individualiza al defensor judicial en cada uno de los supuestos en que procede su intervención.

---

109 FLORENSA I TOMÀS, C. E., *El defensor judicial*, cit., p. 22.

110 FLORENSA I TOMÀS, C. E., *El defensor judicial*, cit., p. 22.

Comenzando por el defensor judicial del menor de edad no emancipado, constituye una institución de protección, que actúa en caso de que surja un conflicto de intereses con sus representantes legales o cuando el tutor (y cabe entender también que los progenitores) no desempeñe sus funciones (art. 235.1.° y 2.° CC). Su nombramiento, de este modo, requiere la previa existencia de estas instituciones de protección, con las que resulta compatible. El defensor judicial del menor interviene, además, en la vida del menor en un momento completamente transitorio y de corta duración[111].

Del defensor judicial del menor emancipado cabe enunciar los siguientes caracteres definitorios: complementa la capacidad del menor en una serie de actos y es una figura subsidiaria, pues solo interviene en caso de que los progenitores no puedan actuar (art. (art. 235.3.° CC). De nuevo, el defensor asume un papel de carácter temporal, ocasional o esporádico y supletorio respecto a los progenitores del emancipado. Sin embargo, su función no es representativa, sino de complemento del consentimiento del menor emancipado para la realización de una serie de actos de cierta trascendencia.

Actúa como representante el defensor de la persona desaparecida, estando limitada su actuación a la representación y amparo en juicio o en aquellos asuntos que no admitan demora sin perjuicio grave. El nombramiento del defensor tan solo resulta preciso si la persona desaparecida no hubiese dejado encomendada por apoderamiento la representación en juicio o en el asunto que no admita demora, ni estuviese legalmente representada (art. 181 del CC).

En cuanto al defensor judicial del adulto con discapacidad, como novedad de la reforma, desaparece la nota de la subsidiariedad. El defensor ha dejado de ser una institución sustitutiva de otros cargos tuitivos, ante la inactividad de estos o en situaciones de conflicto de intereses[112]. En este aspecto, el defensor judicial de la persona con discapacidad se asemeja —salvando las distancias en cuanto al contenido del cargo, que es sumamente dispar— a la tradicional figura del

---

111 DE ERCILLA, J., "Defensor de menores", p. 508.

112 MARTÍN AZCANO, E. M.ª, "El defensor judicial de persona con discapacidad", cit., p. 282.

defensor del desaparecido, que se nombra cuando no se tienen noticias de una persona que, precisamente, no ha dejado encomendada su representación a un apoderado ni cuenta con representación legal. Tras la reforma, de este modo, el nombramiento de un defensor judicial de la persona con discapacidad no tiene como presupuesto la existencia previa de una medida de apoyo permanente[113]. Es posible, por ello, el recurso al defensor judicial no solo cuando quien haya de prestar apoyo no pueda hacerlo o sus intereses entren en conflicto con los de la persona con discapacidad, sino también en situaciones en que no se ha adoptado ninguna medida de apoyo para la persona con discapacidad. Cabe, de este modo, su nombramiento para la administración de los bienes de la persona con discapacidad durante la tramitación del procedimiento para la provisión de las medidas judiciales de apoyo (art. 295.4º CC) o cuando la misma requiera el establecimiento de medidas de apoyo de carácter ocasional (art. 295.5º CC). En este último supuesto el defensor judicial se erige en una medida formal de apoyo autónoma establecida para la persona con discapacidad a fin de que actúe en situaciones ocasionales,

---

113 Con anterioridad a la reforma introducida en 2015 por la LJV, la designación del defensor judicial estaba prevista para supuestos de existencia previa de las instituciones tutelares permanentes. En este sentido, constituía un presupuesto del nombramiento del defensor judicial la previa existencia de la tutela, la curatela o la patria potestad. Por ello, no procedía el nombramiento de defensor judicial en la situación descrita en el derogado art. 299 bis CC, esto es, cuando se tenía conocimiento de que una persona debía ser sometida a tutela y en tanto no recayese resolución judicial que pusiera fin al procedimiento. En estos casos de inexistencia de tutela, no se nombraba un defensor judicial, sino que la representación y defensa de la persona que debía ser sometida a tutela la asumía el Ministerio Fiscal; y si, además del cuidado de la persona debía procederse al de los bienes, el juez podía designar un administrador de los mismos. Con la reforma operada por la Ley 15/2015, de 2 de julio, se introduce en el citado art. 299 bis CC (hoy derogado) la posibilidad de que se designe un defensor judicial que administre los bienes de la persona que debía ser sometida a tutela o curatela. Asimismo, el art. 27 de la LJV, en su redacción originaria, contemplaba también como situación que permitía el nombramiento del defensor judicial que "se tenga conocimiento de que una persona respecto a la que debe constituirse la tutela o curatela, precise la adopción de medidas para la administración de sus bienes, hasta que recaiga resolución judicial que ponga fin al procedimiento".

aunque sean recurrentes. En este caso, además, es una medida de apoyo de carácter subsidiario —al igual que sucede con la curatela— respecto de aquellas que tienen naturaleza voluntaria (art. 249, párrafo primero, CC)[114]. En relación con la curatela, en cambio, el defensor judicial constituye una medida preferente, pues "[l]a autoridad judicial constituirá la curatela [...] cuando no exista otra medida de apoyo suficiente para la persona con discapacidad" (art. 269, párrafo primero, CC). Por tanto, si el apoyo puntual u ocasional del defensor judicial es suficiente, no será preciso acudir al apoyo continuado del curador.

2. *Rasgos comunes y especialidades*

A través de este apartado, pretendo sintetizar los rasgos comunes de la figura del defensor judicial, sea cual sea el supuesto que ocasiona su nombramiento: conflicto de intereses entre el menor y sus progenitores o entre la persona con discapacidad y la que le preste apoyo, imposibilidad de ejercer sus funciones por parte del tutor del menor, necesidad de prestar un apoyo ocasional a la persona con discapacidad, etc. Destacaremos también las especificidades de la figura, que concurren de modo especial en el novedoso supuesto del art. 295.5º del CC, esto es, cuando el defensor judicial es nombrado para prestar apoyo a la persona con discapacidad "con carácter ocasional, aunque sea recurrente".

Tras la reforma, la actuación del defensor judicial sigue manteniendo, con carácter general, su nota de transitoriedad o temporalidad. El defensor judicial es un cargo de carácter transitorio y temporal, frente a la permanencia en el tiempo que, en principio, se atribuye a los restantes mecanismos protectores del menor (patria potestad y tutela) y a la curatela de las personas con discapacidad[115].

---

114 Y ello por cuanto las medidas de origen legal o judicial "solo procederán en defecto o insuficiencia de la voluntad de la persona de que se trate" (art. 249, párrafo primero, CC).

115 Con anterioridad a la reforma, SERRANO GIL, A., "El defensor judicial", en *Protección Jurídica del Menor*, Pous de la Flor, M.ª P. y Tejedor Muñoz, L. (coords.), Tirant lo Blanch, Valencia, 2017, p. 201, caracterizaba al defen-

El defensor judicial es designado cuando concurren una serie de circunstancias legalmente previstas (arts. 235 y 295 CC); y, una vez resuelto el supuesto concreto y específico para el que fue nombrado, cesará en sus funciones[116]. Tiene, de este modo, un carácter transitorio y su contenido se limita a una serie de actuaciones puntuales, fijadas en la resolución judicial al realizar su nombramiento. Esta característica, respecto al defensor judicial de la persona con discapacidad, no resulta necesariamente aplicable al defensor nombrado para prestar apoyo como figura autónoma (art. 295.5.º del CC), dado que las situaciones ocasionales que precisan su actuación pueden ser recurrentes y prolongarse su nombramiento en el tiempo, aunque su actuación no será continuada.

En lo que concierne a la nota de la subsidiariedad, que venía caracterizando hasta ahora la intervención del defensor judicial, tras la reforma perdura para los menores de edad, pero no necesariamente respecto al defensor nombrado a la persona con discapacidad. En efecto, en diversas situaciones legales el defensor judicial se nombra para atender una crisis producida en el funcionamiento de la patria potestad, de la tutela o de las restantes medidas de apoyo, supliendo con su actuación a los titulares de estas funciones[117]. Así, con relación al menor no emancipado, el defensor judicial tan solo actúa durante la vigencia de la patria potestad o de la tutela, asumiendo la representación legal del menor cuando la actuación de sus progenitores o del tutor no es posible o no resulta adecuada. Tratándose, en cambio, de adultos con discapacidad, el defensor judicial es una figura compatible con las restantes medidas de apoyo (voluntarias, curatela

---

sor judicial como "un cargo tuitivo ocasional o esporádico, frente a la relativa continuidad temporal de la tutela y de la curatela".

116 Señala, en este sentido, CALAZA LÓPEZ, S., "La justicia civil indisponible en la encrucijada: la asincronía entre la reforma sustantiva y procesal en la provisión judicial de apoyos a las personas con discapacidad (1)", *La Ley Derecho de Familia: Revista jurídica sobre familia y menores*, núm. 31, julio-septiembre 2021 (Ejemplar dedicado a la reforma civil y procesal de la discapacidad. Un tsunami en el ordenamiento jurídico), p. 98, que el defensor judicial se caracteriza "por su funcionalidad puntual en un horizonte provisional".

117 ÁLVAREZ LATA, N., "Artículo 295 CC", cit., pp. 832-833.

o la guarda de hecho), pero la previa existencia de estas medidas no constituye, en todo caso, un presupuesto para su nombramiento. Y es que, como se ha indicado *ut supra*, cabe acudir a un defensor judicial como medida de apoyo de carácter autónomo (art. 295.5.º del CC), sin necesidad de que exista un mal funcionamiento de otras medidas de apoyo de carácter permanente, sean de naturaleza voluntaria, sean la guarda de hecho o la curatela. El defensor judicial se nombra en estos casos para prestar apoyo ocasional, aunque sea recurrente, a la persona con discapacidad. Asimismo, cuando el nombramiento del defensor obedezca a la necesidad de proveer a la administración de los bienes hasta que recaiga la resolución judicial que establezca una medida de apoyo (art. 295.4.º del CC), en principio, no se dará tampoco coexistencia con otras medidas[118]. Por lo tanto, la característica de la subsidiariedad no resulta predicable cuando el defensor se erige en la única medida de apoyo o cuando interviene como administrador mientras se sustancia el procedimiento de provisión de los apoyos; en ambos casos, lo habitual será que no haya medida de apoyo previamente establecida que venga a sustituir el defensor, aunque nada impide que exista[119].

Estamos ante un cargo de designación judicial[120]. De hecho, la figura se denomina defensor "judicial" en atención a conferirse el nombramiento por la autoridad judicial[121]. Como dispuso el Tribunal Supremo, "se trata de un cargo judicial porque es necesario una resolución judicial que acuerde su nombramiento"[122]. En principio, el defensor judicial será nombrado por el LAJ, con el fin de proteger a menores o de prestar apoyo a las personas con discapacidad. Y tendrá las atribuciones que le hayan sido concedidas por dicha au-

---

118 MARTOS CALABRÚS, M.ª A., *El defensor judicial de la persona con discapacidad*, cit., p. 56.

119 ÁLVAREZ LATA, N., "Artículo 295 CC", cit., p. 838.

120 "La delación es, pues, siempre dativa" (LACRUZ BERDEJO, J.L, SANCHO REBULLIDA, F. A., LUNA SERRANO, A., DELGADO ECHEVARRÍA, J., RIVERO HERNÁNDEZ, F. y RAMS ALBESA, J., *Elementos de Derecho Civil*, IV, cit., p. 447).

121 DE ERCILLA, J., "Defensor de menores", cit., p. 506.

122 SSTS de 7 de noviembre de 2002 *(Tol 4974993)* y 17 de enero de 2003 *(Tol 4927572)*.

toridad, a quien deberá rendir cuentas de la gestión efectuada una vez concluida. No obstante, como expondré más adelante, cuando el defensor judicial se erija en la única medida formal de apoyo constituida para la persona con discapacidad, que requiera un apoyo ocasional, aunque sea recurrente (arts. 250.VI y 295.5.º CC), es el órgano judicial quien deberá valorar y resolver acerca de su nombramiento, a través del procedimiento de jurisdicción voluntaria de los arts. 42 bis a) y ss de la LJV o, en caso de oposición, mediante el procedimiento especial de los arts. 756 y ss de la LEC.

Su ámbito de actuación es judicial y extrajudicial. Como se acaba de precisar, la denominación de defensor "judicial" no hace referencia a su marco de aplicación, que no viene circunscrito a la esfera judicial, sino a la autoridad competente para su nombramiento (que, como veremos, será la autoridad judicial o el LAJ, dependiendo del supuesto concreto). En cuanto a la clase de actos que pueden requerir su intervención, puede comprender la esfera personal (por ejemplo, el ámbito de la salud, acciones de filiación), familiar y patrimonial de la persona

Por último, en lo que concierne al alcance de sus funciones, el defensor judicial asume la representación legal del menor no emancipado en el asunto en que concurra un conflicto de intereses o durante el período en que supla a los progenitores o al tutor. Se atribuyen también el defensor judicial funciones representativas cuando se erige en medida de apoyo de la persona con discapacidad y, de manera excepcional, pese a haberse hecho un esfuerzo considerable, no sea posible determinar la voluntad, deseos y preferencias de la persona concernida (art. 249.III del CC). Respecto al menor emancipado o habilitado de edad, el defensor judicial actuará complementando la capacidad de estas personas en la realización de una serie de actos (tomar dinero a préstamo, gravar o enajenar bienes inmuebles...); el defensor deberá prestar su asentimiento cuando el menor que ha alcanzado la emancipación decide realizar los actos mencionados. Como vamos a ver, el apoyo prestado por el defensor judicial a la persona con discapacidad no puede consistir en la prestación de su asentimiento a la toma de decisión de la persona con discapacidad, sino que, como regla general, el defensor judicial de la persona con discapacidad asumirá funciones de mero acompañamiento y consejo.

Capítulo Tercero

El defensor judicial de las personas menores

I. ALCANCE TRAS LA REFORMA DE 2021

La reforma de la discapacidad operada por la LAPD ha obligado a la reordenación del régimen de los menores de edad y de la emancipación, de suerte que el Título IX del Libro Primero ha pasado a referirse a la tutela y la guarda de los menores, mientras que el Título X se destina a la mayoría de edad y la emancipación. El cambio de perspectiva aflora en el Preámbulo de la citada ley, cuando señala que "la tutela, con su tradicional connotación representativa, queda reservada para los menores de edad que no estén protegidos a través de la patria potestad, mientras que el complemento de capacidad requerido por los emancipados para el ejercicio de ciertos actos jurídicos será atendido por un defensor judicial"[123]. En lo demás, prácticamente, los cambios de los preceptos relativos a los menores de edad obedecen a razones de orden sistemático[124].

La función del defensor judicial del menor sin emancipar no ha cambiado, sustancialmente, como consecuencia de los cambios de ubicación derivados de la LAPD: los supuestos para su designación y el alcance de la función que asume permanecen inalterados, por lo que se aprecia un continuismo con la regulación anterior[125]. Res-

---

123 Apartado IV del Preámbulo de la LAPD.

124 GARCÍA RUBIO, M.ª P. y TORRES COSTAS, M.ª E., "Artículo 249", en *Comentario articulado a la reforma civil y procesal en materia de discapacidad*, García Rubio, M.ª P. y Moro Almaraz, M.ª J. (dirs.), Varela Castro, I. (coord.), Civitas - Aranzadi Thomson Reuters, Cizur Menor (Navarra), 2022, p. 210.

125 GARCÍA LÓPEZ, P., "El defensor judicial del menor", en *Reformas legislativas para el apoyo a las personas con discapacidad. Estudio sistemático de la Ley 8/2021, de 2 de junio, al año de su entrada en vigor*, Lledó Yagüe, F., Ferrer Vanrrell, M.ª P., Egusquiza Balmaseda, M.ª A. y López Simó, F., Dykinson, Madrid, 2022, p. 360.

pecto del menor emancipado, por el contrario, el defensor judicial asume ahora la función de complemento de la capacidad atribuida con anterioridad al curador. En todo caso, el defensor judicial de los menores sigue siendo un cargo mediante el cual una persona sustituye temporal y provisionalmente a los progenitores o al tutor en la representación o asistencia del menor.

Respecto de los menores no emancipados, al igual que sucediera antes de la LAPD, el defensor es un órgano de guarda y protección de carácter subsidiario o supletorio a la patria potestad y a la tutela. En concreto, son dos los supuestos en que el Código civil ordena nombrar un defensor judicial al menor sin emancipar: para el caso de tener el mismo un interés opuesto con sus representantes legales (arts. 235.1.º y 163 CC); o en el supuesto de concurrir una imposibilidad en el tutor para ejercer sus funciones (art. 235.2.º CC). En ambos casos, el defensor judicial actúa con funciones representativas.

Tras la reforma, se acudirá, como novedad, al nombramiento del defensor judicial cuando quienes deban complementar la capacidad del menor emancipado no puedan actuar, y también en el supuesto tradicional de que concurra una situación de conflicto de intereses. En concreto, el Código civil prevé la intervención del defensor judicial "cuando el menor emancipado requiera el complemento de capacidad previsto en los artículos 247 y 248 y a quienes corresponda prestarlo no puedan hacerlo o exista con ellos conflicto de intereses" (art. 235.3.º y 163 CC)[126]. Así como el defensor judicial nombrado al menor de edad no emancipado asumirá la representación legal del mismo en el asunto en el que concurra el conflicto de intereses o desempañará las funciones representativas del tutor, el defensor del menor emancipado actuará prestando el complemento de capacidad que precisa dicho sujeto.

---

126 El art. 163, párrafo primero, CC, que ha permanecido inalterado tras la Ley 8/2021, de 2 de julio, prevé, en el mismo sentido, en su segundo inciso, el nombramiento del defensor judicial respecto de los hijos menores de edad emancipados, si los padres tienen un interés opuesto al del hijo cuya capacidad deben completar.

Entre las figuras que, por las funciones asignadas, se presenta como concordante con el defensor judicial del menor de nuestro sistema cabe citar el *"curatore speciale del minore"* del ordenamiento italiano[127], cuya regulación aparece tradicionalmente vinculada a la existencia de conflicto de intereses entre el menor no emancipado y sus progenitores (art. 320.VI del *Codice civile*)[128] o el tutor (art. 347)[129] y también cuando el conflicto se suscita entre el menor emancipado y su curador (art. 394.IV)[130]. Asimismo, en el sistema francés, cumple esta función de suplir a los progenitores en caso de conflicto de intereses con sus hijos, la figura del *"administrateur ad hoc"*[131].

---

127 La disciplina del "curador especial del menor" se ha visto recientemente reformada a través de la Ley núm. 206 de 26 de noviembre de 2021 y del Decreto Legislativo núm. 149 de 10 de octubre de 2022, de actuación de la misma. Sobre el alcance de figura, tras la reforma, *vid.* SENIGAGLIA, R., "Prima lettura sistematica della disciplina del curatore speciale del minore", en *Nuovi paradigmi della filiazione. Atti del Primo Congresso Internazionale di Diritto delle Famiglie e delle Successioni,* Barba. V., Di Mauro, E. W., Concas B., y Ravagnani, V. (dirs.), Sapienza Università Editrice, 2023, pp. 687-714.

128 Declara el art. 320.VI del *Codice civile* que "[s]e sorge conflitto di interessi patrimoniali tra i figli soggetti alla stessa responsabilità genitoriale, o tra essi e i genitori o quello di essi che esercita in via esclusiva la responsabilità genitoriale, il giudice tutelare nomina ai figli un curatore speciale". A lo que se añade que "[s]e il conflitto sorge tra i figli e uno solo dei genitori esercenti la responsabilità genitoriale, la rappresentanza dei figli spetta esclusivamente all'altro genitore".

129 Dispone el art. 347 del *Codice civile* que "[s]e vi è conflitto di interessi tra minori soggetti alla stessa tutela, il giudice tutelare nomina ai minori un curatore speciale".

130 Según lo establecido en el art. 394.IV del *Codice,* "[q]ualora nasca conflitto di interessi fra il minore e il curatore, è nominato un curatore speciale a norma dell'ultimo comma dell'articolo 320". Asimismo, el art. 165 del *Codice civile* prevé la posibilidad de que sea el curador especial quien asista al menor mayor de dieciséis años, a quien se ha autorizado para contraer matrimonio, a la hora de otorgar acuerdos matrimoniales. A tales efectos, el decreto que autorice al menor a contraer matrimonio podrá designar, si las circunstancias lo exigen, un curador especial para asistir al menor en la conclusión de los acuerdos matrimoniales (art. 90).

131 El "administrateur ad hoc" se regula en los arts. 1210-1 a 1210-3 del *Code civil* francés.

II. EL DEFENSOR JUDICIAL DE LA PERSONA MENOR NO EMANCIPADA

1. El defensor judicial como institución de protección de las personas menores de edad no emancipadas

1.1. La superación del binomio "capacidad jurídica – capacidad de obrar" respecto de los menores de edad no emancipados

Tras la aprobación de la LAPC se ha discutido en la doctrina si debe seguir manteniéndose el binomio "capacidad jurídica – capacidad de obrar" respecto de las personas menores de edad no emancipados. Como es sabido, el punto de partida de la nueva normativa, acorde con los postulados de la CDPD y con el criterio de la Observación General núm. 1 (2014) del Comité sobre los Derechos de las Personas con Discapacidad, órgano de seguimiento de la CDPD[132], viene dado por el reconocimiento de que las personas con discapacidad gozan de capacidad jurídica en igualdad de condiciones que las demás en todos los aspectos de la vida. Dicha capacidad jurídica abarca tanto la titularidad de los derechos como la legitimación para ejercitarlos, de suerte que, como se indica en el Preámbulo de la Ley, no resulta admisible "la modificación de una capacidad que resulta inherente a la condición de persona humana y, por ello, no puede modificarse"[133]. La idea clave del nuevo sistema es la del apoyo a la persona que lo necesite y en la medida que lo requiera. Estas medidas de apoyo se aplican "a las personas mayores de edad o menores emancipadas que las precisen para el adecuado ejercicio de su capa-

---

[132] La Observación General núm. 1 (2014) tiene como objetivo analizar las obligaciones generales que se derivan de los diversos componentes del art. 12 de la Convención sobre los derechos de las personas con discapacidad. En el apartado II ("Contenido normativo del artículo 12"), punto 14 se hace constar que "[l]a capacidad jurídica significa que todas las personas, incluidas las personas con discapacidad, tienen la capacidad legal y la legitimación para actuar simplemente en virtud de su condición de ser humano" y que, por consiguiente, "para que se cumpla el derecho a la capacidad jurídica deben reconocerse las dos facetas de esta; esas dos facetas no pueden separarse".

[133] Apartado III del Preámbulo de la LAPD.

cidad jurídica" (art. 249.I CC). En principio, pues, no afectan a los menores de edad no emancipados, que siguen estando sujetos a las instituciones de protección tradicionales.

Respecto los menores de edad no emancipados, la reforma tan solo efectúa una labor de reordenación de los preceptos reguladores de la minoría de edad, la patria potestad, la tutela, la guarda de hecho y el defensor judicial. Pero sin alcanzar a la esencia de las instituciones de protección del menor, que siguen estando fundadas en la actuación en interés o beneficio del menor y en la atribución de la facultad de representación (art. 154.2.º CC, respecto a los titulares de la patria potestad; y arts. 200 y 225 CC, en relación con el tutor).

Para un sector de la doctrina, la sujeción de la persona menor de edad a estos sistemas de protección presupone, necesariamente, una capacidad de obrar limitada[134]. A mi modo de ver, la tradicional dicotomía capacidad jurídica – capacidad de obrar ha de ser también superada en relación con las personas menores de edad, en la medida en que no proporciona una respuesta adaptada al principio de la autonomía progresiva del menor y a la preeminencia de sus opiniones, reconocidos por la CDN. Así, de conformidad con el planteamiento desarrollado por BARBA, en lugar de mantener el rígido binarismo capacidad-incapacidad de obrar, habrá que atender a las condiciones de madurez del menor y a "su capacidad para comprender y valorar las consecuencias de un determinado asunto y para expresar su opinión de manera razonable e independiente"[135]. Ciertamente, la idea de que la persona menor de edad tiene su capacidad de obrar, siempre y en todo caso limitada, se opone a los dictados de la CDN, cuyo art. 12 obliga a garantizar al niño "que esté en condiciones de formarse un juicio propio el derecho de expresar su opinión libremente

---

[134] En el sentido indicado, destaca SOLÉ RESINA, J., "La tutela de las personas menores después de la Ley 8/2021, de 2 de junio", *RDC,* vol. X, núm. 3 (abril-junio, 2023), Estudios, p. 44, que la minoría de edad "presupone una capacidad natural limitada que justifica la limitación de la capacidad de obrar y la sujeción a un sistema de protección".

[135] BARBA, V., "Autonomía progresiva e interés de la persona menor de edad", en *Un nuevo Derecho para las familias. A propósito del nuevo Código de las Familias de Cuba,* Pérez Gallardo, L. B. y Cerdeira Bravo de Mansilla, G. (dirs.) y García Mayo, M. (coord.), ediciones Olejnik, Santiago-Chile, 2023, pp. 214-215.

en todos los asuntos que afectan al niño, teniéndose debidamente en cuenta las opiniones del niño, en función de la edad y madurez del niño". En concreto, como se indica en la Observación General núm. 12 (2009) del Comité de los Derechos del Niño, no se puede partir de la premisa de que un niño es incapaz de expresar sus propias opiniones. Al contrario, hay que dar por supuesto que el niño tiene capacidad para formarse sus propias opiniones y reconocer que tiene derecho a expresarlas, sin que corresponda al niño probar primero que tiene esa capacidad. En la línea que estamos apuntando, señala CERDEIRA BRAVO DE MANSILLA[136] que "la capacidad es expresión de la personalidad, de la dignidad de toda persona, sea mayor o menor, tenga o no discapacidad,... Es manifestación, «principial», de la dignidad y del pleno desarrollo de la personalidad, que, como tal, en principio —o por principio, mejor dicho— ha de ser igual y libre para toda persona (cfr., arts. 10 y 14 de nuestra Constitución al reconocer tales principios de dignidad, libre desarrollo de la personalidad e igualdad). Por eso, por principio —insisto—, la capacidad ha de ser igualmente plena para toda persona, incluidos los menores de edad, quienes, antes que menores, son personas". Este reconocimiento del menor como persona que goza de capacidad jurídica, en un ámbito crucial como el contractual, se ha visto afirmado en 2021. Así, el reformado art. 1263 del CC se expresa ahora en términos positivos, al declarar que "[l]os menores de edad no emancipados podrán celebrar aquellos contratos que las leyes les permitan realizar por sí mismos o con asistencia de sus representantes y los relativos a bienes y servicios de la vida corriente propios de su edad de conformidad con los usos sociales".

El reconocimiento de la capacidad jurídica de los menores exige, no obstante, que, atendiendo a la edad —pues son bien distintos los "grandes menores" a los menores de corta edad[137] — o a la madurez

---

136 CERDEIRA BRAVO DE MANSILLA, G., "Capacidad e interés superior del menor: entre el *favor libertatis* y el *favor minoris*", *La Ley Derecho de Familia: Revista jurídica sobre familia y menores. Monográfico: el interés superior del menor en las relaciones familiares,* núm. 40, octubre-diciembre 2023 (versión Legalteca).

137 GARCÍA VICENTE, J. R., "Artículo 1263", en *Comentarios al Código Civil,* Bercovitz Rodríguez-Cano (coord.), 5ª ed., Thomson Reuters Aranzadi, Cizur Menor (Navarra), 2021, p. 1630.

del menor, se les otorgue protección. El criterio rector para la protección que es menester dispensar al menor es el del *favor minoris*, el principio del interés superior del menor, que consagra nuestra Constitución en su art. 39[138].

Partiendo del reconocimiento de la capacidad del menor, como la de cualquier otra persona, una capacidad que se presume plena y de la necesaria interpretación restrictiva de toda limitación de aquella presunta capacidad[139], considero que la categoría de la capacidad de obrar limitada ha dejado de tener sentido también para las personas menores de edad (y no solo respecto de las personas con discapacidad). Los menores no tienen una capacidad de obrar limitada siempre y en todo caso, sino que gozan de capacidad jurídica, aunque, atendiendo a la protección del propio menor (a su interés superior), en ocasiones, puede verse limitada. En conclusión, siguiendo a BARBA[140], estimo que lo más adecuado es superar la vieja categoría de la capacidad de obrar, también respecto de las personas menores de edad, y hablar exclusivamente de capacidad jurídica y de su ejercicio[141].

---

138 Ello exige, en palabras de CERDEIRA BRAVO DE MANSILLA, G., "Capacidad e interés superior del menor", cit. (versión Legalteca), alcanzar un difícil equilibrio en materia de capacidad de menores: "entre su libre y pleno desarrollo personal (*ex* arts. 10 y 14 CE), y su protección (*ex* art. 39 CE; entre ambos, siempre el primero como regla, y el segundo como elemento ponderador de justicia, o equidad".

139 CERDEIRA BRAVO DE MANSILLA, G., "Capacidad e interés superior del menor", cit. (versión Legalteca).

140 BARBA, V., "Autonomía progresiva e interés de la persona menor de edad", cit., pp. 229-230.

141 La superación del binarismo capacidad jurídica-capacidad de obrar, no significa afirmar que la persona menor de edad puede válidamente llevar a cabo cualquier negocio jurídico y que éstos son siempre válidos, pues ello resultaría igualmente incoherente con la CDN, "porque contrastaría con el principio de atribuir relevancia a la opinión del menor en función de su madurez, así como con la necesidad de cuidar de la persona y realizar su interés mejor" (BARBA, V., "Autonomía progresiva e interés de la persona menor de edad", cit., p. 234).

1.2. Las instituciones de protección de los menores de edad: la función del defensor judicial

Dos son las instituciones de protección permanentes de las personas menores de edad no emancipadas[142]: la patria potestad, de carácter principal (art. 154 CC), y la tutela, que tiene un carácter subsidiario, en la medida en que se constituye para los menores de edad que no estén protegidos por la primera (art. 199.2.º del CC)[143]. La LAPD ha puesto fin a la tutela como medida de protección de superior intensidad para las personas mayores de edad. Con anterioridad, como es sabido, la tutela se configuraba como una institución de protección de las personas mayores de edad incapacitadas, así como de los menores de edad no emancipados. La reforma, además de desplazar la tutela del ámbito de las personas mayores de edad con discapacidad, modifica la regulación de la tutela de las personas menores con el único fin de adaptarla a su actual esfera de actuación[144]. Por lo demás, se mantiene el sistema de la tutela automática para el menor que se encuentre en condición de desamparo (art. 199.1.º del CC),

---

142 El Código Civil regula también la guarda de hecho del menor, que es una situación transitoria "hasta que se constituya la medida de protección adecuada" (art. 237.1.II CC).

143 En virtud de lo establecido en el art. 199.2.º CC: "Quedan sujetos a tutela: 2.º Los menores no emancipados no sujetos a patria potestad". El Código Civil regula también la guarda de hecho del menor, que es una situación transitoria "hasta que se constituya la medida de protección adecuada" (art. 237.1.II CC). Comenta SOLÉ RESINA, J., "La tutela de las personas menores", cit., p. 44, que "[l]a función de la tutela de las personas menores (...) únicamente tiene sentido cuando no se encuentran sujetas a la patria potestad de sus progenitores, por lo que se regula solamente para estos supuestos, lo que significa que es una institución subsidiaria de protección de las personas menores no emancipadas".

144 Señala SOLÉ RESINA, J., "La tutela de las personas menores", cit., p. 41, que la reforma que lleva a cabo la LAPD "tiene el único fin de adaptar esta institución al nuevo tratamiento legal de la discapacidad, por lo que modifica la regulación de la tutela de las personas menores sin pretensión de efectuar una auténtica revisión de esta figura". Esta autora realiza un análisis general de la nueva regulación de la tutela de las personas menores, destacando los cambios que se han introducido en esta materia y los vestigios de la anterior regulación.

así como una regulación de la situación provisional de la guarda de hecho (arts. 237 y 238 del CC).

Existen una serie de escenarios que justifican la exclusión del poder de representación y defensa de los titulares de la patria potestad y del tutor y su sustitución por un cargo judicial cuya actuación se reputa idónea para amparar los intereses del hijo menor[145]. El defensor judicial del menor no emancipado constituye, en este sentido, una figura de protección de carácter transitorio que actúa cuando existe contraposición de intereses entre el menor no emancipado y sus representantes legales (arts. 235.1.º del CC), así como en los casos en que el tutor no desempeña adecuadamente sus funciones (art. 235.2.º del CC)[146]. Su actuación está prevista, pues, para dos situaciones de carácter temporal: una, de carácter ocasional, como es el conflicto de intereses y, la otra, caracterizada por su provisionalidad, consistente en la imposibilidad del tutor.

2. *El conflicto de intereses entre el menor y sus representantes legales*

2.1. El conflicto de intereses entre el menor y sus progenitores o el tutor determinante del nombramiento del defensor judicial

La existencia de un conflicto de intereses entre el menor y sus progenitores o el tutor, constituye un supuesto tradicional en el que se ha previsto el nombramiento de un defensor judicial, al que se atribuirá la legitimación para actuar en ese asunto o negocio jurídico

---

145 DÍEZ GARCÍA, H., "Artículo 163", en *Comentarios al Código Civil,* t. II, Bercovitz Rodríguez-Cano (dir.), Tirant lo Blanch, Valencia, p. 1681.

146 Para DÍEZ GARCÍA, H., "Artículo 163", en *Comentarios al Código Civil,* cit., p. 1680, "este eventual valedor del menor, como su mismo nombre indica, es un cargo de nombramiento judicial (en la medida en que resulta necesaria una resolución judicial que acuerde su nombramiento) que temporal u ocasionalmente asume la representación y defensa de los intereses de los menores de edad para aquellos supuestos en los que la persona o las personas que legalmente deberían hacerlo, no lo hacen; bien porque no pueden o bien porque no deben hacerlo".

concreto en que se plantea esta incompatibilidad de intereses. Tal y como se ha expuesto en el capítulo inicial de este trabajo, esta es la razón que motivó, en su momento, la inclusión de esta figura en nuestro ordenamiento jurídico. En la redacción vigente, conforme a lo establecido en el art. 235.1° CC, se nombrará un defensor judicial "cuando en algún asunto exista conflicto de intereses entre los menores y sus representantes legales, salvo los casos en que la ley prevea otra forma de salvarlo". Esta fórmula general engloba el supuesto concreto contemplado por los arts. 162.2° y 163 del CC, relativo al conflicto de los padres con sus hijos[147], preceptos ambos cuya redacción ha quedado inalterada tras la LAPD.

El precepto abarca también la situación, contemplada en el art. 226.2° del CC[148], del conflicto de intereses entre el menor y el tutor. Deberá tratarse de un conflicto sobrevenido, dado que si es preexistente inhabilitará al tutor para el ejercicio de la tutela (art. 217.5.° del CC)[149]; y ocasional, pues si la situación de conflicto es prolongada o reiterada, podría provocar la remoción del tutor (arts. 223 y 278 del CC), en cuyo caso, el defensor asumiría su cometido hasta que se procediese a un nuevo nombramiento (arts. 224 y 283 del CC).

La situación de conflicto u oposición entre los intereses del menor y los de sus representantes legales provoca que deba evitarse la actuación de estos. En este sentido, el Convenio Europeo sobre el

---

147 El art. 163 del CC constituye el desarrollo del art. 162.2°. El art. 162 CC declara que "[l]os padres que ostenten la patria potestad tienen la representación legal de sus hijos menores no emancipados" y que "se exceptúan: 2.° Aquellos en que exista conflicto de intereses entre los padres y el hijo". De forma coordinada, el art. 163, en su primer inciso, manifiesta que "[siempre que en algún asunto los progenitores tengan un interés opuesto al de sus hijos no emancipados, se nombrará a éstos un defensor que los represente en juicio y fuera de él".

148 El art. 226.2.° del CC prohíbe al tutor "[r]epresentar al tutelado cuando en el mismo acto intervenga en nombre propio o de un tercero y existiera conflicto de intereses".

149 Declara el art. 217.5.° del CC que la autoridad judicial no podrá nombrar tutor a "quien tenga conflicto de intereses con la persona sujeta a tutela". Sobre este tema, ORDÁS ALONSO, M., "Artículo 235", en *Comentarios al Código Civil*, Bercovitz Rodríguez-Cano (coord.), 5ª ed., Thomson Reuters Aranzadi, Cizur Menor (Navarra), 2021, p. 449.

Ejercicio de los Derechos de los Niños[150], prevé que "el niño tendrá derecho a solicitar, personalmente o a través de otras personas u organismos, la designación de un representante especial en los procedimientos que le afecten ante una autoridad judicial, cuando el derecho interno prive a los titulares de las responsabilidades parentales de la facultad de representar al niño como consecuencia de un conflicto de intereses con éste" (art. 4). La actuación del defensor judicial en el proceso, si hubiera conflicto de interés o discrepancia con los progenitores, tutores o representantes del menor, es una medida que también aparece contemplada en el art. 5.c) de la LOPJM. Cabe citar, asimismo, otras leyes que, ante situaciones concretas de conflicto de intereses entre los representantes legales y el menor, solventan el trance mediante el nombramiento de un defensor judicial. Así se refleja en el art. 520.4 de la LECrim que, al regular la detención del menor, prevé que "[e]n caso de conflicto de intereses con quienes ejerzan la patria potestad, la tutela o la guarda de hecho del menor, se le nombrará un defensor judicial a quien se pondrá en conocimiento del hecho y del lugar de detención". En términos parecidos, el art. 26.2 de la Ley 4/2015, de 27 de abril, del Estatuto de la víctima del delito, señala que el fiscal recabará del juez o tribunal la designación de un defensor judicial de la víctima, para que la represente en la investigación y en el proceso penal, entre otros supuestos, "[c]uando valore que los representantes legales de la víctima menor de edad o con capacidad judicialmente modificada tienen con ella un conflicto de intereses, derivado o no del hecho investigado, que no permite confiar en una gestión adecuada de sus intereses en la investigación o en el proceso penal" (apartado a) o "[c]uando el conflicto de intereses a que se refiere la letra a) de este apartado exista con uno de los progenitores y el otro no se encuentre en condiciones de ejercer adecuadamente sus funciones de representación y asistencia de la víctima menor o con capacidad judicialmente modificada" (apartado b). En la misma línea, el art. 13 bis de la Ley Orgánica 2/2010, de 3 de marzo, de salud sexual y reproductiva y de la interrupción voluntaria del embarazo, establece en su apartado 2.IV que, en caso de discrepancia entre la menor (que tenga menos de dieciséis años)

---

150 Este Convenio, hecho en Estrasburgo el 25 de enero de 1996, fue ratificado por España mediante Instrumento de 11 de noviembre de 2014.

y los llamados a prestar el consentimiento por representación, "los conflictos se resolverán conforme a lo dispuesto en la legislación civil por la autoridad judicial, debiendo nombrar a la menor un defensor judicial en el seno del procedimiento y con intervención del Ministerio Fiscal" y que "[e]l procedimiento tendrá carácter urgente en atención a lo dispuesto en el artículo 19.6 de esta ley orgánica".

El art. 235.1.º dispone el nombramiento de un defensor judicial para las situaciones de conflicto de intereses, "salvo en los casos en que la ley prevea otra forma de salvarlo". En consecuencia, si la filiación está determinada por ambas líneas, para que surja la necesidad de nombrar un defensor judicial es preciso que, en algún asunto, ambos progenitores tengan un interés opuesto al del hijo no emancipado[151]. Lo que se requiere es que los dos progenitores, que son quienes tienen que representar al menor, tengan intereses opuestos que hagan imposible esa representación, al margen de que esos intereses que ellos tienen —y que son opuestos a los del menor— sean compartidos o no[152]. Si el conflicto de intereses existiere sólo entre uno de los progenitores y el hijo, en la situación habitual de que ambos ejerzan la patria potestad, corresponderá, por ministerio de la ley, al otro progenitor con el que no exista esa incompatibilidad de intereses representar al menor (art. 163.II del CC)[153]. Así pues, se nombrará un defensor judicial cuando en algún asunto ambos progenitores tengan un interés opuesto al de sus hijos sometidos a patria potestad, para representar a los mismos judicial o extrajudicialmente (arts. 162.2 y 163, párrafo primero, CC)[154] o, también, si el conflicto

---

151 STS de 17 de enero de 2003 *(Tol 4927572).*

152 Defiende este planteamiento MAYOR DEL HOYO, M.ª V., "Sobre la intervención del defensor judicial en los procesos de impugnación de la paternidad (comentario a la STS 481/1997, de 5 de junio)", *Anuario de Derecho Civil,* vol. 51, núm. 2, 1998, p. 922.

153 La LJV, en la redacción originaria del art. 27.1.a) contemplaba también esta situación, al excluir de la necesidad de nombramiento de un defensor judicial el supuesto de que existiera patria potestad o tutela conjunta, y no hubiera conflicto de intereses con uno de los progenitores o tutor.

154 En términos parecidos, el art. 320 del *Codice civile* prevé que, si el conflicto surge entre los hijos y uno solo de los progenitores que ejerce la responsabilidad parental, la representación de los hijos corresponde exclusivamente al otro progenitor.

se ha planteado respecto del único progenitor que ejerza patria potestad[155]. Del mismo modo, para el caso de la tutela encomendada a varios tutores (arts. 218 y 219 del CC), si la incompatibilidad de intereses se produce solo respecto de alguno de los tutores, el art. 220 del CC permite que el acto o contrato se realice "por el otro tutor o, de ser varios, por los demás en forma conjunta".

El Código civil no contempla los posibles conflictos de intereses entre los progenitores y los *nasciturí* (arts. 29 y 627 del CC), ni el que puede suscitarse entre varios hermanos sometidos a la misma patria potestad; no obstante, la doctrina se inclina por admitir, en ambos supuestos, la designación de defensor judicial[156].

2.2. El conflicto de intereses: delimitación

En ciertos artículos del Código civil, a propósito de justificar el nombramiento del defensor judicial, se utilizan las palabras "conflicto de intereses" (arts. 235.1.° y 3.° y 295.2.°), mientras que en otros los términos empleados son los de "interés opuesto" (art. 163), que tienen un sentido semejante.

Existirá conflicto de intereses cuando se produzca una oposición entre el interés del menor y el de su progenitor (o progenitores) o tutor[157]. Confluye, oponiéndose al interés del menor, "un interés ex-

---

155 Aclara DÍEZ GARCÍA, H., "Artículo 163", en *Comentarios al Código Civil*, cit., p. 1682, la aplicación del art. 163 del CC requiere que concurra el presupuesto fáctico habilitante: la existencia de un interés opuesto en algún asunto entre el padre y la madre y el hijo cuando aquellos ostentan y pueden ejercitar la representación legal. Ergo, "no se dará cuando el interés opuesto se manifieste o se materialice con el titular no ejerciente de la patria potestad, suspendido o privado de tal poder representativo, ni por supuesto, cuando la conflictividad se suscite con el progenitor privado o excluido de esta titularidad".

156 FLORENSA I TOMÀS, C. E., *El defensor judicial*, cit., pp. 87-95.

157 Señalaba HERNÁNDEZ GIL, F., "Sobre la figura del defensor judicial de menores", cit., p. 210, que "para el nacimiento del conflicto de intereses no basta con que el padre tenga un interés en el asunto o negocio en que interviene; tampoco es suficiente que esté personalmente interesado en el acto que debe cumplir en interés del hijo, sino que para que cese el poder

traño y opuesto que tiende a excluirlo total o parcialmente y que es tenido como propio por el representante, no pudiendo provocarle el beneficio del uno sin el perjuicio del otro"[158]. Es indudable que "el que los intereses de padres e hijos sean distintos no implica necesariamente incompatibilidad, pues es posible que todos con curran y que resulte admisible una defensa conjunta"[159]. Cuando no existe

---

de representación se precisa que ambos intereses sean opuestos". Para este autor, la oposición de intereses consistía en unas "posturas antagónicas, en las que no puede atenderse a las dos a la vez sin que una de ellas resulte perjudicada"; "actitud absolutamente inconciliable, antitética; el choque de los intereses personales del padre con los del hijo, de modo que, necesariamente, en su actuación surja el peligro de una decisión parcial"; "que lo que suponga provecho, ventaja para su patrimonio, constituya, al mismo tiempo, carga, perjuicio, gravamen, para el de los hijos". GONZÁLEZ Y MARTÍNEZ, J., "El defensor judicial", cit., p. 199, expuso que la simple coincidencia de intereses no autorizaba para solicitar el nombramiento de defensor.

158 MORENO MARTÍNEZ, J. A., *El defensor judicial,* Montecorvo, Madrid, 1989, pp. 105-106. La STS de 5 de junio de 2012 *(Tol 2557983)* destacó que "[d] icho conflicto puede estar presente cuando los intereses y derechos de uno (titular o titulares de la patria potestad) y otro (el hijo) son contrarios u opuestos en un asunto determinado, de modo que el beneficio de uno puede comportar perjuicio para el otro".

159 SSTS de 17 de mayo de 2004 *(Tol 434248)* y de 5 de junio de 2012 *(Tol 2557983).* En la primera de estas sentencias, la actora pretendía que se declarase la nulidad de un juicio ejecutivo en que se había despachado ejecución contra sus bienes y los de su madre (y hermanos) en las condiciones respectivas de heredera y cónyuge viudo de su padre, que falleció sin testar. En su demanda alegaba que era menor de edad durante la tramitación del juicio ejecutivo que pretendía anular y que su madre había ejercido su representación legal (con inactividad procesal que motivó la declaración en rebeldía), lo que le había producido indefensión. El Tribunal Supremo declara que "la madre, al defender su usufructo ante una ejecución despachada contra los bienes usufructuados, podía defender, sin sacrificio alguno, la nuda propiedad de su hija", y que "[l]os instrumentos de defensa eran los mismos y en esa concreta situación no era necesaria la designación de un defensor judicial". En la de 5 de junio de 2012, el Tribunal Supremo tampoco aprecia conflicto de intereses entre madre e hijos menores, "pues fue precisamente el interés de estos y de la propia herencia el que determinó la resolución contractual para evitar que la misma quedara sujeta al pago de un precio tan elevado, sin perjuicio de que la propia madre doña Raimunda adquiriera a continuación la misma finca "pro indiviso" junto

conflicto, porque no existe oposición, sino intereses paralelos de representante y representado, rige la regla general de representación legal de los hijos por sus progenitores o el tutor[160].

Esta situación supone un peligro para los intereses del menor[161], lo que provoca la paralización o suspensión del deber de representación legal de los progenitores o del tutor. El Tribunal Supremo ha declarado que "el conflicto de intereses existe cuando, en la realización de los actos de guarda y protección, la actuación de los representantes pone en peligro el beneficio del menor (...) al ser éste contrario al interés subjetivo o personal de aquéllos"[162]. De ahí que la situación de conflicto se identifique con supuestos en los que sea razonable entender que la defensa por los progenitores de sus propios intereses irá en detrimento de los de los hijos[163].

En general, en la doctrina se ha estimado que el conflicto tiene por causa una situación objetiva, desconectada del comportamiento concreto observado por el progenitor en la relación en que se suscita el conflicto. Si objetivamente concurre la situación de conflicto, los

---

con las hermanas de su fallecido esposo, lo que suponía que la asunción de la obligación se reducía a solo una tercera parte del precio".

160 RRDGSJFP de 14 de junio de 2013 *(Tol 3855045)* y 30 de octubre de 2023 (*Tol 9775225*).

161 La STS de 9 de mayo de 1968 *(Tol 4276597)* declara que "la contraposición de interés entre padre o madre e hijos se presenta desde el momento en que uno de ellos, para proveer a la defensa de sus intereses, se ve compelido a limitar la participación útil del otro; porque entonces, puede perder el padre o la madre, la ecuanimidad necesaria para tutelar, a nivel de los suyos propios, los intereses de los hijos".

162 SSTS de 7 de noviembre de 2002 *(Tol 4974993)*, de 17 de enero de 2003 *(Tol 4927572)* y 4 de marzo de 2003 *(Tol 4927749)*. Asimismo, la DGSJFP tiene declarado que "para exceptuar el régimen general es imprescindible que entre representante y representado exista oposición de intereses, es decir un conflicto real de intereses que viene definido por la existencia de una situación de ventaja de los intereses del representante sobre los del representado" [entre otras, resolución de 14 de junio de 2013 *(Tol 3855045)*].

163 SSTS de 17 de enero de 2003 *(Tol 4927572)* y 5 de noviembre de 2003 *(Tol 324965)*.

progenitores o el tutor no podrán representar al menor[164]. En cualquier caso, dado el carácter excepcional de la representación legal conectada al defensor judicial, la oposición de intereses ha de ser real, actual y efectiva, sin que resulte posible ampliar el concepto de intereses opuestos hasta casos de perjuicios futuros e hipotéticos[165]. Se excluye así del supuesto previsto por la norma "el mero peligro hipotético o la mera suposición de que pudiera concurrir un supuesto de conflicto, exclusión del todo lógica pues de lo contrario se haría de la excepción regla vaciando de contenido el principio general de representación legal"[166]. Ha de tratarse, además, de un conflicto puntual, dado que si fuese permanente o duradero en el tiempo habría de comportar la inhabilitación para el cargo de tutor o la remoción de este, en consonancia con lo establecido en el arts. 217.5.º, 223 y 278 del CC[167].

El conflicto de intereses lo toma en consideración el legislador, por tanto, en defensa del menor y con relación a cada asunto con-

---

164 MAYOR DEL HOYO, M.ª V., "Sobre la intervención del defensor judicial", cit., p. 933.

165 RDGSJFP de 27 de enero de 1987 (BOE núm. 35 de 10 de febrero de 1987). Como declara la resolución de 15 de septiembre de 2003 *(Tol 317380)*, "[d]e los hechos hipotéticos no puede deducirse la existencia de oposición de intereses, pues ni son conocidos, ni son concretos, ni resultan de la escritura ni del Registro, por lo que no pueden ser tenidos en cuenta para la calificación (cfr. artículo 18 de la Ley Hipotecaria)". Según criterio reiterado del Centro Directivo, para que exista un conflicto de intereses "es necesaria la existencia real de ese conflicto u oposición de intereses" [entre otras, resolución de 2 de marzo de 2015 *(Tol 4787739)*]. Como dispuso la STS de 8 de noviembre de 2017 (*Tol 6427812*), "el conflicto, para ser tal, debe ser real en atención a las circunstancias concretas, de modo que exista un riesgo de que la actuación del representante en beneficio propio, ponga en peligro los intereses del representado".

166 RDGSJFP de 14 de junio de 2013 *(Tol 3855045)*.

167 El art. 217.5.º del CC impide que la autoridad judicial nombre tutor a "quien tenga conflicto de intereses con la persona sujeta a tutela". El art. 223 del CC determina que las causas y procedimientos de remoción de la tutela serán los mismos que los establecidos para la curatela. Por último, el art. 278 señala que "[s]erán removidos de la curatela los que, después del nombramiento, incurran en una causa legal de inhabilidad [...]".

creto (artículo 235.1.º CC)[168], razón por la que hay que estar a las circunstancias concurrentes para afirmar o negar su existencia. Ese casuismo deriva de la excepcionalidad de la figura en relación con la regla general de representación de los hijos menores por sus progenitores (artículo 162.2º. CC).

El conflicto de intereses desencadenante de la exigencia del nombramiento de un defensor judicial puede plantearse tanto en asuntos de carácter patrimonial como personal. En la redacción originaria del Código civil, la doctrina mayoritaria entendía que la oposición de intereses se circunscribía al ámbito patrimonial. Tras la reforma de 13 de mayo de 1981, no cabe duda de que los intereses en conflicto pueden ser también personales[169]. No en vano, tanto la redacción del anterior art. 299 del CC, como los arts. 235 y 163 de la versión vigente, refieren el conflicto de intereses, de manera amplia, a "algún asunto". En lo que a cuestiones atinentes a la esfera personal o extrapatrimonial se refiere, hasta el momento, el nombramiento de defensor judicial ha sido común cuando el conflicto de intereses trae causa de acciones de filiación entabladas por el padre que solicita se determine la paternidad a su favor, impugnando la que, en su caso, aparezca en el Registro Civil. En estas situaciones, la intervención de la madre en el proceso en su propio interés y en representación del menor, se ha estimado que provoca un conflicto de intereses. En el ámbito patrimonial, "serán las circunstancias de cada supuesto las demostrativas de la contraposición de intereses, ordinariamente surgida cuando el beneficio patrimonial de una de las partes es en perjuicio del patrimonio de la otra", de manera que "la resolución recae

---

168 Declara la STS de 7 de noviembre de 2002 *(Tol 4974993)* que el nombramiento de defensor judicial "opera siempre en situaciones concretas; siempre que en algún asunto el padre y la madre tengan un interés opuesto al del hijo no emancipado y el defensor judicial se nombra para el acto concreto en el que hay conflicto de intereses".

169 En el ordenamiento italiano, en cambio, la intervención del "curatore speciale" contemplada en el art. 320 del *Codice Civile* está prevista para el caso de que surja un conflicto de intereses "patrimoniales" entre los hijos sujetos a una misma responsabilidad parental, o entre ellos y sus progenitores o el que de ellos ejerza la responsabilidad parental exclusiva.

sobre valores que si no fueren atribuidos directa o indirectamente al padre corresponderían o aprovecharían al hijo"[170].

La confluencia de intereses inconciliables, como supuesto de hecho determinante del nombramiento del defensor judicial, puede tener lugar en la vía judicial o extrajudicial[171]. Planteado el conflicto de intereses, y acreditada su existencia, se suspenderá al representante legal (progenitores o tutor) de sus funciones en ese concreto asunto o negocio jurídico; al propio tiempo, se designará al defensor judicial, concediéndole la legitimación para actuar en el ámbito concreto en el que se planteó el conflicto de intereses, para que actúe en nombre del menor. Como ha determinado el Tribunal Supremo, una vez acreditado el conflicto de intereses, se procederá al nombramiento de un defensor que represente al menor en juicio y fuera de él [172].

En conclusión, el conflicto de intereses se produce en asuntos concretos y puntuales, no genéricos, en los que exista una incompatibilidad entre el interés del representante legal y el del menor.

2.3. Análisis de algunos supuestos de conflicto de intereses

La concurrencia de una situación de conflicto de intereses es, sin lugar a dudas, la que con mayor frecuencia ha provocado el debate ante los Tribunales acerca del nombramiento del defensor judicial. Atendiendo a la jurisprudencia y a la doctrina de la DGSJFP, las situaciones jurídicas que han sido consideradas como susceptibles de generar un "conflicto de intereses", merecedor del nombramiento de un defensor judicial, han sido, diversas, como vamos a exponer

---

170 STS de 12 de junio de 1985 *(Tol 1736534)*, con cita de las añejas SSTS de 6 de noviembre de 1934 y 30 de noviembre de 1961 *(Tol 4337503)*.

171 La LOPJM prevé en el art. 2.5.c) la participación de un defensor judicial del menor si hubiera conflicto de intereses en el proceso; asimismo, el art. 10.2.e) declara que "[p]ara la defensa y garantía de sus derechos el menor puede [...]: Solicitar asistencia legal y el nombramiento de un defensor judicial, en su caso, para emprender las acciones judiciales y administrativas necesarias encaminadas a la protección y defensa de sus derechos e intereses [...]".

172 STS de 7 de noviembre de 2002 *(Tol 4974993)*.

seguidamente. Esta oposición o incompatibilidad de intereses entre el menor y sus progenitores o tutores, que conduce al nombramiento del defensor judicial, puede venir referida a asuntos personales, familiares o patrimoniales.

2.3.1. En cuestiones de carácter personal

Es posible que se suscite un conflicto de intereses, que demande el nombramiento de un defensor judicial, cuando un menor no emancipado sometido a tutela pública impugne en vía judicial su repatriación para la reincorporación a su núcleo familiar[173]. El conflicto de intereses entre el menor extranjero y la Administración que insta su repatriación, y que ostenta sobre el mismo la guarda, como consecuencia de la tutela administrativa por previa declaración de desamparo, se producirá cuando sea la propia Administración la que represente al menor (si al menor se le reconoce capacidad procesal directa *ex* art. 18 de la LJCA no nacerá dicho conflicto)[174].

2.3.2. En los procedimientos de filiación

El ejercicio de la acción de reclamación de la filiación paterna, cuando el supuesto hijo cuya paternidad se reclama es menor de edad, requiere que la demanda se dirija frente al menor[175]. Ahora bien, estamos ante un supuesto que genera un conflicto de intereses

---

[173] Sobre el tema se ha pronunciado la STC de 22 de diciembre de 2008 (*Tol 1416115*).

[174] El art. 18 de la LJCA reconoce capacidad procesal ante el orden jurisdiccional contencioso-administrativo, a "los menores de edad para la defensa de aquellos de sus derechos e intereses legítimos cuya actuación les esté permitida por el ordenamiento jurídico sin necesidad de asistencia de la persona que ejerza la patria potestad, tutela o curatela".

[175] Para el Tribunal Supremo, en los procesos de reclamación de la paternidad, "es evidente la naturaleza de orden público que exige la protección de los intereses del menor, que, por tanto, no puede estar ausente del proceso" [sentencia de 17 de enero de 2003 *(Tol 4927572)*]. Aprecia la falta de litisconsorcio pasivo necesario la STS de 9 de julio de 2004 *(Tol 483421)*, dado que no bastaba dirigir la demanda contra la madre, "pues no puede

entre el menor y su representante legal (normalmente, la madre), por lo que será necesario el nombramiento de un defensor judicial que represente y ampare los intereses del menor. Y ello en la medida en que "son contrarios los intereses de la madre demandada, que elude establecer la realidad, cualquiera que sea, sobre la paternidad, con los intereses del hijo, tanto desde el punto de vista de su persona como del orden público del estado civil"[176]. El defensor judicial representará al menor en el procedimiento de reclamación de la filiación, mientras que en los demás ámbitos su representación la seguirá ejercitando la madre[177]. El conflicto de intereses se aprecia también respecto de los dos progenitores que se oponen a una demanda de reclamación de la paternidad interpuesta por un tercero: "en este caso son contrarios los intereses de los demandados, madre y padre inscrito, que no desean establecer en ningún caso la realidad que sea procedente sobre la paternidad, con los intereses de los hijos, tanto desde el punto de vista de sus personas como del orden público del estado civil"[178].

Será asimismo preciso el nombramiento del defensor judicial cuando, con base en el art. 136 CC, se ejercite la acción de impugnación de la filiación matrimonial por el marido respecto del hijo menor no emancipado codemandado; ello por cuanto, siendo el valor superior y prevalente el descubrimiento de la verdad material o biológica, el conflicto de intereses de ambos progenitores con respecto al hijo deviene elemental[179].

---

ventilarse aquí la cuestión sin aquél, por atención a la seguridad, no sólo familiar, sino social, que ha de rodear a la posesión de estado civil".

176 En este sentido, SSTS de 7 de noviembre de 2002 *(Tol 4974993)*, 17 de enero *(Tol 4927572)* y 4 de marzo de 2003 *(Tol 4927749)* y 9 de julio de 2004 *(Tol 483421)*.

177 STS de 17 de enero de 2003 *(Tol 4927572)*.

178 STS de 30 de junio de 2004 (*Tol 483355*).

179 En la STS de 5 de junio de 1997 *(Tol 5119467)* se pone de manifiesto que "se debe tener en cuenta el dogma incorporado a nuestro ordenamiento desde el precepto constitucional del Art. 39, de que el valor superior y prevalente y, por tanto, proyectable en los hijos, es que, a toda costa, se facilite la «investigación de la paternidad», esto es, que en la contienda ostente supremacía el descubrimiento de la verdad material o biológica, por lo que el conflicto de intereses de ambos contendientes con respecto al hijo deviene

2.3.3. En la partición hereditaria

Los casos más frecuentes de conflicto de intereses que se dan en la práctica tienen lugar en la sucesión hereditaria por fallecimiento de uno de los progenitores dejando hijos menores de edad. Los intereses de éstos y los del progenitor supérstite pueden resultar opuestos, por tener unos y otros sus derechos en la herencia, haciendo preciso el nombramiento al hijo de un defensor judicial que lo represente en las operaciones de inventario, avalúo, liquidación, partición y adjudicación de los bienes componentes de la herencia del progenitor fallecido[180]. Sin embargo, como ha puesto de manifiesto el Centro Directivo[181], no cabe dar por sentado que siempre que en una partición intervenga un representante legal en su propio nombre y

---

elemental, porque el actor, por su condición procesal litiga precisamente contra «su» hijo, al que demanda, por lo que sería un despropósito afirmar que también «le defiende», y la propia madre codemandada, al aspirar en su oposición a que se mantenga la filiación matrimonial, tampoco, en puridad, defiende los prístinos intereses del menor, que son, se repite, los acordes con la verdad biológica de su progenie, amén de que en la actuación procesal de esa madre no pueda eludirse su propia defensa, de su estima, fidelidad, etc., que aunque sumergidos, son asimismo, motivaciones explicativas de aquella actuación; en definitiva, descartado el juego de ese Art. 163-2, no cabe sino aplicar su primer párrafo, y exigir la observancia del nombramiento del defensor judicial". Al hilo del comentario a esta sentencia, señala MAYOR DEL HOYO, M.ª V., "Sobre la intervención del defensor judicial", cit., p. 922, que del art. 163 del CC no se deduce, en puridad, que "para que se nombre defensor judicial, el padre y la madre deban tener un interés común que sea contrario al interés del menor; sino que el supuesto de hecho consiste exactamente en que ambos padres tengan intereses contrarios a los del menor, independientemente de que los dos padres tengan el mismo interés o no".

180 El conflicto de intereses puede surgir tanto si los hijos menores de edad han sido llamados a la herencia en concepto de herederos o como legatarios. Así, la STS de 6 de noviembre de 1934, pronunciándose sobre el contenido del antiguo art. 165 del CC (que luego se convierte en el art. 163), apreció que existía conflicto de intereses en un contrato particional en el que el padre tenía el carácter de heredero y los hijos ostentaban el de legatarios.

181 Entre otras, RRDGSJFP de 23 de mayo de 2012 *(Tol 2570714)* y de 2 de marzo de 2015 *(Tol 4787739)*.

en representación de un menor exista, por definición, oposición de intereses, sino que habrá que examinar las circunstancias concretas de cada caso[182]. La doctrina del Centro Directivo ha precisado que la contradicción de intereses entre los menores y sus representantes legales puede darse por diferentes motivos: inventariar el progenitor como gananciales bienes que eran privativos del causante, inventariar igualmente como gananciales bienes cuyo título adquisitivo es dudoso, no ajustarse el representante en la adjudicación de los bienes a las disposiciones legales en la titularidad de los bienes del caudal relicto o ejercer el cónyuge viudo una opción de pago de su cuota viudal usufructuaria que corresponde a los menores representados. Si se dan estas circunstancias, habrá conflicto de intereses y será necesario nombrar un defensor judicial. Veamos algunas de estas situaciones con mayor detenimiento.

Existirá conflicto de intereses, y será necesario designar un defensor judicial, cuando se produce la conmutación del usufructo del cónyuge viudo, es decir, cuando el viudo representante de los menores se adjudica bienes concretos en pago de su legado de usufructo (art. 839 del CC)[183]. Son también antagónicos los intereses de los herederos menores de edad y los de sus representantes legales, progenitores o tutores, cuando el testamento incorpora la llamada "cautela socini". La "cautela socini", como es sabido, es una disposición testamentaria en virtud de la cual se concede a los herederos forzosos la posibilidad de escoger entre lo que les corresponde por legítima estricta o tener una mayor participación en la herencia, siempre y cuando acepten el gravamen que se les impone; normalmente, la cláusula consistirá en dejar al cónyuge supérstite el usufructo universal de los bienes, concediendo a los hijos la propiedad de los mismos tras la extinción del usufructo. La decisión de si aceptar o no esta disposición testamentaria corresponde al legitimario, pero si este es un menor, será su representante quien adopte la decisión. La cuestión está en que es el cónyuge supérstite el que, con carácter general,

---

182 Por supuesto, no cabrá apreciar la existencia de conflicto de intereses cuando el representante legal interviene exclusivamente en nombre de la representada en la adjudicación de una herencia en la que aquél nada recibe [RDGSJFP de 26 de septiembre de 2011 (*Tol 2254255*)].

183 STS de 8 de junio de 2011 (*Tol 2155265*).

ejerce la representación de los hijos menores de edad, por lo que le corresponde adoptar una decisión en la que se contraponen los intereses del menor a los suyos propios[184]. Por tanto, en la partición hereditaria, la mera existencia de la cautela socini, en cuya virtud el progenitor sobreviviente acepta en representación del menor el gravamen usufructuario o cualquier otro, en beneficio de aquel representante legal favorecido por la cautela, conduce a la necesidad de nombramiento de un defensor judicial[185]. No se producirá, sin embargo, un conflicto de intereses cuando la "cautela socini" no afecta al tercio de legítima del menor[186].

Como se ha indicado, no en todos los casos en los que en una partición hereditaria intervenga un representante legal en su propio nombre y en representación de un hijo menor, ha de existir siempre una contradicción de intereses. Así, conforme reiterada doctrina del Centro Directivo, no hay conflicto de intereses en una partición, si los bienes se adjudican proindiviso respetando las normas lega-

---

184 El Centro Directivo ha entendido que "en el caso de cautela *socini*, fórmula testamentaria por la que los legitimarios reciben más de lo que por legítima les corresponde, pero con un gravamen —en este caso el usufructo del viudo— trae una alternativa por la que los legitimarios tienen que optar, y el hecho de que por ellos ejercite la opción su madre acarrea la contraposición de intereses, ya que la representante se ve afectada directamente por el resultado de la opción" [por todas, resolución de 4 de septiembre de 2012 *(Tol 2656082)*].

185 GÓMEZ GÁLLIGO, J., "Cuestiones de Derecho de Discapacidad y Familia en la doctrina de la Dirección General de los Registros y del Notariado", en *Protección Jurídica de la Persona con Discapacidad,* Serrano García, I. y Candau Pérez, A., Tirant lo Blanch, Valencia, 2017, p. 143.

186 La RDGSJFP de 22 de junio de 2015 (*Tol 5419366)* no aprecia conflicto de intereses que conduzca al nombramiento de defensor judicial en un caso en que el testamento concedía a la viuda la posibilidad de optar entre el legado de usufructo universal de la herencia o el legado del tercio de libre disposición, eligiendo la opción del tercio de libre disposición. Y ello en la medida en que la elección de la viuda no implicaba decisión alguna por parte de los herederos puesto que no se gravaba su legítima estricta sino tan sólo la mejora en los términos establecidos por el Código Civil, sin que afectase a la intangibilidad de la legítima.

les sobre la partición de la herencia[187]. Para la Dirección General, "puede entenderse que se trata de una operación sin trascendencia económica y que los eventuales perjuicios para los hijos son futuros e hipotéticos, porque sólo pueden aparecer si durante la minoría de edad de los hijos se procede a la división material o a la disolución de la comunidad romana formada"[188]. No será exigible tampoco nom-

---

187 RRDGSJFP de 2 de agosto de 2012 (*Tol 2656075*), 4 de septiembre de 2012 (*Tol 2656082*) y 2 de marzo de 2015 (*Tol 4787739*). Ciertamente, como declara la resolución de 27 de octubre de 2015 (*Tol 5561820*) "cabe la posibilidad (tan frecuente en la práctica) de la adjudicación en proindiviso a todos los herederos en proporción a sus respectivas cuotas, lo que elimina radicalmente la discusión de si la partición lesiona o no los derechos de los menores".

188 RDGSJFP de 9 de mayo de 1995 (*Tol 223384*). En consecuencia, hay casos específicos en que no es precisa la intervención del defensor judicial, como cuando el cónyuge viudo, por sí y en representación de sus hijas menores, acepta la herencia de su difunto esposo, en régimen de separación de bienes, y adjudica las dos únicas fincas relictas por cuotas indivisas en la misma proporción que resulta del testamento, dado que " será más tarde, si en la menor edad de aquéllas se procede a la disolución de las comunidades romanas formadas ahora cuando aparecerán claramente enfrentados los intereses de los comuneros, ante el peligro de que la madre prevaliéndose de su representación legal se lucre en perjuicio de las hijas" [RDGSJFP de 27 de enero de 1987 (BOE núm. 35 de 10 de febrero de 1987)]. En términos parecidos, la RDGSJFP de 6 de febrero de 1995 (*Tol 223402*) determina que "la adjudicación de las únicas fincas gananciales, de acuerdo con la disposición testamentaria y en la forma antes descrita, es una operación sin transcendencia económica; supone solamente la transformación de la comunidad germánica en una comunidad romana sobre cada uno de los mismos bienes, que no envuelve peligro alguno de perjuicio o lesión para el hijo, porque las deudas que hipotéticamente pudieran existir se mantienen -artículo 1.084 Código Civil- y en definitiva la adjudicación realizada en la escritura calificada tiene carácter provisional y será más tarde, si durante la menor edad del hijo se procede a la disolución de la comunidad romana formada, cuando aparecerán claramente enfrentados los intereses de los comuneros, ante el peligro de que la madre, prevaliéndose de su representación legal, se lucre en perjuicio de su hijo". En el mismo sentido, la resolución de 6 de noviembre de 1998 (*Tol 132452*) declara que "el artículo 163 del Código Civil aplicable en el momento de la calificación exige para que sea necesario el nombramiento de defensor judicial la existencia de un interés contrapuesto entre el progenitor y el menor de edad, contraposición que no se da cuando, como ocurre en el presente caso, rige entre los

brar un defensor judicial en la división de una comunidad cuando el representante legal del menor no tiene intereses en juego por haber renunciado a sus derechos[189]. Existirá, en cambio, conflicto de intereses en el supuesto de que los lotes fuesen desiguales[190]. Asimismo, se ha considerado que existe conflicto de intereses en la partición en que interviene el cónyuge viudo en representación de los hijos menores, a quienes no se les adjudica participación alguna de los bienes inventariados en la herencia, sino un crédito pagadero en el plazo de prescripción de las obligaciones personales, sin que devengue interés remuneratorio alguno y sin garantía real en seguridad de su pago[191].

2.3.4. En la liquidación de la sociedad de gananciales

Otra situación en la que puede suscitarse la necesidad de intervención del defensor judicial viene dada por la liquidación de la sociedad de gananciales, disuelta por muerte de uno de los cónyuges, en cuanto acto previo y necesario para proceder a la partición de la herencia[192]. La oposición de intereses puede tener lugar en la misma determinación del inventario de los bienes que son gananciales, pues en su formación se plantea un problema de determinación de masas patrimoniales —ganancial y privativas de cada de uno de los cónyuges— que no siempre viene resuelto mecánicamente, pues la presunción de ganancialidad no es indestructible y por eso, cuando exista un conflicto de intereses, se exige que el cónyuge viudo sea privado, en estas operaciones, de la representación legal de sus hijos menores de edad y que sea conferida a un defensor judicial. En concreto, el interés directo que tiene el cónyuge viudo en las consecuencias de la liquidación de gananciales le priva de la representación legal en la propia determinación del inventario ganancial "si el activo está integrado total o parcialmente por bienes cuya ganancialidad no vie-

esposos el régimen de separación de bienes y se procede a la adjudicación de, en realidad, un único bien, mediante creación de una cotitularidad en proporción a las cuotas hereditarias de cada adjudicatario".

189 RDGSJFP de 13 de julio de 1981 (*Tol 1739512*).

190 RDGSJFP de 27 de noviembre de 1986 (Tol 675847).

191 RDGSJFP de 27 de octubre de 2015 *(Tol 5561820).*

192 STS de 12 de junio de 1985 *(Tol 1736534).*

ne predeterminada legalmente sino que es fruto de una presunción legal susceptible de ser combatida (Resolución de 14 de marzo de 1991) o de una declaración unilateral del cónyuge supérstite (Resolución de 3 de abril de 1995)"[193].

Asimismo, en el momento de las adjudicaciones, si se adjudican bienes concretos, puede producirse la contradicción de intereses como consecuencia de la distinta valoración que se atribuya a cada uno de ellos[194], pero esta posibilidad decae si los bienes se adjudican

---

193 RDGSJFP de 14 de junio de 2013 *(Tol 3855045)*. Si el régimen económico matrimonial que se extingue por el fallecimiento del causante es el de gananciales la Dirección General ha considerado que existe contradicción de intereses en la determinación por inventario de los bienes que son gananciales, pues la presunción legal puede desvirtuarse (cfr. Resoluciones de 14 de marzo de 1991 y 3 de abril de 1995); mientras que si la presunción no opera porque el carácter ganancial viene dado por los títulos de adquisición, al ser expreso, mediante la Resolución de 10 de enero de 1994, entendió que no se da oposición de intereses en la formación de inventario, lo que confirmaron las Resoluciones de 6 de febrero de 1995 y de 11 de marzo de 2003 y 15 de septiembre de 2003 *(Tol 317380)*. Posteriormente, cabe citar la Resolución de 6 de septiembre de 2019 *(Tol 7564689)*, que establece que "aunque la viuda actúa en su propio nombre y derecho y en nombre y representación de sus hijas menores de edad, en ejercicio de la patria potestad, hay un conflicto de intereses entre la madre y sus hijas representadas, ya que el carácter ganancial o privativo de los bienes, afecta a la determinación del contenido de la masa hereditaria de los bienes y no cabe que sea decidido unilateralmente por la viuda interesada en la herencia". Por lo tanto, se resuelve, de conformidad con los arts. 236-20 y 224-1 del CCCat que, para proceder a la rectificación solicitada (respecto de una finca inscrita con carácter ganancial, pese a regirse el matrimonio por el régimen legal supletorio de separación de bienes), era preciso el nombramiento de defensor judicial que actúe en representación de las menores, para prestar el consentimiento de todos aquellos que se verían afectados con la rectificación de la inscripción. En los mismos términos se pronuncia la RRDGSJFP de 30 de octubre de 2023 (*Tol 9775225*).

194 La RDGSJFP de 3 de abril de 1995 *(Tol 223384)* aprecia intereses opuestos en una escritura denominada de "previa adjudicación herencial", por la cual la viuda y única compareciente, actuando en nombre propio y en el de sus hijos menores de edad, adjudica una finca ganancial procedente de la herencia intestada de su marido en la proporción de una mitad indivisa en propiedad a ella misma en concepto de imputación a su cuota en la sociedad de gananciales, adjudicando la otra mitad indivisa de la finca a ella

en comunidad romana, en cuya situación la proindivisión elimina la posibilidad de perjuicio para cualquiera de las partes[195]. Tampoco existirá conflicto de intereses cuando el cónyuge supérstite ejercita el derecho de atribución preferente de la vivienda habitual (art. 1406.4.º del CC)[196].

2.3.5. En el ámbito contractual e hipotecario

En el contexto contractual, han sido diversas las sentencias y resoluciones que han apreciado conflicto de intereses que provoca la necesidad de acudir al nombramiento de un defensor judicial, en la celebración de contratos en los que interviene el progenitor de un menor como representante legal y en su propio nombre, cuando los intereses son contrapuestos[197].

---

y a los dos hijos en usufructo y en propiedad en la misma proporción que corresponde a una y otros en la herencia del causante.

195 RDGSJFP de 10 de enero de 1984. La Resolución de 27 de enero de 1987 estableció la doctrina (confirmada por las de 10 de enero de 1994, 6 de febrero de 1995 y 11 de marzo de 2003, entre otras) de que la adjudicación pro indiviso, conforme a las cuotas legales o testamentarias, es una operación sin trascendencia económica, que supone desde el punto de vista jurídico una transformación de la comunidad germánica sobre el patrimonio hereditario (o ganancial) en comunidad romana o por cuotas indivisas sobre los singulares bienes, transformación que, en sí misma, no envuelve peligro alguno de lesión o perjuicio para los hijos representados [Resolución de 15 de septiembre de 2003 *(Tol 317380)*].

196 RRDGSJFP de 2 de marzo de 2015 *(Tol 4787739)*.

197 La STS de 30 de noviembre de 1961 *(Tol 4337503)* aprecia que existía un interés opuesto en la celebración de un contrato por parte de la madre de una menor, que actuaba en su derecho propio y en representación de su hija, dado que ambas eran interesadas en el negocio jurídico que se consumaba, que se refería en lo principal a un mismo objeto, la división de tres herencias y la liquidación de unas sociedades de gananciales que repercutían y trascendían, más o menos, a las relaciones jurídicas, consecuencia de todos los actos de liquidación y división, entre la madre y la hija, con beneficios y cargas recíprocas. El Tribunal Supremo declara que "ha de reconocerse una incompatibilidad de intereses y una oposición de los mismos, lo que se pone al descubierto siempre que el beneficio patrimonial de un sea en perjuicio del patrimonio de la otra, en una palabra, cuando la actuación

En el ámbito hipotecario, la RDGSJFP de 14 de mayo de 2010[198] aprecia la existencia de conflicto de intereses, y la consiguiente necesidad de acudir al nombramiento de un defensor judicial, en un supuesto en que se había formalizado un préstamo hipotecario con la finalidad de rehabilitación de una vivienda, siendo los hipotecantes el padre y un hijo mayor edad —que eran los prestatarios— así como otras dos hijas, una mayor de edad y la otra con diecisiete años cumplidos, que consintió conforme al art. 166.3 del CC[199]. El Centro Directivo aprecia la existencia de un conflicto de intereses entre el padre representante legal de la hija menor y ésta, al entender que no resultó acreditado la finalidad y destino del préstamo a vivienda habitual, al especificarse tan sólo que se realizaba "con destino a rehabilitación de vivienda", lo que no descartaba "según el mismo título que la hipoteca favorezca únicamente a los prestatarios".

---

patrimonial de la madre en el ejercicio de la patria potestad no se determina en función común patrimonio de ambas, lo que no ocurre en el presente caso". En términos similares, la STS de 12 de junio de 1985 *(Tol 1736534)* aprecia que existía conflicto de intereses y la necesidad de nombrar un defensor judicial en un caso en que se había transmitido a una empresa la cuota que correspondía en el patrimonio ganancial por fallecimiento de la madre del menor y esposa del padre representante. Cabe citar también el AAP Álava, sección 1ª, de 23 de noviembre de 2005 *(Tol 8169588)*, que apreció, en función de las circunstancias concurrentes, la existencia de un conflicto de intereses entre la madre y su hijo menor, por la venta de bienes inmuebles de este último; el conflicto derivaba de que en la escritura de partición de la herencia del padre, el hijo se había adjudicado la propiedad de dos tercios de los bienes inventariados y la nuda propiedad del tercio restante, cuyo usufructo se adjudicó la madre, por lo que se producía una indeterminación de los concretos bienes cuyo usufructo correspondía a la madre, siendo "evidente que la decisión de venta, sin perjuicio de su oportunidad, sí puede determinar una selectiva singularización en la que concurran intereses de ambos, que aun razonablemente ejercidos bajo el criterio del mayor interés del menor, sin embargo pueden objetivamente representar un conflicto cuya prevención requiere el nombramiento de defensor judicial".

198 *Tol 1943766.*

199 En el mismo título se indicaba que el padre, viudo, interviene en su propio nombre y derecho y, además, como titular de la patria potestad de su hija menor de edad, también compareciente, "que consiente según el artículo 166 del Código Civil".

2.4. Situaciones que no provocan un conflicto de intereses

Son diversas las situaciones en las que se ha considerado que no concurre un conflicto de intereses entre el menor y sus representantes legales, sino que los intereses convergen, de manera que resulta admisible una defensa conjunta. Si acudimos a las decisiones de nuestros tribunales[200], podemos comprobar que se ha apreciado que los intereses del progenitor y de los hijos son coincidentes, y que no existe conflicto que exija el nombramiento de un defensor judicial, cuando por un tercero se solicita la rescisión por fraude de acreedores de una donación efectuada por uno de los progenitores a sus hijos menores[201]. Asimismo, no hay necesidad de nombrar un defensor judicial cuando el padre reclama, en nombre propio, como perjudicado y en el de sus hijos menores, una indemnización por el fallecimiento de la madre y las lesiones que ellos mismos sufrieron en un accidente de circulación; la justificación reside en que el menor se halla bajo la protección judicial y aunque sea su padre, como representante legal, quien haya de recibir la indemnizaciones a percibir por los menores, al ser éstas fijadas por los tribunales en cantidad fija, queda el padre privado de todo arbitrio o facultad para perjudicar a sus hijos señalando otras sumas inferiores en su propio beneficio, quedando sujeto en la administración de las sumas que reciba a la diligencia que exige el art. 164 del CC[202]. No se precisa

---

[200] Si nos remontamos a resoluciones más antiguas, según las SSTS de 17 de junio de 1903 y 9 de junio de 1909, no existe interés opuesto y, por tanto, huelga el nombramiento de defensor, cuando madre e hijo traten de impugnar una deuda del marido y padre, respectivamente, proponiendo idénticos medios, y cuando la mujer casada constituida en depósito y en cuyo poder quedaran hijos del matrimonio, reclama para sí y para éstos alimentos.

[201] Este criterio fue adoptado por la STSJ Navarra de 24 de octubre 1994, en un procedimiento en el que la entidad bancaria acreedora había ejercitado la acción revocatoria o rescisoria, en fraude de acreedores, solicitando la rescisión de una donación efectuada por uno de los progenitores a sus hijos menores.

[202] STS de 1 de julio de 1981 *(Tol 1739570).* Cabe citar también la STS de 16 de julio de 1999 (*Tol 5120324*), que casa y anula la sentencia "a quo" que había apreciado la necesidad de nombramiento de un defensor judicial al menor hijo del demandante con fundamento en una supuesta contraposición

tampoco acudir al defensor judicial cuando un progenitor defiende su derecho de usufructo en una ejecución despachada contra los bienes usufructuados, cuya nuda propiedad corresponde al hijo menor, por cuanto los instrumentos de defensa son los mismos[203].

Por las mismas razones comentadas, no será preciso, en todo caso, nombrar un defensor judicial del menor en todas las situaciones derivadas de una herencia en la que concurran los menores con su progenitor o progenitores. Así, en el caso resuelto por la STS de 5 de junio de 2012[204], el Alto Tribunal concluye que no existe conflicto de intereses que exigiera el nombramiento de defensor judicial, cuando se conviene por la madre, en interés de los menores, la resolución de un contrato sinalagmático que había celebrado el padre poco antes de su fallecimiento[205].

Por último, no hay que confundir conflicto de intereses con la necesidad de justificar la venta del patrimonio del menor. El artículo 166 del CC, que exige autorización judicial para que los padres enajenen o graven los bienes de valor de los menores, no exige siempre y en todo caso el nombramiento de un defensor judicial. Así, no existe conflicto de intereses en la venta de una finca perteneciente a un menor y a su madre representante; el único posible —la apreciación

---

de intereses entre ambos una vez apreciada por el Juzgador de primera instancia la concurrencia de culpa del demandante en la producción del accidente origen del litigio. Alcanza una solución parecida la STS de 23 de octubre de 2003 (*Tol 4977938)*, que no aprecia que concurra una situación de conflicto de intereses en un caso en que se había condenado al abono de una suma indemnizatoria global a favor de la viuda e hijos perjudicados por el fallecimiento del padre en un accidente.

203 STS de 17 de mayo de 2004 *(Tol 434248)*.

204 *Tol 2557983.*

205 El Tribunal concluye que fue precisamente el interés de los menores y de la propia herencia "el que determinó la resolución contractual para evitar que la misma quedara sujeta al pago de un precio tan elevado, sin perjuicio de que la propia madre doña Raimunda adquiriera a continuación la misma finca «pro indiviso» junto con las hermanas de su fallecido esposo, lo que suponía que la asunción de la obligación se reducía a solo una tercera parte del precio".

de la conveniencia de vender— se salva por la autorización judicial para la venta[206].

3. La falta de desempeño de sus funciones por parte del tutor (o de los progenitores)

Procede el nombramiento de un defensor judicial cuando, por cualquier causa, el tutor no desempeñare sus funciones, hasta que cese la causa determinante o se designe otra persona para desempeñar el cargo (art. 235.2.º CC). Al igual que en el régimen anterior, el Código sólo contempla la articulación de las funciones de suplencia del defensor judicial ante la falta de ejercicio del cargo por parte del tutor, si bien la doctrina y la jurisprudencia estiman procedente también el recurso al defensor ante la eventual inactividad de los titulares de la patria potestad en el desempeño de sus funciones[207]. Considera MORENO MARTÍNEZ[208] que esta posibilidad resulta incuestionable a tenor del art. 88 de la LJV, el cual, dentro de las disposiciones relativas a las "medidas de protección relativas al ejercicio inadecuado de la potestad de guarda o de administración de los bienes del menor o persona con discapacidad", prevé que si el juez estimare procedente la adopción de medidas, "resolverá lo que corresponda designando persona o institución que, en su caso, haya de encargarse de la custodia del menor o del apoyo a la persona con discapacidad, adoptará las medidas procedentes en el caso conforme a lo establecido en la legislación civil aplicable y podrá nombrar, si procediere, un defensor judicial". Cubre esta norma, de esta manera, las situaciones

---

206 RDGSJFP de 3 de diciembre de 2003 (*Tol 376608*).

207 Así, GETE-ALONSO Y CALERA, M.ª C., "Artículo 299", en *Comentario del Código Civil,* T. I, Ministerio de Justicia, Secretaría General Técnica, Centro de Publicaciones, Madrid, 1991, p. 855 y SSTS de 7 de noviembre de 2002 *(Tol 4974993)* y de 17 de enero de 2003 *(Tol 4927572)*. Considera, en cambio, ÁLVAREZ ÁLVAREZ, H., "Artículo 235 CC", cit., p. 445, que "[p]ara el caso de que los titulares de la patria potestad no desempeñen bien sus funciones, lo que corresponde es constituir la tutela del menor".

208 MORENO MARTÍNEZ, J. A., "Problemática actual del defensor judicial", cit., p. 68.

en que los representantes legales del menor no están desempeñando sus funciones.

La inactividad en el ejercicio de sus funciones por parte del tutor (o de los progenitores) puede obedecer, según el legislador, a "cualquier causa". Ello permite englobar las causas voluntarias o involuntarias[209]. Asimismo, la desatención puede obedecer a circunstancias coyunturales o provisionales o a situaciones permanentes o definitivas (fallecimiento del tutor o de los progenitores; remoción del tutor o formulación de excusa para ejercer el cargo; abandono del menor, etc.). Cabe incluir también en este supuesto la situación del tutor que pretende postularse a adoptante del tutelado y que solicita al juez la suspensión de sus funciones, nombrándose a tal efecto un defensor judicial que habrá de representar al tutelado, hasta que, una vez aprobadas las cuentas de la tutela (art. 175.3.3º del CC), se tramite la adopción[210].

En las situaciones transitorias o puntuales, el defensor se nombra para que actúe en lugar de los progenitores o del tutor hasta que cese la causa que impide la actuación de los representantes legales del menor. Una vez que estos se reincorporen, el nombramiento del defensor judicial concluirá.

Si la causa que ocasiona la desatención tiene un carácter definitivo o reiterativo, lo que procederá será adoptar otras medidas más intensas, como el nombramiento de otro tutor, la privación de la patria potestad y la constitución de la tutela o la declaración de desamparo del menor[211]. En estas situaciones en que la imposibilidad de desem-

---

209 Entre las causas involuntarias, ÁLVAREZ ÁLVAREZ, H., "Artículo 235 CC", cit., p. 447, cita "una enfermedad, un largo viaje que impida al tutor ocuparse del menor, o bien por alguna situación laboral o familiar que no admita demora".

210 *Vid.*, ORDÁS ALONSO, M., "Artículo 231", en *Comentarios al Código Civil*, Bercovitz Rodríguez-Cano (coord.), 5ª ed., Thomson Reuters Aranzadi, Cizur Menor (Navarra), 2021, p. 442, con cita de los autores que han propuesto esta solución.

211 En opinión de PARRA LUCÁN, M.ª A., "Artículo 299", cit., p. 2511, "si la situación del menor [...] puede resolverse provisionalmente mediante el nombramiento de un defensor judicial que asuma las funciones tutelares

peño de las funciones tutelares sea definitiva, procede nombrar un defensor judicial hasta que se designe un nuevo tutor (o se constituya *ex novo* una tutela que reemplace la patria potestad)[212]. En este sentido, el Código civil prevé que, durante la tramitación del expediente de remoción del tutor, la autoridad judicial podrá bien mantener al tutor en sus funciones o bien suspenderle y, de considerarlo necesario, nombrar al tutelado un defensor judicial (art. 223, en la remisión efectuada al 278 del CC). En términos parecidos, el art. 49.2 de la LJV, prevé que, durante la tramitación del expediente de remoción, "el Juez podrá suspender al tutor o curador en sus funciones y el Letrado de la Administración de Justicia nombrará al tutelado o sujeto a curatela un defensor judicial". Lo mismo cabe decir en los supuestos de excusa del cargo de tutor, en que el nombrado estará obligado a ejercer su función, pero si no lo hace se procederá a nombrar un defensor judicial (arts. 223 y 279 del CC).

4. *La actuación del defensor judicial conforme al principio del interés superior del menor*

4.1. La vinculación del interés superior de la persona menor de edad a la plena satisfacción de sus derechos

El defensor judicial debe ejercer su cargo "en interés del menor, de acuerdo con su personalidad y con respeto a sus derechos" (art. 236 CC). La misma regla recoge el art. 227.I del CC para el tutor. Esta norma supone una consagración, en el ámbito del defensor judicial, del principio general del interés superior —o del mejor

---

hasta que se nombre a otra persona para el cargo, no existirá desamparo ni será necesaria la intervención de la entidad pública pues, de hecho, no se habrá producido la situación de desamparo".

212 De lo que se trata, como señala ÁLVAREZ ÁLVAREZ, H., "Artículo 235 CC", cit., p. 448, "es de evitar que el menor no goce de representación legal mientras se nombre un tutor".

interés[213]— del menor consagrado en el art. 3.1 de la CDN[214]. Esta noción jurídica se viene interpretando en el contexto sistemático de la CDN, es decir, de un tratado que reconoce y garantiza derechos humanos. En consecuencia, el interés superior del menor se vincula a la plena satisfacción de sus derechos y no con la particular idea del bien que tenga el adulto llamado a decidir en beneficio del niño[215]. Así lo ha puesto de manifiesto el Comité de los Derechos del Niño, en la Observación General núm. 14 (2013) al definir que "[e]l objetivo del concepto de interés superior del niño es garantizar el disfrute pleno y efectivo de todos los derechos reconocidos por la Convención y el desarrollo holístico del niño"[216]. Así como en la CDN el interés superior del niño asume el valor de "primordial"[217], el art. 2 de la LOPJM eleva el rango de este principio al establecer que "primará (...) sobre cualquier otro interés legítimo que pudiera concurrir". Este último precepto establece, además, unos "criterios generales" que se deberán tener en cuenta (apartado 2), así como unos "elementos generales" que permitirán la ponderación de los citados criterios (apartado 3).

En la senda indicada, el art. 236 del CC (al igual que el 227.I, para la tutela), modula la regla de la actuación en interés del menor con

---

213 Aprecia PIZARRO MORENO, E., *El interés superior del menor: claves jurisprudenciales,* Reus, Madrid, 2020, p. 23, que es mucho más acertada la expresión anglosajona «best interest of child», "reforzando la idea de que no hay principio universal, sino criterio rector aplicable y ajustable en cada caso".

214 El art. 3.1. de la CDN se expresa en estos términos: "En todas las medidas concernientes a los niños que tomen las instituciones públicas o privadas de bienestar social, los tribunales, las autoridades administrativas o los órganos legislativos, una consideración primordial a que se atenderá será el interés superior del niño".

215 CIÑERO BRUÑOL, M., "La Convención internacional sobre los derechos del niño: introducción a su origen, estructura y contenido normativo", en *Tratado del Menor: la protección jurídica a la infancia y adolescencia,* Martínez García, C. (coord.), Thomson Reuters Aranzadi, Cizur Menor (Navarra), 2016, p. 115.

216 Apartado I (Introducción), letra A, punto 4.

217 Para un análisis de esta prioridad del interés superior del niño en la CDN, *vid.* CIÑERO BRUÑOL, M., "La Convención internacional sobre los derechos del niño", cit., pp. 110-111.

la atención a la personalidad y el respecto de los derechos del menor. Esto supone que todas las actuaciones que se lleven a cabo en el ejercicio de la defensa judicial deben responder al mejor interés de la persona menor y a la protección de sus derechos, atendidas las circunstancias del caso concreto, en concreto, en función de la propia personalidad del menor[218], que evoluciona y es mutable[219].

4.1. Interés superior de la persona menor y reconocimiento de la autonomía progresiva

La actuación del defensor judicial, como se ha puesto de manifiesto, debe estar guiada por el principio del interés superior de la persona menor de edad, el cual, a su vez, se encuentra estrechamente vinculado con el principio del respeto a la autonomía progresiva[220]. Este último principio se consagra en el art. 12 de la CDN, en cuya virtud: "Los Estados Partes garantizarán al niño que esté en condiciones de formarse un juicio propio el derecho de expresar su opinión libremente en todos los asuntos que afectan al niño, teniéndose debidamente en cuenta las opiniones del niño, en función de la edad y madurez del niño". Este principio se recoge también en el art. 9.1 de

---

218 Aprecia BARBA, V., "Autonomía progresiva e interés de la persona menor de edad", cit., p. 210, que el interés mejor del menor debe considerarse "un concepto normativo que obliga a seleccionar entre las decisiones posibles aquella que permita la plena realización de la personalidad de la persona menor de edad, en consideración también a su madurez y que permita la máxima realización de los derechos reconocidos, en su conjunto, por la CDN".

219 Para PIZARRO MORENO, E., *El interés superior del menor"*, cit., p. 16, "más que de indeterminación del principio de interés superior del menor habría que hablar de su carácter mutable, cambiante, ajustable a los cambios sociales que supone la propia realidad de la transformación de la familia".

220 Subraya BARBA, V., "Autonomía progresiva e interés de la persona menor de edad", cit., p. 213, que "[l]a relación entre estos dos principios es difícil, ya que la autonomía progresiva del menor es, al mismo tiempo, una herramienta de valoración del interés superior del menor, pero también un instrumento potencialmente destinado a entrar en conflicto con el primero, por lo que podría decirse que existe, al mismo tiempo, una relación de compatibilidad y de antítesis".

la LOPJM, que reconoce al menor el derecho "a ser oído y escuchado sin discriminación alguna por edad, discapacidad o cualquier otra circunstancia, tanto en el ámbito familiar como en cualquier procedimiento administrativo, judicial o de mediación en que esté afectado y que conduzca a una decisión que incida en su esfera personal, familiar o social, teniéndose debidamente en cuenta sus opiniones, en función de su edad y madurez".

De acuerdo con esta norma que instaura el respeto a la autonomía progresiva del menor —y de forma paralela al principio rector de la CDPD y de la LAPD respecto a las personas con discapacidad— para identificar el interés superior de la persona menor de edad habrá que tomar en consideración su opinión, el juicio que el propio menor se ha formado y expresado de manera libre; esto es, siempre que sea posible, deberá atenderse a la voluntad, deseos y preferencias de la persona menor de edad[221]. No es posible, sin embargo, equiparar el principio de la autonomía personal de la persona mayor de edad con discapacidad y el principio del reconocimiento de la autonomía progresiva del menor. En relación con la persona mayor de edad con discapacidad el criterio rector que ha de guiar la actuación del defensor judicial es la del respeto a la voluntad, deseos y preferencias de la persona concernida, aunque la decisión adoptada por la persona con discapacidad a la que presta apoyo sea contraria a su propio interés objetivo. En cambio, en el caso de los menores de edad, la toma en consideración de la voluntad y de los deseos del propio menor deberá compatibilizarse con la protección de su mejor interés[222]. A este respecto, el art. 2.5.c) de la LOPJM presume que existe un conflicto de interés "cuando la opinión de la persona menor de edad sea contraria a la medida que se adopte sobre ella o suponga una restricción de sus derechos". En estas situaciones de conflicto entre

---

221 BARBA, V., "Autonomía progresiva e interés de la persona menor de edad", cit., p. 213.

222 En palabras de BARBA, V., "Autonomía progresiva e interés de la persona menor de edad", cit., p. 214, "[m]ientras que en la CDPD el principio rector es el del interés preferido de la persona con discapacidad, en la CDN el principio rector es el del interés mejor de la persona menor de edad".

el "interés preferido" y el "interés superior" del menor, prevalecerá este último[223].

5. *Contenido del cargo*

En la redacción del art. 299 del CC previa a la reforma de 2021, se decía que "se nombrará un defensor judicial que *represente y ampare* los intereses" del menor (o del incapacitado)[224]. Nada indica al respecto el actual art. 235 del CC, que simplemente relaciona los supuestos en que se nombrará un defensor judicial del menor.

5.1. En las situaciones de conflicto de intereses

Cuando el defensor es nombrado por existir un conflicto de intereses entre los titulares de la patria potestad o de la tutela y los sometidos a estas instituciones, esto es, menores no emancipados, actuará como representante legal en la cuestión concreta y puntual en la que haya conflicto de intereses. Estamos ante una de las excepciones que tiene el principio de que los progenitores y los tutores representan a los hijos o pupilos (arts. 154.2.° y 225 del CC). Supone una limitación o suspensión de la patria potestad o de la tutela en la órbita del asunto en que existe el conflicto de intereses[225]. Siendo deber de los padres ejercer la patria potestad "en interés de los hijos e hijas" (art.

---

223 Pone como ejemplo BARBA, V., "Autonomía progresiva e interés de la persona menor de edad", cit., p. 213, el caso de una persona menor de edad que no desea someterse a un tratamiento, sin el cual podría morir, o el caso de una persona menor de edad que desea someterse a un tratamiento médico de alto riesgo para su vida.

224 Esta referencia genérica con que el art. 299 del CC describía la función del defensor judicial ("represente y ampare") se entendía en un sentido general y no técnico, pues las diferentes categorías de defensores judiciales podían sustituir a la patria potestad, a la tutela o a la curatela (LETE DEL RÍO, J. M., "Comentario a los artículos 299 a 302", en *Comentarios al Código civil y Compilaciones forales*, Albaladejo García, M. (dir.), Madrid, Edersa, 1985, p. 471).

225 En este sentido, para la patria potestad, HERNÁNDEZ GIL, F., "Sobre la figura del defensor judicial de menores", cit., p. 207.

154 del CC), e igualmente para el tutor, ejercer su cargo "en interés del menor" (art. 227 del CC), la excepción para el concreto ejercicio de la representación que tienen atribuida, que significa la actuación del defensor judicial, ha de estar justificada por la inutilidad de aquellos para cumplir, en el caso concreto, el mencionado fin[226].

El nombramiento del defensor judicial constituye, por tanto, una excepción a la representación legal por los padres o tutores de los hijos o pupilos menores de edad no emancipados[227]. La figura del defensor judicial cumple aquí una función presidida por "la idea de transitoriedad y de concreta designación para un específico caso en que surge el conflicto de intereses justificativo de la suspensión del poder paterno en el asunto determinado de que se trata [...], lo que excluye todo aspecto de institución permanente para la representación del menor"[228]. El Tribunal Supremo ha determinado que "'[e]l defensor judicial es un cargo de nombramiento judicial para un determinado asunto, con las atribuciones que le haya conferido el Juez al designarlo, no es un representante legal del menor para la defensa y administración de su patrimonio, y por ello, cuando actúa, debe obrar dentro de las facultades precisas y concretas que se le han

---

226 CASTÁN VÁZQUEZ, J. M.ª, "Comentario al art. 163", en *Comentario del Código Civil,* T. I, Ministerio de Justicia, Secretaría General Técnica, Centro de Publicaciones, Madrid, 1991, p. 560, comentaba que "[s]urgen casos en que los padres tienen, en un asunto concreto, intereses opuestos a los de los hijos y no son, por tanto, las personas indicadas para representarlos, haciéndose preciso designar a quien con toda garantía ostente en el asunto la representación y defensa del menor".

227 En palabras del Tribunal Supremo, "la representación legal de los padres en relación a sus hijos sometidos a la patria potestad queda excluida cuando en la realización de uno o varios actos se compruebe la existencia de conflicto de intereses que puede poner en peligro el interés del hijo al que representan", de tal manera que, "[u]na vez acreditado este extremo el Juez procederá al nombramiento de un defensor que represente al menor en juicio y fuera de él" [SSTS de 17 de enero de 2003 *(Tol 4927572)* y 17 de mayo de 2004 *(Tol 434248)*].

228 STS de 12 de junio de 1985 *(Tol 1736534).*

atribuido, y cuando actúa judicialmente, debe probar que lo hace así, no exhibir sólo el Auto judicial de nombramiento"[229].

El defensor judicial se nombra para el acto concreto en el que hay conflicto de intereses[230]; en los demás asuntos que incumben al menor, seguirán los progenitores o tutores representando al menor[231]. En consecuencia, se tiene que tratar de un conflicto de intereses esporádico y puntual, dado que, si es permanente, no procede el nombramiento de un defensor judicial[232], sino la adopción de otras medidas que protejan al menor (declaración de desamparo, remoción del tutor, etc.).

---

229 STS de 10 de marzo de 1994 (*Tol 1665863*). Esta sentencia resuelve un caso en que, por parte de la defensora judicial de una menor se había ejercitado una acción de nulidad de unos contratos de compraventa celebrados por la madre como representante legal de la misma. El Alto Tribunal puso de manifiesto la anomalía que suponía el ejercicio de una acción de nulidad de contratos por una defensora judicial que fue nombrada antes de que se perfeccionasen los contratos cuya nulidad pedía en nombre de la menor, sin que hubiese probado que posteriormente sus facultades las hubiera extendido el juez que la nombró a proceder en este litigio. No obstante, el Tribunal Supremo confirma la sentencia recurrida, en la medida en que la menor, una vez llegada a la mayoría de edad, había sustituido a la defensora judicial en este procedimiento, interponiendo el recurso de casación, con lo que ratificaba y asumía lo actuado por esta última sin poder. La misma doctrina se recoge en la STS de 17 de enero de 2003 (*Tol 4927572*).

230 STS de 17 de enero de 2003 (*Tol 4927572*). La STS de 4 de marzo de 2003 (*Tol 4927749*) declara, en la misma línea, que "el nombramiento de defensor judicial opera siempre en situaciones concretas: siempre que, en algún asunto, el padre y la madre tengan un interés opuesto al del hijo no emancipado; y el defensor judicial se nombra para el acto concreto en el que haya conflicto de intereses".

231 Señalaba, por ello, HERNÁNDEZ GIL, F., "Sobre la figura del defensor judicial de menores", cit., p. 207, que el defensor judicial de menores es una "institución complementaria de la patria potestad, ya que no actúa en defecto de ella, sino completándola por razón de las circunstancias ocasionales que la justifican".

232 ÁLVAREZ ÁLVAREZ, H., "Artículo 235 CC", cit., p. 446.

La del defensor del menor constituye una representación legal extraordinaria[233], ocasional y limitada al asunto concreto encomendado al defensor judicial[234]. Como señalara HERNÁNDEZ GIL[235] "[l]a especialidad de la representación radica en ser para un asunto determinado, pero es verdadera y propia representación, actuando el representante con independencia del titular de la patria potestad y su función no es de simple vigilancia"[236]. Dentro de los límites del asunto particular para el que es nombrado, sus facultades son las mismas que las atribuidas al titular de la patria potestad o de la tutela[237].

En todo caso, como antes se expuso, en el ejercicio de esta función de representación, el defensor judicial deberá actuar atendiendo al interés superior del menor, con respeto a sus derechos y tomando en consideración su autonomía progresiva (art. 236 del CC).

5.2. Para cubrir la inactividad de tutores o progenitores

Distinta es la situación cuando el defensor es nombrado ante la inactividad de los tutores (o de los progenitores). En estos supuestos, el defensor, de manera provisional y temporal, viene a suplir a los progenitores o al tutor para la representación, cuidado y amparo del menor. No existe en este contexto un conflicto de intereses, puntual y concreto, entre el representante legal y la persona menor de edad, sino que el defensor desempeña una actuación subsidiaria de los progenitores o del tutor. El defensor judicial asume las funciones inherentes al ejercicio del cargo que le hayan sido concedidas,

---

233 Destaca el carácter extraordinario de la representación a cargo del defensor judicial del menor, CASTÁN VÁZQUEZ, J. M.ª, "Comentario al art. 163", cit., p. 560.

234 RDGSJFP de 27 de enero de 1987 (BOE núm. 35 de 10 de febrero de 1987).

235 HERNÁNDEZ GIL, F., "Sobre la figura del defensor judicial de menores", cit., pp. 206-207.

236 Como dispuso la STS de 17 de abril de 1933, "la misión del defensor de menores es «ad hoc» con función meramente representativa, y no de vigilancia y administración y permanente".

237 HERNÁNDEZ GIL, F., "Sobre la figura del defensor judicial de menores", cit., p. 207.

hasta que cese la causa que imposibilita para su desempeño al titular del oficio o se designe a otra persona para el cargo. El defensor ostentará las facultades que le confiera la autoridad competente, de entre las que corresponden al cargo que con su nombramiento sustituye, patria potestad o tutela, según el caso[238]. Como ha precisado el Tribunal Supremo[239], "el defensor judicial es la persona que asume temporalmente la representación y defensa de los intereses de los menores de edad, [...] cuando la persona que legalmente debe hacerlo, padres, tutores [...], no lo hacen". El contenido del cargo será, por tanto, más amplio que en el supuesto de conflicto de intereses, pese a lo cual, no tendrá el defensor judicial que cumplir todas las obligaciones impuestas a los progenitores y al tutor en los arts. 154 y 228 del CC, respectivamente. La extensión y los límites de su actuación vendrá determinado en la resolución judicial de nombramiento.

6. Facultades y obligaciones del defensor judicial del menor

En la regulación destinada en el Código civil al defensor judicial del menor tan solo se le imponen dos deberes: el de ejercer el cargo en interés del menor, de acuerdo con su personalidad y con respeto a sus derechos (art. 236, in fine, del CC) y el de rendir cuentas de su gestión una vez finalizada (arts. 236 y 298.II del CC). No obstante, al defensor judicial se le reconocen ciertas facultades y se le imponen algunos deberes, que es posible vislumbrar de la aplicación analógica de otras normas destinadas a la protección del menor.

Así, aplicando de forma analógica las normas de la tutela[240], el defensor judicial tendrá derecho a una retribución, siempre que el

238 MARTÍN AZCANO, E. M.ª, "El defensor judicial del menor", cit., p. 307.

239 STS de 17 de enero de 2003 *(Tol 4927572)*.

240 Desde la redacción originaria otorgada por el Código Civil al defensor judicial, contenida en el art. 165 para el caso de conflicto de intereses con los padres, la doctrina apreciaba que dicho precepto debía ser completado con lo establecido para el tutor y el protutor, por considerar que se trataba de figuras de análoga naturaleza (SÁNCHEZ ROMÁN, F., *Estudios de Derecho Civil*, cit., pp. 1148-1149).

patrimonio del menor lo permita, así como al reembolso de los gastos justificados, cantidades que serán satisfechas con cargo a dicho patrimonio (art. 229 del CC). Asimismo, si en el ejercicio de su función sufre daños y perjuicios, sin culpa por su parte, tendrá derecho a una indemnización con cargo a los bienes del menor, de no poder obtener por otro medio su resarcimiento (art. 230 del CC).

Por otra parte, cuando el defensor haya sido nombrado debido a la falta de desempeño de sus funciones por el tutor o los progenitores, y no para un asunto puntual en que concurra una situación de conflicto de intereses, si la autoridad judicial lo considera necesario, por concurrir razones excepcionales, podrá exigirle la constitución de fianza que asegure el cumplimiento de sus obligaciones y determinará la modalidad y cuantía de la misma. Cabe también que la resolución de nombramiento le imponga la realización de un inventario del patrimonio del menor (arts. 224, 236, 284 y 285 del CC).

Por último, el defensor judicial responderá de los daños que hubiese causado al menor por su culpa o negligencia (art. 234, 236 y 294 del CC). Por los eventuales daños que el menor ocasione a terceros, en cambio, responderá cuando haya intervenido supliendo a los progenitores o al tutor no en un acto o actos puntuales (supuesto de conflicto de intereses), sino en el ejercicio de sus funciones, esto es, en virtud de la causa recogida en el artículo 235.2.º del CC, y ello mediante la aplicación analógica de la norma del art. 1903.II y III del CC[241].

7. *La autorización judicial para los actos en que se exige a los progenitores o al tutor*

Como es sabido, para la realización de ciertos actos (como la repudiación de la herencia o la enajenación de bienes inmuebles), los progenitores o el tutor precisan contar con autorización judicial

---

241 MARTÍN AZCANO, E. M.ª, "El defensor judicial del menor", cit., pp. 309-310.

(arts. 166, 224 y 287 del CC[242])[243]. La doctrina se ha cuestionado qué ocurre cuando el asunto o alguno de los asuntos para los que el defensor judicial fue designado es de aquellos que requieren que los padres o el tutor cuenten con esta autorización judicial. La posición mayoritaria se pronuncia a favor de exigir al defensor judicial el requisito de la autorización judicial cuando realice alguno de los actos para los que los padres o el tutor la precisan. Los argumentos en que se sustenta esta postura son, por un lado, que si el defensor actúa en sustitución de los padres o del tutor debe estar sujeto a las mismas limitaciones que éstos. Por otro lado, se arguye que el nombramiento de defensor judicial y la autorización para llevar a cabo determinados actos constituyen dos decisiones judiciales que cumplen distinta finalidad: en efecto, la primera, se dirige a evitar el conflicto de intereses o a suplir la falta de desempeño de sus funciones por los representantes legales; la segunda, permite calibrar la conveniencia para el

---

242 Con la normativa anterior a la reforma llevada a cabo por la Ley 8/2021, era el art. 271 del CC el que enumeraba los actos para los que el tutor necesitaba autorización judicial.

243 En relación con la autorización judicial requerida al tutor, la DGSJFP de 14 de diciembre de 2021 *(Tol 8705345)* señala que "la exigencia de la autorización judicial tiene como finalidad la defensa del patrimonio del tutelado frente a actos que pudieran ponerlo en peligro por su especial importancia". Y añade que "[e]l fundamento de la necesidad de autorización judicial por parte del tutor para la realización de determinados actos o negocios jurídicos reside en el principio de salvaguardia judicial del artículo 216, que se traduce en un control ordinario y casi continúo de la actuación del tutor, y en beneficio del tutelado, pues, presupone un juicio de valor sobre la conveniencia o beneficio o, al menos, sobre la falta de perjuicio que la realización del acto pudiera reportar al tutelado, dada la especial gravedad o riesgo que, por su propia naturaleza, aquel puede implicar en el patrimonio o en la persona del tutelado". Carece de justificación el criterio que sostuvo la RDGSJFP de 25 de abril de 2001 *(Tol 52649)*, que consideró válida la aceptación de la herencia efectuada por el tutor en nombre del incapacitado, sin contar con la preceptiva autorización judicial (exigida entonces por el art. 271.4º del CC). La Dirección General justificó su decisión en la intervención judicial posterior aprobando la actuación del tutor y mantuvo que las consecuencias de la inobservancia por el tutor del requisito legal debatido habían de quedar limitadas al ámbito de la responsabilidad de dicho representante legal por incumplimiento de los deberes inherentes al ejercicio de su cargo.

menor de la realización de un determinado acto, de modo que el hecho de que el nombramiento señale cuáles son las facultades que el defensor puede ejercer no implica autorización[244].

Es importante precisar que esta autorización judicial no permite salvar la situación de conflicto de intereses que pueda existir entre los progenitores o el tutor y el hijo o tutelado, eliminando la necesidad de acudir al nombramiento del defensor judicial. Si el conflicto de intereses se suscita en alguno de los actos enumerados en los arts. 166 o 224 y 284 del CC, los representantes legales del menor quedarán excluidos, y será el defensor judicial nombrado el legitimado para actuar, para lo cual, deberá contar con la preceptiva autorización judicial. Ello supone que los progenitores o el tutor carecen de legitimación para actuar, bajo el paraguas de la autorización judicial que les haya podido ser concedida, cuando sus intereses se opongan a los del hijo o tutelado[245].

Admitido que el defensor judicial precisa recabar la autorización judicial en aquellos asuntos en que es preceptiva para los padres o tutores, suscita controversia si dicha autorización puede concederse al realizarse el nombramiento del defensor o, por el contrario, requiere la tramitación de un expediente independiente. La cuestión estaba prevista y resuelta en el Código de Familia de Cataluña, aprobado por la derogada Ley 9/1998, de 15 de julio, cuyo art. 249 disponía que "[l]a actuación del defensor o defensora judicial debe limitarse al acto o actos que hayan determinado su nombramiento. Si este acto

---

244 Una exposición de los planteamientos doctrinales y de los argumentos en que se sustenta la posición doctrinal mayoritaria en SÁNCHEZ-CALERO ARRIBAS, B., *La intervención judicial en la gestión del patrimonio de menores e incapacitados*, Tirant lo Blanch, Valencia, 2006 *(Tol 955227)*.

245 En contra de este planteamiento, la RDGSJFP de 3 de diciembre de 2003 *(Tol 376608)*, en un supuesto de enajenación de una finca de la que eran copropietarias la madre tutora, que actuaba en la venta en su propio nombre y en el de su hija incapacitada, también copropietaria, habiendo sido denegada la inscripción por la registradora, con base en la existencia de conflicto de intereses, resuelve que "teóricamente podría haber contraposición de intereses en la apreciación de la conveniencia de vender, pero tal conveniencia está apreciada por el Juez al dar la correspondiente autorización".

requiere autorización judicial, ésta debe entenderse implícita en el nombramiento". En virtud de esta norma, si el acto para el que se había nombrado defensor judicial era de aquellos para los que los padres o el tutor debían recabar la autorización judicial (por ejemplo, la venta de un inmueble), la misma se consideraba implícita en el nombramiento del defensor judicial. Esta primera posición es la que mantiene el art. 155.2 del CDFA, en cuya virtud, "[c]uando el acto que ha determinado el nombramiento de defensor judicial requiera autorización judicial previa, esta se entenderá implícita en el nombramiento si el Juez no dispone otra cosa". Con anterioridad a la aprobación de la LJV, nada impedía que en el mismo procedimiento de jurisdicción voluntaria en que se nombraba defensor judicial, el juez concediese la autorización judicial necesaria para un acto determinado. Con el régimen vigente, algunos autores han puesto de manifiesto que la autorización judicial no puede considerarse implícita en el nombramiento de defensor, puesto que la autorización para la validez del acto ha de concederla el juez (art. 65 de la LJV), mientras que el nombramiento de defensor corresponde al LAJ (art. 28 de la LJV)[246].

8. La aprobación judicial de la partición de la herencia

La partición de la herencia es un acto que cuenta con un régimen especial, contenido en el art. 1060 del CC. En virtud de este precepto, ni los progenitores ni el tutor que intervienen en una partición representando al menor precisan contar con autorización judicial, si bien al tutor se le exige aprobación judicial de la ya efectuada[247].

---

[246] MARTÍN AZCANO, E. M.ª, "El defensor judicial del menor", cit., p. 308, nota al pie 41.

[247] Este precepto fue reformado por la LJV a fin de coordinar lo dispuesto en sede de sucesiones con la regla contenida en el art. 272 del CC, en el sentido de aclarar que sí es necesaria la aprobación judicial de la partición practicada por el tutor. La redacción anterior del art. 1060 CC, que literalmente afirmaba que no era necesaria la aprobación judicial, no planteaba problemas en los casos de patria potestad, pero era contradictoria con la exigencia de aprobación judicial que para la tutela contenía el art. 272 del CC (este último precepto decía así: "No necesitarán autorización judicial la

Cuando quien interviene en representación del menor en la partición es el defensor judicial, la ley le exige también que obtenga la aprobación de la autoridad judicial, a no ser que el LAJ hubiera dispuesto otra cosa al hacer el nombramiento (art. 1060.I CC). Así se dispuso de forma explícita en la reforma de este precepto derivada de la LOPJM, que añadió un segundo párrafo al art. 1060, con esta redacción: "El defensor judicial designado para representar a un menor o incapacitado en una partición, deberá obtener la aprobación del Juez, si éste no hubiera dispuesto otra cosa al hacer el nombramiento". Con anterioridad a esta reforma[248], el Centro Directivo, en la resolución de 23 de julio de 1990, eximió del cumplimiento de este requisito al defensor judicial que actuaba en una partición en representación de un incapacitado[249].

---

partición de herencia ni la división de cosa común realizadas por el tutor, pero una vez practicadas requerirán aprobación judicial"). Resaltaba esta antinomia, PARRA LUCÁN, M.ª A., "La incidencia de las reformas del año 2015 en la protección de las personas con discapacidad", en *Protección Jurídica de la Persona con Discapacidad,* Serrano García, I. y Candau Pérez, A., Tirant lo Blanch, Valencia, 2017, p. 297.

248 En la redacción de este precepto producida por la Ley 11/1981 no se hacía referencia expresa al defensor judicial, sino que se indicaba, de forma genérica, que "[c]uando los menores o incapacitados estén legalmente representados en la partición, no será necesaria la intervención ni la aprobación judicial".

249 En el caso examinado por la RDGSJFP de 23 de julio de 1990 (BOE de 29 de agosto de 1990), se debatía en torno a la inscribibilidad de una partición hereditaria no aprobada judicialmente, en la que estaba interesado un incapaz sujeto a tutela representado por un defensor judicial nombrado específicamente para ese acto ante el conflicto de intereses existente entre los del pupilo y el tutor. El Centro Directivo justificó su decisión de este modo: "el artículo 271.4º del Código Civil, introducido tras la reforma de 24 de octubre de 1983, al exigir nuevamente aprobación judicial para la partición hecha por el tutor [...], no puede reputarse sino como excepcional y, por tanto, sujeta a interpretación estricta, no siendo aplicable a aquellas otras instituciones de protección y defensa de menores o incapacitados dotadas de entidad propia y con perfiles jurídicos diferenciados (vid. artículos 215, 216, 220, 301 y 302 del Código Civil, así como el tratamiento en capítulos independientes de la tutela de la curatela y el Defensor judicial) por el solo dato de que los mismos sean desempeñados por personas ajenas a la relación paterno filial, máxime cuando no se trata de Defensor nombrado con

De acuerdo con el régimen vigente, así pues, el defensor judicial deberá presentar a aprobación judicial las particiones en que intervenga representando al menor, salvo que hubiese quedado eximido de esta obligación en la resolución de nombramiento. Es una vez realizada la partición "cuando ha de recaer la aprobación judicial, de ningún modo para cada uno de los actos o acuerdos pre-particionales que vayan configurándola"[250]. Para obtener esta aprobación el defensor judicial deberá seguir los trámites contenidos en los arts. 61 y siguientes de la LJV.

La exigencia de la aprobación judicial no resulta aplicable a la partición realizada por el contador-partidor, respetando las reglas y principios que deben presidir su función, al tratarse de una actuación en nombre propio que no requiere la intervención ni la aprobación de los herederos, ni siquiera cuando uno de éstos es una persona con discapacidad y ha intervenido el curador o el defensor judicial en su nombre[251]. Esta consideración aparece confirmada por el propio art. 1057.III del CC que exclusivamente establece como formalidad especial de este tipo de operaciones particionales verificadas por el partidor testamentario, cuando alguno de los interesados esté sujeto a patria potestad o tutela (por tanto, cuando sea menor de edad no emancipado), la de citar a sus representantes legales a la formación del inventario de los bienes de la herencia[252].

---

carácter general, como el tutor, sino de un nombramiento específico para un acto concreto que el Juez ha de valorar al efectuarlo, al objeto de fijar las atribuciones del designado (art. 302 CC). Ello es además coherente con la necesidad de agilizar y simplificar el tráfico jurídico reduciendo sus costes en la medida en que queden debidamente salvaguardados los intereses de menores e incapacitados".

250 STS de 15 de octubre de 2008 *(Tol 1386050)*.

251 RDGSJFP de 10 de enero de 2012 *(Tol 2401224)*.

252 La STS de 8 de junio de 2011 *(Tol 2155265)*, con algunos pasajes algo confusos, considera que la partición efectuada por un contador-partidor incurre en la sanción de nulidad "porque faltó el cumplimiento del requisito establecido en el artículo 1057, párrafo tercero, en cuanto a la formación de inventario por el contador partidor con citación de quien hubiera de ostentar la representación de los menores".

III. EL DEFENSOR JUDICIAL DE LA PERSONA MENOR EMANCIPADA O HABILITADA

1. *Ámbito de actuación: conflicto de intereses o imposibilidad de los progenitores o el tutor*

El estatus del menor que ha adquirido la emancipación, por algunas de las causas recogidas en la ley[253], se ha mantenido prácticamente inalterado tras la LAPD. La emancipación continúa habilitando al menor para regir su persona y bienes como si fuera mayor[254], si bien, para realizar determinados actos de carácter patrimonial ("tomar dinero a préstamo, gravar o enajenar bienes inmuebles y establecimientos mercantiles o industriales u objetos de extraordinario valor") el menor que ha sido emancipado precisa contar con un complemento de su capacidad (art. 232 en la redacción previa y art. 247 del CC, en la redacción vigente). Este complemento, en el régimen previo a la LAPD, debían prestarlo sus padres y, a falta de ambos, su curador[255]; tras la reforma de 2021, el consentimiento han de prestarlo los progenitores y, a falta de ambos, "su defensor judicial" (art. 247 CC). Y es que la curatela se configura, en la actualidad, como una medida judicial de apoyo a las personas con discapacidad, y ha dejado de cumplir la función de complemento de la capacidad para la realización de ciertos actos por las personas menores de edad emancipadas.

El régimen de la emancipación se aplica, asimismo, al menor que hubiere obtenido judicialmente el beneficio de la mayor edad (art. 247.III del CC). En estos casos, hasta que el menor alcance la mayoría de edad, precisará contar con el consentimiento de un defensor

---

253 La emancipación se adquiere "por concesión de quienes ejerzan la patria potestad" o "por concesión judicial" (art. 239 CC).

254 Resalta SOLÉ RESINA, J., "La tutela de las personas menores", cit., p. 44, que las personas menores emancipadas no quedan sujetas a las mismas instituciones de protección que las no emancipadas.

255 Como es sabido, en la redacción del art. 323 del CC derivada de la Ley 11/1981, de 13 de mayo, el art. 323 del CC exigía, para realizar los actos que enumeraba, el consentimiento de ambos padres y, a falta de ambos, el del tutor. La Ley Orgánica 1/1996, de 15 de enero, sustituyó la palabra "tutor" por "curador" (disposición final 18.2).

judicial para realizar los actos enumerados en el párrafo primero del mencionado precepto. Asimismo, para que el menor emancipado casado con otro menor pueda realizar los actos que precisan de ese consentimiento adicional —tomar dinero a préstamo, enajenación o gravar bienes inmuebles y establecimientos mercantiles u objetos de extraordinario valor— respecto a bienes comunes, se acudirá a un defensor judicial de uno y otro, en defecto del consentimiento de los progenitores (art. 248 del CC).

El ámbito de actuación del defensor judicial del menor emancipado o habilitado se ha visto ampliado, de este modo, con la aprobación de la LAPD. Con anterioridad a la reforma, el defensor judicial era una figura que tan solo resultaba aplicable, una vez que el menor de edad alcanzaba la emancipación, en caso de conflicto de intereses entre el menor y sus progenitores. El Código Civil preveía el nombramiento de un defensor judicial al menor que alcanzaba el estado de emancipado en el art. 163.I, esto es, "cuando los padres tengan un interés opuesto al del hijo menor emancipado cuya capacidad deban completar". Esta norma no se ha visto alterada con la reforma, sino que se ha visto confirmada con lo establecido en el art. 235.3º. CC, que contempla también el nombramiento del defensor judicial para las situaciones de conflicto de intereses.

La otra situación que, tras la reforma de 2021, provoca que sea el defensor judicial quien deba actuar para complementar la capacidad del menor emancipado viene dada por la imposibilidad de quienes deban prestar este complemento. El art. 235.3.º del CC señala que se nombrará un defensor judicial "[c]uando el menor emancipado requiera el complemento de capacidad previsto en los artículos 247 y 248 y *a quienes corresponda prestarlo no puedan hacerlo* [...]"[256]. En concordancia con este precepto, el art. 247.I del CC dispone que "hasta que llegue a la mayor edad no podrá el emancipado tomar dinero a préstamo, gravar o enajenar bienes inmuebles y establecimientos mercantiles o industriales u objetos de extraordinario valor sin consentimiento de sus progenitores y, a falta de ambos, sin el de su defensor judicial". El complemento de la capacidad

---

[256] El Anteproyecto de la LAPD circunscribía este nombramiento a que el complemento no lo pudieran prestar "los progenitores" (art. 234).

que precisan las personas emancipadas a la hora de realizar ciertos actos jurídicos relevantes, que antes desempeñaba el curador en ausencia de los progenitores, o en relación con el menor habilitado de edad, se encomienda ahora al defensor judicial. La intervención del defensor procederá cuando los progenitores hubieran fallecido o se les hubiera privado o suspendido de la patria potestad, entre otros supuestos.

Conviene delimitar cuáles serán los presupuestos que deben concurrir para que sea el defensor judicial quien deba actuar para completar la capacidad del menor emancipado. Veamos:

Si se tratase de menores que, al tiempo de la emancipación, estaban sometidos a la patria potestad de ambos progenitores, que además era ejercida de forma conjunta, corresponderá asentir la realización de los actos enumerados en el art. 247.I del CC a los dos progenitores[257]. Si el conflicto de intereses existiere sólo entre uno de los progenitores y el hijo o cuando solo uno de los progenitores se encuentre imposibilitado para completar la capacidad del hijo, corresponderá, por ministerio de la ley, al otro progenitor asistir al hijo emancipado (art. 163.II del CC). Se procederá, en cambio, al nombramiento de un defensor judicial si el conflicto de intereses afecta a ambos progenitores o ninguno de los dos puede intervenir (art. 163.I del CC)[258].

En caso de filiación única o de ejercicio exclusivo de la patria potestad por uno de los progenitores, cuando el menor se emancipe será el progenitor ejerciente el que habrá de consentir la realización de los actos del art. 247.I del CC. Si concurre una situación de con-

---

257 Si los dos progenitores no se ponen de acuerdo sobre la concesión del complemento de capacidad, se ha considerado que su desacuerdo deberá resolverlo el juez a tenor de lo prevenido en el art. 156.III del CC (PUIG FERRIOL, L., "Comentario al art. 323", en *Comentario del Código Civil*, T. I, Ministerio de Justicia, Secretaría General Técnica, Centro de Publicaciones, Madrid, 1991, p. 885).

258 En relación con el conflicto de intereses, el art. 163 del CC declara que se procederá al nombramiento de un defensor judicial "cuando los progenitores tengan un interés opuesto al del hijo menor emancipado cuya capacidad deban completar".

flicto de intereses o de imposibilidad de actuar de este progenitor, no quedará otro recurso sino acudir al nombramiento de un defensor judicial que complemente la capacidad del emancipado en los casos requeridos.

El recurso al defensor judicial en los casos comentados procederá también respecto a los menores emancipados de hecho, esto es, aquellos que, con dieciséis años cumplidos y el consentimiento de sus padres, vivieran independientemente de estos (art. 243 del CC).

En lo que concierne a los menores que hubieran obtenido judicialmente el beneficio de la mayor edad, aunque nada se diga en el art. 235.3.° del CC[259], habrá que entender, dada la equiparación con el menor emancipado contenida en el art. 247.III del CC, que será siempre el defensor judicial quien habrá de consentir la realización de los actos citados en el art. 247.I del CC.

Por tanto, el defensor judicial del menor emancipado actuará, en las situaciones enumeradas en el art. 247.I del CC, cuando concurra un conflicto de intereses entre el menor y ambos progenitores, como hasta ahora, y también ante la imposibilidad de éstos para prestar el consentimiento (art. 235.3.° CC), bien por fallecimiento o porque estuvieran impedidos para el ejercicio de la asistencia prevenida en la ley. Respecto del menor habilitado de edad, deberá contar siempre con la asistencia del defensor judicial para la realización de los actos del art. 247.I del CC.

En la actuación del defensor judicial del emancipado no rige el principio de la protección del interés superior del menor con la misma fuerza que cuando estamos ante un menor no emancipado. Este principio queda limitado a pocas situaciones en el emancipado, teniendo un espacio residual[260].

---

[259] El anterior art. 286.2 del CC determinaba que estaban sometidos a curatela los que obtuvieren el beneficio de la mayor edad.

[260] PIZARRO MORENO, E., *El interés superior del menor"*, cit., p. 32.

2. *Alcance: el complemento de la capacidad del menor emancipado*

Como se ha indicado, se acudirá al defensor judicial del menor emancipado cuando se requiera el complemento de su capacidad y a quienes corresponda prestarlo no estén en disposición de hacerlo, por el motivo que sea, o exista con ellos conflicto de intereses, o respecto al menor habilitado de edad. El propio Código otorga al defensor la función de proporcionar el "complemento de capacidad" que necesita el menor emancipado para realizar algunos actos de contenido patrimonial (art. 235.3.º del CC). En concreto, la actuación del defensor judicial está prevista para prestar el complemento de capacidad en las situaciones definidas en los arts. 247 y 248 CC. En términos parecidos, el art. 211-7 del CCCat determina que el menor emancipado "necesita el complemento de capacidad" para una serie de actos.

El "complemento de capacidad" mencionado en el art. 235.3.º del CC consiste, según los arts. 247 y 248 del CC, en prestar el "consentimiento" para que el menor emancipado pueda realizar algunos actos trascendentes[261]. Este consentimiento que, a falta de los progenitores, ha de provenir del defensor judicial, tiene un carácter asistencial. En estas situaciones, el defensor judicial no representa al menor emancipado, sino que lo asiste para realizar ciertos actos con plena eficacia. Esta asistencia se efectúa dando su mero asentimiento o conformidad a los negocios indicados en el art. 247.I del CC[262]. La decisión de realizar los actos que requieren esta asistencia y la prestación del consentimiento corresponden al emancipado, en cuya esfera jurídica se producirán los efectos[263]; la persona que asiste

---

261 Tradicionalmente, la doctrina estimaba que el consentimiento o permiso lo exige la ley "como garantía y salvaguardia" de la "poca experiencia y práctica de la vida" del emancipado (DE ERCILLA, J., "Defensor de menores", p. 508).

262 Este asentimiento consiste en "una declaración de voluntad recepticia emitida por una persona que no es parte en el negocio para la debida eficacia del mismo, completando la capacidad de obrar de una de las partes" (PUIG FERRIOL, L., "Comentario al art. 323", cit., p. 885).

263 "Quien hace el negocio jurídico o la enajenación —señalaba DE CASTRO— es el emancipado; es su negocio y es la suya la voluntad y la declaración negocial". A lo que precisaba que "[e]l consentimiento o asistencia

al menor emancipado (progenitores o defensor judicial) interviene de manera colateral mostrando su conformidad[264].

El asentimiento debe prestarse de manera individual para cada acto. Como ha sido destacado, no vale el otorgado de forma general y anticipada, pues se eludiría la finalidad de la norma, si bien puede ser implícito[265]: por ejemplo, si el progenitor contrata junto con el hijo[266]. En la emisión del asentimiento el defensor judicial deberá tomar en consideración si el acto es beneficioso o, al menos, no es perjudicial para el menor; se trata, pues, de una intervención con función protectora[267].

Si el defensor judicial es designado ante la existencia de un conflicto de intereses entre los progenitores y el menor emancipado, su intervención consistirá en complementar con su consentimiento la capacidad del emancipado en el acto o negocio concreto en que se suscita el conflicto. Asimismo, cuando el defensor ha de intervenir en caso de que los progenitores no puedan completar la capacidad del

---

se agrega o une, completando el negocio, pero sólo en el sentido de hacerle completamente eficaz" (DE CASTRO y BRAVO, F., *Derecho Civil de España,* Civitas, Madrid, 1984, p. 236). En la misma línea, declaraba PUIG FERRIOL, "Comentario al art. 323", cit., p. 885, que "en estos supuestos el consentimiento negocial lo presta el propio menor emancipado, porque es capaz según el art. 323 I; si bien su capacidad precisa de un *plus* o complemento que el referido precepto califica de «consentimiento», pero que en rigor es un asentimiento que deben prestar las personas enumeradas en el artículo".

264 En este sentido, respecto al Derecho civil catalán, FERRER RIBA, J., "Article 211-7", en *Comentari al llibre segon del Codi civil de Catalunya. La persona física i les institucions de protecció de la persona,* Egea i Fernàndez, J y Ferrer i Riba, J. (dir.) y Farnós i Amorós, E. (coord.), Atelier, Barcelona, 2017, p. 101.

265 La ley no indica la forma en que ha de prestarse el consentimiento, por ello "bastará la aprobación de lo hecho, expresa o deducible de una conducta de la que aquélla pueda concluirse con seguridad" (DE CASTRO y BRAVO, F., *Derecho Civil de España,* cit., p. 236).

266 LACRUZ BERDEJO, J.L, SANCHO REBULLIDA, F. A., LUNA SERRANO, A., DELGADO ECHEVARRÍA, J., RIVERO HERNÁNDEZ, F. y RAMS ALBESA, J., *Elementos de Derecho Civil,* I, Parte General, vol. 2º, Personas, 3ª ed., revisada y puesta al día por Delgado Echevarría, J., Dykinson, Madrid, 2002, pp. 136-137.

267 FERRER RIBA, J., "Article 211-7", cit., p. 101.

hijo en los actos en que así se requiera, el alcance de la intervención será idéntico: completar la capacidad del emancipado en el acto en el que no puede actuar en solitario. En todo caso, partiendo de que las atribuciones conferidas al defensor judicial no pueden rebasar las propias del cargo al que suple, cuando sustituye a quien completa la capacidad de un menor emancipado, cuya función es meramente asistencial, no podrá ostentar facultades representativas[268].

No queda claro si el nombramiento del defensor judicial tendrá lugar, de forma puntual y concreta, cuando el menor emancipado decida realizar uno de los actos enumerados en el art. 247.I del CC, y se encuentre con que sus intereses confluyen con los de sus progenitores, o que estos no pueden prestarle la asistencia que precisa, o, de forma más genérica, ha de nombrarse un defensor judicial al emancipado cuando sus progenitores están imposibilitados para completar su capacidad o se trata de un menor habilitado de edad. Parece seguir esta segunda tesis MARTÍN AZCANO, quien considera que respecto al defensor judicial del emancipado no tiene lugar la determinación judicial de sus concretas atribuciones[269] y que "la imposibilidad para consentir el acto de que se trate o el conflicto de intereses con el menor emancipado o el menor que hubiera obtenido el beneficio de la mayor edad podría sobrevenir, asimismo, respecto del defensor judicial que viniese completando su capacidad y también entonces habría que proceder a su sustitución, mediante la figura que nos ocupa"[270]. A mi modo de ver, sin embargo, el nombramiento del defensor judicial tan solo tendrá lugar en el supuesto de que el menor emancipado haya decidido llevar a cabo alguno de los actos concretos determinados en el art. 247.I del CC y no resulte posible que sus progenitores valoren y consientan su realización, o respecto del menor habilitado de edad que desea realizar alguno de los citados actos.

---

268 MARTÍN AZCANO, E. M.ª, "El defensor judicial del menor", cit., p. 307.

269 MARTÍN AZCANO, E. M.ª, "El defensor judicial del menor", cit., p. 299.

270 MARTÍN AZCANO, E. M.ª, "El defensor judicial del menor", cit., p. 301.

IV. REMISIÓN AL RÉGIMEN DEL DEFENSOR JUDICIAL DE LA PERSONA CON DISCAPACIDAD

El art. 236 CC declara aplicables al defensor judicial del menor las normas relativas a la figura del defensor judicial de la persona con discapacidad, cuyo régimen —mucho más minucioso— se encuentra en los arts. 295 a 298 CC tras la LAPD (la ordenación anterior del defensor estaba contenida en los arts. 299 a 302 del CC). A su vez, el art. 297 del CC establece que se aplicarán al defensor judicial las mismas causas de inhabilidad, excusa y remoción que al curador. Al igual que sucede con la regulación de la tutela —que remite en el art. 223 del CC a las causas y procedimientos de remoción y excusa establecidos para la curatela[271]— se produce en sede del defensor judicial una remisión a la curatela, institución de referencia tras la reforma producida por la LAPD. La remisión ha de entenderse hecha al art. 278 del CC, que regula las causas y procedimiento de la remoción de la curatela; al 279 del CC, que regula la excusa de la curatela; y al art. 280 CC, que establece un efecto específico de la excusa de quien haya sido nombrado curador en atención a una disposición testamentaria.

El art. 236 CC remite a la normativa del defensor judicial de las personas con discapacidad, pero añade que "el defensor judicial del menor ejercerá su cargo en interés del menor, de acuerdo con su personalidad y con respeto a sus derechos". Esta es la diferencia sustancial entre el defensor del menor y el de la persona con discapacidad, cuya actuación habrá de estar guiada por el respeto a "la voluntad, deseos y preferencias de la persona a la que se preste apoyo" (art. 297 CC).

---

271 La LAPD ha dedicado la máxima atención a la regulación de la curatela, optando por cambiar el sentido de las remisiones entre los artículos dedicados a la regulación de la tutela y la curatela. Así, mientras que el derogado art. 291 del CC, en sede de curatela, remitía a las normas sobre nombramiento, inhabilidad, excusa y remoción de los tutores, ahora, estas cuestiones se regulan en las normas de la curatela y a ellas se remiten los nuevos arts. 223 y 224 CC que tratan la tutela (SOLÉ RESINA, J., "La tutela de las personas menores", cit., p. 76).

Capítulo Cuarto

El defensor judicial como medida de apoyo para la persona con discapacidad

I. EL CAMBIO DE PERSPECTIVA TRAS LA REFORMA DE LA LEY 8/2021, DE 2 DE JUNIO

1. La nueva concepción de la discapacidad y de las medidas de apoyo

Como es sabido, la Ley 8/2021, de 2 de junio, ha modificado el tratamiento de la discapacidad en el ordenamiento español a fin de proceder a su adaptación a los principios y premisas de la CDPD[272].

---

[272] El 13 de diciembre de 2006 se firmó la Convención de las Naciones Unidas sobre los Derechos de las Personas con Discapacidad (CDPD). La ratificación por España se produjo, sin reserva alguna, a través del Instrumento de Ratificación de 23 de noviembre de 2007, publicado en el BOE de 21 de abril de 2008 y su entrada en vigor tuvo lugar el 3 de mayo de ese mismo año. La vigencia del Convenio de Nueva York, determinó la necesidad del pronunciamiento de la Sala Primera del Tribunal Supremo sobre la compatibilidad del sistema tutelar español con la precitada Convención, lo que se llevó a efecto mediante la STS Pleno 29 abril 2009 *(Tol 1514778)*, en la que se descartó que nuestro procedimiento de modificación de la capacidad y de constitución de tutela o curatela fuesen discriminatorios y contrarios a los principios del tratado, que no resultaba, por consiguiente, derogado. Un comentario de esta sentencia en DE PABLO CONTRERAS, P., "La incapacitación en el marco de la convención sobre los derechos de las personas con discapacidad. Sentencia del Tribunal Supremo de 29 de abril de 2009", en *Comentarios a las sentencias de unificación de doctrina: civil y mercantil*, Yzquierdo Tolsada, M. (coord.), vol. 3, Dykinson, Madrid, 2009, pp. 550-590. Analiza la jurisprudencia posterior del Tribunal Supremo que, en la misma línea de la sentencia de 29 de abril de 2009, pretendió ajustar la legislación interna a los principios de la CDPD, DE LA IGLESIA MONJE, M.ª I., "Naturaleza actual de la curatela: asistencial, patrimonial e incluso representativa", en *Contribuciones para una reforma de la discapacidad. Un aná-*

El propósito de la Convención, según se enuncia en el primer párrafo de su art. 1, es el de "promover, proteger y asegurar el goce pleno y en condiciones de igualdad de todos los derechos humanos y libertades fundamentales por todas las personas con discapacidad, y promover el respeto de su dignidad inherente"[273]. Se considera que "muchas limitaciones vinculadas tradicionalmente a la discapacidad no han procedido de las personas afectadas por ella, sino de su entorno: barreras físicas, comunicacionales, cognitivas, actitudinales y jurídicas que han cercenado sus derechos y la posibilidad de su ejercicio"[274]. A los efectos de este estudio, interesa destacar el art. 12 de la CDPD, que proclama que las personas con discapacidad tienen capacidad jurídica en igualdad de condiciones con las demás en todos los aspectos de la vida, y obliga a los Estados Parte a adoptar las medidas pertinentes para proporcionarles acceso al apoyo que puedan necesitar en el ejercicio de su capacidad jurídica. La Convención no busca la protección de las personas con discapacidad, partiendo de lo que otros consideran que es mejor o más beneficioso, sino que pretende el reconocimiento total de los derechos que asisten a estas personas para el pleno ejercicio de su capacidad jurídica[275].

---

lisis transversal del apoyo jurídico a la discapacidad, Muñiz Espada, E., La Ley – Wolters Kluwer, Madrid, 2020, pp. 146-148.

273 Como se indica en el Dictamen núm. 34/2019 del Consejo de Estado al Anteproyecto de la LAPD, de 11 de abril de 2019, en su consideración cuarta, esta Convención opera una transformación radical en la manera de afrontar la discapacidad. En efecto, de acuerdo con su art. 4, "los Estados Partes se comprometen a asegurar y promover el pleno ejercicio de todos los derechos humanos y las libertades fundamentales de las personas con discapacidad sin discriminación alguna por motivos de discapacidad. A tal fin, los Estados Partes se comprometen a: a) Adoptar todas las medidas legislativas, administrativas y de otra índole que sean pertinentes para hacer efectivos los derechos reconocidos en la presente Convención (...)".

274 Apartado III del Preámbulo de la Ley 8/2021, de 2 de junio, por la que se reforma la legislación civil y procesal para el apoyo a las personas con discapacidad en el ejercicio de su capacidad jurídica.

275 DE AMUNÁTEGUI RODRÍGUEZ, C., "Derecho de sucesiones y discapacidad: retos y cuestiones problemáticas", en *Derecho de sucesiones y discapacidad: retos y cuestiones problemáticas,* De Amunátegui Rodríguez, C. y Martínez Martínez, M. (coord.), Fundación Coloquio Jurídico Europeo, Madrid, p. 19.

Transcurridos más de trece años desde que España procediera a la ratificación de este instrumento internacional, la LAPD ha pretendido dar un paso decisivo en la adecuación de nuestro ordenamiento a sus postulados. Es cierto que son diversas las voces que han manifestado sus dudas e incluso críticas al texto legal. En todo caso, la ley ha supuesto un cambio radical, e incluso podría decirse que revolucionario, de nuestro sistema sobre la discapacidad y la capacidad jurídica[276]; téngase en cuenta que, tan solo del Código Civil, ha modificado más de cien artículos. ¿En qué consisten los cambios que introduce esta Ley en el ejercicio de la capacidad jurídica por parte de las personas con discapacidad?

En primer lugar, la reforma prescinde de la distinción tradicional entre capacidad jurídica y capacidad de obrar, utilizando para referirse tanto a la titularidad de los derechos como a la legitimación para ejercitarlos el término capacidad jurídica o, simplemente, capacidad, tal y como hace el art. 12 de la CDPD. Con ello se sigue igualmente el criterio de la Observación General núm. 1 (2014), que establece que "[l]a capacidad jurídica incluye la capacidad de ser titular de derechos y la de actuar en derecho"[277]. Como señala la Observación General citada, "la negación de la capacidad jurídica a las personas con discapacidad ha hecho que se vean privadas de muchos derechos fundamentales, como el derecho de voto, el derecho a casarse y fundar una familia, los derechos reproductivos, la patria potestad, el derecho a otorgar su consentimiento para las relaciones íntimas y el tratamiento médico y el derecho a la libertad"[278]. Esta situación ha quedado erradicada por la Convención y por la LAPD,

---

276 GARCÍA RUBIO, M.ª P., "Contenido y significado general de la reforma civil y procesal en materia de discapacidad", *Sepin,* junio, 2021, pp. 2 y 17.

277 Apartado II ("Contenido normativo del artículo 12"), punto 12 de la Observación General núm. 1 (2014). En este punto se explica que "[l]a capacidad jurídica de ser titular de derechos concede a la persona la protección plena de sus derechos por el ordenamiento jurídico" y que "[l]a capacidad jurídica de actuar en derecho reconoce a esa persona como actor facultado para realizar transacciones y para crear relaciones jurídicas, modificarlas o ponerles fin".

278 Apartado I ("Introducción"), punto 8 de la Observación General núm. 1 (2014).

asegurando el respeto a la capacidad jurídica en toda su extensión a las personas con discapacidad, en idénticas condiciones que las demás personas[279].

La segunda ruptura, respecto del sistema anterior, es que se deja atrás la incapacitación judicial entendida como un estado civil de quien no se considera suficientemente capaz[280], así como la modificación de la capacidad. A partir de esta reforma, la capacidad jurídica resulta inherente a la condición de persona humana y, por ello, no puede modificarse[281]. La LAPD sustituye la incapacitación o modificación de la capacidad de obrar por el establecimiento de un sistema de apoyos plurales y flexibles para la persona con discapacidad, cuyo objetivo último es que la persona pueda conformar y expresar su voluntad, deseos y preferencias cada vez con menor apoyo (art. 249.II del CC)[282]. En la configuración de esos apoyos se trata de atender tanto a los aspectos patrimoniales como a los personales. En consecuencia, desde la entrada en vigor de la reforma, ya solo serán posibles los procesos para dotar a la persona con discapacidad de las medidas judiciales de apoyo, pero nunca para negarle o restringirle su capacidad jurídica. Las medidas judiciales son la curatela y el de-

---

279 GARCÍA RUBIO, M.ª P., "Contenido y significado general de la reforma", cit., p. 4.

280 Siguiendo a PAU PEDRÓN, A., "De la incapacitación al apoyo: el nuevo régimen de la discapacidad intelectual en el Código Civil", *RDC*, vol. V, núm. 3 (julio-septiembre, 2018), pp. 10-11, podemos señalar que son diversas las razones que, desde la Convención de Nueva York dan lugar a que la discapacidad no pueda considerarse ya un estado civil, entre ellas, que no se trata de proclamar oficialmente la ineptitud jurídica de una persona, sino de determinar los apoyos que permitan el ejercicio de su aptitud, que por sí sola es limitada.

281 Apartado III del Preámbulo de la LAPD. Como dispuso la STS de 6 de mayo de 2021 *(Tol 8431634)* "[s]e partía entonces de la falaz consideración de que la sentencia de incapacitación total no perjudicaba a la persona declarada incapaz, pues tal mecanismo tuitivo tarde o temprano debería desplegar sus efectos, por lo que era mejor prevenir cuanto antes necesidades futuras. En definitiva, si simplemente se pretendía proteger cuanta más protección mejor, por lo que ningún daño colateral se podría causar".

282 El art. 249, párrafo segundo, CC señala, en este sentido, que "las personas que presten apoyo (…) fomentarán que la persona con discapacidad pueda ejercer su capacidad jurídica con menos apoyo en el futuro".

fensor judicial: la primera para los apoyos permanentes, y la segunda para los puntuales.

En tercer lugar, las personas mayores de edad con discapacidad dejan de estar sometidas a las instituciones de protección tradicionales[283]. A partir de ahora, la persona con discapacidad podrá contar con "medidas de apoyo" para el adecuado ejercicio de su capacidad jurídica[284]. A tales efectos, se restringe el alcance de la tutela (que se suprime del ámbito de la discapacidad y queda reservada para los menores de edad no emancipados)[285], desaparecen la patria potestad prorrogada y la rehabilitada, y se transforma la institución de la curatela para convertirla en mecanismo de apoyo en la toma de decisiones (y solo excepcionalmente, de representación)[286]. Se impone, así, el cambio de un sistema, como el hasta ahora vigente en nuestro ordenamiento jurídico, en el que predominaba la sustitu-

---

283 En el sistema derogado, la situación de modificación de la capacidad de obrar podía dar lugar a la prórroga o rehabilitación de la patria potestad (que en la redacción precedente se contenía en el art. 171 del CC) o al sometimiento de la persona afectada a la tutela o a la curatela, que eran, como resultaba del art. 215 del CC, mecanismos o instituciones para "la guarda y protección de la persona y bienes o solamente de la persona o de los bienes de los menores o incapacitados".

284 Como puso de manifiesto el Tribunal Supremo en la sentencia de 16 mayo 2017, sintetizando la doctrina de la Sala, "la Convención de Naciones Unidas sobre los Derechos de las Personas con Discapacidad [...] opta por un modelo de «apoyos» para configurar el sistema dirigido a hacer efectivos los derechos de las personas con discapacidad (art. 12.3)".

285 Conforme a lo establecido en el art. 199 CC, quedan sujetos a tutela los menores no emancipados en situación de desamparo, en los términos del art. 172 CC, o no sujetos a patria potestad. La regulación de la tutela de los menores se contiene en los arts. 199 a 234 CC, siendo además de aplicación supletoria las normas de la curatela (art. 224 CC). Según se dispone en el art. 225 CC, "el tutor es el representante del menor, salvo para aquellos actos que este pueda realizar por si solo o para los que únicamente precise asistencia".

286 Expone MUNAR BERNAT, P. A., "Notas sobre algunos principios", cit., pp. 180-181, que la eliminación de la tutela no implica dejar menos amparada o protegida a la persona con discapacidad, puesto que la curatela con facultades representativas da respuesta a las situaciones de personas con discapacidad que no gozan ni lo han hecho nunca de capacidad natural para entender y querer.

ción en la toma de las decisiones que afectaban a las personas con discapacidad[287] y que descansaba en la figura central de la tutela del incapacitado[288]. Como se indica en la Observación General núm. 1 (2014), "el modelo de la discapacidad basado en los derechos humanos implica pasar del paradigma de la adopción de decisiones sustitutiva a otro que se base en el apoyo para tomarlas"[289]. En principio, por tanto, la persona con discapacidad será la encargada de tomar sus propias decisiones, provista de las medidas de apoyo necesarias para el adecuado ejercicio de su capacidad jurídica, apoyos que, además, deberán prestarse atendiendo a su "voluntad, deseos y preferencias"; cuando no sea posible, pese a haberse hecho un esfuerzo considerable, determinar cuál es la voluntad, deseos y preferentes de la persona, siempre con carácter excepcional, las medidas de apoyo podrán incluir funciones representativas. En consecuencia, el apoyo no se configura, con carácter general, como representativo. Las medidas relativas al ejercicio de la capacidad jurídica deberán respetar los derechos, la voluntad y las preferencias de la persona; ser proporcionales y adaptadas a las circunstancias de la persona; aplicarse en el plazo más corto posible y, por último, quedarán sujetas a exámenes periódicos por parte de la autoridad judicial[290].

En cuarto lugar, las instituciones jurídicas de apoyo previstas en el Código Civil español son las de naturaleza voluntaria, la guarda de hecho, la curatela y el defensor judicial[291], al suprimirse la tutela del mayor de edad y la patria potestad prorrogada y rehabilitada (arts.

---

287 Apartado I del Preámbulo de la LAPD.

288 La STS de 6 de mayo de 2021 *(Tol 8431634)* declara que "está absolutamente superado el tratamiento jurídico que se le venía dispensando a la discapacidad, basado en la adopción de decisiones maximalistas que optaban, de forma indiscriminada, por mecanismos de sustitución a través de la generalización de la tutela, como modelo de representación absoluta y permanente".

289 Apartado I ("Introducción"), punto 3.

290 Apartado I del Preámbulo de la LAPD.

291 El art. 250.I del CC, establece que "(l)as medidas de apoyo para el ejercicio de la capacidad jurídica de las personas que lo precisen son, además de las de naturaleza voluntaria, la guarda de hecho, la curatela y el defensor judicial".

249 y siguientes). Estos son los denominados apoyos "oficiales", lo que no impide que puedan existir otro tipo de apoyos de carácter "oficioso" (como el prestado por el notario)[292]. La LAPD clasifica las medidas de apoyo para el ejercicio de la capacidad jurídica en formales e informales. Destaca SOLÉ RESINA[293] que del texto reformado se deduce que son formales las medidas de apoyo judiciales —que son las establecidas en una resolución judicial, así, la curatela y el nombramiento del defensor judicial— y los poderes y mandatos preventivos que han de constar en escritura pública (*ex* arts. 255 y 260 CC). La nueva regulación otorga preferencia a la autorregulación sobre la heterorregulación, esto es, a las medidas voluntarias que pue-

---

292 La Observación General núm. 1 (2014), en su apartado 17, declara que "apoyo" es un término amplio que engloba arreglos oficiales y oficiosos, de distintos tipos e intensidades. Esta distinción también se recoge en el Informe de la Relatora Especial sobre los derechos de las personas con discapacidad, "El acceso de las personas con discapacidad a apoyo", de 20 de diciembre de 2016 (A/HRC/34/58). GARCÍA RUBIO, M.ª P. y TORRES COSTAS, M.ª E., "Artículo 249", cit., p. 211, creen que, en este sentido amplio u oficioso, el notario puede configurarse claramente como un apoyo oficioso en relación con los actos que la persona con discapacidad celebre ante él. Este planteamiento es el que consta en la Circular Informativa 3/2021 de la Comisión Permanente del Consejo General del Notariado, de 27 de septiembre, sobre el ejercicio de su capacidad jurídica por las personas con discapacidad, en cuanto considera a los notarios "como un verdadero apoyo institucional". En este sentido, el AAP de Sevilla de 28 de octubre de 2021 *(Tol 8796265)* nombra defensor judicial a la persona propuesta por la promotora, sin que el hecho de que sea extraña a la familia se considere óbice para ello, "máxime cuando la compraventa se realizará ante notario, funcionario encargado por ley de desempeñar un importante papel de garantía en las operaciones en que intervengan personas con discapacidad".

293 SOLÉ RESINA, J., "Apoyos informales o no formalizados al ejercicio de la capacidad jurídica y la guarda de hecho", *La Ley Derecho de Familia: Revista jurídica sobre familia y menores*, núm. 31, julio-septiembre 2021 (Ejemplar dedicado a la reforma civil y procesal de la discapacidad. Un tsunami en el ordenamiento jurídico), p. 19; y "Apoyos no formalizados al ejercicio de la capacidad jurídica", en *Un nuevo orden jurídico para las personas con discapacidad: Comentarios a las nuevas reformas legislativas,* Cerdeira Bravo de Mansilla, Guillermo y García Mayo, Manuel (Dir.), Wolters Kluwer, Madrid, 2021, p. 379.

de tomar la propia persona con discapacidad —como los poderes y mandatos preventivos o la autocuratela— sobre la regulación legal o judicial[294]. A falta de medidas voluntarias o de guarda de hecho, cabe la posibilidad de optar por la curatela o por un defensor judicial, acudiéndose al defensor judicial si el apoyo que precisa la persona con discapacidad puede ser ocasional, aunque sea recurrente (art. 250, párrafo sexto, CC).

Finalmente, en las actuaciones relativas a las medidas a adoptar respecto de las personas con discapacidad se produce, además, un relevante cambio de perspectiva. En las decisiones de nuestro Tribunal Supremo el principio rector ha sido hasta ahora el de la protección del interés superior del incapaz. La nueva regulación se inspira en el respeto a la dignidad de la persona con discapacidad (art. 10 CE), en la tutela de sus derechos fundamentales y en el respeto a su libre voluntad. En ningún caso apela ni considera relevante el interés superior (o mejor interés) de la persona con discapacidad, que ni siquiera es mencionado en el texto. Con ello sigue fielmente el criterio de la Observación General Primera (2014), órgano de seguimiento de la CDPD, y se aparta de lo sustentado por el Tribunal Supremo, incluso en sus más recientes sentencias.

2. *El defensor judicial de la persona con discapacidad: de su función tradicional a su consideración como medida de apoyo*

2.1. De su función tradicional a su consideración como medida de apoyo

La esencia del defensor judicial ha cambiado profundamente, tras la aprobación, en el ordenamiento español de la LAPD[295]. En relación con las personas mayores de edad con discapacidad, "el de-

---

294 PAU PEDRÓN, A., "De la incapacitación", cit., p. 13.

295 Destaca GARCÍA GOLDAR, M., "Artículo 295", en *Comentario articulado a la reforma civil y procesal en materia de discapacidad*, García Rubio, M.ª. P. y Moro Almaraz, M.ª. J. (dirs.), Varela Castro, I. (coord.), Civitas - Aranzadi Thomson Reuters, Cizur Menor (Navarra), 2022, p. 465, que "el régimen actual que afecta al cargo de defensor judicial de una persona con discapacidad

fensor judicial ya no es una institución de guarda y protección de la persona"[296]. La reforma parte del presupuesto de que la persona con discapacidad no solo tiene la misma capacidad formal que todas las demás personas para ser titular de derechos y obligaciones, sino también para ejercitarlos por sí misma, con los apoyos voluntarios, legales o judiciales que fueren necesarios. Este es el elemento sobre el que pivota la nueva regulación: el apoyo a la persona que lo precise[297]. La función que desempeña el defensor judicial de la persona con discapacidad es precisamente el de prestarle apoyo para el ejercicio de la capacidad jurídica. En este sentido, el art. 250 del CC, que es el destinado a presentar y perfilar cuáles son las medidas de apoyo que pueden adoptarse respecto de una persona con discapacidad, dispone, en su primer párrafo, que el defensor judicial es una de las "medidas de apoyo para el ejercicio de la capacidad jurídica".

En cualquiera de las situaciones —previstas ahora en el art. 295 del CC— en que resulte procedente nombrar un defensor judicial para la persona con discapacidad (imposibilidad o excusa del titular del apoyo, conflicto de intereses, administración provisional de los bienes o apoyo ocasional), su intervención consistirá en asistir o, excepcionalmente, representar a la persona con discapacidad en la toma de decisiones con efectos jurídicos. En el ejercicio de esta función, según se establece en el art. 297 del CC, el defensor judicial deberá "conocer y respetar la voluntad, deseos y preferencias de la persona a la que preste apoyo". Se trata de una concreción, para el ámbito del defensor judicial, del principio general de actuación de las medidas de apoyo consagrado en los arts. 249.II y 250. II del CC.

El cambio con respecto al régimen precedente salta a la vista. Con anterioridad a la reforma de la LAPD, para instar la solicitud de nombramiento del defensor judicial de un incapaz, se requería que, con carácter previo, se hubiese modificado la capacidad de obrar de la

---

difiere notablemente del régimen anterior, e incluso se puede decir que son instituciones diferentes con un mismo nombre".

296 ÁLVAREZ LATA, N., "Artículo 295 CC", cit., p. 833.

297 Apartado III Preámbulo de la LAPD.

persona; una vez declarada judicialmente la incapacitación y determinada la medida de protección aplicable (tutela, curatela o patria potestad prorrogada o rehabilitada), si concurrían ciertas situaciones (conflicto de intereses o imposibilidad de cumplir el cargo) podía instarse el procedimiento de designación de un defensor judicial del incapaz. En consecuencia, no cabía reclamar el nombramiento del defensor judicial respecto de una persona que en la fecha de la solicitud no tuviese todavía modificada su capacidad de obrar (anterior art. 299 del CC). La única salvedad tenía lugar cuando el defensor era nombrado para administrar los bienes de la persona que debía ser sometida a tutela o curatela y en tanto no recayese resolución judicial que pusiera fin al procedimiento (art. 299 bis del CC, en su redacción precedente). Con el régimen vigente, el defensor judicial de las personas con discapacidad es un cargo aplicable a las situaciones en que exista un titular que preste el apoyo (art. 295, apartados 1.º, 2.º y 3.º del CC) o cuando esté pendiente su nombramiento (art. 295, apartado 4º CC), pero también si no hay nadie que proporcione la asistencia que necesita la persona con discapacidad (art. 295.5.º del CC). En cualquiera de estas situaciones, la autoridad competente puede nombrar un defensor judicial a la persona con discapacidad, pero no podrá modificar la capacidad jurídica de la persona concernida, ni constituir el apoyo o configurar su contenido como si se tratase de una institución de protección.

2.2. El defensor judicial como medida subsidiaria y como medida autónoma

El defensor judicial se prevé para casos similares a los que ya estaban previstos con anterioridad a la reforma, aunque con las debidas adaptaciones a los nuevos postulados del sistema. En el Preámbulo de la LAPD, se dice que la figura del defensor judicial está "especialmente prevista para cierto tipo de situaciones, como aquella en que exista conflicto de intereses entre la figura de apoyo y la persona con discapacidad, o aquella en que exista imposibilidad coyuntural de que la figura de apoyo habitual lo ejerza". Sin embargo, el defensor judicial no es ya tan solo una figura a la que cabe acudir con carácter subsidiario o supletorio (cuando se suscita un conflicto de intereses, una dejación de funciones o mientras se tramita la provisión de apoyos), sino que constituye una medida de apoyo autónoma que permite prestar la asistencia esporádica o puntual —aunque sea recurrente— que pueda precisar la persona con discapacidad. A este respecto, el citado art. 250 del CC, en su sexto párrafo, con una confusa técnica legislativa[298], nos dice que "[e]l nombramiento de defensor judicial como medida formal de apoyo procederá cuando la necesidad de apoyo se precise de forma ocasional, aunque sea recurrente". En el Anteproyecto de Ley elaborado por la Comisión General de Codificación[299], la Exposición de Motivos mencionaba que la figura del defensor judicial estaba prevista para cierto tipo de situaciones, como "la necesidad de apoyo ocasional que no está garantizado por otra medida voluntaria o fáctica"[300]. En relación con el Anteproyecto sobre discapacidad, ya la doctrina puso de manifiesto la trascendencia que revestiría el nuevo diseño del defensor judicial si fructificaba el texto regulador referido[301].

Como veremos con detalle a lo largo de este capítulo, el art. 295 CC, que regula los supuestos en que procederá el nombramiento de un defensor judicial, contempla en sus cuatro primeros números las situaciones que dan lugar a que deba acudirse a un defensor judicial para que preste apoyo a la persona con discapacidad en un asunto

---

298 El art. 250, párrafo sexto, CC, que define en qué consiste la medida del defensor judicial, recoge solamente la causa 5ª del art. 295 CC, esto es, el nombramiento del defensor judicial cuando la necesidad de apoyo se precise de forma ocasional, aunque sea recurrente. Ello plantea problemas de concordancia entre ambas normas, en la medida en que el art. 250 establece la remisión a solo una de las causas habilitantes para el nombramiento del defensor judicial (la 5ª del art. 295), por lo que resulta incompleto. En este sentido, respecto al texto del Anteproyecto, MAGARIÑOS BLANCO, V., "Comentarios al Anteproyecto de Ley para la reforma del Código Civil sobre discapacidad", cit., p. 205.

299 Disponible en: https://www.nreg.es/ojs/index.php/RDC/article/view/375.

300 Apartado III de la Exposición de Motivos del Anteproyecto de Ley por la que se reforma la legislación civil y procesal en materia de discapacidad.

301 MORENO MARTÍNEZ, J. A., "Problemática actual del defensor judicial", cit., p. 53. Destacaba este autor (*ob. cit.*, p. 56) que con estas previsiones "se produce un claro salto cualitativo de la institución del defensor judicial".

puntual y concreto o durante un período transitorio. En cambio, en el punto 5.° se regula la figura del defensor judicial como la otra medida judicial de apoyo, junto a la curatela, que cabe establecer *ex professo* para la persona con discapacidad que "requiera el establecimiento de medidas de apoyo de carácter ocasional, aunque sea recurrente". Como novedad, el Código Civil previene también el nombramiento de un defensor judicial en los casos de guarda de hecho de la persona con discapacidad, respecto de "aquellos asuntos que por su naturaleza lo exijan" (art. 264, párrafo cuarto, CC).

Cabe, pues, distinguir entre el defensor judicial que actúa en defecto de las instituciones de apoyo establecidas (curatela, guarda de hecho...) o mientras se tramita el proceso para la provisión de las medidas cuando la autoridad judicial considere necesario proveer a la administración de los bienes (art. 295, apartados 1.°, 2.°, 3.° y 4.° del CC); y el defensor judicial que ha sido nombrado como medida de apoyo autónoma para la persona con discapacidad que presente una necesidad ocasional, aunque reiterada en el tiempo (art. 295.5.° del CC).

En ambas situaciones, el defensor judicial es una figura destinada a prestar apoyo a la persona con discapacidad para el ejercicio de su capacidad jurídica; ahora bien, en ocasiones, y como novedad, el defensor judicial se configura como una medida de apoyo autónoma e independiente para la persona con discapacidad que lo precisa de manera ocasional o puntual, aunque esta necesidad se reitere en el tiempo. Queda desdibujada, con ello, la consideración del defensor judicial como institución supletoria y subsidiaria, al extenderse su ámbito de actuación desde la resolución de problemas puntuales de conflicto de intereses o de paralización de las ayudas instituidas, hasta el apoyo ocasional. Como ha destacado ÁLVAREZ LATA[302], "tras la reforma emerge un defensor judicial como medida de apoyo ocasional, aunque recurrente de la persona con discapacidad (art. 295.5.° CC), de carácter autónomo y desvinculado de la existencia de otras medidas de apoyo"[303]. Con ello, la institución del defensor

---

302 ÁLVAREZ LATA, N., "Artículo 295 CC", cit., p. 833.

303 En el mismo sentido, para MARTÍN AZCANO, E. M.ª, "El defensor judicial de persona con discapacidad", cit., p. 284, "el defensor judicial constituye

judicial deja de ser concebida necesariamente como una institución supletoria de otras medidas de apoyo para adquirir, en ciertas situaciones, el carácter de figura autónoma de apoyo, aunque sea temporal o puntual su actuación y no se trate de un apoyo continuado. Indudablemente, como ha sido destacado[304], se trata de un trascendente cambio cualitativo de la institución.

La nueva figura del defensor judicial, como medida de apoyo, suscita diversas cuestiones dudosas, partiendo de la propia autoridad encargada de su nombramiento. De manera discutible, y no sin ciertas discrepancias normativas, nuestra vigente legislación atribuye al LAJ el nombramiento del defensor judicial, la atribución de sus funciones y el control de la rendición de cuentas de la gestión efectuada una vez concluida. El nombramiento del curador de la persona con discapacidad —la otra medida de apoyo formal de carácter judicial— corresponde, en cambio, a la autoridad judicial. A mi modo de ver, cabe interpretar que cuando el defensor judicial constituye la única medida de apoyo, que actúa de manera autónoma para prestar un apoyo ocasional, aunque recurrente, será la autoridad judicial la competente para enjuiciar acerca de su nombramiento, del mismo modo que acontece con la otra medida judicial, la curatela. En las restantes situaciones, el defensor judicial es nombrado por el LAD, quien le atribuirá sus funciones, y a quien deberá rendir cuentas de la gestión efectuada una vez concluida.

---

una medida de apoyo típica, de carácter subsidiario —sólo se aplica en defecto o ante la insuficiencia de las disposiciones de la propia persona con discapacidad— y formal (requiere investidura judicial); que, en ocasiones, cumple una función sustitutiva, en cuyo caso convive, provisionalmente, con otra medida de apoyo; y otras, en cambio, actúa autónomamente, configurándose entonces como un apoyo estable de la persona con discapacidad, aunque sólo intervenga puntualmente".

304 MORENO MARTÍNEZ, J. A., "Problemática actual del defensor judicial", cit., p. 53.

II. EL DEFENSOR JUDICIAL DE LA PERSONA CON DISCAPACIDAD

1. ¿Quién es la "persona con discapacidad" a la que se puede nombrar un defensor judicial?

La adaptación de nuestro ordenamiento al modelo social de la discapacidad que acoge la CDPD, cuyo eje se sitúa en la relación de las personas con discapacidad con las barreras que las discriminan, ha supuesto un cambio radical en la regulación de la capacidad jurídica. De un sistema de limitación de la capacidad de obrar y de adopción de medidas sustitutivas de la voluntad hemos pasado a un modelo sustentado en el reconocimiento de la capacidad jurídica a todas las personas y en las medidas de apoyo para su ejercicio a quienes las precisen.

La CDPD parte de la consideración de que "la discapacidad es un concepto que evoluciona y que resulta de la interacción entre las personas con deficiencias y las barreras debidas a la actitud y al entorno que evitan su participación plena y efectiva en la sociedad, en igualdad de condiciones con las demás"[305]. Con estas premisas, el art. 1 de la CDPD, en su segundo párrafo, identifica de forma amplia a las personas con discapacidad como "aquellas que tengan deficiencias físicas, mentales, intelectuales o sensoriales a largo plazo que, al interactuar con diversas barreras, puedan impedir su participación plena y efectiva en la sociedad, en igualdad de condiciones con las demás"[306]. En realidad, tal y como se ha destacado, el art. 1 de la

305 Apartado e) del Preámbulo de la CDPD.

306 Como se indica en el Informe de 17 de enero de 2007 de la Alta Comisionada de las Naciones Unidas para los Derechos Humanos, sobre los progresos alcanzados en la aplicación de las recomendaciones contenidas en el estudio sobre los derechos humanos y la discapacidad (apartado 24), "la idea de «discapacidad» no es fija y puede variar, dependiendo del entorno predominante en una sociedad u otra". En este mismo apartado del informe se precisa que "la discapacidad no se considera una enfermedad en sí, sino más bien el resultado de la interacción entre las actitudes negativas o un entorno poco propicio para la condición de algunas personas concretas".

CDPD no contiene “una definición de un concepto cerrado *a priori* sino una descripción del modelo social de discapacidad”[307].

Este marco general de la CDPD no coincide con el ámbito subjetivo de la LAPD, mucho más reducido en sus potenciales destinatarios, y ello en la medida en que el objetivo de la Ley es la adaptación de nuestro Derecho estatal a los dictados del art. 12 de la CDPD[308]. Se trata, pues, de adoptar las medidas pertinentes para proporcionar a las personas con discapacidad acceso al apoyo que puedan necesitar en el ejercicio de su capacidad jurídica (art. 12.3 de la CDPD), partiendo del reconocimiento de la libertad de tomar las propias decisiones [art. 3.a) de la CDPD]. En este sentido, conforme a lo establecido en la reformada DA 4ª del CC, con la salvedad de la referencia a la discapacidad contenida en los arts. 96, 756 número 7.º, 782, 808, 822 y 1041, a los efectos de los demás preceptos del Código, salvo que otra cosa resulte de la dicción del artículo de que se trate, toda referencia a la discapacidad habrá de ser entendida a aquella que haga precisa la provisión de medidas de apoyo para el ejercicio de la capacidad jurídica.

La reforma configura al defensor judicial como una posible medida de apoyo para las personas con discapacidad. Estas medidas de apoyo reguladas en el Código civil van dirigidas, conforme a lo establecido en el art. 249.I del CC, a “las personas mayores de edad

---

307 GARCÍA RUBIO, M.ª P. y TORRES COSTAS, M.ª E., “Artículo 249”, cit., p. 209.

308 Así se indica en el apartado I del Preámbulo de la LAPD: “La presente reforma de la legislación civil y procesal pretende dar un paso decisivo en la adecuación de nuestro ordenamiento jurídico a la Convención internacional sobre los derechos de las personas con discapacidad, hecha en Nueva York el 13 de diciembre de 2006, tratado internacional que en su artículo 12 proclama que las personas con discapacidad tienen capacidad jurídica en igualdad de condiciones con las demás en todos los aspectos de la vida”. Resaltan esta idea de que la descripción del art. 1 de la CDPD no se corresponde, ni mucho menos, con los destinatarios eventuales de la LAPD, GARCÍA RUBIO, M.ª P. y TORRES COSTAS, M.ª E., “Artículo 249”, cit., p. 209.

o menores emancipadas", esto es, a las personas adultas[309], "que las precisen para el adecuado ejercicio de su capacidad jurídica". Los menores de edad con discapacidad, al igual que sucediera antes de la reforma, quedan sujetos a los mismos mecanismos de protección que todos los menores: la patria potestad y, en su defecto, la tutela. El único cambio, a este respecto, es que ha desaparecido, en concordancia con los postulados de la CDPD y de la LAPD, la posibilidad de incapacitar a un menor de edad cuando esté afectado por una causa de incapacitación que se prevea razonablemente que persistirá después de la mayoría de edad (art. 201 del CC, en su anterior redacción). En la nueva regulación, "cuando el menor con discapacidad llegue a la mayoría de edad se le prestarán los apoyos que necesite del mismo modo y por el mismo medio que a cualquier adulto que los requiera"[310]. No obstante, la reforma contiene algunas reglas que atienden a la situación de transición entre la minoría de edad y la mayoría de edad de la persona con discapacidad que pueda precisar apoyos, tales como los arts. 91.II y 254 del CC o 770.8ª de la LEC[311]. En todo caso, las medidas de apoyo tienen un alcance totalmente

309 GARCÍA RUBIO, M.ª P. y TORRES COSTAS, M.ª E., "Artículo 249", cit., p. 210.

310 Apartado III del Preámbulo de la LAPD.

311 Como señalan GARCÍA RUBIO, M.ª P. y TORRES COSTAS, M.ª E., "Artículo 249", cit., p. 210, con estas normas "se trata de evitar que las personas con discapacidad puedan llegar a encontrarse en algún momento, y aunque solo sea de manera transitoria, desprovistas de las medidas que el sistema les ha de asegurar". Considera TORRES COSTAS, M.ª E., "Artículo 235", en *Comentarios al Código Civil,* Cañizares Laso, A. (dir.), T. I, Tirant lo Blanch, Valencia, 2023, p. 1610, que la remisión del art. 236 CC a la regulación prevista para las personas con discapacidad supone que, además de tratarse de una figura temporal y para los casos previstos en el art. 235 del CC, "el defensor judicial del menor también podrá ser una medida de apoyo que podrá adoptarse cuando el menor precise de dicho apoyo de manera ocasional, aunque sea recurrente, a tenor de lo previsto en los artículos 254 y 255 CC en vigor". Esta autora matiza, acertadamente, su postura cuando afirma (ob. cit. p. 1612) que "el menor de edad sí podría designar un defensor judicial como medida de apoyo puntual, aunque fuera recurrente, en un documento público que recoja las medidas voluntarias que libremente establezca", pero que "[l]a eficacia de estas medidas quedaría pospuesta hasta que cumpliese la mayoría de edad, salvo que el otorgante fuese un menor emancipado, en cuyo caso, la eficacia sería inmediata".

distinto al dispensado a través de la patria potestad o de la tutela durante la minoría de edad[312].

Las medidas de apoyo, de este modo, se aplican a las personas mayores de edad o menores emancipadas que las precisen para el adecuado ejercicio de su capacidad jurídica. Esta es la discapacidad relevante a los efectos de la adopción de una medida de apoyo, como es el defensor judicial: la que provoca que la persona precise contar con asistencia para ejercitar su capacidad jurídica[313]. En este sentido, las medidas se aplican a la discapacidad que produce alteraciones o dificultades intelectuales, cognitivas o psicosociales que inciden en la formación de una voluntad plenamente consciente y libre en la toma de decisiones jurídicas[314]. En consecuencia, si la persona puede

---

312 GUILARTE MARTÍN-CALERO, C., "Las grandes líneas del nuevo sistema de apoyos regulado en el Código Civil Español", en *El nuevo sistema de apoyos a las personas con discapacidad y su incidencia en el ejercicio de su capacidad jurídica,* Álvarez Lata, N. (coord.), Thomson Reuters Aranzadi, Cizur Menor (Navarra), 2022, p. 57.

313 Como ha sido precisado "no toda persona con discapacidad es una persona que requiera medidas de apoyo", por ello "ser una persona con discapacidad es un requisito previo, pero no suficiente, para las medidas de apoyo [...] porque si la persona con discapacidad ejerce adecuadamente su capacidad jurídica por sí sola, las medidas de apoyo no tienen cabida" (VAQUER ALOY, A., "El sistema de apoyos como elemento para el ejercicio de la capacidad jurídica de la persona con discapacidad", en *Reformas legislativas para el apoyo a las personas con discapacidad. Estudio sistemático de la Ley 8/2021, de 2 de junio, al año de su entrada en vigor,* Lledó Yagüe, F., Ferrer Vanrrell, M.ª P., Egusquiza Balmaseda, M.ª A. y López Simó, F., Dykinson, Madrid, 2022, p. 506).

314 Para GUILARTE MARTÍN-CALERO, C., "Las grandes líneas del nuevo sistema", cit., p. 35, los destinatarios de los apoyos son las personas que "tienen una discapacidad intelectual, originaria o sobrevenida, o una discapacidad psicosocial". LECIÑENA IBARRA, A., "Reflexiones sobre la formación de la voluntad negocial en personas que precisan apoyos en el ejercicio de su capacidad jurídica", *RDC,* vol. IX, núm. 1 (enero-marzo, 2022), Ensayos, p. 265, parte de la premisa de que "[l]as dificultades con las que pueden topar las personas con discapacidad psíquica en un entorno negocial se focalizan en el proceso interno de formación de su voluntad, consciente y libre" y que "[a] estas personas mayores de edad o menores emancipadas van dirigidas las medidas de apoyo previstas en la reforma con el objetivo de que ellas mismas puedan tomar sus propias decisiones con trascendencia jurídica,

adoptar estas decisiones por sí, no procederá la fijación de apoyos[315]. Podrá beneficiarse de las medidas de apoyo cualquier persona que

---

asistidas convenientemente, si así lo desean, en el proceso deliberativo que necesitan para comprender el acto que van a realizar y las consecuencias que del mismo se le van a derivar". Señala BERROCAL LANZAROT, A. I., "Régimen jurídico del defensor judicial tras la reforma operada por la Ley 8/2021, de 2 de junio", *RCDI,* núm. 794, 2022, pp. 3221-3222, que "[e]l apoyo (...) vendrá determinado por la falta de aptitud o habilidad de la persona para la toma de decisión (la capacidad de decisión), esto es, cuando las alteraciones que padece, tengan incidencia, en mayor o menor medida, en la formación de una voluntad libre y consciente. Comentan GARCÍA RUBIO, M.ª P. y TORRES COSTAS, M.ª E., "Artículo 249", cit., p. 209, que "no todo tipo de discapacidad está en el centro de una regulación que está referida a la capacidad jurídica; más bien al contrario, se asume que la mayor parte de las normas de esta LRAPD se dirigen a las personas con dificultades cognitivas, intelectuales o psicosociales que son las que van a estar, en su caso, necesitadas de apoyo en el ejercicio de esa capacidad y quienes son, por añadidura, quienes históricamente han sufrido restricciones en la que llamábamos hasta ahora capacidad de obrar". Precisa GARCÍA RUBIO que "quienes están en el foco del artículo 12 CDPD son, principalmente, las personas que han visto históricamente negada su capacidad para actuar en el ámbito de lo jurídico, esto es, las personas que por diferentes razones tienen dificultades para comprender, decidir o explicarse". Esta autora identifica, cuando menos, cuatro colectivos de personas especialmente vulnerables en esta situación: las personas con discapacidad intelectual que, en su mayoría, la poseen desde su nacimiento; las personas con problemas mentales de diversa naturaleza; las personas de edad avanzada que, como consecuencia del proceso de envejecimiento, se ven afectados de progresivas dificultades cognitivas y las personas con traumas cerebrales derivados de accidentes de distinta naturaleza (GARCÍA RUBIO, M.ª P., "Los desafíos del nuevo modelo de discapacidad y las reticencias para aceptar la capacidad jurídica de las personas con discapacidad cognitiva, intelectual o psicosocial", en *La persona con discapacidad en el Derecho de sucesiones,* Espejo Lerdo de Tejada, M. y Cerdeira Bravo de Mansilla, G. (dirs.), Murga Fernández, J.P. y García Mayo, M. (coords.), Aranzadi, Cizur Menor (Navarra), 2023, pp. 30-31).

315 En el sentido expuesto, la SAP de Alicante, Sección 6ª, de 25 de octubre de 2022 *(Tol 9407724)* revoca la resolución recurrida, que había estimado la demanda interpuesta por el Ministerio Fiscal para la adopción de la curatela representativa de la demandada. La sentencia se pronuncia en estos términos: "A la vista del resultado de toda la prueba practicada, se concluye que Dña. Begoña no tiene anulada ni su capacidad cognitiva ni su voluntad,

las precise, con independencia de si su situación de discapacidad ha obtenido algún reconocimiento administrativo[316]. No es necesario tampoco que esta discapacidad que afecta a la persona a la hora de ejercitar su capacidad jurídica tenga un carácter permanente, como exigía la legislación anterior[317]; en consecuencia, las medidas previstas por la reforma podrán también proveerse para resolver circunstancias transitorias[318].

2. Ámbito de actuación del apoyo: toma de decisiones con efectos jurídicos en asuntos personales o patrimoniales

Las medidas de apoyo, acorde a lo establecido en el art. 249.I del CC, tendrán por finalidad el "desenvolvimiento jurídico" en condi-

---

por lo que puede desarrollar plenamente su personalidad y desenvolverse en el ámbito jurídico con plena normalidad, no necesitando ayuda para la comprensión y razonamiento en la toma de decisiones, más allá de las que precisaría cualquier persona de su edad y nivel de formación; siendo sus dificultades esencialmente motoras y físicas y éstas no inciden en ello. Ello nos lleva a concluir que Dña. Begoña no precisade protección a través de la adopción de medidas judiciales de apoyo para el ejercicio de la capacidad jurídica; en la medida en que estas solo procederán en defecto o insuficiencia de la voluntad de la persona de que se trate, lo que no sucede en el presente caso". En términos parecidos, se pronunció la misma Sección de la AP de Alicante en la sentencia de 19 de mayo de 2022 *(Tol 9175662).*

316 Apartado III del Preámbulo de la LAPD. Para QUESADA SÁNCHEZ, A. J., "Sobre el sentido de la discapacidad en la nueva regulación legal: reflexiones iniciales", en *La reforma civil y procesal en materia de discapacidad. Estudio sistemático de la Ley 8/2021, de 2 de junio,* De Lucchi López-Tapia, Y. y Quesada Sánchez, A.J. (dirs.) y Ruiz-Rico Ruiz, J. M. (coord.), Atelier, Barcelona, 2022, p. 29, "que se ostente la condición administrativa de discapacitado no tiene por qué implicar la necesidad de adopción de apoyos en el ámbito civil, para ejercitar la capacidad jurídica (aunque sea razonable que en algunos casos pueda suceder así, y para que esto sea posible se reforma la legislación), pues si pese a ostentar dicha condición no se necesita el citado apoyo civil, éste no debe constituirse".

317 Conforme a lo establecido en el anterior art. 200 del CC, eran causas de incapacitación las enfermedades o deficiencias "persistentes" de carácter físico o psíquico que impedían a la persona gobernarse por sí misma.

318 MARTÍN AZCANO, E. M.ª, "El defensor judicial de persona con discapacidad", cit., p. 283.

ciones de igualdad. Cumplen la función, según el art. 250.II del CC, de "asistir a la persona con discapacidad en el ejercicio de su capacidad jurídica en los ámbitos en los que sea preciso". En este sentido, la Observación General Primera (2014) determina que los Estados parte deben proporcionar a las personas con discapacidad "acceso al apoyo que necesiten para tomar decisiones que tengan efectos jurídicos"[319]. De acuerdo con la normativa instaurada con la LAPD, lo que justifica, pues, la adopción de una medida de apoyo —como es el defensor judicial— es que la discapacidad afecte a la toma de decisiones con efectos jurídicos en los asuntos personales o patrimoniales de la persona[320]. El apoyo no da respuesta a las actividades de la vida diaria o doméstica de la persona, sino a la toma de decisiones con relevancia jurídica[321]. El Tribunal Supremo ha precisado, en este sentido, que no procede fijar los apoyos cuando las patologías que sufre la persona provocan limitaciones motoras, también a nivel social, pero no determinaban su falta de capacidad cognitiva ni volitiva[322]. No implica tampoco el apoyo velar por la persona, cuidarla o protegerla, cometidos propios de las derogadas instituciones "de guarda"[323].

---

319 Apartado 16.

320 En relación con las medidas judiciales de apoyo, sienta este criterio la STS de 21 de diciembre de 2022 (*Tol 9353911*), en cuanto que "así resulta del título de la propia Ley 8/2021, que reforma la legislación civil y procesal «para el apoyo a las personas con discapacidad en el ejercicio de su capacidad jurídica», de la mención en el art. 253 CC a la «persona se encuentre en una situación que exija apoyo para el ejercicio de su capacidad jurídica», y de lo dispuesto en la disp. adicional 4.ª que la Ley 8/2021 introduce en el Código civil y conforme a la cual la regla general, y salvo que otra cosa resulte de la dicción del artículo de que se trate, las referencias a discapacidad deben entenderse a «aquella que haga precisa la provisión de medidas de apoyo para el ejercicio de la capacidad jurídica»".

321 GUILARTE MARTÍN-CALERO, C., "Las grandes líneas del nuevo sistema", cit., p. 22.

322 STS de 21 de diciembre de 2022 (*Tol 9353911*).

323 ÁLVAREZ LATA, N., "Artículo 297 CC", en *Comentarios a la Ley 8/2021 por la que se reforma la legislación civil y procesal en materia de discapacidad*, Guilarte Martín Calero, C. (dir.), Thomson Reuters Aranzadi, Cizur Menor (Navarra), 2021, p. 851.

Se ha pasado, de este modo, de un sistema de sustitución en la toma de decisiones, en el que la persona afectada quedaba fuera del proceso, por otro basado en la determinación de apoyos para tomarlas[324]. Según dispone el art. 249.II del CC, las personas que presten apoyo "procurarán que la persona con discapacidad pueda desarrollar su propio proceso de toma de decisiones, informándola, ayudándola en su comprensión y razonamiento y facilitando que pueda expresar sus preferencias". El apoyo consiste, pues, en la asistencia, en la ayuda en el ejercicio de la capacidad jurídica[325]. Su campo de actuación viene dado por la asistencia en la formación y expresión del consentimiento de la persona con discapacidad[326], esto es, en la conformación de su voluntad, deseos y preferencias. En la valoración de si la persona con discapacidad goza de autonomía para tomar decisiones o se encuentra afecta a una discapacidad tributaria de la fijación de medidas de apoyo, el criterio del Tribunal Supremo ha sido el de apreciar que "[u]na conducta plenamente autónoma es aquella que no está sometida a coerción externa, ni condicionada internamente por compulsiones anómalas provenientes de delirios, alucinaciones o graves episodios del ánimo"[327].

---

324 STS de 6 de mayo de 2021 *(Tol 8431634)*.

325 En este sentido, en relación con la curatela, se pronuncia el Apartado III del Preámbulo de la LAPD. GARCÍA RUBIO, M.ª P. y TORRES COSTAS, M.ª E., "Artículo 249", cit., p. 216, destacan que "las personas prestadoras de apoyo asumen el papel de orientadoras, asesoras, informadoras y facilitadoras, para que la persona asistida pueda conformar su propia voluntad y expresar sus preferencias".

326 Para BERROCAL LANZAROT, A. I., "Régimen jurídico del defensor judicial", cit., p. 3222, "el apoyo encuentra su campo de actuación fundamental en la información y formación del consentimiento de la persona con discapacidad para que emita correctamente su declaración de voluntad".

327 STS de 6 de mayo de 2021 *(Tol 8431634)*. En esta sentencia, a la hora de valorar la capacidad para adoptar decisiones autónomas en los distintos ámbitos de la vida humana, el Tribunal Supremo señala que ello "conforma un proceso complejo modulado por las emociones y la motivación, que requiere disfrutar de habilidades cognitivas, tales como la atención y comprensión, contar con la información autobiográfica, episódica y semántica almacenada en la memoria, poseer la capacidad necesaria para valorar las consecuencias de los actos asumidos, integrar toda la información mediante procesos de razonamiento abstracto y expresar la decisión finalmente

Los actos para los que puede establecerse el apoyo del defensor judicial pueden ser de índole personal o patrimonial o ambos a la vez. El Preámbulo de LAPD declara, a este respecto, que "a diferencia de lo que hacían los códigos decimonónicos, más preocupados por los intereses patrimoniales de la persona que por la protección integral de esta, la nueva regulación trata de atender no solo a los asuntos de naturaleza patrimonial, sino también a los aspectos personales, como pueden ser los relativos a decisiones sobre las vicisitudes de su vida ordinaria —domicilio, salud, comunicaciones, etc.—"[328]. Puede preverse, así, la asistencia ocasional del defensor en las decisiones relativas al lugar de residencia; las actividades domésticas cotidianas; el ámbito de la salud (como el ingreso en un centro hospitalario, el consentimiento a los tratamientos quirúrgicos o farmacológicos, el cumplimiento de las prescripciones médicas pautadas, toma de medicación, seguimiento de pautas alimenticias, etc.)[329]; los actos

adoptada de forma comprensible y tener la posibilidad de ejecutarla; o si, por el contrario, en función de las concretas deficiencias físicas, mentales, intelectuales o sensoriales a largo plazo padecidas, precisa contar con los apoyos oportunos para ejercitar la autonomía que como persona le corresponde".

328 Apartado III del Preámbulo de la LAPD.

329 Para los actos relativos a la salud, sigue vigente la regulación del art. 9 de la Ley 41/2002, de 14 de noviembre, básica reguladora de la autonomía del paciente y de derechos y obligaciones en materia de información y documentación clínica que, por lo que aquí interesa procede de la Ley 26/2015, de 28 de julio. Aunque el art. 9.3 de la Ley 41/2002 contempla el consentimiento por representación "cuando el paciente tenga la capacidad modificada judicialmente y así conste en la sentencia", y el apartado 6 del mismo art. 9 exige que la decisión deberá adoptarse atendiendo siempre al mayor beneficio para la vida o salud del paciente, debe tenerse en cuenta el esencial apartado 7 del mismo art. 9, conforme al cual: "[l]a prestación del consentimiento por representación será adecuada a las circunstancias y proporcionada a las necesidades que haya que atender, siempre en favor del paciente y con respeto a su dignidad personal. El paciente participará en la medida de lo posible en la toma de decisiones a lo largo del proceso sanitario. Si el paciente es una persona con discapacidad, se le ofrecerán las medidas de apoyo pertinentes, incluida la información en formatos adecuados, siguiendo las reglas marcadas por el principio del diseño para todos de manera que resulten accesibles y comprensibles a las personas con discapacidad, para favorecer que pueda prestar por sí su consentimiento".

económicos (desde el seguimiento de las cuentas, administración de ingresos y manejo de dinero de bolsillo hasta decisiones más complejas relativas a la contratación de préstamos, enajenaciones, donaciones, renuncia de derechos, aceptación de herencias sin beneficio de inventario...); los actos de carácter administrativo-burocrático, actos de carácter judicial, etc. Por lo demás, como se verá en el apartado siguiente, el contenido del apoyo puede llegar a ser muy amplio, desde la simple y puntual asistencia para una actividad diaria, hasta la representación, en supuestos excepcionales[330].

3. *Alcance del apoyo: la exclusión del complemento o codecisión*

La LAPD no determina de forma precisa y cerrada cuál puede ser el alcance de las medidas de apoyo. El Preámbulo de la LAPD concibe el apoyo, en lógica sintonía con la Observación General Primera (2014), como "un término amplio que engloba todo tipo de actuaciones: desde el acompañamiento amistoso, la ayuda técnica en la comunicación de declaraciones de voluntad, la ruptura de barreras arquitectónicas y de todo tipo, el consejo, o incluso la toma de decisiones delegadas por la persona con discapacidad". El art. 249.II del CC determina que las personas que presten apoyo "deberán actuar atendiendo a la voluntad, deseos y preferencias de quien lo requiera". Se trata de un apoyo dirigido a que la persona con discapacidad "pueda desarrollar su propio proceso de toma de decisiones, informándola, ayudándola en su comprensión y razonamiento y facilitando que pueda expresar sus preferencias". Ahora bien, aunque sea para casos excepcionales, el apartado tercero prevé que "las medidas de apoyo podrán incluir funciones representativas".

Cabe distinguir, así, entre un apoyo de menor intensidad, que debe ser la regla general, consistente en la ayuda a la persona con discapacidad en la fase de información, comprensión y manifestación de la voluntad, mediante el acompañamiento y el consejo[331]. En

---

330 SAP de Alicante, Sección 9ª, de 8 de abril de 2022 *(Tol 9166714)*.

331 En relación con este tipo de apoyo, el art. 222-4.1 del borrador de Anteproyecto de Ley modificación de Código Civil de Cataluña en materia de apoyos al ejercicio de la capacidad jurídica, prevé que el apoyo para el ejer-

el Informe de la Relatora Especial sobre los derechos de las personas con discapacidad[332], se indica que los regímenes de apoyo para la toma de decisiones, "permiten que las personas designen a una o más personas para ayudarlas a: a) obtener y entender información; b) evaluar las posibles alternativas a una decisión y sus consecuencias; c) expresar y comunicar una decisión; y/o d) ejecutar una decisión"[333]. Como regla general, por tanto, el defensor judicial prestará auxilio a la persona con discapacidad para tomar su decisión o expresarla y comprender el contenido del acto que va a realizar[334]. Cuando este

---

cicio de la capacidad jurídica puede consistir en la ayuda a la comunicación de la voluntad de la persona concernida, la toma de decisiones con efectos jurídicos y la configuración de su voluntad. Según el apartado 2 de este mismo precepto, el apoyo en la comunicación consiste en trasladar la voluntad formada de la persona implicada a través de quien lo presta. El apartado 3 prevé que el apoyo a la persona para la toma de decisiones con efectos jurídicos puede consistir, entre otros, en las siguientes actividades: a) Acompañarla para que desarrolle relaciones sociales que le permitan ejercer su autonomía y acceder a recursos adicionales de soporte. b) Proporcionarle información sobre cuestiones de su interés de forma adecuada. c) Orientarla sobre sus derechos y cómo hacerlos efectivos. d) Ayudarla a comprender los actos jurídicos y sus consecuencias. e) Asistirla en la consideración de opciones y hacerle recomendaciones en relación con un determinado acto jurídico. f) Facilitarle que llegue a acuerdos con terceras personas y que se hagan efectivos.

332 Informe de la Relatora Especial sobre los derechos de las personas con discapacidad, Catalina Devandas Aguilar (A/HRC/37/56), apartado 41.

333 El alcance del apoyo en la CDPD, y el cambio que supone respecto al sistema de protección anterior, es destacado por BARIFFI, F. J., *El régimen jurídico internacional de la capacidad jurídica de las personas con discapacidad y sus relaciones con la regulación actual de los ordenamientos jurídicos internos* [Tesis Doctoral], Universidad Carlos III de Madrid, marzo 2014, pp. 482-483, cuando afirma que: "Mientras el modelo clásico de protección se ha centrado exclusivamente en la formalización del acto jurídico —principalmente actos de tipo patrimoniales— y ha considerado a la "seguridad jurídica" como máximo bien a tutelar, el modelo de apoyos que recoge la CDPD resulta mucho más amplio al entender la formalización del acto jurídico como la última instancia de un proceso complejo y humano, y donde el principal bien jurídico a tutelar es la autonomía y el ejercicio de los derechos de la persona".

334 En palabras de ALBIEZ DOHRMANN, K.J., "La capacidad jurídica para contratar de las personas con discapacidad tras la Ley 8/2021, de 2 de ju-

apoyo asistencial —destinado a explicar la información relevante o las consecuencias de una determinada decisión o facilitar su manifestación— no sea suficiente, el defensor judicial podrá asumir funciones representativas, eso sí, solo en casos excepcionales en que resulte imprescindible, como veremos en el siguiente apartado.

Se ha planteado en la doctrina si es posible albergar en el apoyo el complemento, la conformidad o codecisión. Esta posibilidad aparece reconocida, de forma explícita, en la propuesta de reforma del Código civil de Cataluña[335]. Los defensores de este planteamiento mantienen que es posible que la persona con discapacidad precise de un apoyo que vaya más allá de la función de mero acompañamiento, aunque sin llegar a la necesidad de acudir al mecanismo de la representación que, como es sabido, tiene un carácter excepcional o de último recurso tras la reforma. Se estima, así, que desde el momento en que el legislador admite que, aunque sea de manera excepcional, el apoyo pueda tener un alcance representativo (actúa el titular del apoyo en lugar de la persona con discapacidad), es preciso admitir que el apoyo asistencial se configure a través de una codecisión entre la persona con discapacidad y el titular del apoyo (defensor judicial, en este caso). Para este sector de la doctrina, la prestación del apoyo —en particular, por parte del defensor judicial— puede conformarse también a través de la emisión de un asentimiento o "visto bueno" a la decisión que adopte la persona con discapacidad en los actos que

---

nio", en *La reforma civil y procesal en materia de discapacidad. Estudio sistemático de la Ley 8/2021, de 2 de junio,* De Lucchi López-Tapia, Y. y Quesada Sánchez, A.J. (dirs.) y Ruiz-Rico Ruiz, J. M. (coord.), Atelier, Barcelona, 2022, p. 515, "[e]l consentimiento que preste la persona con discapacidad puede venir determinado por el apoyo que se le presta, pero la decisión que se tome es exclusivamente de esa persona".

335 El texto del borrador de Anteproyecto prevé en el art. 222-4 ("Alcance del apoyo") que el apoyo para el ejercicio de la capacidad jurídica puede consistir en la ayuda a la comunicación de la voluntad de la persona concernida, la toma de decisiones con efectos jurídicos y la configuración de su voluntad (apartado 1); pero que también puede consistir en la conclusión de actos jurídicos de la persona concernida, bien prestando la conformidad cuando se establezca como requisito de eficacia del acto o bien actuando en nombre y por cuenta de aquella si el apoyo incluye la representación.

se determinen[336]. El apoyo versará en una codecisión para determinados actos, cuya conclusión exigirá la autorización de la persona que ejerce la función de apoyo que, a los efectos de este estudio, será el defensor judicial. Al margen de otro tipo de consideraciones, los

---

336 Según esta tesis, la asistencia "en ocasiones puede traducirse en la necesidad de que el curador consienta la realización de los actos señalados por el Juez: actos, por tanto, que precisan del consentimiento tanto de la persona con discapacidad como de su curador" (MARTÍNEZ DE AGUIRRE ALDAZ, C., "Líneas básicas de la reforma del Código civil español sobre el régimen jurídico de la discapacidad psíquica", *Actualidad Jurídica Iberoamericana,* núm. 16 bis, junio 2022, p. 699). En estas situaciones, actúa la persona con discapacidad por sí misma, pero no por sí sola, dado que necesita el consentimiento de otra persona (MARTÍNEZ DE AGUIRRE ALDAZ, C., "La protección jurídica de las personas en situación de vulnerabilidad psíquica", en *La protección de las personas vulnerables. Academia Notarial Europea. Jornadas CAE de la UNIL,* Marcial Pons, Madrid-Barcelona-Buenos Aires- São Paulo, 2016, p. 23). Este autor expone también esta posición en su trabajo "Curatela y representación: cinco tesis heterodoxas y un estrambote", en *Claves para la adaptación del ordenamiento jurídico privado a la Convención de Naciones Unidas en materia de discapacidad,* De Salas Murillo, S. y Mayor del Hoyo, M.ª V. (dirs.), Tirant lo Blanch, Valencia, 2019, p. 264, cuando sostiene que en "la mera asistencia (mecanismo de complemento de capacidad: para la validez del acto tienen que consentir los dos, curador y curatelado)". En la misma línea, respecto al texto del Anteproyecto, opinaba DE SALAS MURILLO, S., "¿Existe un derecho a no recibir apoyos en el ejercicio de la capacidad?", *RCDI,* núm. 780, 2020, pp. 2246-2247, que "un sistema en el que el apoyo fuera un mero asesoramiento no vinculante, acarrearía probablemente más consecuencias negativas que positivas para la persona que lo recibe" y que respecto al sistema de apoyo continuado en que consiste la curatela "puede ser útil, al menos instrumentalmente, seguir hablando de *asentimiento,* en cuanto término que sugiere prestación de consentimiento por una persona externa a la relación jurídica sobre la que recae, y que funciona como una suerte de visto bueno". Cabe citar también el planteamiento de PEREÑA VICENTE, M., "La curatela: los nuevos estándares de intervención, nombramiento, remoción y actuación tras la Ley 8/2021", en *El nuevo sistema de apoyos a las personas con discapacidad y su incidencia en el ejercicio de su capacidad jurídica,* Álvarez Lata, N. (coord.), Thomson Reuters Aranzadi, Cizur Menor (Navarra), 2022, p. 144, para quien la curatela con facultades asistenciales no se limita a un mero acompañamiento que no permite imponer la necesidad de contar el asentimiento del curador para determinados actos y que interpretar lo contrario "supondría una ruptura con el principio de proporcionalidad".

partidarios de esta posibilidad de configurar el apoyo como un complemento de la decisión de la persona con discapacidad se enfrentan a un importante dilema, consistente en que, en caso de desacuerdo entre el titular del apoyo y la persona que lo precisa, se producirá un bloqueo en la toma de decisiones[337].

A mi modo de ver, salvo en las medidas voluntarias[338], no es posible configurar el apoyo con este alcance, dado que ello implica con-

---

337 MARTÍNEZ DE AGUIRRE ALDAZ, C., "La protección jurídica de las personas en situación de vulnerabilidad psíquica", cit., p. 23. Considera LEGERÉN MOLINA, A., "La relevancia de la voluntad de la persona con discapacidad en la gestión de los apoyos", en *Claves para la adaptación del ordenamiento jurídico privado a la Convención de Naciones Unidas en materia de discapacidad,* De Salas Murillo, S. y Mayor del Hoyo, M.ª V. (dirs.), Tirant lo Blanch, Valencia, 2019, p. 203, que el prestador de apoyos podrá "negarse a complementar" la decisión que se pretende adoptar por entender que supone un "peligro". En estos casos, a juicio de este autor, la persona apoyada podrá entonces acudir al juez, quien, escuchando a ambas partes, resolverá lo procedente y "desbloqueará" la situación. A tales efectos, y a fin de no sobrecargar a los órganos judiciales, considera recomendable promover el recurso a la mediación, acudiendo entonces a aquellos de manera subsidiaria. Para DE SALAS MURILLO, S., "¿Existe un derecho a no recibir apoyos en el ejercicio de la capacidad?", cit., p. 2249, "[h]abrá de alcanzarse un equilibrio entre impedir el bloqueo injustificado por parte del curador (que, de ser una actitud reiterada, podría dar lugar a su remoción), y llegar al extremo opuesto de propiciar que la persona con discapacidad acuda al juzgado cada vez que el curador no le apoya en alguna decisión".

338 En las medidas de apoyo voluntarias sí estimo que puede haberse previsto el consentimiento concurrente del prestador de apoyos junto al de la propia persona con discapacidad. En este sentido, VALLS I XUFRÉ, J. M.ª, "El papel del notario en el nuevo régimen de apoyos", en *El ejercicio de la capacidad jurídica por las personas con discapacidad tras la Ley 8/2021, de 2 de junio,* Pereña Vicente, M. y Heras Hernández, M.ª M. (dirs.) y Núñez Núñez, M. (coord.), Tirant lo Blanch, Valencia, 2022, pp. 117-119, considera perfectamente admisible la posibilidad de establecer autolimitaciones a las facultades de intervención en el tráfico jurídico mediante acuerdos voluntarios de apoyo. Como fundamento legal, acude al art. 250 del CC permite, que determina que en las medidas voluntarias de apoyo la persona con discapacidad designa quién debe prestarle apoyo y "con qué alcance". Explica VALLS I XUFRÉ que la justificación de las autolimitaciones a las facultades de administración o de disposición, se basa en la autoprotección que acuerda el mismo asistido con el asistente, de manera que no le son

travenir los dictados de la CDPD que, como es de sobra conocido, parte del reconocimiento de que "las personas con discapacidad tienen capacidad jurídica en igualdad de condiciones con las demás" (art. 12.2)[339]. La codecisión no está, además, prevista en la LAPD,

---

impuestas por nadie; es decir, en el momento del acuerdo, la persona con discapacidad voluntariamente y con conocimiento de causa, manifiesta su decisión de que determinados actos solo va a realizarlos con el consentimiento del asistente o en un régimen de disposición conjunta de ambos. Precisa, acertadamente, LECIÑENA IBARRA, A., "Reflexiones sobre la formación de la voluntad negocial", cit., pp. 277-278, con cita del trabajo de MARTÍNEZ-PUJALTE LÓPEZ, A. L., "Capacidad jurídica y apoyo en la toma de decisiones. Enseñanzas de las recientes reformas legislativas, en Argentina e Irlanda", *Derechos y Libertades* (junio 2017), número 37, Época II, p. 191, DOI: 10.14679/105, que en estos casos en que sea la propia persona con discapacidad la que de manera voluntaria conceda a la persona que le presta apoyo atribuciones de cogestión o de fiscalización, su carácter voluntario excluiría cualquier tacha que se le pudiera poner en relación a la restricción de la capacidad jurídica que tal proceder pudiera conllevar, "siempre que la persona con discapacidad pueda en todo momento disponer de la voluntad para darlos por terminados o modificar su alcance".

339 Como señala ALBIEZ DOHRMANN, K.J., "La capacidad jurídica para contratar de las personas con discapacidad", cit., p. 519, con los apoyos "[n]o se trata, en principio, de complementar su capacidad jurídica, sino que con los apoyos formales que se dicten pueda ejercer efectivamente su capacidad jurídica". Completa esta idea (ob. cit., p. 521) precisando que "[l]os prestadores de apoyos que no ejercen funciones representativas asisten a la persona mayor o a menor emancipado con discapacidad, pero no complementan su capacidad jurídica. No aprueban ni autorizan los actos, negocios jurídicos y contratos que aquellos realicen". [...]. "No se trata de tutelar a las personas con discapacidad, sino de fomentar, con el apoyo que den los prestadores, al máximo su autonomía personal en todos los ámbitos". Asimismo, para REPRESA POLO, M.ª. T., "Carácter subsidiario de la curatela. Contenidos posibles de la curatela. Variabilidad de contenidos. El control judicial de la curatela. El ejercicio de la curatela. Actos para los que se precisa autorización judicial. Extinción de la curatela y rendición de cuentas", en *La reforma civil y procesal en materia de discapacidad. Estudio sistemático de la Ley 8/2021, de 2 de junio,* De Lucchi López-Tapia, Y. y Quesada Sánchez, A.J. (dirs.) y Ruiz-Rico Ruiz, J. M. (coord.), Atelier, Barcelona, 2022, pp. 316-317, "será la persona con discapacidad quien decida la realización del acto en el caso de curatelas no representativas, limitándose la actuación del curador al asesoramiento y acompañamiento en su realización sin posibilidad de veto". Más adelante, precisa esta autora (ob. cit., p. 318) que "el curador

que tan solo contempla la "asistencia, apoyo, ayuda en el ejercicio de la capacidad jurídica"[340] y, de manera excepcional, la atribución de funciones representativas. Mantener que cabe la codecisión entre la persona concernida y el titular del apoyo (en nuestro caso, el defensor judicial) supondría seguir anclados en la vieja concepción de la incapacitación y de la limitación de la capacidad de obrar, lo que nos llevaría a situar a la persona con discapacidad en una posición de desigualdad respecto a las demás personas a la hora de tomar sus propias decisiones en las cuestiones jurídicas que le afecten.

Debe recordarse que, en la anterior regulación, el tutor era el representante del incapacitado (o del menor), mientras que la función del curador era la de complementar la capacidad de aquel cuando el juez así lo establecía en la sentencia de incapacitación. A este respecto, en aplicación del régimen precedente, el Tribunal Supremo

---

ya no es quien completa la capacidad del sujeto para aquellos actos para los que no tenía capacidad y que actúa supervisando y otorgando su visto bueno a la actuación de la persona con discapacidad sino, que el curador es quien asiste y apoya a la persona con discapacidad en la toma de decisiones [...]". El mismo planteamiento es el que mantiene LECIÑENA IBARRA, A., "Reflexiones sobre la formación de la voluntad negocial", cit., p. 259, cuando señala que "la regla general es que los actores principales (personas con discapacidad psíquica) otorguen por sí los negocios que precisan de su intervención y los secundarios (apoyos), en su caso, ayuden a conseguir tal logro dejando su impronta sin que conste en declaración negocial alguna". Entre los estudios más recientes que defienden que el apoyo no puede consistir en un complemento de la capacidad, con abundante cita de la doctrina que ha justificado este planteamiento, GÓMEZ VALENZUELA, M.A., "La *testamenti factio* activa: una reivindicación de la intervención de las medidas de apoyo en el negocio testamentario", *RDC,* vol. X, núm. 5 (octubre-diciembre, 2023), Estudios, p. 112, quien afirma que "el apoyo asistencial, tal y como lo ha configurado el legislador español partiendo de los principios de la CDPD, y con excepción de los que tienen una arquitectura representativa, adquiere protagonismo en el proceso deliberativo de gestación del consentimiento de las personas con discapacidad, es decir, en el proceso interno de formación de una voluntad consciente y libre, sin que deba ni pueda inmiscuirse en la fase de perfección del negocio jurídico a modo de complemento, pues de lo contrario la persona asistida de apoyo, lejos de actuar con independencia, autonomía y libertad, estaría encorsetada a la autorización de un tercero, en contra de los principios de la CDPD".

340 Apartado III del Preámbulo.

señalaba que en la curatela no se trata de privar "de la facultad de tomar las decisiones de gestión de su patrimonio, sino de establecer las medidas necesarias para que sea ella, y no terceros malintencionados o simples aprovechados, quienes conformen indebidamente sus decisiones abusando de su vulnerabilidad", lo que comporta que "la iniciativa para realizar los mencionados actos de administración y disposición de su patrimonio le corresponde a ella (incluidas las generosas liberalidades que consta ha venido efectuando a favor de sus hijas y nietos), y que será ella quien deberá prestar el consentimiento para su realización, si bien no por sí sola, sino con asistencia de su curadora"[341]. En esta y en otras sentencias dictadas bajo el régimen derogado, el Tribunal Supremo puntualiza que el curador completaba la limitada capacidad de obrar de la persona con discapacidad y que su función era protegerla[342]. De admitir que el apoyo puede consistir en la facultad de co-decidir con la persona con discapacidad, volveríamos a un sistema idéntico para la curatela que el previsto desde 1983. La curatela continuaría siendo, de este modo, un complemento de la capacidad previa y parcialmente restringida. En definitiva, en contra de los postulados de la reforma, el apoyo serviría para proteger a la persona con discapacidad y evitar que adopte decisiones equivocadas y no para potenciar su autonomía decisoria.

En conclusión, salvo en las hipótesis excepcionales en que no queda más remedio que configurar el apoyo con carácter representativo, el apoyo ha de concebirse como mera asistencia (información, asesoramiento, consejo, etc.), y no como "complemento de la capacidad", pues a la persona con discapacidad se le reconoce capacidad jurídica

---

341 STS de 3 de diciembre de 2020 *(Tol 8232122)*.

342 Así, en las sentencias de 1 de julio (*Tol 4468983)* y 27 de noviembre de 2014 (*Tol 4561600)*, dispuso que el curador "no suple la voluntad del afectado, sino que la refuerza, controla y encauza, complementando su deficiente capacidad, por lo que su función no viene a ser de representación, sino más bien de asistencia y protección (...)". Asimismo, en la sentencia de 6 de mayo de 2021 *(Tol 8431634)*, el Alto Tribunal declara que "cuando proceda la adopción de medidas de apoyo menos intensas, sin necesidad de acudir al mecanismo de la sustitución, pues la persona afectada conserva facultades de autodeterminación en distinto grado es suficiente el mecanismo de la curatela, concebido como asistencia o complemento de capacidad (arts. 287, 288 y 289 CC)".

en igualdad de condiciones que a las demás. La persona con discapacidad ha de ser la protagonista de sus decisiones, sin que pueda exigirse la concurrencia del defensor judicial para otorgar validez a los actos que realice. De aceptar el apoyo como complemento de la capacidad, el derecho de la persona con discapacidad a decidir se vería limitado, de manera incompresible, por la necesidad de contar con el beneplácito del titular del apoyo (en nuestro caso, del defensor judicial). Si el negocio se formaliza en instrumento notarial, dado que es la persona con discapacidad la que va a tomar la decisión que le incumbe, será ella la que comparezca ante el notario, acompañada, en su caso, del defensor judicial que le va a prestar apoyo; la presencia del defensor se requiere en la formalización del acto jurídico, no como otorgante del instrumento, sino como interviniente en el mismo, debiendo el notario hacer constar que el otorgante ha estado asistido en ese acto por el defensor[343].

4. *El apoyo representativo*

4.1. La atribución al defensor judicial de funciones representativas

El sistema español de apoyos concibe la representación en la toma de decisiones como el último recurso, de manera que el apoyo prestado por el defensor judicial, salvo para los casos más severos, no tendrá un alcance representativo. A este respecto, el Preámbulo de la LAPD deja claro que "en situaciones donde el apoyo no pueda darse de otro modo y solo ante esa situación de imposibilidad, este pueda concretarse en la representación en la toma de decisiones"[344]. Sobre esta cuestión de la representación en los apoyos, la CDPD tan solo indica que las medidas relativas al ejercicio de la capacidad jurídica han de respetar "los derechos, la voluntad y las preferencias de la persona" (art. 12.4). En cuanto a la Observación General, parte de

---

[343] En este sentido, en general para las medidas de apoyo, LECIÑENA IBARRA, A., "Reflexiones sobre la formación de la voluntad negocial", cit., p. 277.

[344] Apartado III del Preámbulo de la LAPD.

que "[u]n régimen de apoyo para la adopción de decisiones comprende diversas opciones de apoyo que dan primacía a la voluntad y las preferencias de la persona y respetan las normas de derechos humanos"[345] y que "[c]uando, pese a haberse hecho un esfuerzo considerable, no sea posible determinar la voluntad y las preferencias de una persona, la determinación del «interés superior» debe ser sustituida por la «mejor interpretación posible de la voluntad y las preferencias»"[346]. Por tanto, ni la CDPN ni mucho menos, la Observación, admiten que el "apoyo" pueda consistir, sin más, en la sustitución en la toma de decisiones, ni siquiera para las situaciones más extremas[347], sino en una labor de "integración de la voluntad de la persona con discapacidad"[348].

De acuerdo con estas premisas, nuestro sistema establece que "[l] as personas que presten apoyo deberán actuar atendiendo a la voluntad, deseos y preferencias de quien lo requiera" (art. 249.II del CC) y que "[e]n casos excepcionales, cuando, pese a haberse hecho un esfuerzo considerable, no sea posible determinar la voluntad, deseos y preferencias de la persona, las medidas de apoyo podrán incluir funciones representativas" (art. 249.III del CC)[349]. El apoyo repre-

---

345 Apartado III ("Obligaciones de los Estados partes"), punto 29, de la Observación General núm. 1 (2014).

346 Apartado II ("Contenido normativo del artículo 12"), punto 21, de la Observación General núm. 1 (2014).

347 Un análisis del proceso de negociación de la CDPD, en el aspecto del sistema a adoptar —sustitutivo o asistencial— ante aquellas situaciones más extremas en las que la persona no pudiera ejercitar por sí misma su capacidad jurídica, en TORRES COSTAS, M.ª E., "La Convención de Nueva York y los principios que la inspiran", en *El nuevo Derecho de las capacidades,* Llamas Pombo, E., Martínez Rodríguez, N. y Toral Lara, E. (dirs.), La Ley – Wolter Kluwer, Madrid, 2022, pp. 30-33.

348 Así la definen GARCÍA RUBIO, M.ª P. y TORRES COSTAS, M.ª E., "Artículo 249", cit., p. 217.

349 La determinación de la voluntad, deseos y preferencias comprende tanto los actuales cuanto los que se expresaron en el pasado, si en la actualidad no es posible conocerlos (VAQUER ALOY, A., "El sistema de apoyos como elemento para el ejercicio de la capacidad jurídica", cit., p. 512). Precisa este autor (ob. cit. p. 519) que "la excepcionalidad debe resultar de los esfuerzos considerables y baldíos para determinar la voluntad, deseos y preferencias".

sentativo ha de ser, pues excepcional, sólo cuando la persona con discapacidad no pueda expresar, pese a los esfuerzos del titular del apoyo, su voluntad, sus deseos y sus preferencias[350]. Por tanto, ante situaciones donde el apoyo no pueda darse de otro modo y solo ante esa situación de imposibilidad, este pueda concretarse en la representación en la toma de decisiones[351].

La representación no implica decidir, sin más, por la persona con discapacidad, sino que el titular del apoyo "deberá tener en cuenta la trayectoria vital de la persona con discapacidad, sus creencias y valores, así como los factores que ella hubiera tomado en consideración, con el fin de tomar la decisión que habría adoptado la persona en caso de no requerir representación" (art. 249.III del CC)[352]. Se trata de adoptar, las denominadas "decisiones presuntas"[353], que

---

350 Matiza LECIÑENA IBARRA, A., "Reflexiones sobre la formación de la voluntad negocial", cit., p. 265, que "frustrado el intento de que la persona alcance por sí sola una voluntad libre y responsable, «a pesar de desplegar todas las tareas informativas y explicativas no se culmina en la conformación de una voluntad que la persona exterioriza y que la vincula, una voluntad en sentido técnico-jurídico», no consiguiendo el apoyo asistencial su propósito, será necesario la intervención de medidas de apoyo de tipo representativo, que no sustitutivo, que canalicen la voluntad, deseos y preferencias de la persona con el fin de tomar la decisión que habría adoptado de no requerir tal medida excepcional (art. 249.3 CC)".

351 GARCÍA RUBIO, M.ª P. y TORRES COSTAS, M.ª E., "Artículo 249", cit., pp. 216-217, catalogan estas situaciones de "escenarios residuales" y las refieren a los casos más extremos, "como, por ejemplo, una persona en coma o en estado vegetativo".

352 GARCÍA RUBIO, M.ª P. y TORRES COSTAS, M.ª E., "Artículo 249", cit., p. 217, precisan que "[u]na vez realizado este esfuerzo de averiguación y recopilación, la prestadora de apoyos podrá asumir funciones representativas". Como señala TORRES COSTAS, M.ª E., "La Convención de Nueva York y los principios que la inspiran", cit., p. 44, "[p]ara los casos en que la voluntad no pueda ser expresada en términos comprensibles para los demás, deberá realizarse un importante esfuerzo de averiguación y, en último término, de reinterpretación, teniendo en cuenta la trayectoria vital, valores etc., de la persona concernida".

353 Define CANIMAS BRUGUÉ, C., "Decidir por el otro a veces es necesario", en *La incapacitación, reflexiones sobre la posición de Naciones Unidas*. Cuadernos de la Fundació Víctor Grífols i Lucas, núm. 39, 2016, p. 19, las decisiones presuntas de la persona, también llamadas decisiones hipotéticas como

son las que se considera que la persona habría tomado si no hubiera sobrevenido la situación de discapacidad que le impide adoptar sus propias decisiones[354].

El Código civil tan solo contempla, con carácter particular, este carácter representativo de las medidas de apoyo respecto al guardador de hecho y con relación al curador. En concreto, para los casos en que se requiera que el guardador realice una actuación representativa, se prevé la necesidad de que obtenga una autorización judicial ad hoc, de modo que no será preciso que se abra todo un procedimiento general de provisión de apoyos, sino que será suficiente con la autorización para el caso, previo examen de las circunstancias (art. 264 CC). Respecto al curador, el Preámbulo de la LAPD[355] pone de manifiesto que "como principio de actuación y en la línea de excluir en lo posible las actuaciones de naturaleza representativa, la curatela será, primordialmente, de naturaleza asistencial" a lo que añade que "en los casos en los que sea preciso, y solo de manera excepcional, podrá atribuirse al curador funciones representativas". En este sentido, el

---

aquellas "decisiones reconstruidas de forma objetiva por terceras personas a partir de la información de que se dispone sobre la vida, valores, opiniones, preferencias, juicios sobre situaciones parecidas expresados antes de la situación de incapacidad actual, etcétera, de la persona afectada".

354 Explica BARBA que "el apoyo sustitutivo debe proporcionarse como medida excepcional y cuando sea absolutamente imposible que la persona tome las decisiones por sí misma" y que cuando ello obedece a razones sobrevenidas, "por un lado, la persona puede haber dado indicaciones para el caso de encontrarse en tal situación y que, en cualquier caso, hay una historia de vida que puede ayudar a individuar qué tipo de decisiones habría tomado la persona en esa circunstancia". En estos supuestos, matiza, "el apoyo, aunque será sustitutivo, porque el titular decidirá por la persona con discapacidad, la decisión será coherente con las indicaciones que la persona haya dado previamente o, en su defecto, con su historia de vida; nunca la decisión que el titular del apoyo considere, a su juicio, mejor para la persona con discapacidad y más acorde con su bienestar" (BARBA, V., "El art. 12 de la Convención sobre los Derechos de las Personas con Discapacidad de Nueva York, de 13 de diciembre de 2006", en *La discapacidad: una visión integral y práctica de la Ley 8/2021, de 2 de junio,* Chaparro Matamoros, P. y Bueno Biot, A. (coords.) y De Verda y Beamonte, J. R. (dir.), Tirant lo Blanch, Valencia, 2022, p. 49).

355 Apartado III del Preámbulo de la LAPD.

art. 269.III del CC determina que "[s]ólo en los casos excepcionales en los que resulte imprescindible por las circunstancias de la persona con discapacidad, (...) el curador habrá de asumir la representación de la persona con discapacidad". El Tribunal Supremo ha precisado que "el juez no debe perder de vista que bajo el reseñado principio de intervención mínima y de respeto al máximo de la autonomía de la persona con discapacidad, la ley presenta como regla general que el contenido de la curatela consista en las medidas de asistencia que fueran necesarias en ese caso. (...) No obstante, cuando sea necesario, al resultar insuficientes las medidas asistenciales, cabría dotar a la curatela de funciones de representación"[356]. En los casos excepcionales en los que resulte imprescindible por las circunstancias de la persona con discapacidad, la autoridad judicial determinará en resolución motivada los actos concretos en los que el curador habrá de asumir la representación de la persona con discapacidad cuyo apoyo tiene encomendado (art. 269.III CC). Representación que viene sometida a la previa autorización judicial para los actos en que así lo declare la resolución de nombramiento del curador, y todos los que contempla el artículo 287 del CC.

En relación con el defensor judicial, aunque nada se diga en el art. 297 CC, cuando no sea posible determinar la voluntad, deseos y preferencias de la persona, lo lógico es considerar que la defensa podrá incluir funciones representativas (art. 249.III del CC). Es más, como pone de manifiesto ÁLVAREZ LATA[357], aunque la representación se dibuja como residual, "en el defensor en muchos casos será la justificación y causa de su nombramiento". En este caso, el defensor deberá tener en cuenta la historia vital de la persona con discapacidad, a fin de integrar su voluntad, deseos y preferencias (art. 249. III del CC). El defensor representativo deberá colocarse en el lugar de la persona con discapacidad representada, tomando en consideración su voluntad hipotética. Al igual que acontece con el curador, será la resolución judicial de nombramiento la que determinará los actos concretos en que el defensor judicial tendrá que asumir la representación de la persona con discapacidad.

---

356 STS de 8 de septiembre de 2021 *(Tol 8585229)*.

357 ÁLVAREZ LATA, N., "Artículo 297 CC", cit., p. 850.

El problema se suscita cuando ni siquiera sea posible reconstruir la voluntad hipotética de la persona con discapacidad. La vía de la sustitución en la toma de decisiones parece rechazarse en la Observación General Primera (2014)[358]. Pero es, sin duda, el único reducto posible para estas situaciones extremas en las que resulte inviable integrar la voluntad de la persona con discapacidad[359]. En todo caso, una interpretación de nuestro sistema lo más acorde posible a los principios de la CDPD, exige restringir al máximo las situaciones de

---

358 Comenta TORRES COSTAS, M.ª E., "La Convención de Nueva York y los principios que la inspiran", cit., pp. 40-41, que uno de los aspectos que ha sido criticado por la doctrina es el rechazo de la Convención a la sustitución. Resalta esta autora que, "entre los apoyos que prevé el artículo 12, cabe también la representación, sobre todo, en aquellos casos de necesidades de apoyo más intensas"; pero que "no ha de confundirse representación, que deberá hacerse siempre teniendo en cuenta los deseos, gustos y preferencias de la persona con discapacidad, con la sustitución, donde el representante decide atendiendo exclusivamente a su propia voluntad, sustituyendo o sin tener en cuenta la voluntad de la persona sustituida, porque se asume que ésta no tiene capacidad para decidir o, lo que es lo mismo, se parte de la base de que estas personas son inferiores y por ello ha de protegérselas". Concluye TORRES COSTAS (ob. cit., p. 45) que "[l]a CDPD rechaza todo sistema sustitutivo de la voluntad".

359 Admite GARCÍA RUBIO, M.ª P., "Contenido y significado general de la reforma", cit., p. 7, que "en estos casos tan excepcionales la representación heterónoma o sustitutiva de la voluntad del representado se me ofrece como la única solución viable para que estas personas no resulten totalmente expulsadas del ámbito jurídico, por más que reconozco que ni siquiera en este tipo de hipótesis admite el Comité la actuación por sustitución". GARCÍA RUBIO, M.ª P. y TORRES COSTAS, M.ª E., "Artículo 249", cit., p. 217, refieren estos casos límite o casos difíciles en que parece inevitable que el apoyo sea sustitutivo a situaciones en que la persona con discapacidad "ha manifestado desde su nacimiento esas deficiencias cognitivas y expresivas, con lo que resulta imposible tomar en cuenta su historia de vida en modo alguno". Con relación a la curatela, reconoce GARCÍA RUBIO, M.ª P., "Contenido y significado general de la reforma", cit., p. 14, estima que en los "casos difíciles" o "casos límite" en los que la persona con discapacidad está en una situación en la que no puede, ni ha podido nunca, interactuar con el entorno, "no queda más remedio que entender que el curador representativo actuará en sustitución de la persona a la que presta el apoyo y esa sustitución será además general". En el mismo sentido, GARCÍA RUBIO, M.ª P., "Artículo 250", cit., pp. 236-237.

sustitución de la persona mayor de edad con discapacidad por otra que actúa por ella sin contar con su voluntad, como acontecía hasta ahora con la figura del tutor, que asumía de forma permanente la representación de la persona con la capacidad judicialmente modificada[360]. Por tanto, en los casos límites en que no quepa reconstruir la voluntad de la persona con discapacidad, la única manera de prestar el apoyo representativo será a través de la sustitución de la voluntad del representado por la del representante. Aplicado a la figura del defensor judicial, podemos afirmar que, en última instancia, cuando la persona con discapacidad carezca de trayectoria vital que pueda ser integrada, el apoyo prestado por el defensor judicial será sustitutivo. En estas situaciones, como se expondrá *ut infra*, la intervención del defensor tendrá un alcance protector y de defensa del mejor interés de la persona con discapacidad.

4.2. Ámbito de la representación: exclusión de los actos personalísimos

Existe una esfera de actuación, conformada por los actos de carácter personalísimo, que resulta vedada *ex lege* a la actuación representativa del titular del apoyo, en nuestro caso, del defensor judicial, cuando el apoyo requerido implique, precisamente, representación sustitutiva. Siguiendo a GARCÍA RUBIO[361], "puede ser el caso de la celebración del matrimonio, la adopción, el reconocimiento de un hijo o el otorgamiento de un testamento, por señalar solo alguno de los más importantes". En relación con estos actos de carácter personalísimo, afirma esta autora lo siguiente: "Con ello no quiero decir que este tipo de asuntos le sean negados a las personas que lleguen a necesitar apoyo a causa de su discapacidad; todo lo contrario, la regla es justamente la opuesta: que todas las personas, por el hecho de

---

360 La STS de 6 de mayo de 2021 *(Tol 8431634)*, precisa que "[e]l mecanismo representativo de protección viene constituido por la tutela, como forma de apoyo más intensa reservada para los supuestos en los que la persona afectada no pueda tomar autónomamente decisiones en los asuntos de su incumbencia, ni por sí misma, ni tampoco con el apoyo de otras personas".

361 GARCÍA RUBIO, M.ª P., "Contenido y significado general de la reforma", cit., p. 12.

serlo, puedan realizar este tipo de actos, solos o incluso con el apoyo que precisen, si este es necesario. Lo que afirmo es que este apoyo no puede ser nunca de índole representativa sustitutiva, pues se trata de actos en los que la voluntad del interesado no puede ser nunca sustituida por la de un tercero"[362]. El apoyo que puede prestarse a la

[362] De acuerdo con lo expuesto, no parece que, tras la reforma, pueda admitirse la legitimación del titular del apoyo que tenga asumidas funciones de representación (defensor judicial representativo) para el ejercicio de la acción de separación matrimonial o de divorcio en nombre de la persona con discapacidad. Debe recordarse que la STC de 18 de diciembre de 2000 *(Tol 81734)* admitió la legitimación de la madre y tutora de una incapacitada para el ejercicio de la acción de separación matrimonial de la hija. Según el Tribunal Constitucional, la negación de la legitimación de la tutora para el ejercicio de la acción de separación matrimonial determinaba de modo inexorable el cierre, desproporcionado por su rigorismo, del acceso a la tutela judicial (art. 24 CE), si se advierte que, privado el incapacitado con carácter general del posible ejercicio de acciones, el ejercicio de la separación sólo puede verificarse por medio de su tutor. El recurso de amparo resuelto por la citada sentencia se interpuso frente a la STS de 27 de febrero de 1999 *(Tol 2200)*, en la cual el Tribunal Supremo había negado la legitimación para instar la separación matrimonial al tutor del cónyuge incapacitado. En esta sentencia de 1999, el Tribunal Supremo consideró inadmisible la representación en relación con aquellos actos que implican un cambio en el estado civil de las personas que sólo pueden ser decididos por aquellos cuyo estado civil va a resultar modificado, como es el caso de las acciones civiles de separación matrimonial o divorcio. Para el Tribunal Supremo, el ejercicio de tales acciones sólo puede ser consecuencia de un acto de la voluntad del propio cónyuge a quien la ley reconoce legitimación para ello. Admite la legitimación de la tutora de la esposa para el ejercicio de la acción de divorcio la SAP de Pontevedra de 27 de febrero de 2023 *(Tol 9565463)*, con fundamento en que "[s]i bien no resulta fácil determinar cuál sería la voluntad de la discapaz, y qué decisión protege mejor sus intereses, atendiendo a la prueba practicada cabe concluir que la voluntad de la discapaz y su superior interés se materializa en la disolución del vínculo matrimonial". Cuestiona la pervivencia de esta doctrina jurisprudencial, RUIZ-RICO RUIZ, J. M., "Capacidad jurídica y discapacidad. Las vías impugnatorias de los actos celebrados por la persona del discapacitado. La desaparición del principio de protección del interés del discapacitado", en *La reforma civil y procesal en materia de discapacidad. Estudio sistemático de la Ley 8/2021, de 2 de junio,* De Lucchi López-Tapia, Y. y Quesada Sánchez, A.J. (dirs.) y Ruiz-Rico Ruiz, J. M. (coord.), Atelier, Barcelona, 2022, p. 89, nota al pie 20.

persona con discapacidad a la hora de realizar estos actos de carácter personalísimo será de carácter asistencial, sin que pueda consistir en un complemento de la capacidad[363].

Aplicado al defensor judicial, no podrá éste sustituir a la persona con discapacidad en la decisión de llevar a cabo actos de naturaleza personalísima, como otorgar testamento, contraer matrimonio o reconocer la filiación. Estos actos podrá realizarlos por sí misma la persona con discapacidad, contando, en su caso, con el apoyo asistencial del defensor judicial (apoyo que no podrá consistir en un complemento de la capacidad).

5. Aplicación al defensor judicial de las disposiciones comunes sobre el sistema de apoyos

El defensor judicial se configura como una medida de apoyo a las personas con discapacidad para el ejercicio de su capacidad jurídica y, por tanto, se le aplican las normas generales de las medidas, que condicionan su nombramiento y el desempeño de sus funciones. La constitución, contenido, ejercicio del cargo y extinción quedan, de este modo, sujetos a las normas y principios rectores que presiden el sistema de apoyos[364]. Estos principios quedan plasmados en el Capítulo I sobre las disposiciones generales del nuevo Título XI del CC, que lleva por título "De las medidas de apoyo a las personas con discapacidad para el ejercicio de su capacidad jurídica" (arts. 249 a 253).

---

363 Defiende este planteamiento, al hilo del análisis del apoyo a la prestación del consentimiento matrimonial, GÓMEZ VALENZUELA, M.A., "Matrimonio, capitulaciones matrimoniales y sociedad de gananciales, *RDC,* vol. IX, núm. 3 (julio-septiembre, 2022), Estudios, pp. 217-219.

364 Destaca ÁLVAREZ LATA, N., "Artículo 295 CC", cit., p. 832, que "el defensor judicial, dentro de su específica caracterización, participa de las notas que se aplican al nuevo sistema de apoyos y, por tanto, su constitución y nombramiento debe ser proporcional y necesario, adaptándose a las circunstancias de la persona —y no indefectiblemente a la afectación o intensidad de la discapacidad, que no ha de ser el criterio rector—".

Las medidas de apoyo y, en concreto, el defensor judicial, han de promocionar la autonomía y la capacidad, así como potenciar al máximo el ejercicio de los derechos por parte de la persona con discapacidad. A este respecto, el art. 249 del CC establece, en su párrafo primero, que "[l]as medidas de apoyo van dirigidas a las personas mayores de edad o menores emancipadas que las precisen para el adecuado ejercicio de su capacidad jurídica" y que su finalidad es "permitir el desarrollo pleno de su personalidad y su desenvolvimiento jurídico en condiciones de igualdad"[365]. Estas directrices deberán guiar la actuación del defensor judicial de la persona con discapacidad.

El sistema instaurado por la LAPD se asienta, como un pilar básico, en el respeto a la máxima autonomía de la persona en el ejercicio de su capacidad jurídica, de manera que quienes presten apoyo "deberán actuar atendiendo a la voluntad, deseos y preferencias de quien lo requiera" (art. 249.II del CC)[366]. Así, al defensor judicial de la persona con discapacidad, conforme a lo establecido en el art. 297 del CC, le serán aplicables las obligaciones que se atribuyen al curador "de conocer y respetar la voluntad, deseos y preferencias de la persona a la que se preste apoyo". Estamos ante una concreción, en sede de esta medida de apoyo, del principio general en que se sustenta la reforma del respeto a la "voluntad, deseos y preferencias" (art. 249.II y 250.II del CC)[367]. En relación con la provisión judicial de los apoyos, el Tribunal Supremo ha precisado que "debe

365 STS de 8 de septiembre de 2021 *(Tol 8585229)*.

366 Como ha señalado GARCÍA RUBIO, M.ª P., "Las medidas de apoyo de carácter voluntario, preventivo o anticipatorio", *RDC*, vol. V, núm. 3 (julio-septiembre, 2018), p. 32, "la voluntad, deseos y preferencias de la persona aparecen como límites y directrices que necesariamente han de seguir los encargados de suministrar los apoyos, incluso llegando a su comprensión por vía interpretativa".

367 Matiza, de forma atinada, VAQUER ALOY, A., "El sistema de apoyos como elemento para el ejercicio de la capacidad jurídica", cit., p. 512, que "[e]l empleo de tres sustantivos pretende cubrir todo el espectro volitivo de la persona con discapacidad: sus decisiones, sus apetencias y sus elecciones; pero no se refiere a la voluntad negocial en sentido jurídico". Expone también este autor que "no tiene la misma fuerza una voluntad o una preferencia que un deseo, pues mientras la voluntad o la preferencia son actuales, el

ajustarse a los principios de necesidad y proporcionalidad, ha de respetar la máxima autonomía de la persona con discapacidad en el ejercicio de su capacidad jurídica y debe atenderse en todo caso a su voluntad, deseos y preferencias"[368]. Al defensor judicial no solo se le atribuye la obligación de actuar conforme a la voluntad, deseos y preferencias de la persona, sino, con carácter previo, a conocerlas (art. 297 del CC). Esta obligación se configura para el curador en términos algo distintos, dado que, si bien no se le impone el deber previo de conocer la voluntad, deseos y preferencias de la persona, sino tan solo de asistirla respetando estos parámetros, una vez en el ejercicio de la curatela se le asigna la obligación de "mantener contacto personal con la persona a la que va a prestar apoyo" (art. 282 del CC)[369]. El defensor judicial no tiene este deber de mantener contacto personal con la persona a la que asiste, pero sí de realizar las actividades necesarias para llegar a conocimiento de su voluntad, deseos y preferencias[370].

Las medidas de apoyo deberán ajustarse, asimismo, a los principios de necesidad y proporcionalidad (art. 249.I del CC), de manera que su función consistirá en asistir a la persona con discapacidad en el ejercicio de su capacidad jurídica "en los ámbitos en los que sea preciso" (art. 250.II del CC). Como se indica en el Preámbulo de la LAPD, las medidas han de ser "proporcionales y adaptadas a las circunstancias de la persona" y serán las que "pueda necesitar esa persona para el ejercicio de su capacidad jurídica en igualdad de condicio-

---

deseo es motivacional, y, por lo tanto, voluntad y preferencia son más firmes que el deseo".

368 STS de 8 de septiembre de 2021 *(Tol 8585229)*.

369 Señala REPRESA POLO, M.ª. T., "Carácter subsidiario de la curatela", cit., p. 327, que la exigencia de que el curador mantenga contacto con la persona que recibe el apoyo será la forma de conocer de manera exacta cuál es su voluntad y preferencias para orientarle en el mejor ejercicio de su capacidad, por lo que se descarta "la figura del curador que sólo aparece o está presente en la vida del curatelado cuando se debe realizar un acto para el que debe intervenir".

370 Destaca estas diferencias entre la actuación del defensor judicial y del curador ÁLVAREZ LATA, N., "Artículo 297 CC", cit., p. 848.

nes con los demás"[371]. En sede de curatela, el art. 268 insiste en que las medidas tomadas por la autoridad judicial en el procedimiento de provisión de apoyos "serán proporcionadas a las necesidades de la persona que las precise"[372]. Se trata de la conocida idea del "traje a medida" propugnada por la doctrina del Tribunal Supremo[373], pero referida a las medidas de apoyo. En aplicación de los principios de necesidad y proporcionalidad, el recurso al defensor judicial solo es factible si la persona con discapacidad lo necesita para el ejercicio de su capacidad jurídica, esto es, para la conformación (o, en casos extremos, la sustitución) de su voluntad, y en la medida en que lo precise para que con este apoyo pueda ejercer su capacidad jurídica en plenitud de condiciones.

6. *El cambio de perspectiva: de la protección del "mejor interés" o "interés superior" de la persona con discapacidad al respeto a su autonomía con apoyos*

La nueva regulación instaurada con la LAPD se inspira en el respeto a la dignidad de la persona con discapacidad (art. 10 CE), en la tutela de sus derechos fundamentales y en el respeto a su voluntad, deseos y preferencias. En ningún precepto aparece la referencia a la protección del "mejor interés" o "interés superior" de la persona con discapacidad, con la salvedad del art. 281.III del CC, que precisamente se refiere a la "desprotección o indefensión" en

---

371 Apartado I del Preámbulo de la LAPD.

372 En palabras de VAQUER ALOY, A., "El sistema de apoyos como elemento para el ejercicio de la capacidad jurídica", cit., p. 508, "no es solo que únicamente deben adoptarse aquellas medidas imprescindibles para que la persona pueda ejercer en plena igualdad su capacidad jurídica, sino que esas medidas deben ser las apropiadas en el caso para que el ejercicio sea adecuado".

373 El Tribunal Supremo, en la sentencia de 1 de julio de 2014 *(Tol 4468983)*, dispuso que "la incapacitación no es algo rígido, sino flexible, en tanto que debe adaptarse a la concreta necesidad de protección de la persona afectada por la incapacidad, lo que se plasma en la graduación de la incapacidad" y que "[d]ebe ser un traje a medida". Este criterio ha sido reiterado en diversas sentencias posteriores.

que puede encontrarse la persona mientras se resuelve la causa de excusa o la decisión de remoción del designado para ser curador, por lo que impone a la autoridad judicial la obligación de actuar de oficio con la inexcusable colaboración del Ministerio Fiscal, entre otros[374].

Esta novedosa visión centrada en el pleno reconocimiento de derechos a las personas con discapacidad y en la promoción de su autonomía, tan alejada del entendimiento de la protección al que estábamos habituados, aparece en la Observación General Primera (2014), que se expresa en los términos siguientes[375]: "Cuando, pese a haberse hecho un esfuerzo considerable, no sea posible determinar la voluntad y las preferencias de una persona, la determinación del «interés superior» debe ser sustituida por la «mejor interpretación posible de la voluntad y las preferencias». Ello respeta los derechos, la voluntad y las preferencias de la persona, de conformidad con el artículo 12, párrafo 4. El principio del «interés superior» no es una salvaguardia que cumpla con el artículo 12 en relación con los adultos. El paradigma de «la voluntad y las preferencias» debe reemplazar al del

---

374 En el sentido indicado, así como el art. 749.1 de la LEC, en la redacción anterior a la LAPDC, disponía que, en los procesos sobre la capacidad de las personas, el Ministerio Fiscal "velará durante todo el proceso por la salvaguarda del interés superior de la persona afectada", tras la reforma, respecto al proceso de adopción de medidas judiciales de apoyo a las personas con discapacidad, se establece que el Ministerio Fiscal "velará a lo largo de todo el procedimiento por la salvaguarda de la voluntad, deseos, preferencias y derechos de las personas con discapacidad que participen en dichos procesos" (art. 749.1.II de la LEC).

375 Comenta PAU PEDRÓN, A., "De la incapacitación", cit., pp. 8-9, que se produce un cambio profundo, en la medida en que el "interés de la persona con discapacidad" hay que situarlo detrás de "la voluntad, deseos y preferencias de la persona". "Dicho en otras palabras" -añade este autor- "la protección o el apoyo a las personas con discapacidad no es un apoyo paternalista, que se produce, por decirlo gráficamente, de arriba hacia abajo, sino un apoyo atento (a la "voluntad, deseos y preferencias" de la persona), que se produce de abajo hacia arriba". Para MARTÍNEZ DE AGUIRRE ALDAZ, C., "Líneas básicas", cit., p. 696, la eliminación por el Comité del concepto de "interés superior de la persona con discapacidad", constituye una clara extralimitación de sus funciones.

«interés superior» para que las personas con discapacidad disfruten del derecho a la capacidad jurídica en condiciones de igualdad con los demás"[376].

Partiendo de esta premisa, y como en el caso de las demás medidas de apoyo, la actuación del defensor judicial —tanto cuando sustituye a otra medida como cuando interviene de forma autónoma— deberá ajustarse a la voluntad, deseos y preferencias de la persona, y no a lo que se suponga que es su interés superior objetivo[377]. El defensor deberá fundar siempre su actuación en el respeto a la máxima autonomía de la persona en el ejercicio de su capacidad jurídica (art. 268.I del CC), aunque, según su criterio, la decisión adoptada por la persona con discapacidad a la que asiste sea contraria a su propio interés objetivo[378]. A este respecto, algunos ordenamientos han reconocido a las personas con discapacidad, de forma explícita, el "derecho a equivocarse"[379] como todas las demás (también denominado "la dignidad del riesgo"[380]).

---

[376] Apartado II ("Contenido normativo del artículo 12"), punto 21, de la Observación General núm. 1 (2014).

[377] Apartado III ("Obligaciones de los Estados partes"), punto 29.b), de la Observación General núm. 1 (2014).

[378] En este sentido, con carácter general para las medidas de apoyo, GARCÍA RUBIO, M.ª P. y TORRES COSTAS, M.ª E., "Artículo 249", cit., p. 216.

[379] La Ley de apoyos colombiana núm. 1996 de 26 agosto de 2019 reconoce en el art. 4.º.2 que en todas las actuaciones se respetará el derecho de las personas a "autodeterminarse, a tomar sus propias decisiones, *a equivocarse*, a su independencia y al libre desarrollo de la personalidad conforme a la voluntad, deseos y preferencias propias (...)".

[380] La organización Inclusión Internacional, en su Informe mundial sobre el derecho a decidir de 2014, p. 70, describe la "dignidad del riesgo" como "el derecho a elegir correr ciertos riesgos en las vivencias"

Atrás queda la doctrina del Tribunal Supremo que, aun con la finalidad de adaptar la legislación relativa a la incapacitación a los dictados de la CDPD[381], fundaba sus decisiones en la protección de la persona con discapacidad[382] y, en concreto, en el principio de aten-

---

381 La STS de 6 de mayo de 2021 *(Tol 8431634)* resume el cambio de concepción jurisprudencial sobre la discapacidad. Destacaba la sentencia que, según la concepción que hasta entonces había sido dominante, "personas que adolecían de ciertas deficiencias en la esfera personal o patrimonial eran totalmente inhabilitadas para la vida social, con la correlativa anulación de sus capacidades de autodeterminación, equivalentes a su muerte civil". Esta situación se producía —continuaba el Alto Tribunal— "dado que, los entonces denominados procesos de incapacitación, se dirimían bajo la dicotomía capaz/incapaz, blanco/negro, cuando las deficiencias de las personas con discapacidad se reconducen, en la mayoría de los casos, a distintos matices del gris". A lo que se añadía que "[s]e imponía una talla única, sin que, por lo tanto, la resolución judicial adoptada respondiese al paradigma del "traje a medida", mediante la determinación de los concretos apoyos necesarios para que la persona, proporcionalmente a sus deficiencias, pudiera ejercer su autonomía conservando su dignidad como ser humano". Pues bien, según se recoge en esta sentencia, los principios jurisprudenciales derivados de la suscripción del Convenio han sido los siguientes: principio de presunción de capacidad de las personas, principio de flexibilidad; principio de aplicación restrictiva; principio de la no alteración de la titularidad de los derechos fundamentales; principio de interés superior de la persona con discapacidad; principio de consideración de los propios deseos y sentimientos de la persona con discapacidad; y, por último, principio de fijación de apoyos.

382 La STS de 29 de abril de 2009 *(Tol 1514778)* se pronunció sobre la compatibilidad del sistema tutelar español con la Convención de Nueva York, y descartó que nuestro procedimiento de modificación de la capacidad y de constitución de tutela o curatela fuesen discriminatorios y contrarios a los principios del tratado, que no resultaba, por consiguiente, derogado. Esta sentencia declaró que "el sistema de protección establecido en el Código civil sigue vigente, aunque con la lectura que se propone: 1º Que se tenga siempre en cuenta que el incapaz sigue siendo titular de sus derechos fundamentales y que la incapacitación es sólo una forma de protección. Esta es la única posible interpretación del artículo 200 CC y del artículo 760.1 LEC. 2º La incapacitación no es una medida discriminatoria porque la situación merecedora de la protección tiene características específicas y propias. Estamos hablando de una persona cuyas facultades intelectivas y volitivas no le permiten ejercer sus derechos como persona porque le impiden autogobernarse. Por tanto no se trata de un sistema de protección de la familia, sino única y exclusivamente de la persona afectada". Asimismo, la STS de 6 de mayo de

ción al mejor interés o interés superior de ésta[383]. Para el Tribunal Supremo[384], el interés superior del discapacitado se configuraba como

2021 *(Tol 8431634)* fundamenta la modificación parcial de la capacidad de la demandada y la bondad de la medida de la curatela "fijada con una finalidad tuitiva y no restrictiva de derechos". En particular, esta sentencia resalta que "[e]l juicio de modificación de la capacidad no puede concebirse como un conflicto de intereses privados y contrapuestos entre dos partes litigantes, que es lo que, generalmente, caracteriza a los procesos civiles, sino como el cauce adecuado para lograr la finalidad perseguida, que es la real y efectiva protección de la persona con discapacidad mediante el apoyo que pueda necesitar para el ejercicio de su capacidad jurídica (sentencias 341/2014, de 1 de julio, 244/2015 de 13 mayo, 557/2015 de 20 octubre, 597/2017, de 8 de noviembre y 654/2020, de 3 de diciembre, entre otras)".

383 En la jurisprudencia del Tribunal Supremo encontramos referencias continuas a la necesidad de proteger el interés superior de la persona con discapacidad. Así, la STS de 27 de junio de 2018 (*Tol 6660583)* pone de manifiesto la relevancia del interés superior del incapaz, manifestando al respecto lo siguiente: "El interés superior del discapaz es rector de la actuación de los poderes públicos y está enunciado expresamente en el artículo 12.4 de la Convención de Nueva York sobre derechos de las personas con discapacidad. Este interés no es más que la suma de distintos factores que tienen en común el esfuerzo por mantener al discapaz en su entorno social, económico y familiar en el que se desenvuelve y como corolario lógico su protección como persona especialmente vulnerable en el ejercicio de los derechos fundamentales a la vida, salud e integridad, a partir de un modelo adecuado de supervisión para lo que es determinante un doble compromiso, social e individual por parte de quien asume su cuidado (sentencias 635/2015, de 19 de noviembre; 373/2016, de 3 de junio". Asimismo, la STS de 4 de abril de 2018 (*Tol 6566197)* dispuso que "el interés del menor tiende a su protección y asistencia de todo orden, mientras que el de la persona con discapacidad se dirige a la integración de su capacidad de obrar mediante un sistema de apoyos orientado a una protección especial, según el grado de discapacidad". A dicho principio se refiere también la STS de 18 de julio de 2018 (*Tol 6676470)* o la posterior sentencia de 6 de mayo de 2021 *(Tol 8431634)*. Un estudio acerca de cómo debía interpretarse el interés de la persona con discapacidad conforme a la CDPD, en GUILARTE MARTÍN-CALERO, C., "La configuración del interés del menor *ex* artículo 2 LOPJM y su posible aplicación a la determinación del interés de la persona con discapacidad intelectual o mental: una propuesta", en *El nuevo régimen jurídico del menor. La reforma legislativa de 2015,* Mayor del Hoyo, M.ª V. (dir.), Thomson Reuters, Aranzadi, Cizur Menor (Navarra), 2017, pp. 485-517.

384 STS de 6 de mayo de 2021 *(Tol 8431634)*.

"un principio axiológico básico en la interpretación y aplicación de las normas reguladoras de las medidas de apoyo, que recaigan sobre las personas afectadas" (...), "como un auténtico concepto jurídico indeterminado o cláusula general de concreción, sometida a ponderación judicial según las concretas circunstancias de cada caso". La finalidad de tal principio, según el Alto Tribunal, radicaba "en velar preferentemente por el bienestar de la persona afectada, adoptándose las medidas que sean más acordes a sus intereses, que son los que han de prevalecer en colisión con otros concurrentes de terceros"[385]. Tras la reforma, sin embargo, quizás por inercia, son diversas las resoluciones que fundamentan la adopción de las medidas de apoyo en la protección y en la defensa del mejor interés para la persona con discapacidad[386]. Y también en la doctrina hay quien defiende la compatibilidad del principio de la protección de interés superior de la persona con discapacidad con el sistema de promoción de la autonomía de las personas adultas con discapacidad introducido en nuestro sistema[387].

---

385 STS de 6 de mayo de 2021 *(Tol 8431634)*. La STS de 18 de julio de 2018 (*Tol 6676470)*, dispuso, asimismo, que el interés superior del discapaz "no es más que la suma de distintos factores que tienen en común el esfuerzo por mantener al discapaz en su entorno social, económico y familiar en el que se desenvuelve y como corolario lógico su protección como persona especialmente vulnerable en el ejercicio de los derechos fundamentales a la vida, salud e integridad, a partir de un modelo adecuado de supervisión para lo que es determinante un doble compromiso, social e individual por parte de quien asume su cuidado".

386 A título de ejemplo, cabe citar la SAP de Málaga de 8 de marzo de 2023 (*Tol 9731637)*, en la que se declara que "no es medida de apoyo suficiente la guarda de hecho, debiendo en consecuencia, y en clara protección del interés de la persona precisada de una medida de apoyo suficiente para completar su capacidad, establecerse una curatela"; o la SAP de Pontevedra de 27 de febrero de 2023 *(Tol 9565463)*, que señala que "se trata de determinar si el divorcio resulta conforme a los deseos, voluntad y preferencias de la discapaz y si es acorde a su superior interés".

387 Defiende PETIT SÁNCHEZ, M., "La adopción de medidas de apoyo para las personas con discapacidad: armonización entre la autonomía de la voluntad y el mejor interés", *RDC*, vol. VII, núm. 5 (octubre-diciembre, 2020) Ensayos, p. 269, la posibilidad de que se tenga en cuenta el mejor interés posible de la persona con discapacidad, sin dejar de dar prevalencia y prioridad a su voluntad, deseos y preferencias en la realización de cualquier

A mi modo de ver, tan solo en los supuestos excepcionales en los que el titular del apoyo —en nuestro caso, el defensor judicial— asuma funciones representativas de carácter sustitutivo, esto es, cuando no sea posible más que una sustitución de la voluntad del representado es cuando la situación de vulnerabilidad que implica la discapacidad requerirá, como salvaguarda, que la intervención del defensor tenga un alcance protector y de defensa del mejor interés de la persona con discapacidad[388]. Nos referimos a las situaciones en que no sea posible determinar la voluntad, deseos y preferencias de la persona con discapacidad, pero tampoco reconstruir su trayectoria vital —a fin de adoptar una decisión "presunta"[389]—, en cuyo caso, el apoyo prestado por el defensor judicial será sustitutivo y deberá atender a la protección de la persona con discapacidad[390].

---

acto de naturaleza personal o patrimonial, cuando ello no le perjudique ni vaya en contra de sus propios intereses.

388 Como señala GUILARTE MARTÍN-CALERO, C., "Las grandes líneas del nuevo sistema", cit., p. 44, "[e]l interés objetivo es el adoptado por el intérprete según sus propias convicciones y ello sólo será posible en aquellos casos en los que no pueda aplicarse el canon de la trayectoria vital".

389 CANIMAS BRUGUÉ, C., "Decidir por el otro a veces es necesario", cit., p. 19.

390 En relación con la Observación General núm. 1 (2014), CANIMAS BRUGUÉ, C., "Decidir por el otro a veces es necesario", cit., p. 15, defendió que en el ámbito de la discapacidad sí había lugar para la decisión sustitutiva basada en el mejor interés de la persona con discapacidad. Este autor concibió, sin embargo, un ámbito demasiado amplio para las decisiones sustitutivas proteccionistas, que podían estar éticamente justificadas si cumplían estas cuatro condiciones: "(i) Es una medida necesaria, idónea, proporcional y respetuosa con la dignidad de la persona, que persigue evitarle un daño significativo y no es posible una medida alternativa menos intervencionista o acorde con sus preferencias o voluntad. (ii) La persona o personas afectadas no pueden dar su consentimiento para esta acción, porque tienen algún tipo de incapacidad básica que les impide comprender las consecuencias de su acción. (iii) Se puede presumir razonablemente que la persona o personas darían su consentimiento si no estuvieran en la situación de incapacidad básica y, por lo tanto, conocieran realmente cuál es su bien. (iv) La coacción se aplica de forma justa, con consideración y afecto, y provoca en quien la decide o ejerce un malestar moral razonable" (ob. cit., p. 29). Con un alcance mucho más limitado, respecto al texto del Anteproyecto de la LAPD, DE SALAS MURILLO, S., "¿Existe un derecho a

7. *Las salvaguardas para evitar abusos, influencias indebidas o conflictos de intereses*

Como se acaba de analizar, tras la reforma operada por la LAPD, las medidas de apoyo no se destinan a la protección de la persona con discapacidad. La idea de protección cumple ahora un papel diferente: se trata, como indica MARTÍNEZ DE AGUIRRE[391], "de la protección frente a los posibles abusos en el establecimiento y actuación de las medidas de apoyo", esto es, los problemas podrían surgir en relación con el propio prestador de apoyos.

Dentro de las disposiciones generales sobre las medidas de apoyo, el Código civil faculta a la autoridad judicial para imponer medidas de salvaguardia y control, en desarrollo de lo establecido en el art. 12.4 de la CDPD[392] y en la Observación General núm. 1 (2014)[393]. En

---

no recibir apoyos en el ejercicio de la capacidad?", *RCDI*, núm. 780, 2020, p. 2233, mantuvo que, "en ocasiones, el criterio del *interés superior* va a ser el único criterio que se pueda utilizar [...], porque la persona no tuvo nunca oportunidad de expresar su voluntad, o de hacerlo en ese ámbito determinado con las mínimas condiciones de voluntad y consciencia". Para esta autora si no se dispone de información para reconstruir la voluntad, "esa labor no se puede llevar a cabo y hay que acudir a otros criterios para no desproteger o perjudicar a la persona con discapacidad, y el criterio será, precisamente, el del mejor interés de esta". Defiende este planteamiento, al hilo del análisis de la intervención del defensor judicial, ÁLVAREZ LATA, N., "Artículo 297 CC", cit., pp. 849-850.

391 MARTÍNEZ DE AGUIRRE ALDAZ, C., "Líneas básicas de la reforma del Código civil", cit., p. 707.

392 El art. 12.4 de la CDPD obliga a los Estados Partes a que aseguren que "en todas las medidas relativas al ejercicio de la capacidad jurídica se proporcionen salvaguardias adecuadas y efectivas para impedir los abusos de conformidad con el derecho internacional en materia de derechos humanos" y que "[e]sas salvaguardias asegurarán que las medidas relativas al ejercicio de la capacidad jurídica respeten los derechos, la voluntad y las preferencias de la persona, que no haya conflicto de intereses ni influencia indebida (...)". Por último, el precepto señala que "[l]as salvaguardias serán proporcionales al grado en que dichas medidas afecten a los derechos e intereses de las personas".

393 Con relación a las salvaguardas que eviten las influencias indebidas, la Observación General núm. 1 (2014), en el punto 22 del Apartado II ("Contenido normativo del artículo 12"), pone de manifiesto que "[a]unque todas

concreto, según señala el art. 249.IV del CC, "[l]a autoridad judicial podrá dictar las salvaguardas que considere oportunas a fin de asegurar que el ejercicio de las medidas de apoyo se ajuste a los criterios resultantes de este precepto y, en particular, atienda a la voluntad, deseos y preferencias de la persona que las requiera". Estas salvaguardas pueden tener también por objeto evitar los abusos, las influencias indebidas o los conflictos de intereses (art. 250.VI del CC)[394].

Es necesario, de este modo, que se dispongan salvaguardas en relación con la persona que ejercerá la función de defensor judicial. Parte de esas salvaguardas son preventivas, ya que impiden precisamente la designación de una determinada persona como defensor judicial, cuestión ésta a la que me referiré en el capítulo séptimo. Las demás tienen como objetivo evitar el conflicto de intereses, los abusos y la influencia indebida y garantizar el respeto de la voluntad y preferencias de la persona con discapacidad[395].

Quiere ello decir que la autoridad judicial, al efectuar el nombramiento del defensor judicial o en otra resolución posterior, puede establecer salvaguardas a fin de evitar los abusos y la influencia indebida, garantizar que la medida adoptada y su vigencia son conformes con los principios rectores de estas medidas y que el defensor está desempeñando su función con la diligencia debida. A tales efectos, la autoridad judicial puede establecer la obligación de presentar informes sobre la situación personal y patrimonial de la persona, cada

---

las personas pueden ser objeto de "influencia indebida", este riesgo puede verse exacerbado en el caso de aquellas que dependen del apoyo de otros para adoptar decisiones" y que [s]e considera que hay influencia indebida cuando la calidad de la interacción entre la persona que presta el apoyo y la que lo recibe presenta señales de miedo, agresión, amenaza, engaño o manipulación". Añade este informe que "[l]as salvaguardias para el ejercicio de la capacidad jurídica deben incluir la protección contra la influencia indebida; sin embargo, la protección debe respetar los derechos, la voluntad y las preferencias de la persona, incluido el derecho a asumir riesgos y a cometer errores".

394 BERROCAL LANZAROT, A. I., "Régimen jurídico del defensor judicial", cit., p. 3222.

395 PEREÑA VICENTE, M., "La curatela: los nuevos estándares de intervención", cit., p. 146.

cierto tiempo[396], tal y como se prevé en el art. 270 de CC para el curador[397]. Asimismo, el Ministerio Fiscal podrá recabar en cualquier momento la información que considere necesaria a fin de garantizar el buen funcionamiento de la actuación del defensor judicial (en aplicación del art. 270 CC, previsto para la curatela[398]).

El Código civil habilita a la autoridad judicial para que establezca otras salvaguardas al instituir la curatela[399], como la constitución de fianza a que se refiere el art. 284 del CC. La norma puede aplicarse al nombramiento del defensor judicial, siempre que, como se indica en el mencionado art. 284, concurran circunstancias excepcionales que hagan conveniente la exigencia de esta garantía.

8. *La necesidad de contar con autorización judicial cuando el defensor judicial actúa como representante de la persona con discapacidad*

Como se expuso al tratar del defensor judicial del menor, la doctrina mayoritaria considera que el defensor judicial ha de contar con autorización judicial para realizar aquellos actos para los que los progenitores o el tutor la precisan. Veamos ahora qué sucede respecto

---

396 GUILARTE MARTÍN-CALERO, C., "Las grandes líneas del nuevo sistema", cit., p. 54.

397 El art. 270.I del CC prevé que la autoridad judicial "podrá exigir en cualquier momento al curador que, en el ámbito de sus funciones, informe sobre la situación personal o patrimonial de aquella".

398 El art. 270.II del CC señala que que "[s]in perjuicio de las revisiones periódicas de estas resoluciones, el Ministerio Fiscal podrá recabar en cualquier momento la información que considere necesaria a fin de garantizar el buen funcionamiento de la curatela".

399 Señala PEREÑA VICENTE, M., "La curatela: los nuevos estándares de intervención", cit., p. 147, que entre las salvaguardas que puede acordar la autoridad judicial, está la posibilidad de establecer una revisión de la medida en un plazo más corto al legal (que es 3 años según el art. 268 CC), la obligación de rendir cuentas con la frecuencia que considere necesaria (art. 292 CC), o la de exigir autorización judicial para algún acto no enumerado en el art. 287 CC o para los enumerados en el mismo para el caso de constituirse una curatela asistencial.

al defensor judicial de la persona con discapacidad que ha sido nombrado para realizar alguno de los actos para los que el curador o el guardador de hecho han de obtener la autorización judicial previa.

Como venimos indicando a lo largo de este trabajo, el régimen vigente ha extendido el ámbito de acción del defensor judicial, que no se limita a situaciones puntuales en que no resulta procedente o posible la actuación de quien asista a la persona con discapacidad, sino que se admite su constitución como medida de apoyo autónoma (art. 295.5.º del CC). En cualquiera de estos supuestos, la actuación del defensor judicial deberá regirse por las disposiciones generales de las medidas de apoyo. La necesidad de contar con autorización judicial para la realización de determinados actos está prevista para el curador que ejerza funciones de representación de la persona que precisa el apoyo (arts. 287 y 1811 del CC), así como para el guardador de hecho que actúe como representante (art. 264.II del CC). ¿Puede resultar también aplicable al defensor judicial que asume funciones de representación de la persona con discapacidad? Sin duda alguna. Téngase en cuenta que el art. 298 del CC, expresamente prevé que en el nombramiento de defensor judicial se podrá dispensar "de la aprobación judicial posterior de los actos". *A contrario sensu,* salvo que exista esta exención de la aprobación judicial, el defensor judicial está sometido a las reglas generales sobre la autorización y aprobación posterior de los actos en que intervenga.

Cuando el defensor judicial sea representativo y precise contar con la autorización judicial, en los términos de los arts. 287 y 1811 del CC, la función de la autoridad judicial no consistirá en atender al beneficio objetivo del acto para la persona con discapacidad, sino en valorar si se ha tomado en consideración "la trayectoria vital de la persona con discapacidad, sus creencias y valores, así como los factores que ella hubiera tomado en consideración, con el fin de tomar la decisión que habría adoptado la persona en caso de no requerir representación" (art. 249.III del CC)[400]. Tan solo en los supuestos lí-

400 Apunta GARCÍA RUBIO, M.ª P., "Artículo 250", cit., p. 236, que, en estos casos de curador representativo que precisa autorización judicial, la función de la autoridad judicial "ya no será la de calibrar el mayor o menor beneficio del acto para el representado, sino la de valorar si, en efecto,

mites en que no sea posible reconstruir cuál hubiera sido la voluntad de la persona con discapacidad[401], el órgano judicial deberá centrar su decisión en la valoración del interés objetivo de la persona concernida.

En la medida en que el nombramiento del defensor judicial se atribuye al LAJ y que, en cambio, la autorización judicial para la realización de actos de disposición, gravamen u otros que se refieran a los bienes y derechos de la persona con discapacidad corresponde al juez (art. 65 LJV), no parece que sea posible acumular el nombramiento y la autorización en un mismo expediente. Tan solo en el supuesto de que se acuda al defensor judicial como medida de apoyo autónoma (art. 295.5.° del CC), cabrá acumular en un solo expediente, cuyo conocimiento corresponde a la autoridad judicial, el procedimiento general de provisión de apoyos destinado al nombramiento del defensor y la autorización judicial para realizar el acto en cuestión.

En los expedientes de jurisdicción voluntaria relativos al Derecho sucesorio, se contempla una norma específica en orden a la intervención de "los tutores, los curadores representativos y, en su caso,

---

se ha respetado la voluntad de este en la toma de la decisión, razón por la cual su presencia y protagonismo en el procedimiento correspondiente resulta de la máxima importancia". En la misma línea, apunta ALBIEZ DOHRMANN, K.J., "La capacidad jurídica para contratar de las personas con discapacidad", cit., p. 539, que cuando se trata de contratos que requieran autorización judicial el tribunal habrá de tener en cuenta lo que denomina el art. 249-3 la trayectoria vital de la persona con discapacidad, "como p. e., la actividad empresarial o profesional que tuviera antes de su discapacidad, en particular los actos realizados poco antes —actos de administración y disposición realizados, inversiones efectuadas, proyectos de futuro…—. El tribunal deberá tomar en consideración, por consiguiente, factores económicos y patrimoniales concurrentes. Habrá que valorar, para poder determinar la voluntad hipotética de la persona representada, manifestaciones suyas, documentos que haya firmado…".

401 En estos "casos difíciles" o "casos límite", siguiendo a GARCÍA RUBIO, M.ª P., "Artículo 250", cit., p. 236, "resulta tarea imposible la averiguación de la voluntad, deseos y preferencias de la persona con discapacidad, sencillamente porque está en una situación en la que no puede, ni ha podido nunca, interactuar con el entorno".

los defensores judiciales" [art. 93.2.b) LJV], esto es, quienes asuman funciones representativas, para la aceptación y repudiación de la herencia. Así, en el caso de que la persona con discapacidad sea llamada a una herencia y quien deba prestarle apoyo sea un defensor judicial con funciones de representación, se exige autorización judicial "para aceptar sin beneficio de inventario cualquier herencia o legado o para repudiar los mismos". Este expediente podrá promoverlo el defensor judicial si no se le hubiera dado la autorización en el nombramiento (art. 94.2 LJV). Asimismo, si se hubiere nombrado un defensor judicial a fin de que actúe en una partición en nombre de una persona con discapacidad, deberá obtener la aprobación judicial de las operaciones particionales ya realizadas[402], salvo que se hubiera dispuesto otra cosa al hacer el nombramiento (arts. 289 y 1060.III del CC)[403].

402 Esta aprobación judicial ya era exigida, con anterioridad a la reforma, para la partición realizada por el defensor judicial designado para representar a una persona con la capacidad modificada judicialmente, expresándose el art. 1060 CC en los términos siguientes: "[...] El defensor judicial designado para representar a un menor o persona con capacidad modificada judicialmente en una partición, deberá obtener la aprobación del Juez, si el Secretario judicial no hubiera dispuesto otra cosa al hacer el nombramiento".

403 El art. 289 del CC impone al curador representativo, en todo caso, la obtención de esta autorización judicial de la partición de la herencia. Observa NÚÑEZ NÚÑEZ, M.ª, "La aceptación de la herencia y la intervención en la partición", en *El ejercicio de la capacidad jurídica por las personas con discapacidad tras la Ley 8/2021, de 2 de junio,* Pereña Vicente, M. y Heras Hernández, M.ª M. (dirs.) y Núñez Núñez, M. (coord.), Tirant lo Blanch, Valencia, 2022, p. 594, esta diferencia entre la actuación del curador con facultades representativas y el defensor judicial, "ya que el primero siempre precisará aprobación judicial posterior de la partición efectuada, mientras que el defensor judicial podrá ser dispensado de esta aprobación judicial".

III. LOS SUPUESTOS DE NOMBRAMIENTO DEL DEFENSOR JUDICIAL DE LA PERSONA CON DISCAPACIDAD

1. La diversidad de situaciones del nuevo artículo 295 del Código Civil

La determinación de las situaciones en las que procede el nombramiento del defensor judicial ha salido, con la reforma de la Ley en materia de capacidad jurídica, de la Ley de la Jurisdicción Voluntaria para pasar a integrarse en el Código civil[404]. En concreto, es el art. 295 CC el que establece los supuestos en los que se nombrará un defensor judicial de las personas con discapacidad. A las tradicionales causas de existencia de conflicto de intereses o de falta de ejercicio del cargo, junto con el introducido en la Ley 15/2015, de 2 julio, consistente en que se precise la adopción de medidas para la administración de los bienes mientras recae la correspondiente resolución judicial, se añaden otras dos hipótesis. En total, son cinco las situaciones recogidas en el art. 295 CC, expresadas en los términos siguientes:

> "1.º Cuando, por cualquier causa, quien haya de prestar apoyo no pueda hacerlo, hasta que cese la causa determinante o se designe a otra persona.

---

404 El art. 27.1 LJV, antes de la reforma de la Ley 8/2021, disponía lo siguiente: "1. Se aplicarán las disposiciones de este capítulo en los casos en que proceda conforme a la ley el nombramiento de un defensor judicial de menores o personas con capacidad modificada judicialmente o por modificar y, en todo caso, se solicitará:
a) Cuando en algún asunto exista conflicto de intereses entre los menores o personas con capacidad modificada judicialmente y sus representantes legales o su curador, salvo que con el otro progenitor o tutor, si hubiere patria potestad o tutela conjunta, no haya tal conflicto.
b) Cuando por cualquier causa, el tutor o el curador no desempeñare sus funciones hasta que cese la causa determinante o se designe otra persona para desempeñar el cargo.
c) Cuando se tenga conocimiento de que una persona respecto a la que debe constituirse la tutela o curatela, precise la adopción de medidas para la administración de sus bienes, hasta que recaiga resolución judicial que ponga fin al procedimiento".

> 2.º Cuando exista conflicto de intereses entre la persona con discapacidad y la que haya de prestarle apoyo.
> 3.º Cuando, durante la tramitación de la excusa alegada por el curador, la autoridad judicial lo considere necesario.
> 4.º Cuando se hubiere promovido la provisión de medidas judiciales de apoyo a la persona con discapacidad y la autoridad judicial considere necesario proveer a la administración de los bienes hasta que recaiga resolución judicial.
> 5.º Cuando la persona con discapacidad requiera el establecimiento de medidas de apoyo de carácter ocasional, aunque sea recurrente".

Para el supuesto de que la medida de apoyo constituida sea la curatela, el art. 283 CC contempla el nombramiento del defensor judicial "[c]uando quien desempeñe la curatela esté impedido de modo transitorio para actuar en un caso concreto" (supuesto del art. 295.1.º del CC), o "cuando exista un conflicto de intereses ocasional entre él y la persona a quien preste apoyo" (art. 295.2.º del CC). Asimismo, durante la tramitación del expediente de remoción de la curatela "la autoridad judicial podrá suspender al curador en sus funciones y, de considerarlo necesario, acordará el nombramiento de un defensor judicial" (art. 278.III CC)[405].

Se nombrará, pues, un defensor judicial a fin de sortear ciertos inconvenientes surgidos en el desempeño de las medidas de apoyo (imposibilidad coyuntural, conflicto de intereses, excusa o remoción del cargo, etc.), así como para la administración de los bienes mientras se tramita el procedimiento de provisión de medidas judiciales de apoyo a la persona con discapacidad y, finalmente, como medida formal de apoyo de carácter autónomo[406]. De concurrir cualquiera de las causas enumeradas, el nombramiento de defensor judicial resulta obligatorio. Así resulta de los términos imperativos del art. 295 del CC ("Se nombrará un defensor judicial de las personas con discapacidad en los casos siguientes"), por lo que no se trata de una

405 Antes de la LAPD, el art. 249 CC disponía que "[d]urante la tramitación del expediente de remoción, se podrá suspender en sus funciones al tutor y nombrar al tutelado un defensor judicial".

406 MARTÍN AZCANO, E. M.ª, "El defensor judicial de persona con discapacidad", cit., p. 288.

posibilidad o de una opción, sino de un mandato de obligado cumplimiento[407].

La novedad de la reforma, en cuanto a las causas para la designación del defensor radica en que, a falta de medidas voluntarias o de guarda de hecho, el defensor judicial se erige en una nueva medida de apoyo, de carácter autónomo, destinada a las situaciones en que la persona necesite los apoyos de manera esporádica. Resulta por ello muy acertada la distinción que efectúa ÁLVAREZ LATA entre "*dos tipos de defensor judicial*: uno como *medida de apoyo coyuntural* que entra en juego ante crisis de las otras medidas de apoyo o previamente a su existencia (…)"; y otro, como *medida de apoyo autónoma,* que entra en juego de forma ocasional, aunque sea recurrente"[408]. Se trata, además, de una distinción que ha sido recogida en el documento elaborado por el Grupo de trabajo del CGPJ sobre el nuevo sistema de provisión judicial de apoyos a personas con discapacidad y su aplicación transitoria (Cód. EX2201)[409]. En los supuestos 1.° y 2.° del art. 295 del CC el defensor judicial constituye una medida de apoyo subsidiaria, prevista para situaciones de imposibilidad o prohibición de actuar de quien presta el apoyo a la persona con discapacidad. En el caso 3.°, el defensor judicial actúa mientras se tramita la excusa alegada por el curador y en el supuesto 4.°, con carácter provisional, hasta que se fije la medida de apoyo judicial definitiva. En el número 5.°, en cambio, el defensor judicial constituye una medida

---

407 MONTSERRAT QUINTANA, A., "El defensor judicial de la persona con discapacidad", en *Reformas legislativas para el apoyo a las personas con discapacidad. Estudio sistemático de la Ley 8/2021, de 2 de junio, al año de su entrada en vigor,* Lledó Yagüe, F., Ferrer Vanrrell, M.ª P., Egusquiza Balmaseda, M.ª A. y López Simó, F., Dykinson, Madrid, 2022, p. 736.

408 ÁLVAREZ LATA, N., "Artículo 295 CC", cit., p. 833.

409 Anexo I, Documento definitivo del Grupo de Trabajo sobre el nuevo sistema de provisión judicial de apoyos a personas con discapacidad y su aplicación transitoria, Consejo General del Poder Judicial, p. 11. En este documento, se indica que "resulta esencial […] la distinción entre dos figuras distintas que sin embargo la ley designa bajo este mismo nombre: a) el defensor judicial como complemento de la capacidad procesal y que está regulado en los arts. 6, 7 y 8 LEC. b) el defensor judicial como medida específica de apoyo contemplada en los artículos 295.4, y 5 del Código Civil, en relación con el art. 250 del propio texto legal".

de apoyo autónoma y desvinculada de cualquier otra medida[410]. Esta distinción entre los dos tipos de defensor judicial —como medida de apoyo coyuntural o como medida de apoyo autónoma— adquiere, a mi modo de ver, especial relevancia a la hora del nombramiento del defensor. Ello por cuanto, en los casos 1.º a 4.º, el defensor judicial será nombrado por el LAJ conforme a los trámites más sencillos previstos en los arts. 28 a 30 de la LJV; mientras que al defensor judicial que constituye una medida de apoyo específica lo deberá nombrar la autoridad judicial en un expediente de provisión de medidas judiciales de apoyo a personas con discapacidad de los arts. 42 bis a) y siguientes de la LJV. Es más, según la opinión del Grupo de trabajo del CGPJ[411], también en el supuesto del art. 295.4.º, la competencia para resolver es judicial.

Las atribuciones del defensor judicial serán las que le hayan sido conferidas al designarlo, de forma que su actuación se reduce a los actos puntuales para los que fue nombrado o al período en que, de manera provisional, debe ejercer sus funciones; no es, como el curador, un sujeto que presta apoyo a la persona con discapacidad de modo continuado. El análisis de cada uno de los supuestos legales que justifican el nombramiento del cargo de defensor judicial permite deducir, en términos generales, el carácter transitorio de la figura. No obstante, dependiendo de cuál sea el supuesto en el que es nombrado, las atribuciones del defensor tendrán un distinto alcance. Así, cuando el defensor judicial constituye una medida de apoyo autónoma del art. 295.5.º del CC, su actuación puede estar prevista con carácter ocasional, pero recurrente, lo que hará desaparecer la nota de la transitoriedad.

410 ÁLVAREZ LATA, N., "Artículo 295 CC", cit., p. 833.

411 Anexo I, Documento definitivo del Grupo de Trabajo sobre el nuevo sistema de provisión judicial de apoyos a personas con discapacidad y su aplicación transitoria, Consejo General del Poder Judicial, p. 12.

2. *El nombramiento del defensor judicial en los supuestos de apoyos plurales*

No será necesario el nombramiento de un defensor judicial "si el apoyo se ha encomendado a más de una persona, salvo que ninguna pueda actuar o la autoridad judicial motivadamente considere necesario el nombramiento" (art. 296 CC). Regula la norma el supuesto de que el apoyo, en cualquiera de sus modalidades, lo estén desempeñando varias personas y concurra alguna de las condiciones que acarrean el nombramiento del defensor judicial[412]. La intervención del defensor se postula como último recurso, cuando ninguno de los nombrados pueda intervenir o se considere necesario este nombramiento

El apoyo plural se contempla en el art. 277 del CC para la hipótesis de que la curatela se haya confiado a varias personas. Este precepto posibilita el nombramiento de más de un curador "si la voluntad y necesidades de la persona que precisa el apoyo lo justifican". En particular, "podrán separarse como cargos distintos los de curador de la persona y curador de los bienes". En estos casos, la autoridad judicial "establecerá el modo de funcionamiento". Podrá establecerse, de este modo, un sistema de actuación mancomunada o solidaria, "respetando la voluntad de la persona que precisa el apoyo"[413]. En

---

412 Esta situación ya se preveía en el derogado art. 299.1 del CC, pero solo respecto a la existencia de conflicto de intereses. Según la norma, en el caso de tutela conjunta ejercida por ambos padres, si el conflicto de intereses existiere sólo con uno de ellos, correspondería al otro por ley, y sin necesidad de especial nombramiento, representar y amparar al menor o incapacitado.

413 Pone de manifiesto DE SALAS MURILLO, S., "Artículo 277", en *Comentarios a la Ley 8/2021 por la que se reforma la legislación civil y procesal en materia de discapacidad,* Guilarte Martín Calero, C. (dir.), Thomson Reuters Aranzadi, Cizur Menor (Navarra), 2021, p. 756, el cambio que ha supuesto la reforma, dado que, a diferencia de lo dispuesto en el anterior art. 237.II del CC, no se establece una regla general en lo referente al funcionamiento de los supuestos de cocuratela. Explica la autora que "[s]e ha evitado establecer reglas generales a propósito, para que la autoridad judicial tenga plena libertad para establecer el régimen que estime oportuno, respetando la voluntad del necesitado de apoyo, siempre que ello sea posible para el buen funcionamiento de la medida de apoyo".

sede también de curatela, el art. 283 del CC prevé una regla similar a la del art. 296, en cuya virtud, cuando "fueran varios los curadores con funciones homogéneas", y alguno "esté impedido de modo transitorio para actuar en un caso concreto, o cuando exista un conflicto de intereses ocasional entre él y la persona a quien preste apoyo", las funciones "serán asumidas por quien de entre ellos no esté afectado por el impedimento o el conflicto de intereses".

De los preceptos mencionados, cabe deducir las siguientes reglas sobre la necesidad de acudir al nombramiento de un defensor judicial en los supuestos de cocuratela:

Si la autoridad judicial ha establecido como regla de funcionamiento de los curadores la solidaridad[414] y, además, los curadores designados tuvieren funciones homogéneas, habrá que nombrar un defensor judicial cuando todas las personas nombradas se encuentren imposibilitadas para intervenir. Mientras una de ellas pueda ejercer el apoyo que precisa la persona con discapacidad, aunque con las demás exista conflicto de intereses, o concurra alguna de las situaciones contempladas en el art. 295 del CC, no será necesario nombrar un defensor. Por tanto, si ninguno de los designados (que hubiera sido nombrado solidariamente y con funciones homogéneas) pudiera actuar, procede el recurso al defensor judicial.

Si se hubiere acordado la actuación solidaria de los curadores, pero con parcelas de actuación diferentes (por ej., uno es curador de la persona y otro del patrimonio), será preciso nombrar un defensor judicial cuando no estuviese en disposición de intervenir el curador que ha de prestar el apoyo concreto que precisa la persona con discapacidad.

En caso de acordar la actuación mancomunada de los curadores, la imposibilidad o el conflicto de intereses que afecte a uno de ellos provocará que el apoyo lo preste el otro o los otros de forma conjun-

---

414 Cuando el apoyo se hubiera atribuido solidariamente a varias personas, "cada una de ellas, podrá actuar con plena autonomía en el desempeño de las funciones confiadas a todas ellas" (MARTÍN AZCANO, E. M.ª, "El defensor judicial de persona con discapacidad", cit., pp. 289-290).

ta (en este sentido, para la tutela, el art. 220 del CC). Ahora bien, si al constituir la curatela plural se hubiese impuesto, bajo cualquier circunstancia, la necesidad de actuación conjunta, el impedimento que afecte a uno de los curadores implicará la inoperatividad de la curatela, haciendo necesario el recurso al nombramiento de un defensor judicial.

Este régimen previsto en los arts. 277 y 283 del CC para la cocuratela, resulta aplicable también cuando se han designado varios defensores para que presten apoyo de manera ocasional a la persona con discapacidad (arts. 295.5.° y 296 del CC). En el caso de que sean varios los guardadores de hecho (pensemos en el caso habitual de los progenitores), también habrá que acudir al nombramiento de un defensor si ninguno puede actuar (art. 296 del CC). La norma del art. 296 del CC se aplica, igualmente, cuando el apoyo plural es voluntario, siempre que no se hubiere previsto otra salida ante la imposibilidad de actuar de todos los nombrados[415].

Aplicado con carácter general a cualquier medida de apoyo (y no solo a la curatela), se concluye que, en caso de concurrencia de más de una persona en el desempeño de la función de prestar los apoyos —con atribución solidaria de las mismas funciones en el caso de la curatela— será necesario que todas ellas ostenten un interés distinto al de la persona con discapacidad, o que se encuentren impedidas para prestar el apoyo, para que proceda la intervención del defensor judicial. Como regla de cierre del sistema, y a pesar de que no estemos en ninguno de los supuestos que acabamos de delimitar, se nombrará defensor judicial, cuando "la autoridad judicial motivadamente considere necesario el nombramiento" (art. 296 del CC).

---

415 Precisa MARTOS CALABRÚS, M.ª A., *El defensor judicial de la persona con discapacidad,* cit., p. 59, respecto a los designados mediante medidas voluntarias, que se nombrará un defensor judicial "cuando en ellas no se prevea la solución ante una imposibilidad (arts. 255 y 258 del CC)".

3. La necesidad de apoyo urgente como situación que no conduce al nombramiento del defensor judicial

En situaciones de urgencia, no procederá el nombramiento del defensor judicial, sino que entrará en juego la norma del art. 253 CC, en cuya virtud, "[c]uando una persona se encuentre en una situación que exija apoyo para el ejercicio de su capacidad jurídica de modo urgente y carezca de un guardador de hecho, el apoyo se prestará de modo provisional por la entidad pública que en el respectivo territorio tenga encomendada esta función". Añade la norma que "[l]a entidad dará conocimiento de la situación al Ministerio Fiscal en el plazo de veinticuatro horas". Estamos ante un apoyo de naturaleza legal, justificado por la situación de urgencia, y acorde con los postulados del art. 12.3 de la CDPC, que impone a los Estados parte la adopción de "las medidas pertinentes para proporcionar acceso a las personas con discapacidad al apoyo que puedan necesitar en el ejercicio de su capacidad jurídica"[416]. La norma debe interpretarse en el sentido de que prima siempre la voluntad de la persona y el carácter dispositivo de las normas relativas a la provisión de apoyos. Por ello, el apoyo urgente solo se prestará si la persona lo acepta y en los términos determinados por su voluntad[417].

IV. CONFLICTO DE INTERESES ENTRE LA PERSONA CON DISCAPACIDAD Y LA QUE DEBA PRESTARLE APOYO

1. El ámbito subjetivo del conflicto de intereses

Tradicionalmente, ha sido el ámbito del conflicto de intereses el supuesto de hecho que, con carácter general, ha justificado la intervención del defensor judicial. En concreto, para las personas incapacitadas, el conflicto de intereses se percibió como una de las situacio-

---

416 GARCÍA RUBIO, M.ª P., "Artículo 250", cit., p. 222.

417 TORRES COSTAS, M.ª E., *La capacidad jurídica a la luz del artículo 12 de la Convención de Naciones Unidas sobre los Derechos de las Personas con Discapacidad*, Agencia Estatal Boletín Oficial del Estado, Madrid, 2020, pp. 321-322.

nes en que la persona podía encontrarse desprotegida (anterior art. 299.1.º del CC). Desde un punto de vista subjetivo, de la regulación del Código se deducía que, para apreciar la existencia de conflicto de intereses, era necesario que éste se plantease entre la persona cuya capacidad había sido modificada judicialmente y sus tutores o curadores (o, en su caso, los padres, si tenían la patria potestad prorrogada o rehabilitada).

Tras la reforma de 2021, la existencia de un conflicto de intereses, ahora entre la persona con discapacidad y la que haya de prestarle apoyo, constituye otro de los supuestos en que resulta procedente el nombramiento de un defensor judicial (art. 295.2.º del CC). La LAPC, siguiendo las pautas marcadas en la CDPD (art. 12.4)[418], muestra una especial firmeza en la necesidad de evitar los conflictos de intereses e influencias indebidas en el sistema de apoyos.

A este defensor se le atribuirá la legitimación para actuar en ese asunto o negocio jurídico concreto en que se ha planteado esta incompatibilidad de intereses[419]. Junto al art. 295.2.º del CC, hacen referencia al conflicto de intereses el art. 251.2.º CC que, en sede de disposiciones generales, prohíbe actuar a quien desempeñe alguna medida de apoyo "cuando en el mismo acto intervenga en nombre propio o de un tercero y existiera conflicto de intereses". Asimismo, en el ámbito de la curatela, el art. 283 del CC resuelve también la eventual problemática derivada de un posible conflicto de intereses entre el curador y la persona que recibe el apoyo, que se zanjará con el nombramiento de un defensor judicial que sustituya al curador, salvo que la curatela fuese ejercitada por varios curadores, en cuyo caso continuará ejerciéndose por quien no esté afectado por el im-

---

418 El art. 12.4 de la CDPD impone a los Estados Partes la obligación de asegurar que se proporcionen salvaguardias adecuadas y efectivas que aseguren "que no haya conflicto de intereses ni influencia indebida".

419 La RDGSJFP de 19 de julio de 2022 *(Tol 9156479)* precisa que "[p]ara los casos en que exista conflicto de intereses entre la persona con discapacidad y la que haya de prestarle apoyo, el remedio legalmente prevenido no es la autorización judicial a que se refiere el registrador en su calificación sino el nombramiento de defensor judicial, con las consecuencias que se derivan de su régimen jurídico (cfr. artículos 295.2.º y concordantes del Código Civil)".

pedimento o conflicto. El precepto, como comentaré con detalle *ut infra*, se aplica tanto para el caso de curador con facultades asistenciales como representativas[420].

El conflicto en cuestión debe sobrevenir a la designación de quien presta el apoyo, puesto que, de lo contrario, el nombramiento no debería haber tenido lugar[421]. Así, el art. 250.VII del CC sienta la regla de que "[a]l determinar las medidas de apoyo se procurará evitar situaciones en las que se puedan producir conflictos de intereses o influencia indebida"[422]. En sentido similar, en sede de curatela, el artículo 275.3.2.º del CC, dentro de las causas de inhabilidad para ser curador, impide que la autoridad judicial pueda nombrar, salvo circunstancias excepcionales motivadas, "[a] quien tenga conflicto de intereses con la persona que precise apoyo".

Resulta aplicable la norma a los supuestos de conflictos de intereses entre la persona con discapacidad y el apoderado o mandatario, el guardador de hecho, el curador o el propio defensor judicial nombrado para prestar apoyo ocasional. Si quien presta el apoyo tiene asumidas facultades representativas, el defensor judicial representará a la persona con discapacidad en el asunto para el que haya sido nombrado; en caso contrario, le prestará la asistencia que precise. Cuando sean varias las personas que presten el apoyo, el conflicto puede salvarse sin necesidad de nombrar defensor judicial, en función del modo en que se haya organizado el apoyo plural; a este respecto, nos remitimos a cuanto hemos señalado en el apartado relativo al nombramiento del defensor judicial en caso de pluralidad de personas que presten apoyo (arts. 296 y 283.II del CC).

---

420 PEREÑA VICENTE, M., "La curatela: los nuevos estándares de intervención", cit., p. 148.

421 MARTÍN AZCANO, E. M.ª, "El defensor judicial de persona con discapacidad", cit., p. 290.

422 Señala ÁLVAREZ LATA, N., "Artículo 295 CC", cit., p. 835, que "[c]omo colectivo especialmente vulnerable, se persigue que a través del ejercicio de las medidas de apoyo no se ejerzan presiones o influencias indebidas en la toma de decisiones de la persona con discapacidad que atenúen o anulen su autonomía". Precisa la autora que lo dicho "es más significativo y relevante en la prestación de ciertos apoyos basados en la confianza o previa relación de dependencia respecto a la persona con discapacidad".

En consecuencia, la actuación de quien presta apoyo con relación a la persona con discapacidad queda excluida cuando en la realización de uno o varios actos se compruebe la existencia de conflicto de intereses que pueda poner en peligro el interés de aquella. La figura del defensor judicial cumple aquí una función presidida por la idea de transitoriedad y de concreta designación para un específico caso, en que surge un conflicto de intereses justificativo de la suspensión del apoyo prestado a la persona con discapacidad en el asunto determinado de que se trata, lo que excluye todo aspecto de institución permanente[423].

2. *El conflicto de intereses en la esfera de la discapacidad*

El supuesto de que concurra un conflicto de intereses es, sin lugar a dudas, el que con mayor frecuencia ha provocado el debate ante los Tribunales acerca del nombramiento del defensor judicial. Con todo, ni antes de la reforma, ni ahora con el nuevo texto, el Código Civil define qué deba entenderse por "conflicto de intereses". En la doctrina se han efectuado diversos esfuerzos de delimitación[424], si bien, existe conformidad en que se trata de una situación que hay que calificar de acuerdo con cada caso particular[425]. Contamos, a este respecto, con una elaborada doctrina jurisprudencial que ha ido aclarando, caso a caso, cuando se aprecia este conflicto entre los intereses del menor o del incapacitado, y sus representantes legales o curador, y que adaptaremos a las diversas vertientes del conflicto de

---

[423] STS de 12 de junio de 1985 (*Tol 1736534*).

[424] Para FLORENSA I TOMÀS, C. E., *El defensor judicial*, cit., pp. 62-63, "frente a la reciprocidad de intereses, el «conflicto de intereses» significa que uno de los dos sujetos verá sacrificado —no satisfecho— su interés, puesto que la compatibilidad en esta mutua satisfacción será imposible". Apreciaba BLANCO GONZÁLEZ, A. M., *El defensor judicial*, cit., pp. 66-67, que "en el conflicto de intereses, la ley presume que el representante legal de un menor o de un incapaz o el curador del emancipado o del pródigo pierde la objetividad necesaria para velar por los intereses de dichas personas al entrar en juego, colisionando con ellos, los suyos propios".

[425] FLORENSA I TOMÀS, C. E., *El defensor judicial*, cit., p. 61.

intereses entre la persona con discapacidad y quien deba prestarle apoyo.

Existirá "conflicto de intereses" cuando se produzca una oposición entre el interés de quien preste el apoyo y el de la persona con discapacidad[426]. Esa oposición de intereses ha de redundar, como es obvio, en perjuicio de la persona con discapacidad. Es claro, sin embargo, que el que los intereses de quien presta apoyo y quien lo recibe sean distintos no implica necesariamente incompatibilidad, pues es posible que todos concurran y que resulte admisible una defensa conjunta[427]. Siendo la finalidad de las medidas de apoyo a las personas que las precisen para el adecuado ejercicio de su capacidad jurídica "permitir el desarrollo pleno de su personalidad y su desenvolvimiento jurídico en condiciones de igualdad" (art. 249, párrafo primero, CC), la excepción para el concreto ejercicio del apoyo que significa la actuación del defensor judicial, ha de estar justificada por la inutilidad de la actuación de quien preste apoyo para cumplir, en el caso concreto, la mencionada finalidad. En las situaciones de conflicto de intereses, como vemos, la ley presume que el curador o quien ejerce el apoyo pierde la objetividad necesaria para asistir a la persona con discapacidad, al colisionar los intereses de ésta con los suyos propios[428].

Al igual que vimos para el menor de edad, el "interés contrapuesto" puede venir referido a asuntos personales, familiares o patrimoniales, tengan lugar en la vía judicial o extrajudicial. Una vez acreditado el conflicto de intereses, la autoridad judicial procederá al

---

426 En relación a la regulación previa a la reforma de la LAPD, el Tribunal Supremo tenía declarado que "el conflicto de intereses existe cuando, en la realización de los actos de guarda y protección, la actuación de los representantes pone en peligro el beneficio del menor o incapaz al ser éste contrario al interés subjetivo o personal de aquéllos" [STS de 7 de noviembre de 2002 *(Tol 4974993)* y de 4 de marzo de 2003 *(Tol 4927749)*].

427 En este sentido, respecto a la improcedencia del nombramiento de defensor judicial para el ejercicio de la acción de separación matrimonial por los tutores en nombre de la hija tutelada, dada la ausencia de conflicto de intereses, *vid.* la SAP Álava de 20 de diciembre de 2004 (*Tol 555027)*.

428 En este sentido, para la situación anterior a la reforma de 2021, BLANCO GONZÁLEZ, A. M., *El defensor judicial,* cit., pp. 66-67.

nombramiento de un defensor judicial que preste apoyo a la persona con discapacidad y, la represente, en su caso, "en juicio y fuera de él"[429]. En cualquier caso, dado el carácter excepcional de la actuación del defensor judicial, la oposición de intereses ha de ser actual y efectiva, sin que resulte posible "ampliar el concepto de intereses opuestos hasta casos de perjuicios futuros e hipotéticos"[430].

La contradicción entre los intereses de la persona con discapacidad y los de la persona que ejerce el apoyo ha de ser, además, puntual. Si se entendiera que existe un conflicto de intereses generalizado entre la persona con discapacidad y quien le presta el apoyo, no procedería el nombramiento de un defensor judicial[431]. En el caso de la curatela, si se trata de una situación de conflicto permanente, lo procedente será promover que el curador sea removido de su cargo (art. 278 en relación con el art. 275.3.2.º del CC). A este respecto, el art. 283.III prevé que "[s]i la situación de [...] conflicto fuera prolongada o reiterada, la autoridad judicial de oficio, a instancia del Ministerio Fiscal, de cualquier persona legitimada para instar el procedimiento de provisión de apoyos o de cualquier persona que esté desempeñando la curatela y previa audiencia a la persona con discapacidad y al Ministerio Fiscal, podrá reorganizar el funcionamiento de la curatela, e incluso proceder al nombramiento de un nuevo curador". Igual acontece respecto al guardador de hecho cuando el conflicto de intereses sea de tal entidad que haga inhábil al guardador para ejercer su función (art. 265 del CC).

El nombramiento del defensor judicial opera en una situación concreta: siempre que, en algún asunto, el que presta apoyo tenga

---

429 STS de 7 de noviembre de 2002 *(Tol 4974993)*.

430 RDGSJFP de 27 de enero de 1987 (BOE núm. 35 de 10 de febrero de 1987). En el Derecho italiano, el apartado segundo del art. 78 del *Codice di procedura civile* regula la hipótesis de un conflicto de intereses entre una persona incapaz y su representante legal, conflicto que surge cuando el representante tiene un interés incompatible con el de la persona representada. Dicho conflicto también surge si la incompatibilidad de las respectivas posiciones es sólo potencial. Por consiguiente, el examen de la existencia de tal conflicto debe efectuarse *ex ante* en función del fondo objetivo del asunto de que se trate.

431 STS de 3 de diciembre de 2020 *(Tol 8232122)*.

un interés opuesto al de la persona con discapacidad; y es nombrado para el acto concreto en el que haya conflicto de intereses[432]. El conflicto de intereses lo toma en consideración el legislador en defensa de la persona con discapacidad precisada de apoyo y con relación a cada asunto concreto (art. 295.2.° CC), razón por la que hay que estar a las circunstancias concurrentes para afirmar o negar su existencia. Ese casuismo deriva de la excepcionalidad de la figura en relación con la regla general de prestación de apoyo a la persona con discapacidad por la persona designada para ello. Surge, de este modo, una representación legal o un apoyo de carácter extraordinario, ocasional y limitado al asunto concreto, encomendado al defensor judicial[433].

Planteado el conflicto de intereses, y acreditada su existencia ante la autoridad judicial, esta suspenderá a quien preste apoyo a la persona con discapacidad (apoderado, mandatario, curador o guardador de hecho) de sus funciones en ese concreto asunto o negocio jurídico; al propio tiempo, la autoridad judicial designará al defensor judicial, concediéndole la legitimación para actuar en esa situación particular en la que se planteó el conflicto de intereses, a fin de que actúe prestando el apoyo y, en su caso, en nombre de la persona con discapacidad. En los demás asuntos no afectados por el conflicto de intereses, seguirán prestando apoyo a la persona con discapacidad los titulares de la medida voluntaria, de la guarda de hecho o de la curatela.

3. *Alcance: aplicación tanto si el titular del apoyo asume funciones representativas como asistenciales*

Es indudable que el conflicto de intereses surge de forma nítida cuando el titular del apoyo asume facultades de representación y, por tanto, es quien toma la decisión en un acto en defensa de dos intereses incompatibles (el suyo propio y el de la persona con dis-

432 SSTS de 7 de noviembre de 2002 *(Tol 4974993)* y 5 de noviembre de 2003 *(Tol 324965)*.

433 Destaca estas características de la intervención del defensor judicial, la RDGSJFP de 27 de enero de 1987 (BOE núm. 35 de 10 de febrero de 1987).

capacidad), lo que puede resultar perjudicial para la persona representada, que no interviene de ningún modo. Sin embargo, el conflicto de intereses puede producirse también en situaciones en que el apoyo tan solo comprende funciones asistenciales. No perdamos de vista que esta es, con la reforma, la situación habitual o esperada, configurándose el apoyo representativo como una figura residual y excepcional a la que tan solo cabe acudir "cuando, pese a haberse hecho un esfuerzo considerable, no sea posible determinar la voluntad, deseos y preferencias de la persona" (art. 249.III del CC). Es cierto que tradicionalmente, el conflicto de intereses surgía entre menores o personas cuya capacidad había sido modificada judicialmente y sus representantes legales: padres o tutores. Sin embargo, desde la reforma de 1983, la actuación del defensor judicial también estaba prevista para cuando el conflicto se generaba entre los intereses del incapacitado o del pródigo y el curador (y la curatela de entonces no implicaba representación, sino mero complemento). Así pues, como indica atinadamente SÁNCHEZ-VENTURA[434], "[e] l conflicto de intereses puede surgir entonces cuando la persona con discapacidad se encuentra bajo la guía, consejo y dirección de quien puede ostentar un interés diametralmente opuesto al interés que, en su caso, pudiese ostentar la persona con discapacidad", en cuyo caso, "el curador no puede ejercer su función de apoyo porque no podrá orientar a la persona con discapacidad sin prescindir de su propio interés".

En conclusión, a fin de garantizar que la persona con discapacidad "pueda desarrollar su propio proceso de toma de decisiones" (art. 249.II del CC), cuando exista un conflicto de intereses entre el titular de un apoyo meramente asistencial y la persona con discapacidad, también se acudirá al nombramiento de un defensor judicial. Con ello se evitará que la persona que desempeñe la función de apoyo pueda hacer valer sus intereses a la hora de informar, ayudar y facilitar a la persona con discapacidad en la toma de sus decisiones.

---

434 SÁNCHEZ-VENTURA MORER, I., "Supuestos en los que interviene el defensor judicial", cit., p. 286.

4. *Conflicto de intereses e influencia indebida*

La LAPD, al tratar de las cautelas o salvaguardias que deben adoptarse para asegurar que las medidas relativas al ejercicio de la capacidad jurídica respeten los derechos, la voluntad y las preferencias de la persona, introduce junto a la noción tradicional del conflicto de intereses, una expresión nueva, que es la "influencia indebida". Desde el Preámbulo, se nos indica que deben proporcionarse salvaguardias que aseguren que en las medidas relativas al ejercicio de la capacidad jurídica "no haya conflicto de intereses ni influencia indebida"[435]. En la regulación del Código civil, el art. 250.IV señala que "[a]l determinar las medidas de apoyo se procurará evitar situaciones en las que se puedan producir conflictos de intereses o influencia indebida"; el art. 255, al regular las medidas voluntarias de apoyo, precisa en su tercer párrafo que se podrán prever "las salvaguardas necesarias para evitar abusos, conflicto de intereses o influencia indebida"; la misma referencia contiene el art. 258.III para los poderes y mandatos preventivos; o el art. 270, cuando prevé que la autoridad judicial establecerá en la resolución que constituya la curatela o en otra posterior las medidas de control que estime oportunas para, entre otras cosas, "evitar los abusos, los conflictos de intereses y la influencia indebida".

En sede del defensor judicial, no encontramos ninguna referencia a la influencia indebida, como una circunstancia que conduzca al nombramiento del defensor judicial. En la doctrina hay quien aprecia que cuando existe una medida de apoyo representativa, y el titular del apoyo ha de actuar sustituyendo a la persona con discapacidad, podrán producirse situaciones de conflicto de intereses (art. 251.2.º del CC); y que, en cambio, cuando la medida de apoyo tenga contenido solo asistencial, la existencia de conflicto de intereses con la persona con discapacidad puede ser más difícil de afirmar, por lo que se entiende que, en realidad, en estos casos en que el apoyo consiste en aconsejar y guiar a la persona con discapacidad, lo que puede darse es una influencia indebida[436].

---

435 Apartado I del Preámbulo de la LAPD.

436 MARTOS CALABRÚS, M.ª A., *El defensor judicial de la persona con discapacidad,* cit., pp. 63-66.

A mi modo de ver, el conflicto de intereses y la influencia indebida son situaciones distintas, estando previsto el nombramiento del defensor judicial tan solo para la primera. El conflicto de intereses implica que, en un asunto concreto y determinado, existe una oposición entre el interés de quien presta el apoyo y el de la persona con discapacidad, que puede redundar en perjuicio de esta última. Respecto a la influencia indebida, la Observación General núm. 1 (2014) parte de la consideración de que "[a]unque todas las personas pueden ser objeto de «influencia indebida», este riesgo puede verse exacerbado en el caso de aquellas que dependen del apoyo de otros para adoptar decisiones". Y considera que hay influencia indebida "cuando la calidad de la interacción entre la persona que presta el apoyo y la que lo recibe presenta señales de miedo, agresión, amenaza, engaño o manipulación"[437]. Estas señales, de carác-

---

[437] Con los términos "influencia indebida" se hace referencia, "a una conducta abusiva ligada a la situación de cercanía existente entre quien quiere influir y la persona a la que se dirige su actuación". Se considera que "son dos elementos los que se deben tener en cuenta para profundizar en su concepto: primero, la relación de confianza que se entabla entre ambas personas, ya que sobre esta relación se suele construir la influencia; y, segundo, la posición de debilidad en la que se encuentra el influenciado" (MARTÍN BRICEÑO, M.ª R., "La persona con discapacidad y su capacidad contractual: conflicto de intereses e influencia indebida en su voluntad", en *El ejercicio de la capacidad jurídica por las personas con discapacidad tras la Ley 8/2021, de 2 de junio,* Pereña Vicente, M. y Heras Hernández, M.ª M. (dirs.) y Núñez Núñez, M. (coord.), Tirant lo Blanch, Valencia, 2022, p. 489). Para esta autora (*ob. cit.*, p. 492) la influencia es indebida "cuando concurre una connotación de negatividad en la acción de quien desempeña la función de apoyo (que no de antijuricidad) ya que no predomina la defensa de la voluntad, los deseos o preferencias de la persona con discapacidad, sino otros intereses diversos". En estos casos, prosigue MARTÍN BRICEÑO, se pretende que "torcer" esta voluntad "por parte de quien está más cerca de la persona con discapacidad que es precisamente quien desempeña su labor de asistencia y, por tanto, la que tiene una posición más propicia para influir en las decisiones que pueda adoptar". Desde la perspectiva de la formación de la voluntad de la persona con discapacidad, RUIZ-RICO RUIZ, J. M., "Capacidad jurídica y discapacidad", cit. p. 84, considera que "nos situamos en cierto modo ante una suerte de nuevo «vicio» en la formación del consentimiento, que no puede ser identificado propiamente ni con el dolo ni con la intimidación, sino con una suerte de *tertium genus* entre ambos".

ter subjetivo, no son requeridas para la apreciación del conflicto de intereses, que constituye una situación objetiva, apreciable *ex ante,* desconectada del comportamiento concreto observado por el titular del apoyo en la relación en que se suscita el conflicto[438]; esto es, si objetivamente concurre la situación de conflicto, el titular del apoyo no podrá intervenir prestando asistencia o representando a la persona con discapacidad.

5. *Referencia a algunas situaciones que provocan un conflicto de intereses*

El conflicto de intereses se produce en asuntos concretos y puntuales, no genéricos, en los que exista una incompatibilidad entre el interés de quien presta apoyo y la persona con discapacidad. Son diversas las situaciones jurídicas que, con arreglo a la normativa derogada, han sido consideradas como susceptibles de generar un "conflicto de intereses", merecedor del nombramiento de un defensor judicial para la persona con discapacidad. Aplicado, *mutatis mutandis,* al régimen del defensor judicial instaurado por la LAPD, podríamos señalar, entre otras, las que se exponen seguidamente.

"Muy probablemente —continúa el autor— esa influencia indebida debería ser situada entre los vicios del consentimiento, porque ese predominio ejercido por el prestador de apoyos designado (cuando no sea curador representativo o ejerza funciones de representación en general) puede haber condicionado y conducido (cuando así se acredite) a la celebración misma de contrato o negocio, que seguramente no se hubiera celebrado de otro modo". Para VAQUER ALOY, A., "El sistema de apoyos como elemento para el ejercicio de la capacidad jurídica", cit., p. 515, influencia indebida es "la captación de la voluntad de la persona con discapacidad para que ejerza su capacidad jurídica en beneficio de quien ejerce la influencia".

438 La influencia indebida en las personas con discapacidad por parte de los prestadores de apoyos es difícilmente constatable si no se tiene conocimiento de las presiones, amenazas, agresiones, manipulaciones, etc. Si se demuestra, podrá incidir en el consentimiento contractual de la persona con discapacidad, dando lugar a una voluntad errónea y a la consiguiente anulabilidad del contrato (ALBIEZ DOHRMANN, K.J., "La capacidad jurídica para contratar de las personas con discapacidad", cit., p. 525).

5.1. En la partición hereditaria

En el ámbito sucesorio han sido frecuentes los conflictos de intereses, dado que con la patria potestad prorrogada o rehabilitada, así como en las situaciones en que el tutor era un hermano, era habitual que la persona con discapacidad y su representante legal fueran llamados a una misma herencia. Con la nueva regulación, se ha suprimido la patria potestad prorrogada y la tutela de los mayores de edad, pero quienes prestan apoyo (apoderados, mandatarios, guardadores de hecho o curadores), en muchos casos, seguirán siendo los progenitores o hermanos, por lo que es muy probable que los intereses de unos y otros entren en conflicto[439].

En el ámbito de la partición hereditaria, para la valoración de las situaciones de conflicto de intereses, la DGSJFP atiende a diversos elementos de carácter objetivo que, en general, apuntan a la inexistencia de automatismo en las diversas fases de la adjudicación hereditaria, es decir, en la confección del inventario, en la liquidación de las cargas y en la adjudicación de los bienes. Así, se ha considerado que se produce una situación de conflicto de intereses cuando la persona con discapacidad es heredera forzosa en una herencia en la que el causante ordena en su testamento una opción compensatoria de legítima del art. 820.3.º del CC, o una "cautela socini", y el cónyuge a cuyo favor se establece el usufructo universal tiene la representación legal de dicha persona[440]. Así, en el supuesto resuelto por la RDGS-

---

439 *Vid.* MARTOS CALABRÚS, M.ª A., *El defensor judicial de la persona con discapacidad,* cit., pp. 72-73.

440 Es el caso de la RDGSJFP de 11 de diciembre de 2012 (*Tol 2726656),* en que se había otorgado una escritura de herencia en la que una de las herederas, declarada incapaz, está representada por la madre, titular de la patria potestad rehabilitada. El testador, en su testamento, nombró usufructuaria universal a su esposa y herederos a sus hijos con una cláusula especial denominada "cautela socini". En la escritura de herencia se adjudican los bienes conforme a lo dispuesto en el testamento, concurriendo otros tres hermanos de la incapaz, que prestan su consentimiento. La Dirección General confirma la calificación declarando que existe conflicto de intereses al tener que optar la hija entre dos alternativas: o respeto al usufructo universal y adjudicaciones en nuda propiedad, o legítima en pleno dominio sobre el tercio de legítima estricta.

JFP de 5 de febrero de 2015[441], el Centro Directivo aprecia que debió nombrarse un defensor judicial en una partición en la que intervino una incapaz sujeta a patria potestad rehabilitada que era ejercida por su padre que opta, en virtud de la facultad atribuida por su esposa, causante de la sucesión, por el usufructo universal de la herencia. El Centro Directivo, sin valorar las circunstancias concretas del caso[442], toma en consideración que la cautela socini "implica la adopción de una decisión por el viudo, que aunque pueda entenderse adecuada para los intervinientes, lo cierto es que supone una elección por parte de la legitimaria en relación a la posición del viudo respecto de los bienes gravados por la legítima de la incapaz"[443].

Será preciso, asimismo, el recurso al defensor judicial en la práctica y aprobación de las operaciones particionales del caudal relicto, cuando la persona con discapacidad y la que haya de prestarle apoyo ocupen la posición de coherederos[444]. Ahora bien, no en todos

---

441 *Tol 4764128.*

442 Consideraba la Notaria recurrente que siendo restrictiva la interpretación del art. 163 del CC, había que estar al caso concreto, en el que las circunstancias concurrentes y la edad del padre, noventa años, junto con la renuncia de una de las hijas a la sucesión, aconsejaban esta solución como la más adecuada. Para el Centro Directivo, sin embargo, "la valoración de inexistencia de conflicto no puede hacerla por sí mismo el representante de la incapaz junto a la hermana, capaz, que no renunció a la herencia, sino que exige, conforme a lo establecido en el artículo 163 del Código Civil, del nombramiento de un defensor". En el mismo sentido, la RDGSJFP de 21 de marzo de 2019 *(Tol 7160456)* aprecia que ha de nombrarse un defensor judicial en una partición en que la madre representaba a dos hijas con capacidad judicialmente modificada, en ejercicio de la patria potestad prorrogada, habiendo concedido el causante a su viuda el usufructo universal y vitalicio de los bienes de la herencia, y en el caso de que "este legado no pudiera tener eficacia, por cualquier causa", el tercio de libre disposición de la herencia sin perjuicio de su cuota legal usufructuaria.

443 En el mismo sentido se pronuncia la posterior RDGSJFP de 16 de octubre de 2019 (*Tol 7586783*).

444 La STS de 15 de octubre de 2008 *(Tol 1386050)* resuelve un supuesto de partición de una herencia en la que el hermano tutor de una persona con discapacidad había promovido el nombramiento de un defensor judicial "para que representase al incapaz en la herencia de sus padres, por tener intereses opuestos". La STS de 18 de octubre de 2012 *(Tol 2674753)*, en un

los casos en los que en una partición hereditaria intervenga quien preste apoyo en su propio nombre y en el de la persona con discapacidad, ha de existir siempre una contradicción de intereses. Hay casos específicos en que no es precisa la intervención del defensor judicial, como cuando se adjudiquen las únicas fincas hereditarias por cuotas indivisas en la misma proporción que resulta del testamento, dado que será más tarde, cuando se proceda a la disolución de las comunidades romanas formadas, cuando aparecerán claramente enfrentados los intereses de los comuneros[445]. Como ha destacado la DGRN[446], en el supuesto de que se adjudiquen bienes concretos sí puede producirse la contradicción de intereses como consecuencia de la distinta valoración que se atribuya a cada uno de ellos, pero esta posibilidad decae si los bienes se adjudican en comunidad romana, en cuya situación la proindivisión elimina la posibilidad de perjuicio para cualquiera de las partes. Esta situación se mantiene, aunque la adjudicación, en la parte que afecta a la herencia, se realice en nuda

---

caso en que los progenitores habían legado en sus respectivos testamentos una finca a un hijo que había sido declarado incapacitado judicialmente, y la madre había ordenado otro legado a su hijo tutor del anterior, habiendo sido instituidos los demás hermanos (cinco en total) herederos por partes iguales, aprecia que el hermano incapacitado debió intervenir en la partición convencional de la herencia por medio de defensor judicial, "a la vista de la oposición de intereses, en cuanto a la fijación de la legítima, con sus hermanos (incluido el tutor) herederos y también legitimarios". La RDGSJFP de 5 de septiembre de 2023 *(Tol 9739851)* aprecia que la concurrencia de la representación de la persona con discapacidad con la intervención en su propio nombre por parte de su madre, para fijar, con otros interesados, inventario, valoraciones, legítimas, determinación de lotes y otros, crea un eventual conflicto de intereses, en cuanto contrapuestos, con los ostentados por el sujeto a patria potestad prorrogada, que requiere necesariamente la designación de defensor judicial.

445 Declara la RDGSJFP de 6 de noviembre de 2002 (*Tol 230624*) que "el nombramiento de defensor judicial sólo es necesario cuando entre el tutor y el incapaz existen intereses contrapuestos". Según esta resolución en el supuesto planteado no se daba la expresada contraposición, "pues el tutor actúa en su propio nombre defendiendo los mismos intereses que defiende de sus representados, que son coherederos con él, y a los que se adjudica una porción proindiviso exactamente igual que la suya".

446 RDGSJFP de 6 de febrero de 1995.

propiedad y proindiviso a los herederos y en usufructo vitalicio al cónyuge viudo, según lo dispuesto en el testamento.

No existirá conflicto de intereses cuando la partición la realiza el testador; tampoco si la efectúa el contador-partidor, respetando las reglas y principios que deben presidir su intervención, sin extralimitarse en sus funciones[447], al tratarse de una actuación en nombre propio que no requiere la intervención ni la aprobación de los herederos, ni siquiera cuando uno de éstos es una persona con discapacidad[448]. Sólo en el caso de que la persona con discapacidad

---

447 La RDGSJFP de 18 de diciembre de 2002 *(Tol 254850)* aprecia un conflicto de intereses por la extralimitación de funciones en que habían incurrido los contadores partidores: una de ellas, no guardar la igualdad de lotes, ya que habían incurrido en la viciosa práctica de asignar a la incapacitada todo el metálico (salvo una mínima cuota en un inmueble), lo que suele hacerse muchas veces para facilitar la venta posterior de los inmuebles evitando la autorización judicial previa; a mayor abundamiento se producen excesos de adjudicaciones con compensaciones a metálico, lo que, aunque fiscalmente sí es o se equipara, a un acto particional, no lo es por su naturaleza jurídica, entrando en el campo de los actos dispositivos; además conmutan el usufructo (a la viuda le había sido legado el tercio libre y el usufructo sobre el de mejora) atribuyendo a la viuda bienes concretos. El Centro Directivo concluye que, aunque la intervención de la viuda titular de la patria potestad prorrogada hubiera tenido lugar en el momento propio, esto es, para la aprobación del inventario, dada la extralimitación de facultades de los contadores partidores, se habría hecho necesaria la intervención o ratificación de los herederos y por ende el nombramiento de defensor judicial.

448 En este sentido, respecto al régimen anterior, RDGSJFP de 10 de enero de 2012 *(Tol 2401224)*. Pone de manifiesto NÚÑEZ NÚÑEZ, M.ª, NÚÑEZ NÚÑEZ, M.ª, "La aceptación de la herencia y la intervención en la partición", cit., p. 602, que en el caso de la partición efectuada por el contador-partidor dativo, al ya exigirse aprobación del LAJ o del Notario en el art. 1057.II del CC, parece que sería demasiado gravoso exigir también una aprobación judicial en el caso de que uno de los herederos estuviera representado por un tutor o por un curador con facultades representativas. Para la autora llama la atención que el citado precepto no realice ninguna salvedad para el caso en que se pretenda prescindir de la aprobación del LAU o del Notario utilizándose la posibilidad de la "confirmación expresa de todos los herederos y legatarios" entre los cuales cabe la posibilidad —prevista en los párrafos siguientes— de que alguno de los coherederos esté sometido a tutela o medidas de apoyo.

tuviera dispuestas medidas de apoyo, deberá el contador cumplir con la exigencia del art. 1057.III del CC relativa a la citación para la formación de inventario. En concreto, si el apoyo es un defensor judicial asistencial, deberá citarse a la persona con discapacidad y al defensor; en cambio, si el defensor tiene asumidas funciones representativas, tan solo habrá que citar al mismo para la formación del inventario.

5.2. En el ámbito contractual

Dentro del contexto contractual, se ha estimado que concurre un conflicto de intereses, que motiva la necesidad de intervención del defensor judicial, la celebración de un contrato en el que el tutor (en la actualidad, el supuesto es aplicable al titular del apoyo) interviene simultáneamente en representación de la persona con discapacidad y en su interés propio, resultando ambos intereses contrapuestos[449]. Este conflicto tiene lugar en todos los contratos onerosos con obligaciones recíprocas o sinalagmáticas, dado que necesariamente el beneficio del titular del apoyo deriva del perjuicio o menoscabo de la posición de la persona con discapacidad; para salvar este conflicto de interés ni siquiera existe justificación alguna en la conveniencia de la operación para la persona con discapacidad[450].

---

[449] Cabe destacar la RDGSJFP de 2 de junio de 2010 *(Tol 1911693)*, donde se apreció conflicto de intereses entre uno de los herederos del vendedor fallecido, declarado incapaz, y su tutor, al concurrir en este último la condición de parte compradora en el mismo contrato de compraventa. Del mismo modo, la resolución de 19 de julio de 2022 *(Tol 9156479)* considera que se daba una situación de conflicto de intereses en una escritura por la que una persona —el curador— no sólo era apoderado mancomunado de la sociedad vendedora sino al mismo tiempo representante legal (curatela representativa) del comprador con discapacidad, "de manera que económicamente lo que le favorece como vendedor (como es la fijación de un precio cuanto más alto mejor) le perjudica al comprador discapacitado por él representado".

[450] RDGSJFP de 19 de julio de 2022 *(Tol 9156479)*.

5.3. En el ámbito societario

El nombramiento del defensor judicial de la persona con discapacidad resulta procedente para representarla en las juntas de una sociedad mercantil en la que también concurra el titular del apoyo actuando en nombre propio. En más, el Centro Directivo permite el nombramiento de un defensor judicial para representar al tutelado en todas las juntas de una sociedad, sin que resulte preciso un nombramiento especial de defensor para cada junta que se celebre[451]. Para ÁLVAREZ LATA[452], aunque dicha regla no se contiene en sede del defensor judicial, está en sintonía con la que habilita a la autoridad judicial para autorizar la realización de "una pluralidad de actos de la misma naturaleza o referidos a una misma actividad económica" en la curatela representativa (art. 288 del CC) o para la actuación representativa del guardador de hecho (art. 264 del CC).

6. *El apoyo del defensor judicial en caso de conflicto de intereses*

Cuando es nombrado por existir un conflicto de intereses entre la persona con discapacidad y la que haya de prestarle apoyo, el defensor judicial actuará prestando dicho apoyo en la cuestión concreta y puntual en la que se ha suscitado el conflicto. En los demás asuntos que incumben a la persona con discapacidad, seguirán el apoderado o mandatario, el curador o el guardador de hecho ejerciendo su función.

---

451 La RDGSJFP de 13 de junio de 2016 *(Tol 5788022)* motiva su decisión, en este sentido, en que del art. 302 del CC no podía colegirse que el nombramiento del defensor judicial tuviera que ser "para cada acto, movimiento o gestión individualizada que deba realizar el defendido; de lo contrario, se podría producir un bloqueo de la actuación de éste y perjudicarle de este modo, pues en muchas ocasiones el conflicto de intereses que determina el nombramiento del defensor judicial no se refiere a un acto concreto y aislado, sino a una situación concreta de conflicto, y en el presente caso ello se infiere claramente de la propia parte dispositiva del auto de designación en la que se hace alusión a «intervenir en las juntas generales tanto ordinarias como extraordinarias de las mercantiles...»".

452 ÁLVAREZ LATA, N., "Artículo 295 CC", cit., pp. 831-837.

En principio, salvo que quien preste el apoyo ostente facultades representativas, el defensor judicial no será un representante de la persona con discapacidad. Por tanto, cuando el conflicto se produce entre la persona con discapacidad y un prestador de apoyo de carácter asistencial, el ámbito de actuación del defensor vendrá dado por la asistencia a la persona con discapacidad en el asunto concreto en el que suscita el conflicto de intereses.

En caso de que la persona que preste apoyo tenga asumidas funciones de representación de la persona con discapacidad, que no se reduzcan a la mera asistencia, y se produzca el conflicto de intereses, el defensor judicial actuará como representante legal. Se trata de una función que implica la representación del defendido en aquellos actos cuya competencia se ha atribuido al defensor. A tales efectos, el defensor judicial deberá reconstruir la voluntad de la persona con discapacidad; tan solo si esta labor no resulta posible, suplirá con su intervención a la persona afectada en la cuestión concreta y puntual en la que haya conflicto de intereses. Constituye una representación legal extraordinaria, ocasional y limitada al asunto concreto, encomendada al defensor judicial[453]. En los demás asuntos que incumben a la persona con discapacidad, seguirán el guardador de hecho o el curador representándolas.

V. FALTA DE DESEMPEÑO DE SUS FUNCIONES POR QUIEN DEBA PRESTAR APOYO A LA PERSONA CON DISCAPACIDAD

La primera causa de nombramiento del defensor judicial prevista en el art. 295 del CC es la imposibilidad de actuar por parte quien preste el apoyo a la persona discapacidad. Como señala el Preámbulo de la LAPD[454], el defensor judicial viene a cubrir aquellas situaciones "en que exista imposibilidad coyuntural de que la figura de apoyo habitual lo ejerza". El apartado 1.º del art. 295 del CC, en términos

---

[453] RDGSJFP de 27 de enero de 1987 (BOE núm. 35 de 10 de febrero de 1987).

[454] Apartado III.

similares a la regulación anterior[455], recoge esta causa, del siguiente modo: "[s]e nombrará un defensor judicial de las personas con discapacidad (...) cuando, por cualquier causa, quien haya de prestar apoyo no pueda hacerlo, hasta que cese la causa determinante o se designe a otra persona". En virtud de esta norma, si quien preste apoyo no desempeñare sus funciones, habrá de acudirse al nombramiento de un defensor judicial de la persona con discapacidad[456]. No existe en estos supuestos conflicto de intereses entre quien presta apoyo y la persona con discapacidad que los precisa, sino que el defensor desempeña una actuación subsidiaria de aquel. En concreto, el defensor judicial "actúa reemplazando o supliendo a dicha medida de apoyo"[457].

El presupuesto para el nombramiento del defensor judicial descansa en la existencia de una situación de imposibilidad de quien presta apoyo para desempeñar sus funciones. La figura del defensor judicial responde en estos casos a la necesidad que se plantea de asistir a la persona con discapacidad cuando no puede cumplir sus funciones la persona que le preste apoyo. La referencia a "quien haya de prestar apoyo" permite considerar que el defensor judicial podrá sustituir cualquier medida de apoyo preexistente, ya sea una medida

---

455 El art. 299 del CC, en su versión precedente, disponía que "[s]e nombrará un defensor judicial que represente y ampare los intereses de quienes se hallen en alguno de los siguientes supuestos: 2. En el supuesto de que, por cualquier causa, el tutor o el curador no desempeñare sus funciones hasta que cese la causa determinante o se designe otra persona para desempeñar el cargo". El Tribunal Supremo había declarado que "conforme a lo previsto en el artículo 299 del Código civil, el defensor judicial es la persona que asume temporalmente la representación y defensa de los intereses de los menores de edad, o de los incapacitados cuando la persona que legalmente debe hacerlo, padres, tutores o curadores no lo hacen" [STS de 7 de noviembre de 2002 *(Tol 4974993)*].

456 Indica MARTÍN AZCANO, E. M.ª, "El defensor judicial de persona con discapacidad", cit., p. 288, que, una vez operativa una medida de apoyo, si quien la viniera ejerciendo "no pudiese desempeñarla, será sustituido por un defensor judicial, de modo que la persona con discapacidad no quede desamparada en el ejercicio de su capacidad jurídica".

457 ÁLVAREZ LATA, N., "Artículo 295 CC", cit., p. 833.

voluntaria, ya se trate del guardador de hecho, del curador o incluso del defensor judicial[458].

La imposibilidad de quien presta apoyo para ejercitar el cargo puede venir determinada por circunstancias de carácter temporal o definitivo. Si la circunstancia que impide desempeñar el apoyo tiene un carácter puntual o momentáneo, se nombrará un defensor judicial hasta que la causa determinante de esa imposibilidad haya desaparecido y se produzca la reincorporación del titular del apoyo (piénsese, por ejemplo, en el curador que debe trasladarse por motivos de trabajo a otra ciudad o a otro país o que ingresa en un centro hospitalario por razones de salud)[459]. Si la causa que imposibilita para prestar el apoyo es definitiva, procederá la intervención del defensor judicial hasta que se designe a otra persona (por ejemplo, hasta que se nombre a otro curador que sustituya a aquel que le resulta imposible intervenir)[460].

Esta figura del defensor judicial sustituto está prevista en el art. 283 del CC cuando se trata de suplir la falta de actuación del curador. Señala esta norma, en su primer párrafo, que "[c]uando quien desempeñe la curatela esté impedido de modo transitorio para actuar en un caso concreto (...), el letrado de la Administración de Justicia nombrará un defensor judicial que lo sustituya"; añade el precepto que "[p]ara este nombramiento se oirá a la persona que precise el apoyo y se respetará su voluntad, deseos y preferencias". Cuando la situación de imposibilidad es definitiva, no menciona la norma que se recurrirá al nombramiento de un defensor judicial. En efecto, este artículo, en su párrafo tercero, declara que "[s]i la situación de impedimento (...) fuera prolongada o reiterada, la autoridad judicial de oficio, a instancia del Ministerio Fiscal, de cualquier persona legitimada para instar el procedimiento de provisión de apoyos o de cual-

---

458 MARTÍN AZCANO, E. M.ª, "El defensor judicial de persona con discapacidad", cit., p. 288.

459 Comenta ÁLVAREZ LATA, N., "Artículo 295 CC", cit., p. 834, que, en los casos de imposibilidad temporal, "se nombra defensor judicial hasta que la causa transitoria que ocasiona la desatención desaparezca".

460 Señala ÁLVAREZ LATA, N., "Artículo 295 CC", cit., p. 834, que, en los casos de imposibilidad duradera o definitiva, "procede el nombramiento del defensor hasta que otra persona ocupe el cargo desocupado".

quier persona que esté desempeñando la curatela y previa audiencia a la persona con discapacidad y al Ministerio Fiscal, podrá reorganizar el funcionamiento de la curatela, e incluso proceder al nombramiento de un nuevo curador". A mi modo de ver, este párrafo tercero no debe interpretarse en el sentido de que no quepa, en estos casos, el nombramiento del defensor. El art. 283.III C debe ponerse en relación con la norma, más general, del art. 295.1.º, en cuya virtud, se nombrará un defensor judicial cuando quien haya de prestar apoyo no puede hacerlo hasta que se designe a otra persona. Aplicando ambas normas de manera conjunta, si la situación de impedimento que afecta al curador se prolonga en el tiempo o es reiterativa, la autoridad judicial podrá reorganizar el funcionamiento de la curatela y, si esta medida no es suficiente, procederá al nombramiento de un nuevo curador, pero en ambas hipótesis, es el defensor judicial el que suplirá la falta de actuación del curador nombrado.

Es indiferente cuál sea el motivo que imposibilita al curador para prestar el apoyo. A este respecto, resultaba más adecuada la redacción precedente, que hacía referencia a que "por cualquier causa, el tutor o el curador *no desempeñare* sus funciones" (art. 299.2 del CC). La redacción actual circunscribe el supuesto de hecho a que "por cualquier causa, quien haya de prestar apoyo *no pueda hacerlo*", lo que parece dejar fuera las situaciones de abandono voluntario o negligencia[461]. La norma ha de interpretarse en el sentido de incluir no solo los supuestos de imposibilidad sobrevenida para actuar, sino también la negativa a prestar el apoyo. Es más, hay quien opina que el nombramiento de defensor judicial por remoción o excusa constituyen aplicación del 295.1.º del CC[462].

---

461 MARTÍN AZCANO, E. M.ª, "El defensor judicial de persona con discapacidad", cit., p. 288.

462 Comenta MARTÍN AZCANO, E. M.ª, "El defensor judicial de persona con discapacidad", cit., p. 289, que entre las causas que pueden motivar la necesidad de designar defensor judicial, en este contexto, se ha incluido siempre la pendencia del proceso de remoción o de resolución de excusa de quien venía asistiendo o representando al interesado. Por ello, causa extrañeza a esta autora que el legislador mencione específicamente, en el apartado tercero del artículo 295, la posibilidad de designar defensor judicial mientras se tramita la excusa alegada por el curador, ya que, a su juicio, "el

Cabe, pues, que la falta de actuación obedezca a que el curador o el guardador se niegan a prestar su apoyo a la celebración de un acto[463]. Bajo el régimen anterior, en que el curador tenía la facultad de prestar su asentimiento a la celebración de los actos, el AAP de Sevilla de 28 de octubre de 2021[464] estima la solicitud de nombramiento de un defensor judicial efectuada por una persona con discapacidad debido a que el curador nombrado se oponía a la venta de un inmueble que la persona deseaba realizar[465]. La Audiencia aprecia que procede el nombramiento del defensor judicial "visto que el curador no quiere intervenir en la venta ni permitirla". Con el régimen vigente y atendiendo a la interpretación que mantenemos de que el

---

nombramiento de defensor judicial por remoción, excusa o imposibilidad sobrevenida constituyen aplicación del 295.1.º".

463 ÁLVAREZ LATA, N., "Artículo 295 CC", cit., p. 837, se pronuncia sobre la situación que se plantea cuando el titular del apoyo considera que el acto no debería llevarse a cabo porque no es objetivamente beneficioso o útil para la persona con discapacidad. Aboga la autora por el nombramiento de un defensor judicial por imposibilidad transitoria del titular del apoyo para ejercer sus funciones, o "mediante una autorización *ad hoc* alegando el papel de la autoridad judicial del art. 249 *in fine* de asegurar que el ejercicio de las medidas de apoyo se ajuste a los criterios resultantes de este precepto y, en particular, atienda a la voluntad, deseos y preferencias de la persona que las requiera".

464 *Tol 8796265.*

465 El asunto, según relata la sentencia, es sencillo: la promotora del expediente para el nombramiento del defensor judicial y su esposo, personas mayores y enfermas, no querían seguir teniendo un piso en la playa, que no disfrutaban y que solo generaba gastos, por lo que habían firmado un documento privado de compraventa; con posterioridad, se dicta sentencia de incapacitación de la promotora, designando como curador a su hijastro, en la que se establece la necesidad de contar con la asistencia del curador, entre otras actuaciones, para enajenar bienes inmuebles; el curador, en cambio, prefería conservar el piso en el patrimonio familiar y aducía que no existía necesidad de venderlo y que tampoco le gustaba el precio ofrecido. La resolución aprecia que "[e]sta diferencia de preferencias se debe resolver a favor del respeto a la voluntad de la promotora del expediente y de su marido, que no está incapacitado y que de facto se ve privado por su hijo de la libre disposición de sus bienes". Sentado lo anterior —añade la sentencia— "se concurre que nos encontramos en el caso del artículo 295.3 del Código Civil, visto que el curador no quiere intervenir en la venta ni permitirla y procede el nombramiento de defensor judicial".

apoyo no puede consistir en un complemento de la capacidad de la persona con discapacidad, la negativa del titular del apoyo tan solo puede venir referida a la asistencia o a la representación en la realización del acto.

Al igual que se interpretaba respecto del precedente art. 299.2.º del CC, la designación del defensor judicial no exime a quien se encuentra imposibilitado, de manera temporal o definitiva, para ejercitar los apoyos de una eventual responsabilidad por abandono, dejación o irregularidad en el ejercicio de sus funciones, si concurre por su parte culpa o negligencia[466].

En cuanto al ámbito de actuación del defensor cuando es nombrado ante la falta de ejercicio de sus funciones por quien deba prestar apoyo (apoderado, mandatario, curador o guardador de hecho), su actuación sigue estando configurada para actos determinados. Por tanto, no ostentará todas las facultades otorgadas en el poder o mandato preventivo o las inherentes al cargo de curador o derivadas de la guarda de hecho, sino sólo las atribuciones que le hayan sido concedidas (art. 295.1.º CC y 30.2 LJV)[467]. De este modo, si existe un régimen de curatela, el defensor judicial asumirá las funciones inherentes al ejercicio del cargo de curador que le hayan sido concedidas, hasta que cese la causa que imposibilita para su desempeño al titular del oficio o se designe a otra persona para el cargo.

---

466 ÁLVAREZ LATA, N., "Artículo 295 CC", cit., p. 834. Considera esta autora que hay que traer a colación, en este punto, la norma del art. 294 del CC, que establece que el curador responderá de los daños que hubiese causado por su culpa o negligencia a la persona a la que preste apoyo y que puede ser aplicable analógicamente al guardador de hecho en caso de dejación de funciones.

467 Como declara la RDGSJFP de 3 de mayo de 1995 (*Tol 223375*), en un caso de nombramiento de defensor judicial a un pródigo cuyo curador había sido removido del cargo, "si en lugar de ser asistido el pródigo por el curador ha de intervenir, en su lugar y por disponerlo así el juez, un defensor judicial, éste tendrá sólo «las atribuciones que le haya conferido el juez» (cfr. artículo 302 del Código civil), y no las atribuciones conferidas a la entonces curadora".

Puede ocurrir que la imposibilidad para prestar el apoyo afecte a un asunto concreto, como se prevé en el art. 283 del CC respecto a la curatela ("cuando quien desempeñe la curatela esté impedido de modo transitorio para actuar en un caso concreto", indica este precepto). En estas situaciones, como se recoge en el artículo citado, se nombrará al defensor judicial que sustituya al curador en ese asunto, pero el curador seguirá desempeñando el resto de sus funciones[468], lo que dará lugar a la convivencia de las dos medidas de apoyo[469].

No regula el Código cuándo y cómo cesa el defensor judicial si el titular del apoyo (curador, guardador de hecho, etc.) vuelve a desempeñar correctamente su función como persona de apoyo[470]. Este vacío legal ha provocado que la doctrina se cuestione cómo y a través de qué expediente se acredita ese cambio de circunstancias, que genera el cese del defensor judicial. Se ha considerado que la única vía posible es un expediente de jurisdicción voluntaria, con celebración de una comparecencia, en que se oirá a quien ejercía el apoyo, al defensor judicial, al interesado y parientes o allegados que tengan interés en la cuestión[471].

Encontramos una figura parecida a este defensor judicial suplente en el art. art. 78, apartado primero, del *Codice di procedura civile* italiano, que contempla la figura del curador especial, entendido como persona autorizada para representar o asistir a la persona incapaci-

---

468 TORAL LARA, E., "El defensor judicial de las personas con discapacidad", en *La discapacidad: una visión integral y práctica de la Ley 8/2021, de 2 de junio,* Chaparro Matamoros, P. y Bueno Biot, A. (coords.) y De Verda y Beamonte, J. R. (dir.), Tirant lo Blanch, Valencia, 2022, p. 310.

469 MARTOS CALABRÚS, M.ª A., *El defensor judicial de la persona con discapacidad,* cit., pp. 63-64.

470 ÁLVAREZ ÁLVAREZ, H., "Artículo 236 CC", en *Comentarios a la Ley 8/2021 por la que se reforma la legislación civil y procesal en materia de discapacidad,* Guilarte Martín Calero, C. (dir.), Thomson Reuters Aranzadi, Cizur Menor (Navarra), 2021, p. 451.

471 CAMPO IZQUIERDO, A. L., "Anteproyecto de Ley de reforma civil y procesal en materia de discapacidad", *Actualidad Civil,* núm. 9, septiembre 2020 (versión digital Smarteca-LA LEY).

tada que se encuentre privada temporalmente de representación o asistencia, en situaciones de urgencia[472].

VI. OTRAS SITUACIONES PROVISIONALES DE NOMBRAMIENTO DEL DEFENSOR JUDICIAL

1. Mientras dura la tramitación de la excusa alegada por el curador

Previene la designación de un defensor judicial el art. 295.3.° del CC "[c]uando, durante la tramitación de la excusa alegada por el curador, la autoridad judicial lo considere necesario"[473]. Contempla este nombramiento el art. 279 del CC, en el que se regula la excusa en el desempeño de la curatela por parte de las personas físicas, con fundamento en el carácter excesivamente gravoso o en la dificultad grave para este cometido, y para las personas jurídicas privadas, atendiendo a la carencia de medios suficientes, o a la inadecuación de la curatela con los fines estatutarios. En realidad, "[m]ientras la autoridad judicial resuelva acerca de la excusa, el nombrado estará obligado a ejercer su función", pero "[s]i no lo hiciera y fuera necesaria una actuación de apoyo, se procederá a nombrar un defensor judicial que sustituya al curador" (art. 279.IV del CC). Con el nombramiento del defensor judicial "se pretende que no exista un vacío en las medidas de apoyo que ya están previstas para el ejercicio de la capacidad jurídica de la persona con discapacidad"[474].

---

472 El art. 78.I del *Codice di procedura civile* establece lo siguiente: "Se manca la persona a cui spetta la rappresentanza o l'assistenza, e vi sono ragioni d'urgenza, può essere nominato all´incapace, alla persona o all´associazione non riconosciuta un curatore speciale che li rappresenti o assista finché subentri colui al quale spetta la rappresentanza o l´assistenza".

473 Con anterioridad a la reforma, el nombramiento de un defensor judicial en los casos en los que el tutor se excusase del desempeño de sus funciones, estaba previsto en el art. 256 CC, que estatuía que "[m]ientras se resuelva acerca de la excusa, el que la haya propuesto estará obligado a ejercer la función", con la prevención de que "[n]o haciéndolo así, se procederá a nombrar un defensor que le sustituya, quedando el sustituido responsable de todos los gastos ocasionados por la excusa si ésta fuera rechazada".

474 ÁLVAREZ LATA, N., "Artículo 295 CC", cit., p. 838.

Este ordinal tercero del art. 295 del CC engloba tanto las hipótesis de excusa sobrevenida como las de excusa inicial para el desempeño del cargo, planteadas por el propuesto como curador, al conocer la resolución de nombramiento [art. 42 bis c).1 de la LJV y 760 de la LEC) o al realizar las alegaciones a que se refiere el artículo 757.3 de la LEC. No incluye el art. 295 del CC, quizás por un olvido[475], entre los supuestos en que procede el nombramiento de un defensor judicial, la tramitación de un expediente de remoción del curador, hipótesis que sí contempla, en sede de curatela, el art. 278.III del CC[476].

En este escenario, la prestación del apoyo por parte del defensor judicial no vendrá determinada por un asunto puntual y concreto —como acontece cuando surge un conflicto de intereses entre la persona con discapacidad y quien le preste apoyo—, sino que lo previsible es que el defensor judicial desempeñe un papel más relevante y, sobre todo, más prolongado en el tiempo[477]. Cuando el defensor se nombra durante la tramitación de la excusa alegada por el curador, o la remoción de éste en el cargo, asumirá a su nombramiento las funciones de la curatela que le sean conferidas por la autoridad judicial.

Este supuesto es aplicable cuando se plantea la excusa en el desempeño de la curatela, pero también cuando la medida adoptada sea voluntaria y la persona designada alegue que el ejercicio del apoyo resulta excesivamente gravoso o entraña grave dificultad (arts. 258 y 259 del CC)[478]. En estas situaciones procederá el nombramiento de un defensor judicial, salvo que el poderdante haya previsto otra solución o goce de capacidad para realizar otro nombramiento.

---

475 MARTOS CALABRÚS, M.ª A., *El defensor judicial de la persona con discapacidad,* cit., p. 83.

476 Considera ÁLVAREZ LATA, N., "Artículo 295 CC", cit., p. 838, que la previsión de nombramiento del defensor judicial en caso de remoción del curador podría haberse incluido en este número 3.º del art. 295 del CC, dado que la finalidad de la norma (el art. 278 del CC) "es ciertamente la misma".

477 ÁLVAREZ LATA, N., "Artículo 295 CC", cit., p. 833.

478 MARTOS CALABRÚS, M.ª A., *El defensor judicial de la persona con discapacidad,* cit., p. 84.

2. *Durante la tramitación del expediente de remoción de la curatela*

Del mismo modo que cuando el curador se excuse de continuar ejerciendo la curatela, la autoridad judicial podrá nombrar un defensor judicial, si lo considera necesario, mientras se tramita la excusa, durante la tramitación del expediente de remoción de la curatela "la autoridad judicial podrá suspender al curador en sus funciones y, de considerarlo necesario, acordará el nombramiento de un defensor judicial" (art. 278.III CC)[479]. En este sentido, el art. 49.2 de la LJV, prevé que, durante la tramitación del expediente de remoción, "el Juez podrá suspender al tutor o curador en sus funciones y el Letrado de la Administración de Justicia nombrará al tutelado o sujeto a curatela un defensor judicial". Al igual que en el supuesto de intervención con ocasión de la excusa del curador, cuando el defensor se nombra durante la tramitación de la remoción del curador en el cargo, asumirá a su nombramiento las funciones de la curatela que le sean conferidas por la autoridad judicial.

El nombramiento del defensor será también procedente cuando se solicite la extinción de los poderes preventivos por concurrir en el apoderado alguna de las causas previstas para la remoción del curador, salvo que el poderdante hubiera previsto otra cosa (arts. 258.IV del CC y 51 bis de la LJV).

3. *Como medida provisional en relación con la administración de los bienes*

Otro de los supuestos en que la autoridad judicial puede acudir al nombramiento de un defensor judicial es el que acontece "[c]uando se hubiere promovido la provisión de medidas judiciales de apoyo a la persona con discapacidad y la autoridad judicial considere necesario proveer a la administración de los bienes hasta que recaiga resolución judicial" (art. 295.4.º CC). En este caso, el defensor judicial tendrá limitada su actuación al ámbito patrimonial de la persona con

---

479 Antes de la LAPD, el art. 249 CC disponía que "[d]urante la tramitación del expediente de remoción, se podrá suspender en sus funciones al tutor y nombrar al tutelado un defensor judicial".

discapacidad y hasta que recaiga resolución judicial que ponga fin al proceso de provisión de medidas de apoyo.

Con anterioridad a la reforma, esta regla se encontraba contenida en el art. 299 bis CC[480], en virtud de la cual, cuando se tuviese conocimiento de que una persona debía ser sometida a tutela o curatela y en tanto no recayese resolución judicial que pusiera fin al procedimiento, "cuando además del cuidado de la persona hubiera de procederse al de los bienes, el letrado de la Administración de Justicia podrá designar un defensor judicial que administre los mismos, quien deberá rendirle cuentas de su gestión una vez concluida". Según resultaba del propio precepto, la representación y defensa en el ámbito personal incumbía al Ministerio Fiscal[481]. Nada indica el art. 295.4.º del CC —como hiciera su predecesor, el art. 299 bis— en torno a la atribución al Ministerio Fiscal de la representación y defensa de la persona con discapacidad en el ámbito personal. No obstante, esta función de defensa de la persona con discapacidad en el proceso la tiene encomendada el Ministerio Fiscal en virtud de lo establecido en el art. 3.7 de la Ley 50/1981, de 30 de diciembre, por la que se regula el Estatuto Orgánico del Ministerio Fiscal[482]. Como vemos, tan solo se trata de una adaptación del anterior procedimiento para la

---

480 Nos referimos a la redacción otorgada a este precepto en 2015 por la disposición final 1.52 de la LJV. Esta reforma dio lugar al cambio de denominación (administrador en la redacción anterior, defensor judicial tras la LJV, con funciones de administrador). Destacaba PARRA LUCÁN, M.ª A., "La incidencia de las reformas del año 2015", cit., p. 288, que este cambio en la terminología no trajo consigo modificaciones en la función encomendada a este defensor, que es la de administrar los bienes cuando se considere necesario, si bien, evidenciaba que se quería someter esta figura a las reglas uniformes, previstas entonces en la LJV, para el defensor judicial.

481 Como señalaba el art. 299 bis CC, "[c]uando se tenga conocimiento de que una persona debe ser sometida a tutela o curatela y en tanto no recaiga resolución judicial que ponga fin al procedimiento, asumirá su representación y defensa el Ministerio Fiscal [...].

482 Conforme a lo establecido en el art. 3.7 la mencionada ley, el Ministerio Fiscal deberá intervenir "en los procesos civiles que determine la ley cuando esté comprometido el interés social o cuando puedan afectar a personas menores, incapaces o desvalidas en tanto se provee de los mecanismos ordinarios de representación".

constitución de la tutela o de la curatela del incapacitado al vigente expediente destinado a la provisión de medidas judiciales de apoyo a la persona con discapacidad, en orden al nombramiento de un defensor que administre los bienes hasta que recaiga la pertinente resolución judicial.

El nombramiento del defensor judicial a que se refiere este supuesto tiene un carácter provisional: hasta que se provean las medidas judiciales de apoyo a la persona con discapacidad. No tendrá lugar, además, en todos los casos, sino cuando la autoridad judicial lo considere necesario (art. 295.4.º del CC)[483]. Dado que se trata de una figura con un contenido patrimonial, sí que puede tener sentido en este caso que haga un inventario de los bienes, para lo que habrá que permitir al defensor el acceso a los bienes, documentos y papeles de importancia (art. 47 de la LJV)[484]. Esto puede facilitar las decisiones que se tomen con posterioridad en el propio procedimiento de provisión de las medidas judiciales de apoyo.

En estos casos en que el nombramiento obedezca a que se haya promovido la provisión judicial de medidas de apoyo a la persona con discapacidad y la autoridad judicial hubiera considerado necesario proveer a la administración de los bienes hasta que recaiga resolución judicial, el defensor judicial no necesariamente será un representante legal de la persona con discapacidad para la defensa y administración de su patrimonio, pudiendo asumir funciones de mera asistencia. La administración de los bienes deberá limitarse, en principio, dada la provisionalidad del cargo, a las actuaciones impres-

---

483 Para PARRA LUCÁN, M.ª A., "La incidencia de las reformas del año 2015", cit., pp. 288-289, esta decisión debía adoptarse a la vista del patrimonio y de la aparente situación de falta de control de la persona. Con el régimen vigente, MARTÍN AZCANO, E. M.ª, "El defensor judicial de persona con discapacidad", cit., p. 291, estima que la autoridad judicial puede considerar oportuno el nombramiento del defensor judicial, "por ejemplo, en atención a la magnitud del patrimonio o a la complejidad que puede conllevar su gestión".

484 En este sentido, respecto a la redacción del art. 299 bis del CC previo a la reforma de 2021, PARRA LUCÁN, M.ª A., "La incidencia de las reformas del año 2015", cit., p. 288.

cindibles para el buen recaudo del patrimonio de la persona[485]. Por tanto, el defensor judicial llevará a cabo funciones de administración ordinaria, salvo que razones de necesidad exijan la realización de actos dispositivos, para lo cual entiendo que deberá contar con la oportuna autorización judicial.

La designación de un defensor judicial que asuma la administración del patrimonio de la persona con discapacidad hasta que se adopte la medida judicial de apoyo definitiva puede acordarse, aunque existan medidas voluntarias o guarda de hecho, si éstas resultan insuficientes (art. 255.V del del CC).

A mi modo de ver, cabe acudir también al nombramiento de un defensor judicial, como medida de apoyo provisional, en la hipótesis del art. 42 bis b), apartado 5, de la LJV, en cuya virtud, cuando exista oposición en el expediente de medidas de apoyo la autoridad judicial podrá "adoptar provisionalmente las medidas de apoyo de aquella o su patrimonio que considere convenientes". En términos parecidos, el art. 762.1 de la LEC permite al tribunal competente, que tenga conocimiento de la existencia de una persona en una situación de discapacidad que requiera medidas de apoyo, adoptar de oficio las medidas "que estime necesarias para la adecuada protección de aquella o de su patrimonio".

Esta intervención del defensor judicial como medida de apoyo provisional, mientras se sustancia el procedimiento de provisión de los apoyos, no coincide con el nombramiento del defensor para el supuesto de que la persona con discapacidad no comparezca ante el juzgado con su propia defensa y representación, siendo el Ministerio Público el promotor del procedimiento [arts. 42 bis a).4 de la LJV y 758.2 de la LEC]. Cuando el defensor se nombre porque el Ministerio Fiscal no puede hacerse cargo de la representación de la persona con discapacidad —debido a que ya actúa como promotor del procedimiento de provisión de apoyos— asumirá la representación

---

485 En este sentido, PARRA LUCÁN, M.ª A., "La incidencia de las reformas del año 2015", cit., p. 289, quien considera, además, que "es precisa una comunicación con el juzgado que permita tomar decisiones ajustadas a las necesidades de cada caso".

de la persona con discapacidad en el proceso, pero no tendrá que prestarle apoyo, ni en el ámbito patrimonial ni en el personal. No obstante, la autoridad judicial puede considerar que sea este defensor, que actúa como representante en el proceso, el que se encargue de la administración del patrimonio de la persona con discapacidad mientras se establezca el apoyo definitivo[486].

4. Cuando la naturaleza del asunto lo exija en la guarda de hecho

Cuando la función de apoyo la presta un guardador de hecho, puede ser preciso el nombramiento puntual de un defensor judicial si no puede actuar (art. 295.1.º del CC) o surge un conflicto de intereses con el guardado (art. 295.2.º del CC). Al margen de estos dos supuestos, el art. 264 del CC establece en su último párrafo que la autoridad judicial "podrá acordar el nombramiento de un defensor judicial para aquellos asuntos que por su naturaleza lo exijan". El precepto se refiere íntegramente a la figura del guardador de hecho a excepción de este párrafo final que, sin ningún tipo de enlace con los párrafos precedentes, introduce la facultad de la autoridad judicial de nombrar un defensor judicial para aquellos asuntos que por su naturaleza lo exijan[487]. Desde el texto del Anteproyecto, ha suscitado dudas la determinación de qué clases de asuntos son estos en que, a pesar de existir un guardador de hecho, se justifica el nombramiento de un defensor judicial[488]. Considera DE VERDA Y BEA-

486 MARTOS CALABRÚS, M.ª A., *El defensor judicial de la persona con discapacidad,* cit., p. 85.

487 TORRES COSTAS, M.ª E., *La capacidad jurídica a la luz del artículo 12,* cit., p. 285, nota al pie 653.

488 El párrafo final del art. 261 CC del Anteproyecto de la LAPD decía: "El Letrado de la Administración de Justicia podrá acordar el nombramiento de un defensor judicial para aquellos asuntos que por su naturaleza lo exijan". Ponía de manifiesto TORRES COSTA, M.ª E., *La capacidad jurídica a la luz del artículo 12,* cit., p. 285, nota al pie 653, que "este párrafo final aislado y sin aparente conexión con sus precedentes hace pensar que, o bien la CGC comete un error y, donde dice *defensor judicial* quería decir *guardador de hecho*; o bien, la previsión de nombramiento del *defensor judicial* es correcta y estaría pensada para situaciones donde se pudiera plantear un conflicto de intereses entre el guardador de hecho y el guardado, u otro tipo de situa-

MONTE[489] aplicable esta norma en los casos en que exista más de un guardador de hecho, y se produzca un desacuerdo puntual entre ellos; para este autor, si los desacuerdos fueran graves o reiterados, de modo que afectaran al correcto funcionamiento de la guarda de hecho, lo procedente sería la constitución de una curatela. El Tribunal Supremo, en la sentencia de 23 de enero de 2023[490] ha declarado que el nombramiento del defensor judicial al que alude el art. 264.IV del CC, para aquellos asuntos que "por su naturaleza lo exijan", "sucederá no solo cuando se aprecie conflicto de intereses sino también cuando, por la complejidad del acto, el guardador de hecho no sea la persona idónea para llevarlo a cabo".

VII. EL DEFENSOR JUDICIAL COMO INSTITUCIÓN DE APOYO AUTÓNOMA

1. *El defensor judicial como medida formal y autónoma de apoyo*

Junto a la función sustitutiva y provisional que tradicionalmente se ha atribuido al defensor judicial, y que hemos visto que mantiene la reforma, los arts. 250.IV y 295.5.° del CC configuran al defensor judicial como "medida formal de apoyo" que resultará procedente "cuando la necesidad de apoyo se precise de forma ocasional, aunque sea recurrente". Esta modalidad de defensa judicial se erige en un cargo autónomo e independiente[491] —en tanto en cuanto no depende de la existencia de otros apoyos— nombrado por la autoridad judicial mediante el procedimiento de provisión de las medidas de apoyo, al objeto de proporcionar a la persona con discapacidad el

---

ciones que, además del apoyo prestado por el guardador de hecho exigiese otro apoyo más concreto y especializado que recaería sobre el defensor judicial sin perjuicio de que la guarda de hecho continuase en vigor".

489 DE VERDA Y BEAMONTE, J.R., "La guarda de hecho de las personas con discapacidad", en *El nuevo sistema de apoyos a las personas con discapacidad y su incidencia en el ejercicio de su capacidad jurídica,* Álvarez Lata, N. (coord.), Thomson Reuters Aranzadi, Cizur Menor (Navarra), 2022, p. 97.

490 *Tol 9500850.*

491 MARTÍN AZCANO, E. M.ª, "El defensor judicial de persona con discapacidad", cit., p. 293.

apoyo ocasional que precise para el ejercicio de su capacidad jurídica.

Desde 1983, la institución del defensor judicial se había caracterizado por la temporalidad, la posibilidad de ser coetánea con otra figura similar (no era excluyente) y su subsidiariedad[492]. El texto propuesto por la sección civil de la Comisión General de Codificación conserva sus tradicionales funciones de actuación en caso de conflicto de intereses, imposibilidad del nombrado o alegación de excusa por parte del llamado, a las que se añade su configuración como medida de apoyo ocasional. Esta nueva función atribuida al defensor judicial pasa al Anteproyecto de la LAPD[493], que mantuvo su intervención en caso de conflicto de intereses y para aquellas ocasiones en que los encargados de esa guarda y protección no cumpliesen sus funciones por cualquier motivo y añadió la de ser apoyo de forma ocasional, incluso cuando fuese recurrente[494]. Los informes emitidos al texto del Anteproyecto sostuvieron una posición crítica en orden a la atribución al defensor judicial de la función de ser un apoyo

492 Así se indica en el Dictamen núm. 34/2019 del Consejo de Estado al Anteproyecto de la LAPD, de 11 de abril de 2019.

493 En el mes de marzo de 2018, la Comisión General de Codificación remitió al Ministerio de Justicia un Anteproyecto para la adaptación de la normativa civil y procesal en vigor a los dictados del art. 12 de la CDPD, cuya denominación cambió en varias ocasiones. *Vid.*, TORRES COSTAS, M.ª E., *La capacidad jurídica a la luz del artículo 12,* cit., pp. 182-183.

494 En la Exposición de Motivos del Anteproyecto de la LAPD se decía lo siguiente: "En el nuevo texto se recoge también la figura del defensor judicial, especialmente prevista para cierto tipo de situaciones: la necesidad de apoyo ocasional que no está garantizado por otra medida voluntaria o fáctica, las situaciones de conflictos de intereses entre la figura de apoyo estable y la persona con discapacidad, o la imposibilidad coyuntural de que la figura de apoyo habitual lo ejerza". En el art. 249 de la Anteproyecto, en términos similares al vigente art. 250 del CC, incluía al defensor judicial entre las "instituciones de apoyo", y señalaba que su nombramiento procedería "cuando la necesidad de apoyo se precise de forma ocasional, aunque sea recurrente". Por último, el art. 293 del citado Anteproyecto, de forma similar al actual art. 295 del CC, enumeraba como primer supuesto en que procedía nombrar un defensor judicial el siguiente: "Cuando la persona con discapacidad precise apoyo de forma ocasional, aunque sea recurrente".

"ocasional, aunque sea recurrente". El Informe del Consejo Fiscal, de 18 de octubre de 2018, alegó que el defensor judicial era una figura adecuada para el apoyo puntual, pero que, si era recurrente, lo adecuado era el nombramiento de un curador con ese apoyo específico. El Consejo General del Poder Judicial, en su Informe al Anteproyecto de 29 de noviembre de 2018, aprecia la conveniencia de regular las instituciones de apoyo de una manera más amplia, que comprendiera también la "asistencia" institucional, que consideraba más adecuada para aquellas situaciones en las que la necesidad de apoyo se precisase de forma ocasional, aunque fuese recurrente. El Consejo de Estado, en el dictamen núm. 34/2019 al Anteproyecto, de 11 de abril de 2019, mantuvo que a través de esta previsión "se alteraba injustificadamente y de manera poco operativa, la naturaleza del defensor"[495]. Por ello, sugirió atribuir a la institución del curador, diseñada de manera muy flexible, el ser apoyo ocasional, aunque recurrente. Las objeciones formuladas a esta innovadora función atribuida por el Anteproyecto al defensor judicial provocan su desaparición del texto del Proyecto de Ley que fue remitido por el Gobierno al Congreso[496]. A tales efectos, la referencia a la función que puede desempeñar el defensor judicial como medida de apoyo ocasional se elimina de la Exposición de Motivos y se suprime el número primero del art. 295 del CC —que recogía esta causa—, aunque, curiosamente, se conserva este papel del defensor judicial al delimitar y conceptuar las medidas de apoyo en el art. 250 del Proyecto[497]. No obstante,

---

[495] En este mismo sentido, MAGARIÑOS BLANCO, V., "Comentarios al Anteproyecto de Ley para la reforma del Código Civil sobre discapacidad", cit., p. 205, apreciaba que la inclusión de esta causa primera del art. 293 del Anteproyecto desnaturalizaba la institución del defensor judicial, más adecuada para resolver problemas puntuales de conflicto de intereses o para sustituir interinamente al curador.

[496] Proyecto de Ley por la que se reforma la legislación civil y procesal para el apoyo a las personas con discapacidad en el ejercicio de su capacidad jurídica, núm. expediente 121/27 (BOCG, Congreso de los Diputados, 17 de julio de 2020, núm. 27-1).

[497] El art. 250.V del Proyecto seguía indicando que "[e]l nombramiento de defensor judicial procederá cuando la necesidad de apoyo se precise de forma ocasional, aunque sea recurrente".

tras la fase de enmiendas en el Congreso[498], esta particular función atribuida al defensor judicial se incorpora nuevamente al art. 295 del CC, como número quinto y se mantiene sin alteraciones hasta la aprobación definitiva de la LAPD.

Coincide esta causa del apartado 5.° del art. 295 del CC con la noción general que sobre el defensor judicial ofrece el art. 250 CC, en cuya virtud "[e]l nombramiento de defensor judicial como medida formal de apoyo procederá cuando la necesidad de apoyo se precise de forma ocasional, aunque sea recurrente". Es por ello por lo que el párrafo sexto del art. 250 CC resultaría más preciso si se limitase a efectuar una remisión a todos los supuestos del art. 295[499]. Por lo demás, hay quien aprecia que la inclusión de esta causa desnaturaliza la institución del defensor judicial, más adecuada para resolver problemas puntuales de conflicto de intereses o para sustituir interinamente al curador[500]. A mi modo de ver, la consideración del defen-

498 La enmienda núm. 117 presentada por el Grupo Parlamentario Ciudadanos al Proyecto de Ley justificó la introducción de esta función de prestar apoyo ocasional, aunque fuese recurrente, atribuida al defensor judicial en que "se persigue completar la respuesta que este proyecto ofrece a una de las lagunas detectadas en la anterior legislación: que la persona necesitada de apoyo de manera puntual podía verse abocada a quedar sujeto a una institución jurídica que restringía sus derechos de manera indefinida y con carácter general" (BOCG, Congreso de los Diputados, 18 de diciembre de 2020, núm. 27-2, p. 76). En el Informe de la Ponencia, las enmiendas dirigidas a admitir este nuevo ordinal del art. 295 del CC fueron aceptadas. En concreto, se formularon tres enmiendas: la núm. 32, del G.P. Vasco (EAJ-PNV), la núm. 167, del G.P. Socialista y del G.P. Confederal de Unidas Podemos-En Comú PodemGalicia en Común y la núm. 383, del G.P. Popular en el Congreso (BOCG, Congreso de los Diputados, 18 de marzo de 2021, núm. 27-3, p. 9).

499 Así lo sugería MAGARIÑOS BLANCO, V., "Comentarios al Anteproyecto de Ley para la reforma del Código Civil sobre discapacidad", cit., p. 205, en relación con el Anteproyecto. ÁLVAREZ LATA, N., "Artículo 295 CC", cit., p. 832, comenta que la redacción del art. 250, en este aspecto, resulta confusa.

500 MAGARIÑOS BLANCO, V., "Comentarios al Anteproyecto de Ley para la reforma del Código Civil sobre discapacidad", cit., p. 205. Propugnaba este autor (ob. cit., pp. 203-204) la regulación de la asistencia, como institución diferenciada de la curatela y del defensor judicial, para los casos más

sor judicial como una medida formal de apoyo para el caso de que la necesidad sea ocasional y no permanente permite evitar en estas situaciones el recurso de la curatela, en coherencia con los principios de necesidad y de proporcionalidad inspiradores de la reforma[501].

Tras la reforma, así pues, y como novedad significativa, el defensor judicial no es tan solo una figura a la que cabe acudir con carácter subsidiario o supletorio (cuando se suscita un conflicto de intereses, una dejación de funciones o mientras se tramita la provisión de apoyos), sino que constituye una medida que permite prestar la asistencia puntual —aunque sea recurrente— que pueda precisar una persona con discapacidad que no recibe este apoyo de otro modo. El defensor judicial se erige en medida de apoyo autónoma e independiente y potencialmente estable (aunque de actuación puntual) de las personas con discapacidad[502].

En cuanto medida de apoyo, la intervención del defensor judicial deberá estar inspirada "en el respeto a la dignidad de la persona y en la tutela de sus derechos fundamentales" (art. 249.I CC). Al igual que sucede con las restantes medidas de apoyo, "no se precisa ningún previo pronunciamiento sobre la capacidad de la persona"[503]. Como han puesto de manifiesto los tribunales, "la declaración de incapacidad se sustituye por la declaración de procedencia de la fijación de medidas judiciales de apoyo"[504]. En ningún caso, la resolución podrá contener una declaración de incapacitación ni privar de derechos,

---

corrientes de discapacidades recurrentes. En la misma línea, BERROCAL LANZAROT, A. I., "Las medidas voluntarias de apoyo en la Ley 8/2021, de 2 de junio: los poderes y mandatos preventivos", *RCDI,* núm. 786, 2021, p. 2405, aprecia que, para esta función atribuida al defensor judicial de prestar apoyo de forma ocasional, aunque sea recurrente, "se podría haber planteado el nombramiento de un asistente, como se regula en el Código civil catalán la asistencia". En la Propuesta de CC de la APDC es la asistencia la figura prevista para situaciones para "situaciones intermitentes de falta de capacidad" (art. 177-1).

501 Este es el planteamiento defendido por GARCÍA RUBIO, M.ª P., "Artículo 250", cit., p. 237.

502 MARTÍN AZCANO, E. M.ª, "El defensor judicial de persona con discapacidad", cit., p. 286.

503 STS de 8 de septiembre de 2021 *(Tol 8585229).*

504 SAP de Lugo, Sección 1ª, de 3 de diciembre de 2021 *(Tol 8874676)*

sean estos personales, patrimoniales o políticos[505]. El procedimiento de provisión de apoyos deberá conducir a una resolución judicial que determine los actos para los que la persona con discapacidad requiere este apoyo ocasional del defensor judicial.

Esta función atribuida al defensor judicial, como medida de apoyo autónoma, carece de parangón en los ordenamientos de nuestro entorno[506]. No obstante, se han puesto de manifiesto, en nuestra doctrina[507], ciertas similitudes con la amministrazione di sostegno italiana (arts. 404 a 413 del *Codice civile*)[508] o la *sauvegarde de justice* francesa (arts. 433 a 439 del *Code civil*)[509]. En el régimen suizo, en cambio, tan solo está prevista la sustitución del curador del mayor de

---

505 Apartado III del Preámbulo de la PAPD.

506 MORENO MARTÍNEZ, J. A., "Problemática actual del defensor judicial", cit., p. 53.

507 ÁLVAREZ LATA, N., "Artículo 295 CC", cit., p. 841.

508 La figura de la administración de apoyo fue introducida en el Código civil italiano a través de la Ley núm. 6 de 9 de enero de 2004. Conforme a lo establecido en el art. 404 del *Codice,* la persona que, como consecuencia de una enfermedad o de una deficiencia física o psíquica, no pueda, ni siquiera parcial o temporalmente, proveer a sus propios intereses, podrá ser asistida por un administrador de apoyo, designado por el juez tutelar del lugar donde tenga su residencia o domicilio. Resalta LENTI, L., "La implementación de la Convención de Naciones Unidas en el entorno europeo: la «amministrazione di sostegno italiana», en *Claves para la adaptación del ordenamiento jurídico privado a la Convención de Naciones Unidas en materia de discapacidad,* De Salas Murillo, S. y Mayor del Hoyo, M.ª V. (dirs.), Tirant lo Blanch, Valencia, 2019, p. 88, que constituye una institución elástica, adaptable a las necesidades específicas del sujeto que se beneficia de ella: la ley indica sólo algunas reglas básicas, que luego deben completarse, caso por caso, con reglas específicas dictadas por el juez en el decreto que la establece. En cambio, como destaca este autor, la interdicción y la incapacitación son instituciones rígidas, reguladas casi totalmente de forma abstracta y general por la ley, sin que se deje suficiente margen al juez para adaptar las normas a las necesidades particulares del caso.

509 Según lo establecido en el art. 433 del *Code,* el juez podrá poner bajo "sauvegarde de justice" a una persona que necesite protección jurídica temporal o ser representado para realizar determinados actos concretos. En la "sauvegarde de justice", comenta SCHÜTZ, R.-N., "La représentation des personnes protégées en Droit français", *RDC,* vol. III, núm. 2 (abril-junio, 2016) Estudios, p. 12, la representación es residual y tan solo entra en jue-

edad en caso de imposibilidad de desempeñar el cargo o conflicto de intereses con la persona con discapacidad, pero no como medida autónoma de apoyo[510]. Guarda también ciertas concomitancias esta nueva figura del defensor judicial del art. 295.5.° del CC con la asistencia contemplada en los arts. 177-1 a 177-4 de la Propuesta de CC de la APDC[511].

2. *Carácter subsidiario*

El defensor judicial, como medida formal de apoyo autónoma, adquiere un carácter subsidiario, dado que solo entrará en acción cuando no exista o sea insuficiente el apoyo voluntario y el informal, esto es, la guarda de hecho (art. 255.V del CC)[512]. En consecuencia,

---

go cuando resulta necesario designar un mandatario especial para uno o varios actos específicos.

510 En el sistema suizo, en que la institución de protección para los mayores de edad es la curatela, está previsto que, si el curador no puede actuar o si, en un asunto, sus intereses entran en conflicto con los de la persona afectada, la autoridad de protección de adultos nombrará a un sustituto o resolverá ella misma el asunto. La norma precisa que la existencia de un conflicto de intereses implica automáticamente el cese de las competencias del curador en el asunto en cuestión (art. 403 del *Code civil* suizo). *Vid.* MEIER, P., "L'implémentation de la Convention des
Nations Unies relative aux droits des personnes handicapées dans l'espace juridique européen. Le droit suisse de la protection de l'adulte, en en *Claves para la adaptación del ordenamiento jurídico privado a la Convención de Naciones Unidas en materia de discapacidad,* De Salas Murillo, S. y Mayor del Hoyo, M.ª V. (dirs.), Tirant lo Blanch, Valencia, 2019, p. 81.

511 La similitud entre ambas figuras radica en que la asistencia que regula la Propuesta de CC de la APDC está pensada para situaciones de "disminución de facultades físicas o psíquicas" o "situaciones intermitentes de falta de capacidad", siempre que "no determinen un supuesto de provisión judicial de apoyos estables" (art. 177-1.1). En cambio, la asistencia de los arts. 226-1 a 226-8 de CCCat, al erigirse tras el Decreto-ley 19/2021, de 31 de agosto, en la figura que, provisionalmente, reemplaza en Cataluña la tutela, la curatela y la potestad parental prorrogada y rehabilitada en relación con las personas mayores de edad, carece en la actualidad de las notas que la asemejaban al defensor judicial.

512 El art. 255.V del CC declara: "Solo en defecto o por insuficiencia de estas medidas de naturaleza voluntaria, y a falta de guarda de hecho que supon-

la autoridad judicial podrá decidir que no procede el nombramiento de un defensor judicial si existen otras medidas suficientes o si no aprecia necesidad, pero tendrá que hacerlo tras conocer las circunstancias de la persona, en resolución motivada. Respecto a la curatela, como veremos en el epígrafe siguiente, la defensa judicial goza de prevalencia, pues si la necesidad de asistencia de la persona con discapacidad tan solo es ocasional —aunque lo sea de modo recurrente— el principio de proporcionalidad exige acudir a la figura del defensor, frente a la institución más intensa de la curatela, siempre que garantice apoyo suficiente al interesado.

2.1. Respecto a las medidas de apoyo voluntarias

El sistema instaurado por la Ley 8/2021 otorga preferencia a las medidas voluntarias, esto es, a las que puede tomar la propia persona con discapacidad a través de la autorregulación. Dentro de las medidas voluntarias, se encuentran los poderes y mandatos preventivos[513], así como la posibilidad de la autocuratela. La provisión de apoyos judiciales deja de tener un carácter preferente y se supedita a la ausencia o insuficiencia de las medidas voluntarias previstas por el propio interesado[514]. Así se indica en el art. 249.I del CC, que declara que las medidas "de origen legal o judicial solo procederán en

ga apoyo suficiente, podrá la autoridad judicial adoptar otras supletorias o complementarias". La STS de 23 de enero de 2023 *(Tol 9500850)* resalta que "[e]n el nuevo régimen legal, con independencia del grado de discapacidad, las medidas de apoyo judiciales son subsidiarias tanto respecto de las medidas voluntarias como respecto de la guarda de hecho".

513 Las medidas de apoyo de naturaleza voluntaria, según expone el art. 250, párrafo tercero, CC, "son las establecidas por la persona con discapacidad, en las que designa quién debe prestarle apoyo y con qué alcance". Aclara la norma que "cualquier medida de apoyo voluntaria podrá ir acompañada de las salvaguardas necesarias para garantizar en todo momento y ante cualquier circunstancia el respeto a la voluntad, deseos y preferencias de la persona".

514 La STS de 8 de septiembre de 2021 *(Tol 8585229)* declara, en este sentido, que "las medidas judiciales de apoyo tienen un carácter subsidiario respecto de las medidas voluntarias de apoyo, por lo que sólo se acordaran en defecto o insuficiencia de estas últimas".

defecto o insuficiencia de la voluntad de la persona de que se trate". En términos parecidos, se pronuncia el art. 255.V, en cuya virtud, "[s]olo en defecto o por insuficiencia de estas medidas de naturaleza voluntaria [...] podrá la autoridad judicial adoptar otras supletorias o complementarias"[515]. Asimismo, el art. 42 bis b), apartado 3, de la LJV, prevé que, una vez iniciado el procedimiento de jurisdicción voluntaria para la provisión de apoyos, en la comparecencia "se procederá a celebrar una entrevista entre la autoridad judicial y la persona con discapacidad, a quien, a la vista de su situación, podrá informar acerca de las alternativas existentes para obtener el apoyo que precisa, bien sea mediante su entorno social o comunitario, o bien a través del otorgamiento de medidas de apoyo de naturaleza voluntaria". Y en el apartado cuarto de este último precepto se establece que "[s]i, tras la información ofrecida por la autoridad judicial la persona con discapacidad opta por una medida alternativa de apoyo, se pondrá fin al expediente".

El nombramiento del defensor judicial tiene, pues, como primer presupuesto, la inexistencia, o también, la insuficiencia, de las medidas voluntarias. El órgano judicial puede asignar un defensor judicial no solo ante la falta de voluntad de la persona de que se trate, sino también en situaciones de "insuficiencia" (art. 249.I del CC)[516]. A este respecto, el art. 258.I del CC consagra la posibilidad de coexistencia entre los poderes y mandatos preventivos y "la constitución de otras medidas de apoyo en favor del poderdante, tanto si estas han sido establecidas judicialmente como si han sido previstas por el propio interesado". Es preciso, con todo, que la constitución de otras

---

515 En relación con este párrafo del art. 255 del CC, el Tribunal Supremo, en la sentencia de 20 de octubre de 2023 *(Tol 9740872)*, ha señalado que "siempre y cuando las medidas voluntarias sean suficientes, no cabrá adoptar medidas judiciales porque no son necesarias" y que "[p]odrían serlo, si las medidas voluntarias fueran insuficientes, respecto de las necesidades de apoyo no cubiertas, y en ese caso cabría su adopción".

516 Para PEREÑA VICENTE, M., "La curatela: los nuevos estándares de intervención", cit., p. 132, "las medidas voluntarias o informales serán suficientes si permiten a la persona ejercer su capacidad jurídica en todos los ámbitos en los que lo precise, con la intensidad que sea necesaria, y con las salvaguardias precisas para garantizar la toma en consideración de la voluntad de la persona, evitar abusos, influencias indebidas y conflictos de intereses".

medidas de apoyo, como sería el defensor judicial, resulte compatible con la medida voluntaria existente (art. 1732.4.º del CC)[517].

En definitiva, la resolución que establezca como medida de apoyo el defensor judicial deberá respetar los principios de necesidad y de proporcionalidad que inspiran la regulación introducida por la Ley 8/2021 (arts. 249.I y 268 del CC)[518], y que actúan como límite a la intervención judicial, impidiendo la adopción de una medida judicial, cuando la medida voluntaria o informal es suficiente[519].

2.2. Cuando se ejerce una guarda de hecho que suponga un apoyo suficiente

Del nuevo sistema de medidas de apoyo instaurado en el Código Civil, merece destacar, desde otra perspectiva, "el reforzamiento de la figura de la guarda de hecho, que se transforma en una propia institución jurídica de apoyo, al dejar de ser una situación provisional cuando se manifiesta como suficiente y adecuada para la salvaguarda de los derechos de la persona con discapacidad"[520]. La guarda de hecho puede ser la única medida de apoyo para la persona con discapacidad, si resulta suficiente[521]. Si la persona con discapacidad está

---

517 El art. 1732.4.º del CC prevé, entre las causas por las que el mandato se acaba, "el establecimiento en relación al mandatario de medidas de apoyo que incidan en el acto en que deba intervenir en esa condición".

518 En este sentido, en relación con las medidas judiciales de apoyo, se expresa la STS de 21 de diciembre de 2022.

519 PEREÑA VICENTE, M., "La curatela: los nuevos estándares de intervención", cit., p. 132.

520 Apartado III del Preámbulo de la LAPCD. El Preámbulo de la Ley continua indicando que "la realidad demuestra que en muchos supuestos la persona con discapacidad está adecuadamente asistida o apoyada en la toma de decisiones y el ejercicio de su capacidad jurídica por un guardador de hecho —generalmente un familiar, pues la familia sigue siendo en nuestra sociedad el grupo básico de solidaridad y apoyo entre las personas que la componen, especialmente en lo que atañe a sus miembros más vulnerables—, que no precisa de una investidura judicial formal que la persona con discapacidad tampoco desea".

521 La STS de 20 de octubre de 2023 *(Tol 9740872)* declara, al respecto, lo siguiente: "Conforme al sistema de provisión de apoyos instaurado por la Ley

correctamente atendida a través de una guarda de hecho, no se le nombrará judicialmente un curador ni un defensor judicial[522]. Tén-

---

8/2021, de 2 de junio, si existe una guarda de hecho que cubre de manera adecuada todas las necesidades de apoyo de la persona, deja de ser necesario constituir un apoyo judicial, porque la guarda de hecho es un medio legal de provisión de apoyos, aunque no requiera de una constitución formal".

522 A nivel de la jurisprudencia menor, caber citar, entre otras, la Sentencia de la Audiencia Provincial de Vizcaya, Sección 4ª, de 29 de marzo de 2022 *(Tol 9179775)*, que, aplicando la nueva normativa, resuelve que no es preciso constituir la curatela respecto de un anciano de 93 años. El procedimiento había sido instado por el Ministerio Fiscal a instancias de la trabajadora social del ayuntamiento en el que residía dicho anciano. La sentencia pone de manifiesto que el anciano había aceptado la ayuda domiciliaria de la asistente de los servicios sociales del ayuntamiento en que residía, que acudía para ayudarle en las tareas instrumentales y cotidianas de aseo, limpieza y alimentación. Y que no se había acreditado que precisase ayuda para realización de actividades de esparcimiento y ocio ni tampoco para cuestiones de índole económica a los efectos de la gestión de su pensión de jubilación. Ahora bien, para el complemento de las necesidades de carácter cotidiano que no pudiera realizar y que no fuese cubierta por la asistencia social domiciliaria, así como para las actividades referentes a cuestiones sanitarias y de índole administrativo-jurídica contaba con una red familiar de apoyo, principalmente en sus hijos, que hacía totalmente innecesario un sometimiento a controles especiales mediante la adopción de medidas judiciales de apoyos. En términos parecidos, la SAP de Valladolid, Sección 1ª, de 15 de noviembre de 2022 (*Tol 9351421)*, estima que la guarda de hecho "se erige en la medida fundamental sin que pueda eliminarse su adopción porque en su ejercicio se presente alguna traba o entorpecimiento como trámites administrativos o bancarios que son fácilmente salvables como hasta ahora ha venido sucediendo" y que "[l]os pequeños inconvenientes en el ejercicio por sus familiares de la guarda de hecho que quedaron de manifiesto en el juicio no pueden restringir el especial derecho de las personas en situación de discapacidad a ejercer su capacidad jurídica de la manera menos restrictiva posible"; la SAP de León, Sección 2ª, de 2 de junio de 2023 *(Tol 9679482)* no aprecia causa para arbitrar una medida de mayor alcance que la guarda de hecho que ejercía el hijo respecto de su padre y menos una curatela representativa; la SAP de León, Sección 1ª, de 28 de julio de 2023 *(Tol 9727650)*, aprecia que no resulta necesario adoptar ningún tipo de apoyo puesto que la persona con discapacidad se encuentra bajo la guarda de hecho de su sobrina, lo que supone un apoyo suficiente y adecuado para la salvaguarda de sus derechos.

gase en cuenta que las medidas judiciales de apoyo, como el defensor judicial, deben estar inspiradas en el principio de intervención mínima (arts. 249.I, 268.I y 269.I del CC)[523]. En consecuencia, la curatela y el defensor judicial tienen un carácter subsidiario de la guarda de hecho.

Ahora bien, como se indica en el art. 255.V del CC, "a falta de guarda de hecho que suponga apoyo suficiente, podrá la autoridad judicial adoptar otras supletorias o complementarias"[524]. La guarda de hecho puede coexistir, de este modo, con otras medidas, como el nombramiento de un defensor judicial, cuando las necesidades de

---

523 En este sentido, la SAP de Valladolid, Sección 1ª, de 3 de noviembre de 2022 *(Tol 9314628)*, en un supuesto en que la sentencia recurrida había nombrado a los padres guardadores de hecho defensor judiciales, dispuso lo siguiente: "La medida de apoyo formal para el ejercicio de la capacidad jurídica de persona con discapacidad que ha sido adoptada en la instancia -defensores judiciales con funciones representativas-, solo puede ser adoptada cuando la necesidad de apoyo se precise de forma ocasional aunque sea recurrente (arts. 250 párrafo sexto y 295.5º del Código Civil), pero no tiene encaje cuando existen medidas de apoyo voluntarias o, como es el caso que nos ocupa, se pone de manifiesto la existencia de una guarda de hecho adecuada y eficaz (artículos 263 y siguientes del Código Civil), ya que la adoptada en la instancia es precisamente la última y más excepcional de las posibilidades de dotar a la persona con discapacidad del apoyo formal que requiera".

524 En relación con este apartado del art. 255 del CC, la STS de 20 de octubre de 2023 *(Tol 9740872)*, estima que "forma parte de la *ratio* de la norma que la provisión judicial no deviene precisa si las necesidades de carácter asistencial y de representación, generadas por la discapacidad, están satisfechas por una guarda de hecho". Esto es lo que sucedió en el caso objeto de la STS de 23 de enero de 2023 *(Tol 9500850)*, en el que la guarda de hecho prestada por el hijo era suficiente y no se precisaba la constitución del apoyo judicial en un proceso promovido por el Ministerio fiscal. Esta sentencia precisa que "si de hecho hay alguien que, a pesar de no haber sido designado voluntariamente por el propio interesado (apoyos voluntarios) ni nombrado por el juez (apoyos judiciales), se está encargando eficazmente de prestar el apoyo que necesita la persona con discapacidad, no se da el presupuesto que exige la nueva ley para que el juez adopte una medida de apoyo".

apoyo de la persona con discapacidad lo reclamen[525] (art. 263 del CC)[526]. A este respecto, el Tribunal Supremo ha precisado que "[s]i bien es claro que existiendo una guarda de hecho que cubre suficientemente todas las necesidades de la persona con discapacidad no es necesaria la constitución judicial de apoyos, la existencia de una guarda de hecho no excluye en todo caso la constitución de un apoyo judicial"[527]. Considera el Alto Tribunal que "deben adoptarse

---

525 GARCÍA RUBIO, M.ª P., "Artículo 250", cit., p. 234. Respecto al texto del Anteproyecto de la LAPD, defendía TORRES COSTAS, M.ª E., *La capacidad jurídica a la luz del artículo 12*, cit., p. 284 que la guarda de hecho podía concurrir con el defensor judicial y se refería a situaciones en que "para ciertos actos, por ejemplo la administración ordinaria de bienes o la toma de medicación, la persona quisiese valerse de un guardador de hecho que podría ser un familiar próximo, un vecino, un amigo, etc. y, sin embargo para algún otro acto puntual, por ejemplo, la venta de un inmueble, o de acciones, la realización de una donación, la prestación de la imagen para una campaña publicitaria, o incluso el reparto de una herencia a la que también concurriese su guardador de hecho, precisase otro apoyo más específico, incluso más profesional, que pudiera ser prestado de forma puntual por un defensor judicial".

526 El art. 263 de CC declara lo siguiente: "Quien viniere ejerciendo adecuadamente la guarda de hecho de una persona con discapacidad continuará en el desempeño de su función incluso si existen medidas de apoyo de naturaleza voluntaria o judicial, siempre que estas no se estén aplicando eficazmente". La STS de 20 de octubre de 2023 *(Tol 9740661)* precisa que esta norma "no impide que el guardador de hecho solicite formalizar judicialmente la prestación del apoyo, mediante su nombramiento como curador, con las mismas funciones asistenciales y de representación que hasta ahora prestaba como guardador", en la medida en que "[s]on reglas complementarias".

527 STS de 20 de octubre de 2023 *(Tol 9740872)*. En esta sentencia, el Tribunal Supremo pone de manifiesto los problemas que plantea la guarda de hecho cuando por la discapacidad que afecta a la persona no puede prestar consentimiento y es precisa de manera diaria la actuación representativa de quien presta el apoyo. Para el Alto Tribunal "es obvio que la necesidad de acudir al expediente de previa autorización judicial de manera reiterada y continua revela la insuficiencia de la guarda de hecho, la falta de agilidad en su actuación y en el desempeño de la prestación de apoyos, su falta de adecuación a la necesidad del apoyo requerido y, en consecuencia, la conveniencia de una medida judicial". Concluye el Tribunal Supremo afirmando que "[s]i interpretáramos de forma rígida la norma (último párrafo

las medidas más idóneas" para la persona con discapacidad, "sin que su provisión judicial tenga una connotación negativa, como tampoco la tienen la provisión voluntaria de apoyos o la propia guarda de hecho"[528].

En definitiva, la insuficiencia de un apoyo informal, como es la guarda de hecho, aflora también cuando se pone de manifiesto la conveniencia de una constitución formal del apoyo, como sería un defensor judicial, que facilite prestar la función de asistencia y, en su caso, representación de la persona con discapacidad, atendiendo a las circunstancias, del mejor modo[529].

3. *Preferencia de la figura del defensor judicial frente a la curatela*

La institución a la que la reforma operada por la LAPD presta una mayor atención, a la vista del número de preceptos destinados a su regulación, es la curatela. El Preámbulo de la Ley declara, a este respecto, que la curatela es la "principal medida de apoyo de origen judicial para las personas con discapacidad". Ello no debe interpretarse en el sentido de que sea la principal medida de apoyo, sino en

---

del art. 255 CC), descontextualizada, negaríamos siempre la constitución de una curatela si en la práctica existe una guarda de hecho; lo que se traduciría en que al revisar las tutelas anteriores, se transformaran de forma automática todas ellas en guardas de hecho"; a lo que añade que "[e]sta aplicación rígida y automática de la norma es tan perniciosa como lo fue en el pasado la aplicación de la incapacitación a toda persona que padeciera una enfermedad o deficiencia, de carácter físico o psíquico, que le impidiera gobernarse por sí mismo, al margen de si, de acuerdo con su concreta situación, era preciso hacerlo". Un criterio similar es el que adopta la SAP de A Coruña, Sección 5ª, de 2 de mayo de 2023 (Roj: SAP C 1075/2023 - ECLI:ES:APC:2023:1075), al apreciar que era insuficiente la guarda de hecho que venía ejerciendo la recurrente respecto de su hermana y que, en la medida en que los apoyos debían ser de mayor intensidad, resultaba más adecuada una curatela representativa.

528 STS de 20 de octubre de 2023 *(Tol 9740872)*.

529 En este sentido, aunque con referencia general a la constitución formal del apoyo, se pronuncian las SSTS de 20 de octubre de 2023 *(Tol 9740872* y *9740661)*.

el de que tiene una naturaleza eminentemente dispositiva[530]. La otra medida de apoyo de naturaleza judicial disciplinada en el Código civil es el defensor judicial. La curatela se configura, sin embargo, con carácter subsidiario respecto del defensor judicial[531].

Conforme a lo establecido en el art. 250 CC, mientras "(l)a curatela es una medida formal de apoyo que se aplicará a quienes precisen el apoyo de modo continuado", en cambio, "(e)l nombramiento de defensor judicial como medida formal de apoyo procederá cuando la necesidad de apoyo se precise de forma ocasional, aunque sea recurrente". Concuerda la norma con la contenida en el art. 269 CC y que sienta el carácter subsidiario de la curatela, aplicable "cuando no exista otra medida de apoyo suficiente para la persona con discapacidad". En virtud de ambas disposiciones, y en aplicación de los principios de necesidad y proporcionalidad, si la persona con discapacidad tan solo precisa que se adopten medidas de apoyo de forma puntual, sin que sean necesarias medidas más gravosas, la figura más adecuada será el defensor judicial; cuando este apoyo ocasional no resulte suficiente, en atención a la "situación y circunstancias de la persona

---

530 Comenta GARCÍA RUBIO, M.ª P., "Contenido y significado general de la reforma", cit., p. 13, que, aunque en la nueva Ley la curatela es, sin duda, la figura de apoyo con mayor densidad normativa, esto no significa que sea la medida de apoyo más importante o central del nuevo sistema. Explica esta autora que "tanto de la primacía de los apoyos voluntarios como de los principios de proporcionalidad y necesidad se deriva que la curatela y el defensor judicial sean contemplados como figuras subsidiarias tanto de aquellos como de la guarda de hecho". Puntualiza GARCÍA RUBIO que "[l]a mayor densidad normativa de la curatela no obedece a su prioridad sino a que, sencillamente, como figura formal supletoria, precisa de más reglas que aquellas otras basadas en la voluntad de la persona o que son puramente informales".

531 Destaca GARCÍA RUBIO, M.ª P., "Artículo 250", cit., p. 235, que "[l]a mayor densidad normativa de la curatela no obedece a su prioridad sino a que, sencillamente, como figura formal supletoria, precisa de más reglas que aquellas otras basadas en la voluntad de la persona o que son puramente informales".

con discapacidad y (...) sus necesidades de apoyo"[532], podrá acudirse entonces a la más invasiva medida de la curatela[533].

Es habitual en la doctrina apreciar que el defensor judicial constituye "una medida judicial de apoyo no estable", frente a la estabilidad predicable de la curatela[534]. A mi modo de ver, el recurso a la curatela o a la figura del defensor judicial no depende de si la persona con discapacidad precisa del apoyo para ejercer su capacidad jurídica de forma estable o con carácter transitorio[535]. Considero que el nombramiento del defensor sí que puede proveerse con carácter estable, a

---

532 Art. 250.V del CC.

533 Señala PALACIOS GONZÁLEZ, D., "Guarda de hecho, curatela o defensor judicial", cit., p. 423, que "parece que la primera opción que habría que valorar ante la necesidad de un apoyo judicial sería el nombramiento de un defensor judicial pues al no tener intervención permanente sino puntual, resulta menos invasivo que la curatela" y añade que "aunque la Exposición de Motivos habla de la curatela como la principal medida de apoyo de origen judicial, para decidir si una u otra es la más conveniente habrá que estar a la situación y necesidades concretas del sujeto necesitado de apoyo". Pone esta autora como ejemplo en que el defensor judicial sería la figura adecuada el de las personas que, como consecuencia de su discapacidad psicosocial, necesitan apoyo periódicamente ante un brote de la enfermedad. En la misma línea, TINOCO VERGEL, D. A., "Aproximación a las medidas judiciales de apoyo a las personas con discapacidad", en *Un nuevo orden jurídico para las personas con discapacidad: Comentarios a las nuevas reformas legislativas,* Cerdeira Bravo de Mansilla, G. y García Mayo, M., (dirs.), Wolters Kluwer, Madrid, 2021, p. 414. Este es el criterio mantenido por GARCÍA RUBIO, M.ª P., "Artículo 250", cit., p. 237. Asimismo, para RIBOT IGUALADA, J., "La nueva curatela: diferencias con el sistema anterior y perspectivas de funcionamiento", en *Claves para la adaptación del ordenamiento jurídico privado a la Convención de Naciones Unidas en materia de discapacidad,* De Salas Murillo, S. y Mayor del Hoyo, M.ª V. (dirs.), Tirant lo Blanch, Valencia, 2019, p. 230, "[b]astará por lo tanto con una necesidad de apoyo continuo, de cualquier género o intensidad, que no permita limitar la provisión de apoyos a un acto o tipo de actos que se prevea ocasional, para dar pie al nombramiento de un curador".

534 ÁLVAREZ LATA, N., "Artículo 295 CC", cit., pp. 831-832.

535 En el sentido indicado, MARTÍN AZCANO, E. M.ª, "El defensor judicial de persona con discapacidad", cit., p. 284, concibe al defensor judicial "como un apoyo estable de la persona con discapacidad, aunque sólo intervenga puntualmente".

fin de que pueda intervenir en los asuntos en que, de modo ocasional, la persona con discapacidad precise de su asistencia. Téngase en cuenta que, como se indica expresamente en los arts. 250.VI y 295.5.° CC, la necesidad de apoyo que justifica la intervención del defensor judicial puede presentarse de forma "recurrente" en el tiempo.

La diferencia entre la curatela y el defensor judicial, como medidas judiciales de apoyo, no descansa, pues, en el carácter estable de la primera y el carácter transitorio de la segunda. En ambos casos, nos encontramos ante medidas revisables, si bien, en el caso de la curatela el apoyo se ejercerá de forma continuada, mientras que, para el defensor judicial, en principio, la actuación tiene un carácter ocasional o puntual, si bien, cuando la necesidad de asistencia se reitere en el tiempo —esto es, sea recurrente— deberá acordarse con carácter estable. Por tanto, cuando se requiera una actuación intermitente, y no continua, la figura adecuada es el defensor judicial[536].

4. El nombramiento del defensor judicial y la voluntad contraria de la persona con discapacidad

La adopción de las medidas judiciales de apoyo, como sería el nombramiento de un defensor judicial, ha suscitado el complejo debate acerca de si resulta admisible que la autoridad judicial decida su establecimiento en contra de la voluntad expresa de la persona con discapacidad; o, lo que es lo mismo, si existe o no un derecho a rechazar las medidas de apoyo[537].

---

536 En contra de este parecer, considera REPRESA POLO, M.ª. T., "Carácter subsidiario de la curatela", cit., pp. 312-313, que "se optará por la curatela cuando la persona precise apoyo continuo, aunque sea intermitente", es decir, cuando "se requiera una actuación permanente o intermitente pero de manera continua que no pueda asumir el defensor judicial cuya intervención se prevé para actuaciones puntuales".

537 GARCÍA RUBIO, M.ª P. y TORRES COSTAS, M.ª E., "Artículo 249", cit., p. 211, plantean la cuestión en términos de "si se puede decir que necesita el apoyo para ejercer su capacidad jurídica quien no lo quiere porque desea ejercitarla por sí mismo".

Nada dice de modo expreso sobre el particular la CDPD. La Observación General núm. 1 (2014) toma postura en el debate, de modo implícito, al manifestar que "[a]lgunas personas con discapacidad solo buscan que se les reconozca su derecho a la capacidad jurídica en igualdad de condiciones con las demás, conforme a lo dispuesto en el artículo 12, párrafo 2, de la Convención, y pueden no desear ejercer su derecho a recibir el apoyo previsto en el artículo 12, párrafo 3"[538]. De forma más explícita, la Observación declara que "[l] a persona debe tener derecho a rechazar el apoyo y a poner fin a la relación de apoyo o cambiarla en cualquier momento"[539].

Nuestro sistema normativo carece de una norma que se pronuncie sobre la facultad de rechazo al apoyo[540], si bien, no podemos olvidar que el respeto a la voluntad de la persona con discapacidad constituye un principio esencial consagrado en la nueva regulación. Hemos de partir, de este modo, de lo que dispone en nuestro ordenamiento el art. 268 CC, en orden a que "las medidas tomadas por la autoridad judicial en el procedimiento de provisión de apoyos serán proporcionadas a las necesidades de la persona que las precise, respetarán siempre la máxima autonomía de esta en el ejercicio de su capacidad jurídica y atenderán en todo caso a su voluntad, deseos y preferencias". Sin embargo, desde una perspectiva normativa, el reconocimiento de que la persona con discapacidad pueda rechazar el apoyo que se le ofrece da de bruces con la configuración procesal de la provisión de los apoyos judiciales, en la medida en que, la oposición de la propia persona para la que se insta una medida de apoyo pondrá fin al expediente de jurisdicción voluntaria [art. 42 bis b), apartado 5, de la LJV], pero no provocará el archivo del procedimiento, sino su reconducción a un procedimiento contradictorio, lo que presupone que ese juicio pueda concluir con la adopción de las medidas, aun en contra de la voluntad del interesado. En efecto, en

---

538 Apartado II ("Contenido normativo del artículo 12"), punto 19, de la Observación General núm. 1 (2014).

539 Apartado III ("Obligaciones de los Estados partes"), punto 29.g), de la Observación General núm. 1 (2014).

540 Señalan GARCÍA RUBIO, M.ª P. y TORRES COSTAS, M.ª E., "Artículo 249", cit., p. 214, que "un asunto del máximo relieve queda relegado a la nebulosa de la interpretación sistemática del conjunto de la reforma".

este procedimiento el órgano judicial podrá proveer a la persona con discapacidad de una medida de apoyo, en concreto, podrá nombrarle un defensor judicial, en contra de su voluntad.

A nivel doctrinal, GARCÍA RUBIO y TORRES COSTAS, han desarrollado una nutrida argumentación a favor de que, en la nueva regulación, cabe el rechazo al apoyo que ya se tiene en el ejercicio de la capacidad jurídica o al que, en todo caso, se tiene derecho si se necesita[541]. Para estas autoras, la normativa ha de interpretarse a favor del reconocimiento de la denominada "facultad de rechazo o renuncia"[542]. Desde un punto de vista procesal, CALAZA LÓPEZ[543] considera la designación judicial de una provisión de apoyos contra la voluntad de la persona con discapacidad "un claro atropello de todas aquellas razonables aspiraciones de ensalzamiento de la libertad, la autonomía y el libre desarrollo de la personalidad de las personas con discapacidad". En contra de este criterio, al menos en el sentido del reconocimiento de un derecho absoluto a rechazar los apoyos, cabe citar a DE SALAS MURILLO[544], para quien no existe como tal

541 GARCÍA RUBIO, M.ª P. y TORRES COSTAS, M.ª E., "Artículo 249", cit., p. 213. Destacan estas autoras (*ob. cit.*, p. 214) que este "parece ser el corolario último del principio de prevalencia, sobre cualquier otra consideración, de la voluntad, deseos y preferencias de la persona con discapacidad". Consideran también relevante (*ob. cit.*, p. 214) la posibilidad de contratar sin el apoyo ya constituido.

542 GARCÍA RUBIO, M.ª P. y TORRES COSTAS, M.ª E., "Artículo 249", cit., p. 213.

543 CALAZA LÓPEZ, S., "Expedientes de jurisdicción voluntaria en materia de discapacidad: ¿era necesario confeccionar tantos «trajes a medida» procesales para único abrigo sustantivo?, en *La reforma civil y procesal en materia de discapacidad. Estudio sistemático de la Ley 8/2021, de 2 de junio,* De Lucchi López-Tapia, Y. y Quesada Sánchez, A.J. (dirs.) y Ruiz-Rico Ruiz, J. M. (coord.), Atelier, Barcelona, 2022, p. 623.

544 DE SALAS MURILLO, S., "¿Existe un derecho a no recibir apoyos en el ejercicio de la capacidad?", cit., p. 2254. Para esta autora (ob. cit., 2237), no atentaría contra el principio de dignidad de la persona "una intervención de los poderes públicos que limitara el ejercicio de la autonomía imponiendo, a quien no quiere recibirlos, unos determinados apoyos". Conforme a su criterio (ob. cit., p. 2244) "aunque la persona con discapacidad no quiera —y acaso por eso se haya acudido a la autorregulación—, el sistema le puede imponer una figura de prestación de apoyos"; esta intervención de

un derecho amparable por el ordenamiento jurídico a rechazar la imposición de un sistema de apoyos, pero sí a prescindir de su contenido por la sola voluntad de la persona con discapacidad; o a PEREÑA VICENTE[545], que argumenta que la Ley consagra el respeto de la voluntad de la persona como el criterio o estándar central, pero no el único, dado que se imponen a la autoridad judicial como estándar de intervención los principios de necesidad, proporcionalidad y subsidiariedad.

Desde una perspectiva jurisprudencial, tanto el TEDH como nuestro Tribunal Supremo, parece que siguen considerando prevalente el criterio del interés objetivo de la persona con discapacidad por encima de su voluntad y autonomía[546]. Cabe reseñar, en este sentido, las sentencias del TEDH de 23 de marzo de 2017, *caso A-M.V. contra Finlandia*[547]; de 11 de mayo de 2021, *caso Caamaño Valle contra*

---

los poderes públicos tiene como fundamento, para DE SALAS MURILLO, lo que el sistema considera "mejor interés" para la persona con discapacidad.

545 PEREÑA VICENTE, M., "La curatela: los nuevos estándares de intervención", cit., p. 138.

546 Critica GARCIA RUBIO, M.ª P., "La reforma operada por la Ley 8/2021 en materia de apoyo", cit., p. 57, esta falta de sintonía entre las pretensiones de Naciones Unidas, plasmadas en la CDPD y expresadas por su Comité, y algunas otras instituciones encargadas de velar por el respeto a los derechos humanos y de cuyo entramado institucional también forma parte el Estado español, como es el TEDH.

547 *Tol 6410234*. Esta sentencia juzgó la decisión de un "mentor" en relación con el establecimiento del domicilio de una persona con discapacidad intelectual, cuya capacidad de decisión correspondía a la de un niño de entre seis y nueve años, en contra de la voluntad expresamente manifestada por este. El TEDH consideró que, si bien el sujeto había mostrado su voluntad de residir con su antigua familia de acogida y en el lugar de su elección, era incapaz de entender el significado y las implicaciones que la decisión de irse a un lugar remoto y aislado en el norte del país conllevaba, por lo que apreció que, en la medida en que la decisión de su "mentor" había sido adoptada atendiendo a las circunstancias concretas del afectado, constituía una medida proporcionada y que no había habido violación del art. 8 del CEDH.

España[548]; o la 18 de mayo de 2021, *caso M.K. contra Luxemburgo*[549]. En nuestro país, como sabido, este fue el objeto de la STS de 8 de septiembre de 2021[550], dictada en Pleno, en la que se debatía si debían acordarse o no medidas de apoyo respecto a una persona que

---

548 *Tol 8416506.* En este caso, la demandante era madre de una joven con discapacidad psíquica y antes de que alcanzara la mayoría de edad, había presentado una demanda de privación de su capacidad jurídica, en la que solicitaba que se le prorrogara la patria potestad sobre su hija, pero pidió específicamente que no se privara a su hija de su derecho de voto. Los tribunales españoles decidieron que la hija de la demandante debía quedar bajo la patria potestad prorrogada parcial de su madre y que, a la luz de las pruebas y del expediente, debía revocarse el derecho de voto. El Gobierno español argumentó que la demanda debía ser desestimada, ya que a la hija de la demandante se le había reconocido legalmente el derecho de voto y las decisiones judiciales que habían dado lugar a ese procedimiento habían sido anuladas automáticamente. El Gobierno argumentó, en particular, que la Ley Orgánica 2/2018, de 5 de diciembre, había modificado la LOREG, eliminando las disposiciones relativas a la posibilidad de privar a las personas con discapacidad del derecho de voto y garantizando el derecho de voto a las personas con discapacidad. El TEDH observó que durante cierto tiempo no se permitió votar a la hija del demandante, si bien, concluye que la decisión adoptada por los tribunales nacionales en el presente caso entraba dentro del margen de apreciación de los Estados para regular el derecho de voto. En concreto, la decisión se sustenta en que la privación del derecho de voto de la hija de la demandante se produjo sobre la base de sus circunstancias personales y mediante sentencias dictadas tras un análisis exhaustivo de su capacidad mental. La sentencia contó con un voto particular en el que se puso de manifiesto que el art. 12.2 de la CDPD obliga a los Estados Parte a reconocer la capacidad jurídica de todas las personas con discapacidad, en igualdad de condiciones con las demás.

549 *Tol 8422517.* En esta sentencia el TEDH consideró que la decisión de someter a la interesada a una curatela por prodigalidad constituía una injerencia proporcionada y adecuada a su situación individual, a la vez que coherente con el objetivo legítimo de proteger su bienestar en sentido amplio, por lo que decidió que no se había producido violación del art. 8 del CEDH.
68. En estas circunstancias, el Tribunal concluye que no ha habido violación del artículo 8 del Convenio.

550 *Tol 8585229.* En esta sentencia el Tribunal Supremo aplica por primera vez el régimen de provisión de apoyos judiciales introducido por la Ley 8/2021 y lleva a cabo una interpretación de la nueva normativa.

sufría el síndrome de Diógenes y que se oponía a su adopción[551]. En la fundamentación, el Alto Tribunal señala que "lo verdaderamente relevante es examinar si el contenido de las medidas y su adopción con la oposición expresa del interesado, se acomoda al nuevo régimen legal"[552]. Y añade que "[e]n un caso como el presente en que la oposición del interesado a la adopción de las medidas de apoyo es clara y terminante, cabe cuestionarse si pueden acordarse en estas condiciones. Esto es, si en algún caso es posible proveer un apoyo judicial en contra de la voluntad manifestada del interesado". Pues bien, para el Tribunal Supremo, puede haber algún caso, como el que es objeto de este recurso, en que no pueda atenderse a la voluntad, deseos y preferencias de la persona con discapacidad, si existe

551 Esta persona contaba con 66 años, vivía solo y no se le conocían parientes próximos. Los vecinos del inmueble se pusieron en contacto con la fiscalía preocupados por la situación en que se encontraba su vecino, que acumulaba en su vivienda trastos y alimentos que recogía de los cubos de la basura de la vía pública; y no acudía al médico desde hacía años, por lo que su situación personal se estaba deteriorando progresivamente y necesitaba atención social y sanitaria. El Ministerio Fiscal interpone la correspondiente demanda. En primera instancia y en apelación se nombra tutor a los servicios sanitarios y sociales del lugar en el que residía (Principado de Asturias) y se autoriza a esta entidad pública para entrar en el domicilio a los efectos de limpiar y ordenar dicho domicilio. El interesado se opuso expresamente a la provisión de apoyos. El interesado recurre en casación. El Tribunal Supremo, aplicando el nuevo régimen de provisión judicial de apoyos, adopta la medida de la curatela.

552 Aprecia el Tribunal Supremo en esta sentencia que "[l]a propia ley da respuesta a esta cuestión. Al regular como procedimiento común para la provisión judicial de apoyos un expediente de jurisdicción voluntaria (arts. 42 bis a], 42bis b] y 42 bis c] LJV, dispone que cuando, tras la comparecencia del fiscal, la persona con discapacidad y su cónyuge y parientes más próximos, surja oposición sobre la medida de apoyo, se ponga fin al expediente y haya que acudir a un procedimiento contradictorio, un juicio verbal especial (art. 42 bis b]. 5 LJV)". Para el Alto Tribunal "[e]s muy significativo que «la oposición de la persona con discapacidad a cualquier tipo de apoyo», además de provocar la terminación del expediente, no impida que las medidas puedan ser solicitadas por un juicio contradictorio, lo que presupone que ese juicio pueda concluir con la adopción de las medidas, aun en contra de la voluntad del interesado" [STS de 8 de septiembre de 2021 *(Tol 8585229)*].

una causa que lo justifique. Para el Alto Tribunal, en esta situación, la voluntad contraria del interesado, como ocurre con frecuencia en algunos trastornos psíquicos y mentales, es consecuencia del propio trastorno que lleva asociado la falta de conciencia de la enfermedad. Concluye el Tribunal fundamentando la decisión de establecer la curatela en estos términos: "No intervenir en estos casos, bajo la excusa del respeto a la voluntad manifestada en contra de la persona afectada, sería una crueldad social, abandonar a su desgracia a quien por efecto directo de un trastorno (mental) no es consciente del proceso de degradación personal que sufre. En el fondo, la provisión del apoyo en estos casos encierra un juicio o valoración de que si esta persona no estuviera afectada por este trastorno patológico, estaría de acuerdo en evitar o paliar esa degradación personal". Son diversas las críticas que ha recibido esta sentencia, por su falta de correspondencia con los principios de la CDPD[553]. No obstante, hay quien defiende el planteamiento del Alto Tribunal; es el caso de GUILARTE MARTÍN-CALERO[554], que aprecia que "se trata de una injerencia en la vida privada necesaria, justificada en la falta de consciencia de las consecuencias negativas que para su bienestar y salud se derivan de

---

553 Discrepan de los términos de esta sentencia GARCÍA RUBIO, M.ª P. y TORRES COSTAS, M.ª E., "Artículo 249", cit., p. 215, en la medida en que "contradicen de modo evidente la letra y el espíritu del art. 12 CDPD y que despojan de contenido real a buena parte de la reforma operada por la LRAPD, la cual, de ser interpretada en esta línea, poco o nada cambiará en relación con la legislación anterior, relegándola a una función de mero maquillaje terminológico muy alejado de la intención del legislador y de nuestras obligaciones internacionales". Esta falta de acuerdo con el criterio adoptado en la sentencia se desarrolla también en GARCIA RUBIO, M.ª P., "La reforma operada por la Ley 8/2021 en materia de apoyo", cit., pp. 58-59. En este trabajo, GARCÍA RUBIO (ob. cit., p. 59) considera inasumible "la presuposición de que se puede evaluar con exactitud el funcionamiento interno de la mente humana y, cuando la persona no supera esa evaluación, se le niega un derecho humano fundamental, cual es el derecho al igual reconocimiento como persona ante la ley".

554 GUILARTE MARTÍN-CALERO, C., "Las grandes líneas del nuevo sistema", cit., p. 39.

la falta de toma de decisión"[555]. Para esta autora[556], "[l]a voluntad contraria al establecimiento del apoyo debe ser una voluntad libre y consciente, que no esté afectada por la propia situación de discapacidad en que se encuentra el sujeto". En este mismo sentido, opina PEREÑA VICENTE que, para que la voluntad de la persona con discapacidad vincule a la autoridad judicial ha de tratarse de una voluntad consciente y libre[557].

Posteriormente, el Tribunal Supremo ha vuelto a decidir sobre una cuestión similar en su sentencia de 21 de diciembre de 2022[558]. En este caso, también la demanda de incapacitación se inicia bajo la legislación anterior pero el Tribunal Supremo resuelve aplicando la nueva normativa. La demandada había rechazado expresamente la adopción de toda medida de apoyo judicial; en concreto, negaba que hubiera quedado acreditada la situación de necesidad que justificase la provisión de cualquier apoyo judicial al ejercicio de la capacidad jurídica, tanto en el ámbito personal como en el ámbito patrimonial. El Tribunal Supremo decide en este caso que no procede establecer los apoyos, con estos dos fundamentos: que las patologías que sufría la demandada provocaban limitaciones motoras, también a nivel social, pero no determinaban su falta de capacidad cognitiva ni volitiva; que no resultaba acreditado que la negativa expresada por la demandada a que se constituyeran apoyos judiciales fuese expresión

---

555 Para GUILARTE MARTÍN-CALERO, C., "Las grandes líneas del nuevo sistema", cit., p. 40, "la oposición de la persona a la adopción de la medida de apoyo que tiene su origen en la imposibilidad de comprender como negativas y perjudiciales las consecuencias derivadas de su discapacidad psicosocial, no debe contemplarse exclusivamente desde el prisma del principio de respeto a la voluntad y preferencias de las personas sino desde una ponderación de los distintos derechos en liza y que la Convención también garantiza a las personas con discapacidad en los artículos 17 (protección de la integridad personal), 19 (derecho a vivir de forma independiente y ser incluido en comunidad), 22 (respeto de la privacidad) y 25 (derecho a la salud)".

556 GUILARTE MARTÍN-CALERO, C., "Las grandes líneas del nuevo sistema", cit., p. 40.

557 PEREÑA VICENTE, M., "La curatela: los nuevos estándares de intervención", cit., p. 139.

558 *Tol 9353911*.

de una voluntad patológica secundaria a la depresión o al trastorno de personalidad que padecía. A nivel de la jurisprudencia menor, encontramos algunas sentencias que optan por establecer las medidas de apoyo a pesar de constar la voluntad contraria de la persona con discapacidad[559].

El tema no es sencillo y se ha convertido en el talón de Aquiles de la reforma. A mi modo de ver, atendiendo a los principios inspiradores del nuevo sistema, cuyas bases se sustentan en el respeto a la voluntad y las preferencias de la persona con discapacidad, la autoridad judicial no podrá imponer el nombramiento de un defensor judicial cuando la persona con discapacidad goce de autonomía para tomar decisiones que tengan efectos jurídicos, esto es, cuando expresamente y en ejercicio de su voluntad íntegra, la persona se opone al apoyo. En estas situaciones, el rechazo a la constitución de una medida judicial de apoyo, como es el defensor judicial, vinculará a la autoridad judicial. La medida podrá imponerse, en cambio, si la discapacidad afecta a la toma de decisiones con efectos jurídicos, a la conformación de la voluntad, deseos y preferencias.

5. El apoyo ocasional

El Código Civil considera que el defensor judicial constituye una medida de apoyo adecuada para la persona con discapacidad que precisa de un apoyo para ejercitar su capacidad jurídica “ocasional, aunque sea recurrente” (arts. 250.VI y 295.5.° CC)[560]. Lo que caracteriza al apoyo que puede prestar el defensor judicial, frente al que da lugar a la necesidad de acudir al nombramiento de un curador, es que se trata de un apoyo no continuado, aunque se repita en más

---

559 SAP de Alicante, Sección 9ª, de 8 de abril de 2022 *(Tol 9166714)*.

560 “Lo que no especifica la norma —indica TORRES COSTAS, M.ª E., *La capacidad jurídica a la luz del artículo 12*, cit., p. 322— es hasta donde alcanzará el término recurrente y a partir de cuándo habrá de considerarse que la necesidad de apoyo ha pasado a ser continuada. Es decir, dónde se situará el límite entre la necesidad de que el apoyo sea prestado por un defensor judicial o entre un curador”.

de una ocasión[561]. La intervención del defensor se precisa de manera ocasional, y no de forma continua o permanente, en cuyo caso, la medida judicial de apoyo procedente es la curatela. En consecuencia, cuando el apoyo sólo se precise para llevar a cabo ciertos actos puntuales, aunque tal necesidad reaparezca regularmente, bastará con el nombramiento de defensor judicial[562].

El recurso al defensor judicial como medida de apoyo autónoma —esto es, cuando no exista otra medida formal establecida ni tampoco haya guardador de hecho, o estas medidas resulten insuficientes— tiene, pues, un doble ámbito de actuación: por un lado, la asistencia puntual para la realización de un acto concreto y determinado, que se presenta de forma aislada y para cuya realización la persona con discapacidad precisa contar con una medida de apoyo; y, por otro lado, la asistencia ocasional o puntual para la realización de uno o varios actos cuando la necesidad se presenta de forma recurrente o periódica, aunque no de manera permanente o continua (en cuyo caso, resultará más adecuada la institución de la curatela).

En cuanto al primer supuesto, el nombramiento del defensor judicial como medida particular para prestar apoyo a la persona con discapacidad de manera ocasional, esto es, para un acto puntual y concreto, las posibilidades son muy amplias[563]. A título de ejemplo, el defensor judicial podrá prestar apoyo a la persona que lo precise en el ejercicio del derecho a optar por la nacionalidad española (art.

---

561 Comenta RIBOT IGUALADA, J., "La nueva curatela", cit., p. 231, que el criterio delimitador radica en el carácter permanente de la intervención del curador y que frente a la actuación o asistencial puntual del defensor judicial, "la nueva curatela también debe tener un alcance determinado o específico, pero constituye un sistema de apoyos cuya vocación es funcionar como una relación de tracto continuado con la persona concernida".

562 MARTÍN AZCANO, E. M.ª, "El defensor judicial de persona con discapacidad", cit., p. 295. No cree esta autora (*ob. cit.*, p. 295, nota al pie 44) que "el legislador esté pensando en nombrar un defensor judicial distinto cada vez que una persona con inhabilidad decisional «recurrente» requiera apoyo; en consecuencia, entendemos que, en tales circunstancias, la designación del defensor no será provisional, sino tan estable como pueda serlo el curador, en los supuestos en que proceda su establecimiento".

563 *Vid.* MARTOS CALABRÚS, M.ª A., *El defensor judicial de la persona con discapacidad*, cit., pp. 89-95.

20 del CC) y en la declaración de opción por la vecindad civil tras adquirir la nacionalidad (art. 15 del CC); a la hora de decidir si contrae matrimonio (art. 56 del CC)[564]; para el acto de reconocimiento de la filiación (art. 121 del CC)[565] o para consentir la eficacia del reconocimiento efectuado por quien se considera su progenitor (art. 123 del CC); a la hora de tomar la decisión de si acepta o repudia una herencia (art. 996 del CC) o en las operaciones particionales (art. 1060.III del CC); en la fase previa a la formalización del testamento (arts. 663.2.º y 665 del CC)[566]; en la administración de los bienes ad-

---

564 El art. 56.II del CC da por supuesto que el contrayente podrá contar con medidas de apoyo para prestar el consentimiento matrimonial, cuando indica que "[s]olo en el caso excepcional de que alguno de los contrayentes presentare una condición de salud que, de modo evidente, categórico y sustancial, pueda impedirle prestar el consentimiento matrimonial pese a las medidas de apoyo, se recabará dictamen médico sobre su aptitud para prestar el consentimiento".

565 La posibilidad de nombrar un defensor judicial para el apoyo en el acto de reconocimiento parece contemplarla el propio art. 121 del CC, cuando determina que, "[s]i nada se hubiese dispuesto y no hubiera medidas voluntarias de apoyo, se instruirá la correspondiente revisión de las medidas de apoyo judicialmente adoptadas para completarlas a este fin". La norma ha de interpretarse en el sentido de que tan solo será necesario recurrir al nombramiento de un defensor judicial si la persona con discapacidad precisa de apoyo para realizar el acto de reconocimiento. En este sentido, MARTOS CALABRÚS, M.ª A., *El defensor judicial de la persona con discapacidad,* cit., pp. 91-92.

566 Entre los autores que han defendido que nada impide que las personas con discapacidad puedan otorgar testamento ante notario con apoyos, hayan sido estos nombrados por el propio testador en escritura pública o dispuestos en resolución judicial, podemos citar a PÉREZ GALLARDO, L.B., "El testamento otorgado con apoyos por personas con discapacidad", *RCDI,* núm. 17, 2020, pp. 1261-1310. En fechas más recientes, GÓMEZ VALENZUELA, M.A., "La *testamenti factio* activa, cit., pp. 147-156, mantiene que las medidas de apoyo que no impliquen facultades de representación no desnaturalizan el carácter personalísimo del testamento. Expone este autor (ob. cit., p. 152) que, si la justificación de evitar los apoyos en el testamento era evitar las influencias indebidas, se podían haber establecido salvaguardas para evitarlas, contemplando, por ejemplo, que en caso de que la persona que ejerciera el apoyo fuese heredero o legatario se tendría que designar un defensor judicial. A lo que añade (ob. cit., p. 154) que "numerosas personas con discapacidad lo que precisarán no es, solamente,

quiridos a título gratuito (art. 252 del CC) o a la hora de celebrar un contrato.

Entre las situaciones en que el defensor judicial será la figura adecuada para cubrir la necesidad de apoyo esporádica o puntual que se presenta de manera intermitente, podríamos citar la de las personas que, como consecuencia de su discapacidad psicosocial, necesitan apoyo periódicamente ante un brote de la enfermedad[567]. Así, es posible que la persona sufra una patología con fases de agudización y otras de mejoría en las que sean escasamente apreciables los síntomas de su enfermedad; en estos casos, la medida del defensor judicial puede resultar la más adecuada, atendiendo a los principios de necesidad y proporcionalidad de las medidas de apoyo, dado que permite que la asistencia del defensor quede restringida a los períodos en que la persona lo precise[568]. Por poner otro ejemplo, siguiendo a GAR-

---

el prestigio del notario, sino, empatía, confianza y, sobre todo, una persona que comprenda su idiosincrasia y conozca y sepa interpretar su voluntad, deseos y preferencias, que sean capaces, a través del acompañamiento, de generarle un ambiente de confianza en cualquier lugar y, en especial, a la hora de transmitir su voluntad al notario".

567 PALACIOS GONZÁLEZ, D., "Guarda de hecho, curatela o defensor judicial", cit., p. 423. Señala CARRASCO PERERA, A., "Contratación por discapacitados con y sin apoyos", en *El nuevo sistema de apoyos a las personas con discapacidad y su incidencia en el ejercicio de su capacidad jurídica,* Álvarez Lata, N. (coord.), Thomson Reuters Aranzadi, Cizur Menor (Navarra), 2022, p. 260, que "suelen manifestarse trastornos episódicos, de manera que, aunque las personas gocen de capacidad ordinaria durante tiempo, pueden sufrir una crisis de descompensación y en ese momento necesitarían curatela (defensor judicial, propiamente)". Apunta ÁLVAREZ LATA, N., "Artículo 295 CC", cit., p. 840, que este defensor judicial "puede estar llamado a reemplazar y dar nueva dimensión, de acuerdo con las reglas y principios del nuevo sistema, a las curatelas de baja intensidad que se establecían en los supuestos de afecciones o enfermedades transitorias o carácter cíclico, en las que se constataba una necesidad de apoyo esporádico".

568 Para MARTÍN AZCANO, E. M.ª, "El defensor judicial de persona con discapacidad", cit., p. 295, "esta variante de la institución podría servir, además, para integrar la laguna existente en el régimen anterior respecto de quienes padecen alguna afección no persistente o puntual —nótese que, según el derogado artículo 200 del Código civil, la incapacitación sólo entraba en juego ante «enfermedades o deficiencias persistentes» que impidiesen el autogobierno—, como el trastorno límite de la personalidad (los casos co-

CÍA GOLDAR[569], considérese el caso de la persona que precise apoyo para acudir a las juntas generales de la sociedad de la que es accionista o partícipe. Cita también MONTSERRAT QUINTANA[570] el ejemplo de una persona con discapacidad que sea titular del derecho a recibir rendiciones de cuentas periódicas y manifieste su dificultad en la comprensión de las mismas. En estas u otras hipótesis que puedan darse en la práctica, la resolución judicial de nombramiento deberá especificar el acto o los actos (ámbito de la salud, cuestiones económicas, etc.) en que el defensor judicial deberá prestar su apoyo, de modo periódico, a la persona con discapacidad. Este apoyo puntual permanecerá latente cuando no se requiera la actuación del defensor, sin necesidad de un nombramiento para cada acto[571].

En todas estas situaciones, como antes se expuso, la autoridad judicial podrá atribuir al defensor judicial funciones de asistencia o, en casos excepcionales, funciones representativas. No obstante, algunos actos —como la prestación del consentimiento matrimonial, el reconocimiento de la filiación o el acto testamentario— tienen carácter personalísimo y no podrán otorgarse por el defensor judicial en representación de la persona con discapacidad. Estos actos personalísimos han de ser decididos o consentidos por la propia persona con discapacidad, que podrá contar con la asistencia del defensor judicial a los efectos de informarla y ayudarla en la comprensión y razonamiento, facilitando que pueda expresar sus preferencias. Por último, no podrá atribuirse al defensor judicial la función de complementar la capacidad de la persona con discapacidad mediante la emisión de

---

nocidos vulgarmente como borderline) o episodios depresivos puntuales, e, incluso, los de carácter cíclico, cuyas manifestaciones aparecen y desaparecen con cierta regularidad, como la depresión recurrente, el trastorno bipolar o el ciclotímico, que, frecuentemente, quedaban desamparados con la normativa anterior".

569 GARCÍA GOLDAR, M., "Artículo 295", cit., p. 466.

570 MONTSERRAT QUINTANA, A., "El defensor judicial de la persona con discapacidad", cit., p. 736. Explica este autor que, si la persona no cuenta con apoyos previamente designados, "puede perfectamente acudir a la autoridad judicial en petición de que se le asigne un defensor judicial para que le ayude con la regularidad necesaria para cada ocasión de dichas rendiciones de cuentas".

571 ÁLVAREZ LATA, N., "Artículo 295 CC", cit., p. 841.

su "visto bueno", autorización o consentimiento a la realización de un acto.

6. El acceso al Registro Civil del nombramiento de defensor judicial

El art. 4 de la LRC fue modificado por la LAPD, con la finalidad de recoger en los ordinales 10° y 11° que las medidas de apoyo de origen voluntario que se establezcan por una persona respecto de sí misma o de sus bienes, así como las resoluciones judiciales dictadas en procedimientos de provisión de medidas judiciales de apoyo a personas con discapacidad, serán objeto de inscripción en el Registro Civil. Si bien con anterioridad se recogía la publicación de la resolución que modificaba la capacidad y el régimen de tutela o curatela al que quedaba sometida, ahora la publicidad se limita a las medidas de apoyo[572].

En concreto, las resoluciones judiciales sobre las medidas de apoyo (curatela y defensor judicial), habrán de inscribirse en el Registro Civil (art. 300 del CC y 72.1 de la LRC)[573]. A tales efectos, el art. 755 de la LEC dispone que el LAJ acordará que las sentencias dictadas en los procedimientos de provisión de las medidas de apoyo se comuniquen de oficio a los Registros Civiles para la práctica de los asientos que correspondan.

---

572 CASTAÑO LÓPEZ, J., "Modificaciones en la Ley del Notariado y la LH", en *La reforma civil y procesal en materia de discapacidad. Estudio sistemático de la Ley 8/2021, de 2 de junio,* De Lucchi López-Tapia, Y. y Quesada Sánchez, A.J. (dirs.) y Ruiz-Rico Ruiz, J. M. (coord.), Atelier, Barcelona, 2022, pp. 780-781.

573 El art. 300 del CC declara lo siguiente: "Las resoluciones judiciales y los documentos públicos notariales sobre los cargos tutelares y medidas de apoyo a personas con discapacidad habrán de inscribirse en el Registro Civil". Por su parte, el art. 72.1 de la LRC ("Resolución judicial de provisión de apoyos y declaración del concurso de persona física") prevé que "[l]a resolución judicial dictada en un procedimiento de provisión de apoyos, así como la que la deje sin efecto o la modifique, se inscribirán en el registro individual de la persona con discapacidad" y que "[l]a inscripción expresará la extensión y límites de las medidas judiciales de apoyo".

Por tanto, el nombramiento de defensor judicial como medida de apoyo autónoma de la persona con discapacidad, conforme al número 5.º del art. 295 del CC, accederá el Registro Civil. Se trata, sin embargo, de un dato con publicidad restringida a la que no pueden acceder los terceros [art. 83.1.b) y 84 de la LRC][574]. El acceso al asiento que contenga la discapacidad y las medidas de apoyo (en concreto, el nombramiento de un defensor judicial) corresponde a la propia persona concernida y a quien ejerza el apoyo (el defensor), siempre que esté expresamente autorizado, así como a las terceras personas a quienes aquellos autoricen (art. 84.I de la LRC). El precepto permite que las Administraciones Públicas y los funcionarios públicos puedan acceder a estos datos cuando en el ejercicio de sus funciones deban verificar la existencia o el contenido de medidas de apoyo[575]. Si el inscrito ha fallecido, la autorización para acceder a los datos especialmente protegidos sólo podrá efectuarla el Juez de Primera Instancia del domicilio del solicitante, siempre que justifique interés legítimo y razón fundada para pedirlo (art. 84.II del CC). El precepto presume que ostenta interés legítimo el cónyuge del fallecido, pareja de hecho, ascendientes y descendientes hasta el segundo grado (art. 84.III del CC).

7. *La revisión de la resolución judicial de nombramiento del defensor judicial como medida autónoma de apoyo*

El texto del art. 268.I del CC deja claro que "las medidas tomadas por la autoridad judicial en el procedimiento de provisión de apoyos serán proporcionadas a las necesidades de la persona que las precise". El principio de proporcionalidad, al que alude también el

---

574 El Preámbulo de la LAPD justifica que las medidas de apoyo accedan al Registro Civil como datos sometidos al régimen de publicidad restringida en "el necesario respeto a los derechos fundamentales de la persona con discapacidad, incluida su intimidad y la protección de sus datos personales" (apartado IV).

575 Considera necesario CASTAÑO LÓPEZ, J., "Modificaciones en la Ley del Notariado y la LH", cit., p. 782, que se permita la posibilidad de consultar en las notarías la hoja personal del interesado a pesar de que dichos datos se entienden sometidos a un régimen de publicidad restringida.

art. 249.I del CC, implica que solo podrán acordarse judicialmente aquellas medidas de apoyo estrictamente necesarias para actos o situaciones específicas y que estas medidas no deberán prolongarse más allá del tiempo en que la persona las precise[576]. A fin de garantizar que se cumple esto último, y en concordancia con el art. 12.4 de la CDPD[577], el citado art. 268.II del CC prevé la revisión periódica de las medidas judiciales de apoyo[578]. En concreto, la citada disposición establece que "[l]as medidas de apoyo adoptadas judicialmente serán revisadas periódicamente en un plazo máximo de tres años" y que "[n]o obstante, la autoridad judicial podrá, de manera excepcional y motivada, en el procedimiento de provisión o, en su caso, de modificación de apoyos, establecer un plazo de revisión superior que no podrá exceder de seis años". Sin perjuicio de lo anterior, el art. 268.III del CC prevé que "las medidas de apoyo adoptadas judicialmente se revisarán, en todo caso, ante cualquier cambio en la situación de la persona que pueda requerir una modificación de dichas medidas"[579].

---

576 GARCÍA RUBIO, M.ª P. y TORRES COSTAS, M.ª E., "Artículo 249", cit., p. 210.

577 El art. 12.4 de la CDPD prevé que lo Estados Partes asegurarán que las medidas relativas al ejercicio de la capacidad jurídica se aplicarán "en el plazo más corto posible y que estén sujetas a exámenes periódicos por parte de una autoridad o un órgano judicial competente, independiente e imparcial".

578 Tal y como señala el Preámbulo de la LAPD, "[t]odas las medidas de apoyo adoptadas judicialmente serán revisadas periódicamente en un plazo máximo de tres años o, en casos excepcionales, de hasta seis" y que "[e]n todo caso, pueden ser revisadas ante cualquier cambio en la situación de la persona que pueda requerir su modificación".

579 Conforme a lo establecido en el art. 42 bis c) de la LJV, las medidas serán objeto de revisión periódica en el plazo y la forma en que disponga el auto que las hubiera acordado. Tendrán legitimación para solicitar la revisión antes de que transcurra el plazo previsto en el auto el Ministerio Fiscal, la propia persona con discapacidad, su cónyuge no separado de hecho o legalmente o quien se encuentre en una situación de hecho asimilable y sus descendientes, ascendientes o hermanos.

De acuerdo con lo expuesto, la revisión judicial se aplica a la curatela y al defensor judicial, que son las medidas de apoyo adoptadas judicialmente. En concreto, respecto al defensor judicial, considero que la sujeción a revisión judicial en un plazo máximo de tres años tan solo tiene sentido cuando la causa del nombramiento ha sido que "la persona con discapacidad requiera el establecimiento de medidas de apoyo de carácter ocasional, aunque sea recurrente" (art. 250.VI y 295.5.° CC). En lo que concierne al plazo de revisión, como regla general, la ley marca un plazo máximo de tres años, de manera que la previsión de seis años para esta revisión deberá establecerse de modo excepcional y siempre de forma motivada.

La revisión dará lugar a la extinción del defensor judicial cuando ya no sea precisa esta medida de apoyo (principio de necesidad) o cuando se adopte una forma más adecuada de apoyo. Asimismo, la revisión puede dar lugar a una adaptación de la medida a la nueva situación de la persona que no comporte extinción del defensor judicial, pero sí afecte a la función del defensor o a su ámbito de actuación (principio de proporcionalidad)[580]. Téngase en cuenta que, según se establece en el art. 249.II del CC, el defensor judicial fomentará que "la persona con discapacidad pueda ejercer su capacidad jurídica con menos apoyo en el futuro", por lo que, es posible que, gracias al ejercicio de la función del defensor judicial, la persona que recibía su apoyo ya no lo precise o lo necesite, pero en un ámbito más limitado[581].

---

580 En este sentido, con relación a la curatela, GUILARTE MARTÍN-CALERO, C., "Las grandes líneas del nuevo sistema", cit., p. 55.

581 Señala, en este sentido, VAQUER ALOY, A., "El sistema de apoyos como elemento para el ejercicio de la capacidad jurídica", cit. p., 511, que "una de las misiones de las medidas de apoyo es intentar convertirse en prescindibles porque, gracias precisamente al ejercicio de su función, la persona con discapacidad deja de menester el apoyo".

VIII. LA RESPONSABILIDAD DEL DEFENSOR JUDICIAL POR LOS DAÑOS CAUSADOS POR LA PERSONA CON DISCAPACIDAD

1. *Breve apunte sobre la responsabilidad civil de las personas con discapacidad*

La reforma de la LAPD introdujo un capítulo VI, titulado "Responsabilidad por daños causados a otros", dentro del Título IX destinado a las medidas de apoyo a las personas con discapacidad para el ejercicio de su capacidad jurídica. El citado capítulo VI contiene un único precepto, el art. 299 del CC, que se expresa en estos términos: "La persona con discapacidad responderá por los daños causados a otros, de acuerdo con el Capítulo II del Título XVI del Libro Cuarto, sin perjuicio de lo establecido en materia de responsabilidad extracontractual respecto a otros posibles responsables"[582]. La consideración de las personas con discapacidad como sujetos plenamente capaces, en la doble dimensión de titularidad y ejercicio de sus derechos (art. 246 del CC), "ha de repercutir también de modo ineluctable en la idea de responsabilidad, lo que ha de conllevar el correlativo cambio en el concepto de imputación subjetiva en la responsabilidad civil por hecho propio y en una nueva y más restringida concepción de la responsabilidad por hecho ajeno", según señala el Preámbulo de la mencionada LAPD[583]. Es indudable que el cambio de paradigma en el reconocimiento de la capacidad jurídica llevará consigo una mayor interacción de las personas con discapacidad con su entorno, con el consiguiente aumento de las posibilidades de que incurran en responsabilidad por las decisiones que adopten[584].

---

582 Como ha puesto de manifiesto LLAMAS POMBO, E., "La responsabilidad civil de las personas con discapacidad", en *El nuevo sistema general de apoyos a las personas con discapacidad y su incidencia en el ejercicio de la capacidad jurídica*, Álvarez Lata, N. (coord.), Thomson Reuters Aranzadi, Cizur Menor (Navarra), 2022, p. 277, "la proclamación legislativa de la plena responsabilidad civil extracontractual de las personas con discapacidad, constituye una relevante novedad en nuestro ordenamiento jurídico".

583 Apartado VI.

584 En este sentido, respecto al texto del Anteproyecto, GARCÍA RUBIO, M.ª P., "La responsabilidad civil de las personas con discapacidad y de quienes

Proclamado el reconocimiento de la plena capacidad jurídica de las personas con discapacidad, carecía de sentido seguir manteniendo los postulados de la inimputabilidad subjetiva de estas personas. Es más, estos planteamientos se habían visto en parte superados por la doctrina y cierta línea jurisprudencial, con carácter previo a la reforma, que advertían de que la responsabilidad por hecho ajeno que regula el art. 1903 del CC no se oponía a una responsabilidad por hecho propio de la persona con discapacidad que causa un daño, al amparo del art. 1902 del CC[585]. Aceptada la posibilidad de que las personas con trastornos mentales pudieran responder civilmente de los daños que causaren, la principal discusión se cernía en el requisito de la imputabilidad civil: quienes defendían el criterio subjetivo de la culpa apreciaban que era necesaria la capacidad de discernimiento o capacidad de culpa, es decir, la facultad del agente del daño para poder comprender la ilicitud de su conducta; conforme a la concepción objetiva, en cambio, resultaba factible declarar responsable a la persona con trastornos mentales por el simple hecho de haber causado un daño a otro negligentemente, es decir, actuando al margen del modelo abstracto de conducta exigible, con independencia de si tenía o no suficiente discernimiento cuando cometió el ilícito[586]. En su mayoría, los autores eran partidarios de la culpa subjetiva, de manera que las personas con discapacidad mental o psicosocial han

---

les prestan apoyo en el anteproyecto de Ley por la que se reforma la legislación civil y procesal para el apoyo a las personas con discapacidad en el ejercicio de su capacidad jurídica", en *Cuestiones clásicas y actuales del Derecho de daños. Estudios en Homenaje al Profesor Dr. Roca Guillamón,* Ataz López, J. y Cobacho Gómez, J.A. (coord.), T. II, Thomson Reuters Aranzadi, Cizur Menor (Navarra), 2021, pp. 970-971.

585 Un análisis de los argumentos más importantes que han permitido sostener la responsabilidad civil de las personas que padecen enfermedades o deficiencias psíquicas por los daños causados por su culpa o negligencia en BERENGUER ALBALADEJO, M.ª C., *Responsabilidad civil de la persona mayor con discapacidad y de sus guardadores por los daños causados a terceros,* Reus, Madrid, 2017, pp. 18-56.

586 BERENGUER ALBALADEJO, M.ª C., *Responsabilidad civil de la persona mayor con discapacidad,* cit., p. 26 y FARNÓS AMORÓS, E., FERNÁNDEZ CRENDE, A., SEUBA TORREBLANCA, J.C., "Daños causados por personas con trastornos mentales", *Indret: Revista para el Análisis del Derecho,* núm. 2, 2004, p. 13.

venido siendo consideradas como civilmente inimputables cuando su condición de discapacidad les impedía discernir el carácter ilícito de los actos que realizaban, aunque causaran daño a otros[587].

Como hemos visto a lo largo de este estudio, el art. 12 de la CDPD pretende situar a la persona con discapacidad en la misma posición que las demás personas a la hora de tomar decisiones jurídicas que le afecten, equiparación que el legislador español, de forma acertada, ha considerado extensible a la asunción de responsabilidad por los daños causados[588]. De acuerdo con los nuevos axiomas, así pues, las personas con discapacidad responderán en los ámbitos regulados por sistemas de responsabilidad objetiva al margen de toda consideración basada en la culpa o negligencia[589]. En cuanto a los daños sometidos al régimen general de la culpa o negligencia del art. 1902 del CC, las primeras interpretaciones doctrinales van en la línea de que ya no es necesaria la concurrencia de la imputabilidad o capacidad de culpa civil, esto es, de la capacidad para comprender el carácter reprobable de la conducta dañosa[590]. Ahora bien, a juicio de

---

587 Un completo análisis de Derecho comparado y de la situación precedente en GARCÍA RUBIO, M.ª P., "La responsabilidad civil de las personas con discapacidad", cit., pp. 971-980.

588 En palabras de GARCÍA RUBIO, M.ª P., "La responsabilidad civil de las personas con discapacidad", cit., p. 983, "la explicación de un cambio tan radical en torno a la responsabilidad civil de las personas con discapacidad me parece sencilla: si la persona tiene capacidad, ha de tener también responsabilidad por los daños que cause, siguiendo las mismas reglas aplicables a cualquier otra persona".

589 Expone LLAMAS POMBO, E., "La responsabilidad civil de las personas con discapacidad", cit., p. 285, que, en todos los supuestos de responsabilidad objetiva, "y en la medida (sin duda, forzosamente limitada) en que las personas con discapacidad puedan desarrollar las actividades sometidas a dicho régimen, éstas responderán conforme a las reglas generales, sin matices o excepciones".

590 Explica PEÑA LÓPEZ, F., "Reformas en materia de responsabilidad civil", en *La discapacidad: una visión integral y práctica de la Ley 8/2021, de 2 de junio*, Chaparro Matamoros, P. y Bueno Biot, A. (coords.) y De Verda y Beamonte, J. R. (dir.), Tirant lo Blanch, Valencia, 2022, p. 572, que se han planteado básicamente dos posibles interpretaciones del art. 299 del CC: "La primera interpretación sostiene que el artículo ha modificado de forma sustancial nuestro concepto tradicional de culpa extracontractual, eliminando del

LLAMAS POMBO, en la apreciación de la culpa o negligencia, como "omisión de la diligencia exigible", entrarán en juego y deberán tomarse en consideración las circunstancias de la persona causante del daño[591].

---

mismo el requisito de la imputabilidad o capacidad de culpa (al menos para los discapacitados). La segunda, por el contrario, considera que el precepto simplemente impide que el propio hecho de la discapacidad pueda ser considerado como condición suficiente para considerar a una persona inimputable, pero mantiene el requisito de la imputabilidad como parte del concepto de culpa extracontractual del Derecho español". La primera interpretación es la que mantiene GARCÍA RUBIO, M.ª P., "Contenido y significado general de la reforma", cit., p. 16, para quien, "sin tocar para nada el texto del art. 1902 CC, se cambia completamente su interpretación, al superarse el requisito de la imputabilidad civil". Este planteamiento es el que mantiene también MEDINA ALCOZ, M.ª., "La responsabilidad civil de la persona con discapacidad tras la reforma de 2021: ¿un régimen estrictamente novedoso?", en *El ejercicio de la capacidad jurídica por las personas con discapacidad tras la Ley 8/2021, de 2 de junio,* Pereña Vicente, M. y Heras Hernández, M.ª M. (dirs.) y Núñez Núñez, M. (coord.), Tirant lo Blanch, Valencia, 2022, pp. 611-649. La segunda posición se ha defendido por MARTÍN CASALS, M., "La responsabilidad civil de las personas con discapacidad: acotaciones para un debate", en *Persona, familia y género. Liber Amicorum a Mª del Carmen Gete-Alonso y Calera,* Solé Resina, J. (coord.), Atelier, Barcelona, 2022, pp. 75-76. Para PEÑA LÓPEZ, F. (ob. cit., p. 594), "el problema fundamental de la afirmación de que ha desaparecido la imputabilidad en relación con los discapacitados es que se trata de una interpretación que el legislador no ha hecho, ni de lejos, lo suficiente por apoyar".

591 Comenta LLAMAS POMBO, E., "La responsabilidad civil de las personas con discapacidad", cit., p. 287, que entre las circunstancias de las personas a las que alude el art. 1104 del CC jugará un papel absolutamente relevante el grado de discapacidad del causante del daño, su capacidad de pensar, entender, querer y actuar con conocimiento de lo que hace. Asimismo, para este autor, el análisis debe conectarse siempre con la previsibilidad y la evitabilidad del resultado dañoso, ámbito en el que será muy relevante la capacidad cognitiva del causante del daño. Por último, el autor resalta que para afirmar que se omitió la diligencia exigible hace falta que exista, con carácter previo a la causación del daño, "una situación en la que «se debía actuar» o «no se debía actuar de tal manera»".

2. *La responsabilidad por hecho ajeno del defensor judicial*

En el modelo dual de responsabilidad civil extracontractual de nuestro ordenamiento jurídico, que tantas críticas ha recibido, la posible responsabilidad civil de los titulares de medidas de apoyo se contiene tanto en el art. 1903 del CC, como en los arts. 118 y 120 del CP.

En la regulación del art. 1903.IV del CC la responsabilidad se circunscribe al curador con facultades de representación plena que conviva con la persona con discapacidad, de manera que es necesario realizar una labor interpretativa que permita determinar si esta norma puede aplicarse también a la actuación del defensor judicial. El Código Penal, en cambio, se refiere específicamente a la posible responsabilidad civil de quienes prestan apoyo legal o de hecho a las personas con discapacidad (art. 118.1.1ª), lo que permite entender englobada la figura del defensor judicial, en cuanto medida formal de apoyo. No obstante, el art. 120.1º del CP circunscribe la responsabilidad subsidiaria a los "curadores con facultades de representación plena que convivan con la persona a quien prestan apoyo", lo cual, de nuevo, suscita la cuestión de si pueden considerarse incluidos los defensores legales.

2.1. La responsabilidad civil derivada del ilícito civil

El art. 299 del CC, tras proclamar la plena responsabilidad civil de la persona con discapacidad por los daños que cause, matiza que ello se entiende "sin perjuicio de lo establecido en materia de responsabilidad extracontractual respecto a otros posibles responsables". Remite el precepto al art. 1903 del CC, que también ha sido objeto de modificación por la LAPD. El párrafo cuarto de este artículo impone una responsabilidad directa por hecho ajeno a "[l]os curadores con facultades de representación plena [...] de los perjuicios causados por la persona a quien presten apoyo, siempre que convivan con ella". Al amparo de este precepto, los curadores con facultades de representación plena responderán, de manera solidaria con la persona con discapacidad y con inversión de la carga de la prueba de la culpa (art. 1903, *in fine*, del CC[592])[593].

Al margen a esta responsabilidad cuasi objetiva y por hecho ajeno que recae en los curadores con funciones de representación que convivan con la persona apoyada, toda persona que preste apoyo (apoderado, mandatario, guardador, defensor judicial o curador asistencial) será responsable, al amparo del art. 1902 del CC y, por tanto, atendiendo a su propia actuación negligente o culposa, de los daños que cause a un tercero la persona a la que prestan apoyo[594]. Por tanto, si como consecuencia de una actuación u omisión negligente del

---

592 El último párrafo del art. 1903 del CC dispone lo siguiente: "La responsabilidad de que trata este artículo cesará cuando las personas en él mencionadas prueben que emplearon toda la diligencia de un buen padre de familia para prevenir el daño".

593 A diferencia de lo acontece en el régimen previsto en el art. 120.1.º del CP, el art. 1903, en su último párrafo, invierte la carga de la prueba de la culpa. No encuentra LLAMAS POMBO, E., "La responsabilidad civil de las personas con discapacidad", cit., pp. 294-295, explicación al hecho de que en el art. 1903 CC se establezca esa responsabilidad del curador representativo y conviviente como una responsabilidad (supuestamente) por culpa, pero con inversión de la carga de la prueba conforme al último párrafo del precepto; y que, paralelamente, el artículo 118.1 CP enfatice que esa responsabilidad vicaria sólo tiene lugar "siempre que haya mediado culpa o negligencia por su parte", sin inversión alguna de la carga de la prueba. Recalca este autor que es "un absurdo jurídico: se trata peor a la víctima de un hecho constitutivo de delito, que (según la dicción del artículo 118 CP) tendrá que demostrar esa culpa o negligencia del curador o persona de apoyo, que la víctima de un daño derivado de hecho no constitutivo de delito queda exonerada de dicha carga probatoria".

594 LLAMAS POMBO, E., "La responsabilidad civil de las personas con discapacidad", cit., p. 291. Como señala GARCÍA RUBIO, M.ª P., "La responsabilidad civil de las personas con discapacidad", cit., pp. 998-999, si como consecuencia de una actuación u omisión negligente de quienes presten apoyo, la persona con discapacidad causa un daño a un tercero "—por ejemplo, porque el guardador, el curador o el apoderado descuidaron su deber de acompañar al causante del daño cuando estaban obligados a hacerlo en su función de apoyo—, responderán también frente al tercero, en este caso, en virtud del art. 1902 CC; lo harán además de manera solidaria con la persona con discapacidad quien, como ya hemos dicho, también responderá por su propia actuación negligente". Añade la autora que, en esta hipótesis,

defensor judicial, la persona con discapacidad causa un daño a un tercero, aquel responderá por hecho propio de manera solidaria con la persona con discapacidad, ambos al amparo del art. 1902 del CC. Esta responsabilidad del defensor judicial exige que la víctima pruebe la culpa o negligencia en el desempeño de su función de apoyo. Ello se entiende sin perjuicio de la responsabilidad en que incurrirá el prestador de apoyos (en particular, el defensor judicial) por los daños que pueda causar a la persona con discapacidad en el ejercicio de su función y que, como veremos, queda sujeta a los cánones del art. 1104 del CC para la fijación del patrón de diligencia.

Los presupuestos para que, según se establece en el art. 1903.IV del CC, recaiga sobre el curador la responsabilidad por hecho de la persona a la que presta apoyo, son dos: el primero, que el curador tenga "facultades de representación plena", situación que en el sistema reformado se configura con carácter de total excepcionalidad[595]; el segundo, que dicho curador conviva con la persona con discapacidad a la que presta apoyo. En cuanto al fundamento de esta responsabilidad, en general, la doctrina que ha interpretado el art. 1903 del CC aprecia que la responsabilidad del curador viene fundamentada en su culpa. En concreto, se ha propuesto el recurso a una culpa "*in fulciendo*" o "*in secundando*", que cesará cuando pruebe que empleó "toda la diligencia de un buen padre de familia para prevenir el daño" (art. 1903, en su párrafo final, del CC). En contra de este criterio, LLAMAS POMBO[596] aboga por la necesidad de otra manera

"será la víctima del daño la que tiene que probar la actuación culposa o negligente del titular del apoyo".

595 Como explica GARCÍA RUBIO, M.ª P., "La responsabilidad civil de las personas con discapacidad", cit., p. 999, este este tipo de curatela en la que el curador tiene facultades de representación plena "únicamente se dará en aquellos casos en los que la persona con discapacidad no pueda manifestar de ningún modo su voluntad, deseos y preferencias, ni pueda ser interpretada dicha voluntad a pesar de haberse hecho para ello un esfuerzo considerable". De ahí que, según la autora "es de prever, si la nueva norma se aplica como debiera, que no serán muchos los casos en los que la responsabilidad del curador por hecho de la persona a la que presta apoyo entrará en acción".

596 LLAMAS POMBO, E., "La responsabilidad civil de las personas con discapacidad", cit., p. 291. Apunta este autor, en el sentido indicado, que "el

de entender el precepto, en el sentido de que se trata de "supuestos de responsabilidad objetiva basada en la situación de dependencia".

La referencia a los "curadores con facultades de representación plena" y a la convivencia del art. 1903 del CC exige realizar una labor interpretativa en orden a determinar si cabe entender sujeto a este régimen de responsabilidad vicaria por los daños causados por una persona con discapacidad, al defensor judicial que ha sido nombrado para prestarle apoyo. No resulta, sin embargo, tarea sencilla interpretar el art. 299 del CC que, tras sentar el régimen de responsabilidad de la persona con discapacidad por los daños causados a otros, lo hace sin perjuicio de la responsabilidad atribuible "a otros posibles responsables". La interpretación extensiva del art. 1903 del CC, en el sentido de entender incluidos en su ámbito de aplicación "a otros posibles responsables", como el defensor judicial con funciones representativas, se enfrenta a la propia configuración de los casos de responsabilidad civil por hecho ajeno, en la medida en que, según consolidada doctrina y jurisprudencia, constituye un elenco cerrado o *numerus clausus*. Para LLAMAS POMBO[597], "sólo cabe una interpretación posible de esa enigmática previsión del artículo 299", que es la de apreciar que todos aquellos que presten apoyo legal o hecho a la persona con discapacidad responderán de forma directa y solidaria, por hecho propio, con arreglo al artículo 1902 del CC, en caso de que incurran en culpa o negligencia, sometida a las reglas generales de la carga de la prueba. Es decir, siguiendo a LLAMAS POMBO[598], "allí donde no exista curador, o éste carezca de facultades de representación, o no conviva con la persona responsable, sólo podrá imputarse responsabilidad solidaria a aquellas otras personas que lo

curador con funciones de representación y convivencia con la persona con discapacidad apoyada, responde objetivamente por los daños que cause ésta. Por mucho que demuestre haber extremado la diligencia en las (hoy, muy limitadas) funciones de apoyo, va a resultar muy difícil encontrar un fundamento para su exoneración de tal responsabilidad. Es, como hemos señalado, lo que se desprende de la jurisprudencia".

597 LLAMAS POMBO, E., "La responsabilidad civil de las personas con discapacidad", cit., p. 297.

598 LLAMAS POMBO, E., "La responsabilidad civil de las personas con discapacidad", cit., pp. 297-298.

apoyan, cuando se acredite que incurrieron en responsabilidad por hecho propio".

En definitiva, el defensor judicial —tenga o no asumidas funciones representativas — será responsable, con base en el art. 1902 del CC, por los daños que cause la persona con discapacidad a la que preste apoyo si, en el desarrollo del hecho dañoso, se aprecia culpa o negligencia atribuible al mismo[599]. A este respecto, una de las circunstancias en que el defensor quedará exonerado de responsabilidad es la que acontece cuando se produce el rechazo de su intervención por parte de la persona con discapacidad[600].

2.2. La responsabilidad civil derivada del ilícito penal

El Código Penal estable un régimen de responsabilidad vicaria o por hecho ajeno, derivada del ilícito penal, paralelo al del art. 1903 del CC. Esta regulación se contiene en el art. 118.1.1ª, para los supuestos de exención de la responsabilidad penal de la persona con discapacidad, y en el art. 120.1º, en relación con las situaciones de concurrencia de responsabilidad civil y penal del causante del daño.

El art. 118.1 del CP, con arreglo a la nueva redacción otorgada a la regla 1ª, considera que son también responsables por los hechos que ejecuten los declarados exentos de responsabilidad penal por alteraciones psíquicas[601] "quienes ejerzan su apoyo legal o de hecho,

---

599 Aprecia LLAMAS POMBO, E., "La responsabilidad civil de las personas con discapacidad", cit., p. 299, que la culpa o negligencia del defensor judicial, a la hora de imputarle responsabilidad por los daños que cause su defendido, debe exigirse de forma aún más rigurosa, dado el carácter excepcional y transitorio de la figura, que provoca que "la facultad de incidir sobre la conducta de la persona con discapacidad resulta aún más reducida".

600 GARCÍA RUBIO, M.ª P., "La responsabilidad civil de las personas con discapacidad", cit., p. 999.

601 Entre los casos mencionados en el art. 118.1 del CP, de supuestos de exención de responsabilidad criminal, se incluyen las contempladas en los numerales 1.º y 3.º del art. 20 del CP:
"1.º El que al tiempo de cometer la infracción penal, a causa de cualquier anomalía o alteración psíquica, no pueda comprender la ilicitud del hecho o actuar conforme a esa comprensión.

siempre que haya mediado culpa o negligencia por su parte y sin perjuicio de la responsabilidad civil directa que pudiera corresponder a los inimputables" y añade que "[l]os Jueces o Tribunales graduarán de forma equitativa la medida en que deba responder con sus bienes cada uno de dichos sujetos". En virtud de este precepto, si la persona con discapacidad comete un delito siendo inimputable, responderán por los daños causados de modo solidario con la misma, y sin inversión de la carga de la prueba de la culpa, quienes le prestasen apoyo. La referencia amplia a "quienes ejerzan apoyo legal o de hecho" permite entender incluido, como posible sujeto responsable, al defensor judicial de la persona con discapacidad que ha cometido un delito. Se trata, pues, de un régimen muy parecido al del art. 1902 del CC que acabamos de mencionar: de los daños causados por la persona con discapacidad (ya deriven de un ilícito civil o penal) responde ésta y también de forma directa y solidaria el defensor judicial, siempre que se demuestre la actuación culpable de una y otro, prueba cuya carga recae sobre la víctima del daño[602]. Subsiste, sin embargo, una diferencia en cuanto a la facultad de moderación equitativa de la responsabilidad, que tan solo está prevista para la derivada del delito.

En aquellos supuestos en que la persona con discapacidad cometa un delito del cual sea penalmente responsable (por no resultar aplicables las eximentes del art. 20.1° y 3° del CP), el art. 120.1.° del CP, también reformado en este aspecto por la LAPD, establece una responsabilidad civil por hecho ajeno, de carácter subsidiario —esto es, para el caso de insolvencia de la persona con discapacidad que ha cometido el delito— y sin inversión de la carga de la prueba de la culpa, de "[l]os curadores con facultades de representación plena que convivan con la persona a quien prestan apoyo, siempre que

---

El trastorno mental transitorio no eximirá de pena cuando hubiese sido provocado por el sujeto con el propósito de cometer el delito o hubiera previsto o debido prever su comisión. (...)
3.° El que, por sufrir alteraciones en la percepción desde el nacimiento o desde la infancia, tenga alterada gravemente la conciencia de la realidad".

602 Con carácter general para cualquier medida de apoyo, GARCÍA RUBIO, M.ª P., "La responsabilidad civil de las personas con discapacidad", cit., p. 999.

haya por su parte culpa o negligencia". Estas situaciones, como antes se indicó, en que el curador asume facultades de representación plena o sustitutiva resultan excepcionales, y tan solo para las hipótesis más graves de discapacidad, por lo que difícilmente en estas circunstancias podrá ser considerada penalmente imputable la persona con discapacidad[603]. En todo caso, el ámbito de aplicación de la norma queda circunscrito a los "curadores con facultades de representación plena", lo que suscita la cuestión de si cabe extender la responsabilidad subsidiaria que consagra este precepto a los defensores judiciales con funciones representativas sustitutivas. Procede determinar, pues, si cuando una persona con discapacidad, que tiene nombrado un defensor judicial con funciones representativas de carácter sustitutivo, comete un delito siendo imputable, responde de manera subsidiaria por los daños causados su defensor. Para que pudiera exigirse responsabilidad al defensor judicial, la persona con discapacidad tendría que cometer un delito en el ámbito concreto en que el defensor tenga la facultad de prestarle apoyo, dado que es en ese campo en el que el defensor tiene la posibilidad de intervenir prestando su apoyo. El supuesto, en la práctica, resulta difícil de imaginar. Por tanto, si resulta excepcional que la persona con discapacidad cometa un delito del cual sea penalmente responsable cuando está sujeta al apoyo representativo pleno de un curador, más extraño aún será que, además, el delito se cometa en el ámbito concreto para el que contaba con el apoyo sustitutivo, de carácter puntual, del defensor judicial.

603 Llama la atención sobre lo excepcional que resultará la aplicación del precepto, GARCÍA RUBIO, M.ª P., "La responsabilidad civil de las personas con discapacidad", cit., p. 1004.

Capítulo Quinto

El defensor judicial de la persona desaparecida

I. EL DEFENSOR JUDICIAL DE LA PERSONA DESAPARECIDA COMO FIGURA DE CONTORNOS PARTICULARES

El Código Civil regula en el Título VIII del Libro I la desaparición y las declaraciones de ausencia y fallecimiento de una persona. En concreto, en relación con la ausencia, el Código Civil regula tres tipos de situaciones: en primer lugar, la desaparición simple, del art. 181 del CC, sin sujeción a plazo, de una persona, en la que concurre una situación de urgencia, por necesidad de representación en juicio o en negocios que no admitan demora sin perjuicio grave; en segundo lugar, la ausencia declarada o legal, regulada en el art. 183 del CC; por último, la declaración de fallecimiento del art. 193 del CC[604].

La figura del defensor judicial se contempla para la primera situación, la desaparición de una persona. Con anterioridad a la reforma llevada a cabo por la Ley de 1939, el art. 181 del CC preveía que, cuando una persona hubiere desaparecido de su domicilio sin saberse su paradero y sin dejar apoderado que administrase sus bienes, el juez procedería a nombrarle a alguien que lo representase "en todo lo que fuere necesario". Desde aquella reforma, la desaparición de la persona en los términos del art. 181 del CC, sin que concurran los

---

604 Como afirma CABANILLAS SÁNCHEZ, A., "Artículo 69", en *Comentarios a la Ley 15/2015, de la Jurisdicción Voluntaria,* Fernández de Buján, A. (dir.) y Serrano de Nicolás, A. (coord.), Civitas-Thomson Reuters, Cizur Menor (Navarra), 2016, p. 393, "la desaparición de una persona sin que se haya producido la declaración de ausencia legal o la de fallecimiento, tiene autonomía propia, sin perjuicio de que se precise la desaparición para que pueda producirse la declaración de ausencia legal o de fallecimiento".

requisitos para la declaración de ausencia legal o de fallecimiento, determina que se pueda instar un expediente para la designación de un defensor judicial del desaparecido[605]. La Ley prevé que se nombre un defensor al desaparecido que le represente en los juicios o negocios urgentes, salvo que el ausente haya designado, a tales efectos, un apoderado o resulte aplicable otro remedio legal. En términos muy parecidos al art. 181 del CC, el art. 46 del CDFA prevé el nombramiento de un defensor para el desaparecido[606]. En la Comunidad gallega, la Ley 2/2006, de 14 de junio, de Derecho Civil de Galicia, regula la situación de ausencia no declarada, en la que se encuentra la persona cuyo paradero se ignora o aquella que no puede localizarse de modo transitorio (art. 46), si bien, no se contempla el nombramiento de un defensor judicial, sino de un representante del ausente de hecho (art. 48).

Con anterioridad a la reforma en materia de capacidad jurídica, la doctrina mayoritaria estimaba que las reglas de los arts. 299 a 302 del CC sólo se aplicaban a menores e incapacitados (y declarados pródigos), por lo que no afectaban a la regulación del defensor del desaparecido previsto en su sede específica. La razón fundamental que apoyaba esta interpretación era la de que, pese a la denominación común del "defensor judicial" como persona que asumirá una función de defensa del desaparecido, este no veía limitada su capacidad de obrar, de forma que la función de este defensor, razones de su nombramiento y control de actuación eran diversos del defensor contemplado en sede de instituciones tutelares[607]. En la actualidad, en que se reconoce que todas las personas tienen capacidad jurídica en igualdad de condiciones con las demás en todos los aspectos de la vida, este criterio de distinción entre el defensor judicial de las personas con discapacidad y el del desaparecido, ha quedado vacío de contenido. Con todo, no es posible identificar el defensor judi-

605 CABANILLAS SÁNCHEZ, A., "Artículo 69", cit., p. 393.

606 Dice así el art. 46.I del CDFA: "Desaparecida una persona de su domicilio o del lugar de su última residencia, sin haberse tenido en ella más noticias, el nombramiento por el Juez de defensor, para que ampare y represente al desaparecido en juicio o en los negocios que no admitan demora sin perjuicio grave".

607 PARRA LUCÁN, M.ª A., "Artículo 299", cit., p. 2513.

cial de la persona desaparecida con el defensor judicial nombrado al menor o con el regulado entre las medidas de apoyo para la persona con discapacidad, y ello en la medida en que los presupuestos para el nombramiento del defensor del desaparecido, el ámbito de sus funciones y el propio expediente para su designación, tienen su propia autonomía y sus reglas particulares. A este respecto, así como el art. 236 del CC declara aplicables al defensor judicial del menor las normas del defensor judicial de las personas con discapacidad, no encontramos ningún tipo de remisión de este tipo entre las normas reguladoras del defensor del desaparecido.

II. PRESUPUESTOS PARA SU NOMBRAMIENTO

El Código civil impone el nombramiento de un defensor judicial en los casos de desaparición de una persona de su domicilio o del lugar de su última residencia, sin haberse tenido más noticias, a fin de que el mismo ampare y represente al desaparecido en juicio o en los negocios que no admitan demora sin perjuicio grave (art. 181 CC). En las situaciones de desaparición de la persona se impone la necesidad de arbitrar medidas —concretamente, nombrar un defensor judicial— ante la imposibilidad de la persona concernida de intervenir de forma activa en tiempo. El supuesto de hecho del art. 181 del CC abarca no solo los casos en los que se desconozca el paradero de la persona, sino también los supuestos en los que se sepa dónde está, pero resulte inviable comunicarse con ella a fin de que pueda otorgar las instrucciones precisas, incluso cuando resulte probable que las pueda dar más adelante[608]. En estas situaciones, la ley no duda de

[608] HUALDE SÁNCHEZ, J., "Comentario a los artículos 181 a 198 CC", en *Comentarios al Código Civil*, II, 2.°, Rams Albesa, J. (coord.), Bosch, Barcelona, 2000, p. 1632. En este sentido, el AAP de Soria, Sección 1ª, de 4 de mayo de 2011 (*Tol 3577047*), desestima la declaración de ausencia de una persona debido a que no se cumplía el requisito de la falta de noticias desde hacía más de un año, dado que había posibilidades evidentes de localizar al supuestamente ausente, pero admite, a mayor abundamiento, que nada impedía que si existían motivos de urgencia relativos a la necesidad de su personación en juicio o negocios que no admitiesen demora, se instase la petición de nombramiento de un defensor que prevé el art. 181 del CC.

la vida de la persona, sino que protege sus intereses y se infiere en sus asuntos lo menos posible[609].

A grandes rasgos, como requisitos para que proceda tal nombramiento es necesario, por una parte, que haya imposibilidad de comunicarse con la persona de que se trate con vistas a la resolución del asunto, y por otra, que sea necesaria su representación. En concreto, para que proceda el nombramiento del defensor judicial han de concurrir los siguientes requisitos:

a) Se requiere que una persona se encuentre "desaparecida [...] de su domicilio o del lugar de su última residencia, sin haberse tenido en ella [la doctrina interpreta, "de ella"[610]] más noticias". Es necesario que resulte imposible comunicar con la persona desaparecida en el momento en que surgen los asuntos urgentes que es preciso atender[611]. Lo relevante, a efectos de la activación de la medida del art. 181 del CC, es que la persona no esté localizada ni resulte localizable[612]. La "falta de noticias" supone la imposibilidad de informar a la persona de sus asuntos y recibir instrucciones[613]. En consecuencia, mientras se mantenga el contacto con la persona y se tengan noticias suyas, no resultará procedente adoptar medidas de protección del

---

609 SERRANO y SERRANO, I., *La ausencia en el Derecho español,* Ed. Revista de Derecho Privado, Madrid, 1943, p. 105.

610 OGÁYAR AYLLÓN, T., "Artículo 181", en *Comentarios al Código Civil y Compilaciones Forales,* Albaladejo, M. (dir.), T. IV, Edersa, Madrid, 1985, p. 15.

611 Lo fundamental, señala HUALDE SÁNCHEZ, J., "Comentario a los artículos 181 a 198 CC", cit., p. 1632, "es la imposibilidad de tomar contacto con el desaparecido precisamente en el momento en que surge la necesidad de hacerlo, aunque esta circunstancia se produzca con carácter inmediato a su desaparición".

612 Pone de manifiesto HUALDE SÁNCHEZ, J., "Comentario a los artículos 181 a 198 CC", cit., pp. 1630-1631, que "la ausencia no es la simple falta de presencia de una persona en su domicilio", dado que "[a]nque una persona no se encuentre en su domicilio puede estar localizada y/o localizable".

613 DÍEZ-PICAZO, L. y GULLÓN, A., *Sistema de Derecho Civil,* Vol. I, Introducción. Derecho de la persona. Autonomía privada. Persona jurídica, 12ª ed., Tecnos, Madrid, 2012, p. 271.

desaparecido —en concreto, el nombramiento de un defensor judicial— pues no habrá abandono de sus asuntos[614].

b) La situación de imposibilidad de actuación de la persona desaparecida no debe estar cubierta por otra norma legal. En efecto, en nuestro ordenamiento existen diversos preceptos legales que arbitran otras medidas distintas al nombramiento de un defensor judicial ante la imposibilidad de actuar de una persona. Estas normas resultarán de aplicación preferente al art. 181 del CC, por lo que no procederá el nombramiento de un defensor judicial al desaparecido[615]. Así, a título de ejemplo, en caso de ausencia de uno de los progenitores, la patria potestad será ejercida exclusivamente por el otro (art. 156.IV del CC); si el desaparecido está casado bajo el régimen de gananciales, la realización de actos de administración que requieren el consentimiento de ambos cónyuges, abre la vía a que el juez supla el consentimiento del ausente si encuentra fundada la petición (art. 1376 del CC); igual acontece para la realización de actos de disposición a título oneroso sobre bienes gananciales, en cuyo caso podrá el juez autorizar uno o varios actos dispositivos cuando lo considere de interés para la familia (art. 1377 del CC); también, en el supuesto de ausencia de uno de los cónyuges, los tribunales podrán conferir la administración de los bienes gananciales al otro (art. 1388).

c) La aplicación del art. 181 del CC no solo es subsidiaria respecto a otras medidas o remedios legales, sino que exige que no exista otro mecanismo de representación, esto es, que el desaparecido no esté legítimamente representado ni voluntariamente. En este sentido, la presencia de un defensor judicial es requerida si el desaparecido no hubiera dejado un representante o apoderado. El art. 181 exceptúa del deber de nombramiento del defensor judicial los casos en que la persona desaparecida estuviese voluntariamente representada "conforme al artículo 183". Esta norma, al regular la situación de ausencia legal, tiene en cuenta para el cómputo de los plazos si el desapare-

---

614 HUALDE SÁNCHEZ, J., "Comentario a los artículos 181 a 198 CC", cit., p. 1630.

615 DÍEZ GARCÍA, H., "Artículo 181", en *Comentarios al Código Civil,* Bercovitz Rodríguez-Cano (coord.), 5ª ed., Thomson Reuters Aranzadi, Cizur Menor (Navarra), 2021, p. 371.

cido hubiera dejado o no "apoderado con facultades de administración de todos sus bienes". No puede procederse, pues, a nombrar defensor del ausente cuando éste deje un apoderado con facultad de administrar todos sus bienes[616]. Ahora bien, el apoderado debe contar con facultades suficientes para intervenir en los asuntos urgentes o en el juicio en que se impone la necesidad de actuación[617]. Es necesario, además, que el mandato se encuentre vigente, esto es, que no esté caducado, y que el mandatario no haya fallecido ni renunciado al poder (arts. 181 y 183 del CC). No habrá, pues, lugar al nombramiento del defensor cuando la persona desaparecida hubiese dejado encomendada por apoderamiento la representación en juicio o en el asunto que no admita demora, siempre que subsistan las facultades del apoderado y sean suficientes[618].

El nombramiento del defensor resulta innecesario no solo si el desaparecido hubiese otorgado poder de administración de sus bienes antes de su ausencia, sino también si estuviese legítimamente representado. Así, si se trata de un menor no emancipado, serán sus progenitores titulares de la patria potestad o el tutor, quienes tendrán su representación legal. Tratándose de una persona con discapacidad sujeta a una medida de apoyo representativa (bien sea una medida voluntaria, bien se trate de la guarda de hecho, curatela o defensor judicial con funciones de representación), tampoco será necesario acudir a la medida de protección del art. 181 del CC. Cuando se extinga la patria potestad o la medida de apoyo representativa antes del transcurso de un año desde que se tuvieron las últimas noticias

---

616 SERRANO y SERRANO, I., *La ausencia en el Derecho español,* cit., p. 111.

617 Comenta HUALDE SÁNCHEZ, J., "Comentario a los artículos 181 a 198 CC", cit., p. 1633, que "aun cuando el desaparecido hubiere nombrado un apoderado, será preciso nombrarle un defensor si es necesario representarle en un negocio de los que exigen por imperativo legal (art. 1713 C.c.) mandato expreso, con lo que se produciría la coexistencia del representante voluntario del desparecido con el defensor nombrado para ese negocio concreto".

618 LACRUZ BERDEJO, J.L, SANCHO REBULLIDA, F. A., LUNA SERRANO, A., DELGADO ECHEVARRÍA, J., RIVERO HERNÁNDEZ, F. y RAMS ALBESA, J., *Elementos de Derecho Civil,* I, vol. 2º, cit., p. 223.

del desaparecido, cabrá acudir también al nombramiento de un defensor al amparo del art. 181 del CC.

Cabe destacar que la ausencia del tutor, de los progenitores o de la persona que presta apoyo a la persona con discapacidad, que les impida el desempeño de sus funciones, conducirá al nombramiento de un defensor judicial del menor o de la persona con discapacidad (arts. 235.2.° y 295. 1.° del CC), pero no conduce, de manera automática, a la designación de un defensor del ausente. Con todo, en estas situaciones es posible que junto al nombramiento del defensor judicial del menor o de la persona con discapacidad, concurra la necesidad de nombrar un defensor judicial al tutor o titular del apoyo desaparecido.

De acuerdo con lo expuesto, solo se podrá nombrar defensor al mayor de edad o al menor emancipado, que se encuentre ausente, puesto que si es menor no emancipado estará sometido a la patria potestad o a la tutela[619]. El menor emancipado, como no tiene representante legal, podrá ser declarado ausente y nombrársele un defensor judicial, el cual, en cuanto representante del ausente, tendrá la misma extensión de poderes que el propio emancipado (es decir, las señaladas en el art. 247 del CC)[620]. Si el juicio o negocio urgente es de los que exigen que el menor cuente con el complemento de su capacidad mediante la intervención de sus progenitores o, en su defecto, de un defensor judicial (art. 235.3.° del CC), además del defensor nombrado como representante del menor emancipado ausente, deberán intervenir los progenitores. Suscita dudas, sin embargo, si en el caso de que los progenitores no puedan o no deban intervenir, procederá el nombramiento de otro defensor que valore la conveniencia de la realización del acto o el defensor del desaparecido puede complementar también la capacidad del menor en estos actos. A mi modo de ver, razones de economía procesal conducen a entender que el defensor que ha sido nombrado representante del menor desaparecido podrá actuar en su nombre realizando los actos enumerados en el art. 247 del CC.

---

[619] SERRANO y SERRANO, I., *La ausencia en el Derecho español,* cit., p. 111.

[620] SERRANO y SERRANO, I., *La ausencia en el Derecho español,* cit., p. 111.

d) La activación de la medida del art. 181 del CC tiene como presupuesto que la presencia del desaparecido sea necesaria para su comparecencia "en juicio o en los negocios que no admitan demora sin perjuicio grave". El nombramiento del defensor resulta, de este modo, una medida de carácter eventual, pues no procede su designación cuando la persona desparecida no tenga que comparecer en juicio ni esté implicada en negocios que no admitan demora sin perjuicio grave[621].

No se califica el tipo de negocio ni los perjuicios que se pueden causar al desaparecido, por lo que se considera que no habrá que circunscribirlos exclusivamente al ámbito patrimonial[622]. El término "negocio" se entiende como sinónimo de "asunto" y el "perjuicio" como cualquier daño de entidad de índole personal o patrimonial, que afecte al propio desaparecido o a terceros[623]. Estos asuntos pueden afectar a la persona desaparecida de forma activa o pasiva[624].

e) El nombramiento del defensor judicial requiere que se efectúe la solicitud "a instancia de parte interesada o del Ministerio Fiscal". Dado que la declaración de ausencia legal, una vez transcurridos los plazos establecidos en el art. 183 del CC, es obligatoria, no puede optarse por instar las medidas del art. 181 del CC, esto es, el nombramiento de un defensor, una vez pasados los términos que fija el mencionado art. 183 del CC[625]. Por tanto, si el desaparecido no dejó apoderado ni representante legal, es preciso que no haya transcurrido un año desde las últimas noticias; si lo dejó, el plazo se prolonga a tres años.

Cumpliendo estos presupuestos, resulta procedente el nombramiento de un defensor a la persona desaparecida, sin necesidad de esperar el transcurso de plazo alguno ("en todo caso", señala el art. 181). Por tanto, cabe solicitar este nombramiento con carácter inmediato a la desaparición de una persona, si concurren todos y cada

621 SERRANO y SERRANO, I., *La ausencia en el Derecho español,* cit., pp. 107-108.

622 DÍEZ GARCÍA, H., "Artículo 181", cit., p. 371.

623 DÍEZ GARCÍA, H., "Artículo 181", cit., p. 371.

624 HUALDE SÁNCHEZ, J., "Comentario a los artículos 181 a 198 CC", cit., p. 1631.

625 OGÁYAR AYLLÓN, T., "Artículo 181", cit., p. 13.

uno de los requisitos expuestos[626]. En todo caso, como antes se indicó, no ha de haber pasado un año desde las últimas noticias o tres, si hubiese dejado apoderado, pues transcurridos dichos plazos se impone preceptivamente la declaración de ausencia legal[627].

III. ÁMBITO DE ACTUACIÓN

Las funciones del defensor de la persona desaparecida son limitadas: consisten en el amparo y representación "en juicio o en los negocios que no admitan demora sin perjuicio grave" (art. 181 del CC). El defensor es un representante del ausente, que actúa en exclusivo interés de éste y con un carácter particular, dado que no se designa para todos los asuntos que competen al desaparecido, sino sólo para representarle en juicio o en aquellos asuntos que no admitan demora sin perjuicio grave[628]. En los demás asuntos no urgentes, el legislador no autoriza al defensor para que represente al ausente, sino que impone la espera, que conducirá a que el desaparecido retome sus negocios o a que, transcurridos los plazos legales, en vez de nombrar un defensor, se le asigne un representante al declarado ausente[629]. Téngase en cuenta que, en estas situaciones de mera desaparición, no se plantea ninguna duda sobre el hecho de que la persona desaparecida se encuentra con vida, de manera que se presume que volverá para seguir haciéndose cargo de la defensa de sus asuntos[630]. El defensor deberá tomar, así pues, aquellas medidas necesarias para evitar un perjuicio al desaparecido y durante el tiempo estrictamente indispensable.

---

626 HUALDE SÁNCHEZ, J., "Comentario a los artículos 181 a 198 CC", cit., p. 1631.

627 OGÁYAR AYLLÓN, T., "Artículo 181", cit., pp. 13 y 16.

628 OGÁYAR AYLLÓN, T., "Artículo 181", cit., p. 13. Señalaba SERRANO y SERRANO, I., *La ausencia en el Derecho español*, cit., p. 106, que "el abandono de los intereses del ausente no es tan grave aún, por el tiempo, que obligue a montar todo un mecanismo de administración para el patrimonio entero".

629 SERRANO y SERRANO, I., *La ausencia en el Derecho español*, cit., p. 113.

630 HUALDE SÁNCHEZ, J., "Comentario a los artículos 181 a 198 CC", cit., p. 1631.

Puede el defensor personarse en juicio o realizar actos jurídicos de carácter eminentemente conservativo[631]. Contará con las facultades de administración y gestión que le hayan sido concedidas por el LAJ que, según el párrafo final del art. 181 del CC, "podrá adoptar, según su prudente arbitrio, las medidas necesarias a la conservación del patrimonio". Es decir, el LAJ puede decretar medidas dirigidas a la conservación del patrimonio del desaparecido[632] o encomendar al defensor judicial que realice estos actos de carácter conservativo en interés de la persona desaparecida. Por ello la actuación del defensor judicial no alcanza únicamente a su representación en los juicios o asuntos particulares en que resulte necesario, sino que se puede proyectar al patrimonio de la persona desaparecida[633].

El defensor actuará en esos casos urgentes y adoptará las medidas necesarias de protección del patrimonio. De manera excepcional, se admite que el defensor podrá realizar actos que excedan de la ordinaria administración (de disposición o de gravamen), para los que será prudente que cuente autorización judicial[634] (se puede acudir a los actos del art. 287 del CC, para la curatela representativa).

Aplicando de forma analógica el art. 1724 del CC, el defensor deberá intereses de las cantidades que aplique a usos propios desde el día en que lo hizo y de las que quede debiendo, después de fenecida la representación, desde que se haya constituido en mora[635].

---

631 Comentan LACRUZ BERDEJO, J.L, SANCHO REBULLIDA, F. A., LUNA SERRANO, A., DELGADO ECHEVARRÍA, J., RIVERO HERNÁNDEZ, F. y RAMS ALBESA, J., *Elementos de Derecho Civil,* I, vol. 2º, cit., p. 225, que "los actos típicos de su cometido institucional serán los de la administración y gestión eficientes de los asuntos que le competan o se le confíen".

632 Entre estas medidas, señala DÍEZ GARCÍA, H., "Artículo 181", cit., p. 372, que "podría exigirse al defensor la realización de un inventario (cfr. art. 73 LJV) y/o la prestación de la oportuna fianza".

633 CABANILLAS SÁNCHEZ, A., "Artículo 69", cit., pp. 396-397.

634 LACRUZ BERDEJO, J.L, SANCHO REBULLIDA, F. A., LUNA SERRANO, A., DELGADO ECHEVARRÍA, J., RIVERO HERNÁNDEZ, F. y RAMS ALBESA, J., *Elementos de Derecho Civil,* I, vol. 2º, cit., p. 223.

635 SERRANO y SERRANO, I., *La ausencia en el Derecho español,* cit., p. 129.

IV. EL EXPEDIENTE PARA LA DESIGNACIÓN DEL DEFENSOR JUDICIAL DE LA PERSONA DESAPARECIDA

1. Regulación legal

La LJV contiene un capítulo IX, dentro del Título II destinado a los expedientes de jurisdicción voluntaria en materia de personas, que lleva por rúbrica "De la declaración de ausencia y fallecimiento". El ámbito de aplicación de este capítulo viene referido a las actuaciones judiciales previstas en el Título VIII del Libro I del CC relativas a la desaparición y a las declaraciones de ausencia y fallecimiento de una persona[636]. A la situación de desaparición, que es la que lleva aparejada el nombramiento del defensor judicial, se destina el art. 69, titulado "Defensor judicial en caso de desaparición", así como el art. 72 de la LJV.

2. Competencia y legitimación para promover el nombramiento

De conformidad con el nuevo modelo competencial diseñado por la LJV, el nombramiento del defensor judicial de la persona desaparecida deberá efectuarlo el LAJ. Así se dice expresamente desde entonces en el art. 181 del CC (antes, la norma declaraba que el nombramiento correspondía al juez)[637].

---

636 Con anterioridad a la aprobación de la LJV, el expediente para la "administración de bienes de ausentes en ignorado paradero" se contenía en el Título XII del libro III ("Jurisdicción Voluntaria") de la LEC de 1881 (arts. 2031 a 2047). Esos preceptos se consideraban, en parte, inconstitucionales, por discriminar por razón de filiación o de sexo.

637 Como se indica en el Preámbulo de la LJV, "el Secretario judicial va a encargarse de la decisión de algunos expedientes en los que se pretende obtener la constancia fehaciente sobre el modo de ser de un determinado derecho o situación jurídica, y siempre que no implique reconocimiento de derechos subjetivos: cumplen estas condiciones el nombramiento de defensor judicial o la declaración de ausencia y de fallecimiento –entre los expedientes en materia de personas–" (apartado VIII).

El nombramiento deberá efectuarse "a instancia de parte interesada o del Ministerio Fiscal", según se establece en el art. 181 del CC. El art. 69.1 de la LJV se refiere, en cambio, a la solicitud "por parte legitimada o por el Ministerio Fiscal". Lo lógico es considerar que "parte interesada" y "parte legitimada" quieren decir lo mismo[638]; en concreto, por "parte interesada" ha de entenderse toda persona que tenga un interés legítimo, directo o indirecto, en el juicio o negocio que tiene pendiente el desaparecido, es decir, los familiares del desaparecido, pero también los acreedores[639].

3. Orden para el nombramiento

El art. 181 CC designa al cónyuge del desaparecido como defensor nato, siempre que no estuviere separado legalmente[640]; si no hubiera cónyuge o estuvieran separados legalmente[641], se designará al

---

638 Comenta CABANILLAS SÁNCHEZ, A., "Artículo 69", cit., p. 396, que "[l]a remisión que hace el art. 69 LJV al art. 181 CCiv evidencia que la legitimación es idéntica en una y otra disposición, aunque se refiera una a parte legitimada y otra a parte interesada, habiendo que considerar que parte legitimada es la que ostenta un interés legítimo".

639 MARTOS CALABRÚS, M.ª A., "Artículo 181", en *Comentarios al Código Civil,* Cañizares Laso, A. (dir.), Tomo I, Tirant lo Blanch, Valencia, 2023, pp. 1420-1424.

640 No alude el art. 181 a la separación de hecho de los cónyuges, que sí es tenida en cuenta, en cambio, para el nombramiento del representante del declarado ausente (art. 184 del CC). Se pone en duda que pueda ejercer el cargo de defensor el cónyuge separado de hecho; no hay que olvidar, sin embargo, que este cónyuge puede tener conferida la administración del patrimonio ganancial, en virtud del artículo 1388 CC (MARTOS CALABRÚS, M.ª A., "Artículo 181", p. 1422).

641 Algunos autores consideran que, aunque el Código civil no indica nada acerca de la persona que convive con el desaparecido en situación de pareja estable, la pareja presente debe ser preferida a las personas del orden siguiente, dado que es quien está en más íntima relación con quien desaparecido. Como explica CABANILLAS SÁNCHEZ, A., "Artículo 69", cit., p. 394, este punto de vista puede tener apoyo en el art. 68.2 de la LJV, que se refiere a la persona que esté unida por análoga relación de afectividad a la conyugal, pero que hace referencia a un supuesto distinto, como es el de la legitimación para presentar la solicitud en los expedientes de decla-

pariente más próximo en grado, hasta el cuarto grado, siempre que sea mayor de edad[642]. En defecto de parientes, no presencia de los mismos o urgencia notoria[643], se designará a una persona "solvente y de buenos antecedentes" previa audiencia del Ministerio Fiscal[644]. El Código civil condiciona el nombramiento de un tercero, que no tenga vínculos familiares con el desaparecido, como defensor a la ausencia de parientes, no presencia de los mismos o urgencia notoria. No obstante, cabe considerar que el LAJ puede designar como defensor del desaparecido a aquella persona que considere más idónea para el cargo, sin que deba someterse imperativamente al orden de llamamientos previsto en el art. 181.1.2 CC, que incluye expresamen-

---

ración de ausencia y fallecimiento. Para este autor (ob. cit., pp. 394-395), precisamente, "el que nuestro legislador haya tenido en cuenta este caso, y que en cambio no lo tenga en cuenta para el nombramiento de defensor judicial tanto en el art. 181 CCiv como en la propia LJV, denota que, a efectos de su nombramiento, no cabe equiparar al conviviente de hecho con el cónyuge no separado legalmente". A mi modo de ver, sin embargo, la falta de referencia al conviviente en el art. 181 del CC deriva de que estamos ante una norma que —con la salvedad del cambio en cuanto a la autoridad competente para el nombramiento del defensor— proviene de la reforma de 1939.

642 Siguiendo a CABANILLAS SÁNCHEZ, A., "Artículo 69", cit., p. 394, "el defensor judicial ha de ser designado por el siguiente orden: 1° Cónyuge mayor de edad no separado legalmente o de hecho; 2°, el descendiente de mayor edad; 3°, el ascendiente más próximo de menos edad; 4°, el mayor de los hermanos del ausente; 5°, pariente colateral más próximo hasta el cuarto grado de mayor edad".

643 Dados los términos en que expresa el párrafo segundo del art. 181, todo indica, según entiende CABANILLAS SÁNCHEZ, A., "Artículo 69", cit., p. 395, "que el cónyuge mayor de edad no separado legalmente o de hecho y los parientes mencionados en el precepto, no están obligados a aceptar el cargo u oficio de Derecho privado de defensor judicial del desaparecido".

644 El art. 46 del CDFA establece el siguiente orden de llamamiento para el defensor del desaparecido: "a) El cónyuge presente no separado legalmente o de hecho o el otro miembro de la pareja estable no casada. b) El heredero contractual del desaparecido. c) El presunto heredero legal mayor de edad, pariente hasta el cuarto grado, que discrecionalmente designe el Juez, atendidas la cuantía de su porción hereditaria y la proximidad con el desaparecido. d) La persona mayor de edad, solvente y de buenos antecedentes que, oído el Ministerio Fiscal, discrecionalmente designe el Juez, atendiendo a las relaciones de la misma con el desaparecido".

te la posibilidad de designar a cualquier otra "persona solvente y de buenos antecedentes, previa audiencia al Ministerio Fiscal"[645].

4. *Comparecencia y resolución*

Conforme a lo establecido en el art. 69.1 de la LJV, se nombrará por el LAJ defensor a quien corresponda, previa celebración de una comparecencia en el plazo máximo de cinco días desde la presentación de la solicitud, a la que se citará a los interesados y al Ministerio Fiscal y se oirá a los testigos propuestos por el solicitante. En la tramitación de este expediente se aplicarán las normas de tramitación del capítulo II de la LJV, en lo que no se opongan a las reglas específicas contenidas en este precepto (art. 13). Como se ha indicado, junto a la designación del defensor, el LAJ también podrá adoptar las medidas que considere necesarias para la conservación del patrimonio del ausente según su prudente arbitrio. La LRC permite la anotación registral de la mera situación de desaparición (art. 40.3.7°).

El art. 69.2 LJV se refiere a la hipótesis de que exista una situación de urgencia que cause perjuicio si se esperase para el nombramiento hasta la celebración de la comparecencia. De concurrir esta situación de urgencia, que se entiende excepcional, el LAJ podrá designar de inmediato defensor a quien corresponda a tenor del art. 181 del CC o a quien se proponga por el solicitante[646]. El LAJ podrá adoptar también medidas urgentes de protección del patrimonio del desaparecido. Una vez efectuado este nombramiento urgente, se continuarán luego los trámites ordinarios del expediente que, en este caso, terminará por resolución por la que se ratifiquen o se revoquen el nombramiento y las medidas acordadas al inicio.

---

645 AGUILAR RUIZ, L., *Derecho Civil I. Parte General y Derecho de la Persona,* Oliva Blázquez, F. y Vázquez-Pastor Jiménez, L., 4ª ed., Tirant lo Blanch, Valencia, 2022, p. 162.

646 CABANILLAS SÁNCHEZ, A., "Artículo 69", cit., p. 398, "

V. FINALIZACIÓN DE LA FUNCIÓN DEL DEFENSOR JUDICIAL

El defensor del desaparecido asumirá sus funciones de forma provisional, esto es, hasta que finalicen los juicios o negocios que no admitan demora sin perjuicio grave. Por supuesto, la situación de desaparición y, en consecuencia, la gestión del defensor del ausente finalizará por su localización, por la certeza de su muerte o por la constitución de alguna de las fases legales de ausencia legal o declaración de fallecimiento. No obstante, conforme a lo establecido en el art. 72 de la LJV, que lleva por título medidas provisionales, si antes de iniciarse el expediente para la declaración de ausencia legal se hubiese adoptado alguna de las medidas reguladas en el Código Civil para los casos de desaparición, subsistirán hasta que tenga lugar dicha declaración, a no ser que el LAJ, a instancia del interesado o del Ministerio Fiscal, estime conveniente modificarlas. El precepto pone de relieve que, durante la tramitación del expediente de declaración de ausencia legal va a subsistir el nombramiento del defensor judicial designado previamente al desaparecido, a no ser que se decida extinguir este nombramiento.

Cesará también el defensor en el ejercicio de sus funciones cuando su designación fuera revocada (art. 69.2 de la LJV); en cuyo caso, si fuera necesario, se procederá al nombramiento de un nuevo defensor[647].

Finalizada su función, el defensor deberá rendir cuentas de su gestión[648] y tendrá derecho a ser indemnizado por los perjuicios sufridos, si existieron y los acreditase[649], aplicando por analogía el art. 230 del CC.

---

647 DÍEZ GARCÍA, H., "Artículo 181", cit., p. 373.

648 La rendición de cuentas, como declara DÍEZ GARCÍA, H., "Artículo 181", cit., p. 373, es una obligación impuesta a todo aquél que administra bienes ajenos (arts. 232, 292, 298 y 1720 del CC).

649 LACRUZ BERDEJO, J.L, SANCHO REBULLIDA, F. A., LUNA SERRANO, A., DELGADO ECHEVARRÍA, J., RIVERO HERNÁNDEZ, F. y RAMS ALBESA, J., *Elementos de Derecho Civil,* I, vol. 2°, cit., p. 226.

Capítulo Sexto

La comparecencia del defensor judicial en el proceso y en los expedientes de jurisdicción voluntaria y notariales

I. EL DEFENSOR JUDICIAL COMO REPRESENTANTE O ASISTENTE PARA COMPARECER EN JUICIO

1. El nombramiento de un defensor judicial para la comparecencia en juicio

La comparecencia en juicio o capacidad procesal ha sido uno de los aspectos modificados por la LAPD. El art. 7 de la LEC declara ahora que podrán comparecer en juicio "todas las personas" y establece una regla especial para la comparecencia de los menores no emancipados y de las personas con medidas de apoyo para el ejercicio de su capacidad jurídica[650]. En el caso de los menores de edad no emancipados, señala la norma que "deberán comparecer mediante la representación, asistencia o autorización exigidos por la ley". Respecto de las personas con discapacidad, desaparecen la habilitación o el defensor exigidos por la ley y se prevé que "[e]n el caso de las personas con medidas de apoyo para el ejercicio de su capacidad jurídica, se estará al alcance y contenido de éstas".

La modificación que se introduce en este precepto no hace sino reflejar la nueva concepción de la capacidad jurídica. Desaparecida, en el ámbito sustantivo, la distinción entre capacidad jurídica y

---

650 Con anterioridad a la reforma de la LAPD, el art. 7.1 decía que sólo podían comparecer en juicio "los que estén en el pleno ejercicio de sus derechos civiles" y el 7.2, que las personas que no se hallasen en el caso de apartado anterior, habrían de comparecer "mediante la representación o con la asistencia, la autorización, la habilitación o el defensor exigidos por la ley".

capacidad de obrar de las personas físicas, el legislador elimina la limitación de la capacidad procesal, de manera que se reconoce que todas las personas físicas gozan de capacidad procesal o, como la nueva norma declara, todas las personas físicas pueden comparecer en juicio[651]. Sin embargo, no todas las personas pueden comparecer en juicio en calidad de partes sin representación alguna, pues se mantiene el régimen representativo de los menores de edad en los términos regulados en el CC para los supuestos de vigencia de la patria potestad o, en su caso, de la tutela, y, además, aquellas personas con discapacidad a quienes se les hayan asignado medidas de apoyo que consistan en el establecimiento de una representación legal deberán comparecer en juicio a través de sus representantes (sería el caso, entre otros, de que la persona tenga como medida de apoyo un defensor judicial representativo)[652]. Respecto a las personas con medidas de apoyo de carácter asistencial, será la persona concernida la que podrá comparecer en juicio, meramente asistida por quien le preste apoyo.

Al margen de su intervención como medida de apoyo de la persona con discapacidad, prevista en el art. 7.2 de la LEC, el art. 8 del mismo texto legal contempla la integración de la capacidad procesal a través del nombramiento *ad hoc* de un defensor judicial. A este respecto, la LAPD ha mantenido los supuestos de designación de defensor judicial que ya contemplaba la LEC, en el art. 8, para asumir la representación y defensa para comparecer en juicio de los menores no emancipados o de las personas con discapacidad (antes referido a aquellas que no estaban "en el pleno ejercicio de sus derechos civiles")[653] cuando no hubiera persona que legalmente las represente

---

651 CASTILLO MARTÍNEZ, C. C., "Reforma de la Ley de Enjuiciamiento Civil", en *La discapacidad: una visión integral y práctica de la Ley 8/2021, de 2 de junio,* Chaparro Matamoros, P. y Bueno Biot, A. (coords.) y De Verda y Beamonte, J. R. (dir.), Tirant lo Blanch, Valencia, 2022, p. 659.

652 CASTILLO MARTÍNEZ, C. C., "Reforma de la Ley de Enjuiciamiento Civil", cit., p. 659.

653 La STS de 30 de junio de 2021 *(Tol 8505229)*, en aplicación de la normativa anterior, aprecia la vulneración del art. 24 de la CE por no haberse suspendido un proceso en el que una de las personas demandadas estaba incursa en un proceso de modificación de su capacidad, habiéndose dictado poste-

o asista para y hasta que se les designe[654]. Así, por los menores no emancipados han de comparecer en el proceso sus representantes legales (progenitores o tutor), pero si no existieran o no estuvieran en condiciones de ostentar una representación adecuada (por ej., porque concurra un conflicto de intereses), el LAJ deberá, mediante decreto, nombrar un defensor judicial. Asimismo, procederá el nombramiento de un defensor judicial a la persona con discapacidad que cuente con medidas de apoyo para el ejercicio de su capacidad jurídica, cuando quien le preste el apoyo no pueda asistirla para comparecer en juicio o cuando, la persona carezca de estas medidas o sus titulares no puedan intervenir, y precise contar con apoyo para comparecer en juicio[655]. De manera provisional, hasta llegado el momento de nombramiento del defensor judicial, asumirá la representación y defensa del menor o de la persona con discapacidad el Ministerio Fiscal (art. 8 LEC). La intervención del Ministerio Fiscal hasta que se produzca el nombramiento del defensor será meramente asistencial o representativa, en función del cuál sea el alcance del apoyo constituido.

---

riormente sentencia en la que se limitó su capacidad y se nombró curadora a su madre, con la que presentaba un conflicto de intereses en el litigio, sin que se comunicara al Ministerio Fiscal ni le fuera nombrado un defensor judicial.

654 Respecto a las repercusiones procesales de la falta de capacidad sobrevenida, cabe citar la SAP Barcelona 16 febrero 2010 *(Tol 1828636)*, en la que se acuerda el nombramiento de un defensor judicial, conforme a lo dispuesto en el art. 8 de la LEC, sin que ello significase retroceder en el curso del proceso ni, mucho menos, desestimar la demanda por razón de la incapacidad, habida cuenta que el defensor podría limitarse a ratificar lo hecho hasta el presente en nombre de la demandante.

655 En este último sentido, la SAP de Ourense, Sección 1ª, de 5 de junio de 2023 (*Tol 9679776)*, en un supuesto de reclamación de daños causados por una persona con una discapacidad intelectiva y volitiva, decretó la nulidad de actuaciones por la vulneración de normas procesales, al no haberse nombrado un defensor judicial a la demandada, lo que le había causado una efectiva indefensión.

2. *En el procedimiento especial contradictorio para la provisión judicial de medidas de apoyo a la persona con discapacidad*

En el ámbito del procedimiento contencioso para la adopción de medidas judiciales de apoyo a personas con discapacidad, el art. 758 de la LEC prescribe el nombramiento de un defensor judicial para la persona con discapacidad respecto de la que se haya promovido la adopción judicial de medidas de apoyo, cuando no comparezca en el plazo concedido para contestar a la demanda con su propia defensa y representación y el Ministerio Fiscal hubiera sido el promotor del procedimiento[656]. Con ello se consigue que siempre exista alguien que defienda en el proceso los intereses de la persona con discapacidad[657].

El nombramiento del defensor judicial está previsto en la ley como garantía para los casos en que promueve el proceso el Ministerio fiscal y la persona con discapacidad no comparece con su propia defensa y representación[658]. En consecuencia, no será preciso designar un defensor judicial si ya estuviera nombrado con anterioridad al juicio o la defensa de la persona con discapacidad corresponde al Ministerio Fiscal por no ser el promotor del procedimiento[659]. El

---

656 Dispone el art. 758.2 de la LEC lo siguiente: "Una vez notificada la demanda por medio de remisión o entrega, o por edictos cuando la persona interesada no hubiera podido ser notificada personalmente, si transcurrido el plazo previsto para la contestación a la demanda la persona interesada no compareciera ante el Juzgado con su propia defensa y representación, el letrado de la Administración de Justicia procederá a designarle un defensor judicial, a no ser que ya estuviera nombrado o su defensa corresponda al Ministerio Fiscal por no ser el promotor del procedimiento. A continuación, se le dará al defensor judicial un nuevo plazo de veinte días para que conteste a la demanda si lo considera procedente". En su anterior redacción, el art. 758 LEC preveía que al presunto incapaz o a la persona cuya declaración de prodigalidad se solicite, se les designará un defensor judicial cuando no comparezcan en el proceso con su propia defensa y representación y el Ministerio Fiscal no haya sido el promotor del procedimiento.

657 Apartado V del Preámbulo de la LAPD.

658 STS de 8 de noviembre de 2017 *(Tol 6427812)*..

659 La STC de 3 de julio de 2017 *(Tol 6207849)* estima parcialmente un recurso de amparo dimanante de un procedimiento de incapacitación en que se había celebrado la vista sin la presencia del fiscal designado para intervenir

nombramiento del defensor judicial se contempla para el supuesto de que "la persona interesada no compareciera ante el Juzgado con su propia defensa y representación"; es decir, la persona con discapacidad puede comparecer con su propio abogado cuando esa sea su voluntad[660]. Debe brindarse siempre a la persona con discapacidad la oportunidad de comparecer personalmente y nombrar profesionales que la representen y asistan (bien de su elección o bien del turno de oficio), pues en otro caso se vulneraría su derecho de defensa y a la asistencia letrada (art. 24.2 de la CE)[661]. La falta de nombramiento de defensor judicial, cuando proceda, constituye un supuesto de indefensión para la persona con discapacidad que es causa determinante de la nulidad de actuaciones[662].

---

como defensor del demandado. El TC aprecia que se habían vulnerado los derechos a la tutela judicial efectiva sin indefensión y a un proceso con todas las garantías.

660 STS de 8 de noviembre de 2017 *(Tol 6427812)*.

661 La STC de 14 de febrero de 2011 *(Tol 2054040)* resuelve un recurso de amparo derivado de un procedimiento judicial de incapacitación de un interno de un centro penitenciario, en el que el órgano judicial nombró a la Agencia Madrileña para la Tutela de Adultos como defensor judicial del recurrente sin brindarle la oportunidad de nombrar libremente procurador o abogado (bien libremente designado o bien del turno de oficio). Dicha omisión no fue reparada a pesar de la interposición de un recurso de reposición (que fue inadmitido por no señalarse la infracción cometida) y de varios escritos presentados por el recurrente en los cuales solicitaba dicha defensa y aunque la Agencia mencionada impugnara el nombramiento judicial y lo dejara en estado de indefensión. Se otorga el amparo por la vulneración del derecho a la defensa y a la asistencia letrada del recurrente (art. 24.2 de la CE), pues el órgano judicial debió haber procedido a instar el nombramiento de procurador o abogado (ya sea de su confianza o de oficio), sin que bastara el nombramiento de defensor judicial como institución tendente a garantizar los intereses de la persona cuya incapacidad se solicitaba supliendo su inactividad. Precisa el TC que "aunque el nombramiento de defensor judicial es una institución tendente a garantizar los intereses del presunto incapaz supliendo su inactividad, no puede ser sustitutiva de la voluntad manifiesta de éste de comparecer personalmente en el procedimiento".

662 Con relación al anterior procedimiento de modificación de la capacidad de obrar, las SS de la AP de Valencia, Sección 10ª, de 8 de mayo de 2003 *(Tol 294985)* y de la AP de Pontevedra, Sección 3ª, de 7 de mayo de 2013 *(Tol 3862070)*, decretaron la nulidad de actuaciones de sendos procedimientos

Para el nombramiento del defensor judicial se formará la oportuna pieza separada. Una vez designado, el defensor judicial procederá al nombramiento de abogado y de procurador que asuman la defensa y la representación de la persona con discapacidad[663]. Si la persona con discapacidad se personare en el proceso en un momento posterior, con abogado y procurador designados por el mismo, cesarán el defensor judicial y los profesionales designados por éste[664].

Con la nueva configuración de la figura del defensor judicial cabría preguntarse si quien ha sido nombrado para la función meramente procesal a la que acabamos de referirnos, puede ser igualmente nombrado como figura de apoyo para el ejercicio de la capacidad jurídica en el mismo procedimiento, de considerarse que la medida de apoyo idónea para la persona con discapacidad es justamente la figura del defensor judicial. Siguiendo a TORRES COSTAS[665], la respuesta debiera ser afirmativa y, por ende, "podría darse la circunstancia de que, quien hubiera actuado como defensor judicial procesal también fuera designado defensor judicial como medida de apoyo; pero también cabría admitir, en ese supuesto, que este último nombramiento recayese sobre otra persona".

---

en que se había incumplido el mandato que establecía el art. 758 de la LEC de nombrar un defensor judicial al presunto incapaz para que le representase y defendiese, defensor judicial necesario habida cuenta de haber instado el Ministerio Fiscal en ambos casos la incapacitación. Estas sentencias decretaron la nulidad de las actuaciones practicadas para permitir la intervención en el proceso del defensor judicial que nombrase el juzgador, desde el momento inmediatamente anterior a dar traslado de la demanda para su contestación en forma.

663 Como precisara el AAP de A Coruña de 22 de noviembre de 2017 *(Tol 6520285)* "la figura del defensor judicial, tendrá carácter tutelar mientras dure el procedimiento y, limitado a la defensa de los intereses del demandado en el juicio de incapacitación", añadiendo que "el defensor judicial podrá, a su vez, designar abogado que asuma la defensa del demandado, o, en su caso, la designación de abogado de oficio, con lo cual mediante dicha medida se protege el derecho de defensa de la parte demandada"

664 FLORS MATÍES, J., *Proceso Civil. Doctrina jurisprudencial y práctica forense,* 2 Tomos, 2ª ed., Tirant lo Blanch, Valencia, 2022, p. 1528.

665 TORRES COSTAS, M.ª E., *La capacidad jurídica a la luz del artículo 12,* cit., pp. 374-375.

3. *La actuación del defensor judicial en representación y defensa del internado de forma involuntaria*

La LAPD ha dejado al margen de la reforma el ámbito del internamiento involuntario[666], cuestión muy vinculada al padecimiento de discapacidades de tipo psíquico que afectan a la toma de decisiones. A este respecto, el art. 287 del CC exceptúa el internamiento involuntario de la necesidad de autorización judicial, excepción cuya inclusión en el texto del precepto se debe al Dictamen del Consejo de Estado de 11 de abril de 2019, sobre el Anteproyecto de Ley de 2018, cuyo artículo 285, número 1°, se limitaba a exigir autorización judicial para "realizar actos de trascendencia personal o familiar cuando el afectado no pueda hacerlo por sí mismo"[667]. La regulación contenida en el art. 763 de la LEC permanece, de este modo, inalterada[668], si bien deberá ser interpretada en unos términos conformes con la CDPD[669]. A los efectos de nuestro estu-

---

666 Como explica MARTÍNEZ CALVO, J., "Compatibilidad del internamiento involuntario por razón de trastorno psíquico con el nuevo sistema de protección de las personas con discapacidad", en *Estudios de Derecho Privado en Homenaje al Profesor Salvador Carrión Olmos,* De Verda y Beamonte (dir.), Carrión Vidal, A. y Muñoz Rodrigo, G. (coords.), Tirant lo Blanch, Valencia, pp. 691-692, no se trata de un olvido del legislador, sino de una decisión deliberada que trae causa de la imposibilidad de regular el internamiento involuntario a través de una ley ordinaria, al requerir esta materia de ley orgánica.

667 Para un análisis de la redacción inicial en el Anteproyecto y de la justificación de la redacción final otorgada al art. 287.1.° del CC, SÁNCHEZ-CALERO ARRIBAS, B., *El internamiento involuntario por razón de trastorno psíquico,* Tirant lo Blanch, Valencia, 2023, pp. 47-49.

668 El internamiento involuntario por razones de trastorno psíquico constituye una privación de libertad de la persona afectada por lo que tal decisión solo puede adoptarse con autorización judicial que como regla general ha de ser previa al internamiento. Excepcionalmente, cuando concurra una situación que haga necesaria de forma inmediata la intervención médica para la protección del paciente o de terceros, el art. 763 de la LEC, precepto que tiene rango de ley orgánica, admite el internamiento sin autorización judicial previa, si bien sujeto a ratificación judicial en los plazos máximos previstos.

669 La propuesta de MARTÍNEZ CALVO, J., "Compatibilidad del internamiento involuntario", cit., p. 706, para que el internamiento involuntario pue-

dio, interesa resaltar el apartado tercero de este precepto, en el que se prevé que, en las actuaciones para la autorización o ratificación judicial del internamiento, por razón de trastorno psíquico, de una persona que no esté en condiciones de decidirlo por sí, la persona afectada por la medida de internamiento podrá disponer de representación y defensa en los términos señalados en el art. 758 de la LEC. Así pues, el sujeto concernido podrá comparecer en el proceso con su propia defensa y representación. Si no lo hiciere, será representado y defendido por el Ministerio Fiscal, a no ser que haya sido éste el promotor del procedimiento, en cuyo caso se le designará un defensor judicial, que deberá proceder al nombramiento de abogado y procurador.

Con independencia de esta intervención del defensor judicial en el procedimiento para el internamiento no voluntario por razón de trastorno psíquico, considero que el defensor judicial puede intervenir, prestando apoyo representativo a la persona con discapacidad que no puede decidir acerca su ingreso en un centro geriátrico. El Tribunal Constitucional ha resuelto en diversas ocasiones las demandas de amparo presentadas en casos concretos cuyas circunstancias —según sus propias palabras— "coinciden de manera sustancial con el de otras muchas personas que debido a su edad avanzada sufren una enfermedad neurodegenerativa y se encuentran recluidas en una residencia sin poder salir de ella, como medida de prevención. Han sido traídas allí por alguien de su entorno cercano, o a iniciativa de los servicios sociales; incluso en ocasiones se trata de un ingreso voluntario con el fin de recibir los cuida-

---

da permanecer en nuestro ordenamiento jurídico sin contrariar con ello el art.14 de la CDPD se basa, sobre todo, "en desligar la discapacidad del supuesto de hecho del internamiento, que estaría constituido por la existencia de un trastorno psíquico (derive o no en una situación de discapacidad), la falta de capacidad en el momento concreto para tomar una decisión válida acerca del internamiento y la existencia de un peligro objetivo para la integridad de la persona". Analiza las propuestas de reformas de la normativa del internamiento desde la aprobación de la Convención, y propone unas directrices sobre una futura regulación, SÁNCHEZ-CALERO ARRIBAS, B., *El internamiento involuntario por razón de trastorno psíquico,* cit., pp. 52-76.

dos de manutención y salud necesarios y, con el paso del tiempo, el afectado pierde la consciencia necesaria para emitir su voluntad de permanecer allí. La cuestión es que estos centros tienen bajo su cargo a personas que están privadas de su libertad ambulatoria y lo están, con cierta frecuencia en la práctica, sin ningún conocimiento ni autorización de la autoridad judicial"[670]. En estas situaciones, conforme a la doctrina constitucional, el caucel procesal del art. 763 de la LEC no resulta idóneo para obtener la autorización judicial que permita el internamiento en una residencia geriátrica de personas de edad avanzada que presentan un cuadro de deterioro cognitivo degenerativo de carácter permanente. En estos casos, dada la irreversibilidad de la situación, se precisa una solución más estable y permanente en el tiempo por lo que la vía del art. 763 de la LEC no resulta idóneo, salvo que concurra una situación de urgencia inminente[671]. Se considera, pues, que el art. 763 de la LEC solo contempla el internamiento terapéutico por razón de trastorno psíquico sin que pueda aplicarse al internamiento asistencial[672]

670 Fundamento de Derecho quinto de la STC de 29 de febrero de 2016 (*Tol 5692306*) y Fundamento de Derecho cuarto de la STC de 18 de julio de 2016 (*Tol 5863817*).

671 En este sentido la STC de 29 de febrero de 2016 (*Tol 5692306*), señaló que "si existen datos que desde el principio permitan sostener que el padecimiento mental que sufre la persona, por sus características y visos de larga duración o irreversibilidad, deben dar lugar a un régimen jurídico de protección más completo, declarando su discapacidad e imponiendo un tutor o curador para que complete su capacidad, con los consiguientes controles del órgano judicial en cuanto a los actos realizados por uno u otro, el internamiento podrá acordarse como medida cautelar (art. 762.1 LEC), o como medida ejecutiva de la sentencia (art. 760.1), en un proceso declarativo instado por los trámites del art. 756 y ss LEC".

672 Sobre esta cuestión se pronunció el TC en sus sentencias de 29 de febrero de 2016 (*Tol 5692306*) y de 18 de julio de 2016 (*Tol 5863817*). En ellas, igual que había hecho ya la STC de 1 de febrero de 2016 (*Tol 5665873*), el Tribunal Constitucional admite que una residencia geriátrica puede ser el centro al que se refiere el art. 763.1 de la LEC, pero siempre que disponga de médico psiquiatra que efectúe la valoración del estado de la persona que ingresa y motive la necesidad de su internamiento, así como los medios materiales y humanos para su tratamiento terapéutico, además de cumplir con los requisitos legales y administrativos para desarrollar su actividad.

y que se trata de un internamiento terapéutico con una vocación claramente temporal[673]. Con anterioridad a la reforma de la LAPD, se admitía que el internamiento podía acordarse como medida cautelar o definitiva dictada en un proceso de incapacitación, ya que dicho procedimiento garantizaba la adopción de medidas de protección o de apoyo individualizadas a las concretas circunstancias de la persona afectada. Tras dictarse la LAPD, el AAP de Orense, Sección 1ª, de 11 de marzo de 2022[674] aprecia que esta misma solución ha de aplicarse tras la citada ley y que, salvo que concurra una situación de urgencia terapéutica psiquiátrica inminente en la que el internamiento por la vía del 763 puede estar indicado, el cauce procedimental adecuado para acordar el internamiento sociosanitario de una persona discapacitada que no esté en condiciones de autorizarlo por sí misma es el previsto en el art. 42 bis b) de la LJV; en caso de oposición, a través de las medidas de apoyo provisional; o si la persona está desasistida, como medida cautelar del art. 762 de la LEC. Esta resolución considera que en aquellos casos en los que la persona con discapacidad cuente con un guardador de hecho, el propio guardador podrá solicitar autorización judicial en un procedimiento de jurisdicción voluntaria para el internamiento en una residencia geriátrica de la persona con discapacidad. Sin embargo, el citado Auto apunta, sin justificación alguna, que, si la persona carece de guardador de hecho, "la figura del defensor judicial no es adecuada para estos supuestos". A mi entender, si admitimos esta interpretación que se acaba de exponer en orden al procedimiento adecuado para el internamiento de carácter asistencial de la persona con discapacidad, el defensor judicial que le preste apoyo representativo podrá intervenir a los efectos de solicitar la correspondiente autorización judicial.

---

673 AAP de Orense, Sección 1ª, de 11 de marzo de 2022 *(Tol 9359762)*.

674 *Tol 9359762.*

II. EL DEFENSOR JUDICIAL EN LOS EXPEDIENTES DE JURISDICCIÓN VOLUNTARIA

1. *La habilitación y el nombramiento del defensor judicial para el apoyo en las actuaciones procesales*

Contempla la Ley de la Jurisdicción Voluntaria, en el art. 27.2, el expediente para la habilitación del menor no emancipado o de la persona con discapacidad para actuar en juicio y el ulterior nombramiento de defensor judicial para el apoyo en las actuaciones procesales. La LAPD ha modificado este apartado segundo a fin de sustituir la referencia a "personas con capacidad modificada judicialmente" por "personas con discapacidad", y adaptar las referencias a las instituciones tutelarse por las medidas de apoyo; en lo demás, su redacción proviene del texto originario de la LJV[675].

Ni en la redacción originaria del art. 27.2 de la LJV, ni en la vigente, se dice qué es la habilitación. Con anterioridad a la LAPD, la doctrina apreciaba que debía entenderse como el mecanismo o procedimiento que autorizaba la actuación procesal de un sujeto que carecía de la capacidad necesaria para hacerlo[676]. En la actualidad, tras la reforma derivada de la Ley en materia de capacidad jurídica, con relación a las personas adultas, la habilitación no puede ser ya concebida como un mecanismo para quienes carecen de capacidad, dado que eso supone mantener la vieja categoría de la capacidad de obrar limitada, incompatible con el sistema que ahora se instaura[677].

---

[675] La habilitación para comparecer en juicio, junto con el curador para pleitos, estaban regulados en la LEC de 1885 (arts. 1350 a 1358 y 1253 a 1260) y en la LEC de 1889 (arts. 1994-2001, a los que dio nueva redacción la Ley 15/1989, de 29 de mayo, y 1851 a 1852).

[676] PARRA LUCÁN, M.ª A., "La incidencia de las reformas del año 2015", cit., p. 241. En términos parecidos, resumiendo la doctrina procesal, TORIBIOS FUENTES, F., "Artículo séptimo. Modificación de la Ley 15/2015, de 2 de julio, de la Jurisdicción Voluntaria. Dos. Artículo 27", en *Comentarios a la Ley 8/2021 por la que se reforma la legislación civil y procesal en materia de discapacidad,* Guilarte Martín Calero, C. (dir.), Thomson Reuters Aranzadi, Cizur Menor (Navarra), 2021, p. 1380.

[677] Pone de manifiesto la incompatibilidad de la categoría de la capacidad de obrar con el nuevo sistema, GARCIA RUBIO, M.ª P., "La reforma operada

La capacidad resulta ahora inherente a la condición de persona humana y, por ello, no puede modificarse[678]. Si no puede modificarse ni restringirse, carece de sentido la habilitación, dado que ello implica que la persona carece de la capacidad previa para comparecer en juicio, y que a través de unos trámites se la autoriza para comparecer en un concreto procedimiento o para ejercitar una determinada acción procesal.

Es por ello que, al menos para las personas adultas o emancipadas, la habilitación debe conceptuarse como un supuesto más para el nombramiento de defensor judicial[679], que no requiere la previa habilitación de la persona afectada. La designación del defensor judicial obedece, en este supuesto, a que se ha incoado o es previsible que, de inmediato, vaya a incoarse un proceso judicial.

Para el nombramiento del defensor judicial se requiere que el menor no emancipado o la persona con discapacidad hayan sido demandados o se les siga gran perjuicio de no promover la demanda y que, además, se encuentren en alguno de los casos siguientes (art. 27.2 LJV): a) Hallarse los progenitores, tutor o persona designada para ejercer el apoyo ausentes ignorándose su paradero, sin que haya motivo racional bastante para creer próximo su regreso. b) Negarse ambos progenitores, tutor o persona designada para ejercer el apoyo a representar o asistir en juicio al menor o persona con discapacidad. c) Hallarse los progenitores, tutor o persona designada para ejercer el apoyo en una situación de imposibilidad de hecho para la representación o asistencia en juicio.

---

por la Ley 8/2021 en materia de apoyo", cit., p. 51.

678 Apartado III del Preámbulo de la LAPD.

679 Con anterioridad a la reforma, aunque no con el sentido que aquí se indica en orden al reconocimiento de la capacidad de todas las personas, ARIZA COLMENAREJO, A., "De la habilitación para comparecer en juicio y del nombramiento de defensor judicial", en *Comentarios a la Ley 15/2015, de la Jurisdicción Voluntaria,* Fernández de Buján, A. (dir.) y Serrano de Nicolás, A. (coord.), Civitas-Thomson Reuters, Cizur Menor (Navarra), 2016, p. 267, señalaba que la habilitación para comparecer en juicio y el nombramiento de defensor judicial son dos figuras "que van estrechamente unidas, ya que la habilitación se considera un supuesto más para el nombramiento de defensor judicial".

No hay referencia expresa en el procedimiento a un pronunciamiento expreso sobre la habilitación (art. 30.2 de la LJV), que debe entenderse realizado al nombrar defensor judicial al menor una vez constatadas las circunstancias a que se refiere el art. 27.2.

El art. 27.3 de la LEC contempla, para ciertos casos, el nombramiento de un defensor judicial sin necesidad de previa habilitación. Son tres los supuestos en que no será preceptiva la habilitación del menor para comparecer en juicio, aunque sí el nombramiento de defensor judicial: para litigar el menor contra sus progenitores o tutor o la persona con discapacidad contra su curador; si pretenden instar expedientes de jurisdicción voluntaria; o cuando la persona con discapacidad se hallare legitimada para ello cuando se inste por el Ministerio Fiscal un procedimiento para la adopción de medidas de apoyo (art. 27.3 LJV). Declara el art. 27.3 *in fine* que "[n]o procederá la solicitud si el otro progenitor o tutor, si lo hubiere, no tuviera un interés opuesto al menor o persona con discapacidad". La referencia al "otro progenitor o tutor" tiene sentido respecto al menor, no en relación con la persona con discapacidad.

La sola presentación de la solicitud de habilitación o de nombramiento del defensor judicial ya produce efectos. A este respecto, desde que se solicita la habilitación y/o el citado nombramiento y hasta que acepte su cargo el defensor judicial o se archive el expediente por resolución firme, quedará suspendido el transcurso de los plazos de prescripción o de caducidad que afecten a la acción de cuyo ejercicio se trate (art. 29.1). Se trata de no perjudicar los derechos e intereses de la persona afectada, durante la tramitación de la solicitud[680].

El art. 31.2 LJV ("Cesación del defensor judicial y de la habilitación para comparecer en juicio"), imponen al defensor judicial un deber de comunicar al órgano judicial si alguno de los progenitores o representantes o el curador se prestan a comparecer en juicio por el afectado, o se termina el procedimiento que motivó la habilitación. En estos supuestos, el letrado de la Administración de Justicia

---

680 TORIBIOS FUENTES, F., "Artículo séptimo. Modificación de la Ley 15/2015, de 2 de julio, de la Jurisdicción Voluntaria. Dos. Artículo 27", cit., p. 1385.

(en adelante, LAJ), en el expediente de habilitación para comparecer en juicio, procederá a dictar el oportuno decreto teniendo por cesado al defensor judicial[681].

2. En el expediente para la provisión de medidas de apoyo

En el expediente para la provisión de alguna medida judicial de apoyo, regulado en los arts. 42.bis.a) y siguientes de la LJV, está previsto que la persona con discapacidad, sea o no la promotora del procedimiento, puede actuar con su propia defensa y representación. Sin embargo, la ley incorpora la precisión de que "[s]i no fuera previsible que proceda a realizar por sí misma tal designación, con la solicitud se pedirá que se le nombre un defensor judicial, quien actuará por medio de Abogado y Procurador" [art. 42.bis.a), apartado 4, LJV]. Resulta confusa esta previsión, por cuanto, como precisa TORRES COSTAS[682], la legitimación activa puede corresponder a la propia persona con discapacidad que puede no haber previsto voluntariamente el nombramiento de su abogado y procurador y también puede ser previsible que no proceda a realizar por sí misma tal designación en el futuro. Por ello, para esta autora, este nombramiento está pensado más bien como medida de salvaguarda para los casos en que la persona con discapacidad figure como demandada. Sobre esta cuestión, el Grupo de trabajo sobre el nuevo sistema de provisión judicial de apoyos a personas con discapacidad y su aplicación transitoria (Cód. EX2201)[683], ha determinado que "la actuación en el expediente de la persona con discapacidad, bien por sí, bien mediante su defensor judicial, exigirá la asistencia letrada y la representación por procurador". Se considera que es una medida necesaria que pretende que la participación de la persona con discapacidad en el expediente sea con plenas garantías. De acuerdo con esta in-

---

681 SANMARTÍN ESCRICHE, F. y LACALLE SERER, E., *Comentarios a la Ley 15/2015, de la Jurisdicción Voluntaria,* Tirant lo Blanch, Valencia, 2017, p. 80.

682 TORRES COSTAS, M.ª E., *La capacidad jurídica a la luz del artículo 12*, cit., p. 400.

683 Anexo I, Documento definitivo del Grupo de Trabajo sobre el nuevo sistema de provisión judicial de apoyos a personas con discapacidad y su aplicación transitoria, Consejo General del Poder Judicial, p. 10.

terpretación, la persona con discapacidad podrá nombrar abogado y procurador para actuar en el expediente, y, de no hacerlo o de ser previsible que no lo realizará, se le nombrará defensor judicial que actúe con la asistencia de dichos profesionales. La referencia legal a que "si no fuera previsible que proceda a realizar por sí misma tal designación", se interpreta por el Grupo de trabajo en el sentido de que no será previsible que proceda a realizar por sí misma tal designación después de que hayan sido exploradas y utilizadas las herramientas precisas para que lo haga (art. 7 bis de la LJV). En cuanto a la "no previsible designación", se entiende que la norma se refiere a los supuestos de discapacidad tan intensa que quede corroborado, sin lugar a dudas, la completa imposibilidad de que la persona se exprese. Se aboga, pues, por una interpretación restrictiva, en el sentido de reducir la necesidad de presencia de defensor judicial, "máxime cuando el sistema general de la ley de construye sobre la base de potenciar la autonomía y la expresión de la voluntad, deseos y preferencias de la persona"[684]. Lógicamente, la designación se dejará sin efecto una vez que la persona afectada comparezca con su propia defensa y representación[685].

3. En otros expedientes en materia de persona

La Ley de la Jurisdicción Voluntaria regula el expediente para la aprobación judicial de la modificación de la mención registral del sexo de personas mayores de doce años y menores de catorce (Capítulo I bis). Podrán promover este expediente las personas mayores de doce años y menores de catorce, asistidas por sus representantes legales. En el supuesto de desacuerdo de los progenitores o representante legal, entre sí o con la persona menor de edad, se procederá al

684 Anexo I, Documento definitivo del Grupo de Trabajo, p. 11.

685 TORIBIOS FUENTES, F., "Artículo séptimo. Modificación de la Ley 15/2015, de 2 de julio, de la Jurisdicción Voluntaria. Tres. Incorporación nuevo Capítulo III bis al Título II", en *Comentarios a la Ley 8/2021 por la que se reforma la legislación civil y procesal en materia de discapacidad,* Guilarte Martín Calero, C. (dir.), Thomson Reuters Aranzadi, Cizur Menor (Navarra), 2021, p. 1403.

nombramiento de un defensor judicial de conformidad con lo previsto en los arts. 235 y 236 del Código Civil (art. 26 ter.2).

Contempla también la LJV la designación de un defensor judicial en el expediente que se incoe para resolver la solicitud de emancipación que inste el mayor de dieciséis años sujeto a patria potestad, por encontrarse en alguno de los supuestos previstos en el art. 320 CC, así como en el instado por el menor sujeto a tutela, de acuerdo con lo previsto en el art. 321 CC.

El art. 88 de la LJV, en relación con las medidas de protección relativas al ejercicio inadecuado de la potestad de guarda o de administración de los bienes de menores o de personas con discapacidad, también previene el nombramiento de un defensor judicial. La norma se refiere al juez como persona que nombra al defensor judicial si se considera preciso. Literalmente dice este precepto que "[s]i el Juez estimare procedente la adopción de medidas de protección relativas al ejercicio inadecuado de la potestad de guarda o de administraciones de bienes del menor o persona con discapacidad, resolverá lo que corresponda designando persona o institución que, en su caso, haya de encargarse de la custodia del menor o del apoyo a la persona con discapacidad, adoptará las medidas procedentes en el caso conforme a lo establecido en la legislación civil aplicable y podrá nombrar, si procediere, un defensor judicial". Una interpretación sistemática de la ley lleva a pensar que en estos casos el juez decide si hay que nombrar defensor judicial y será el LAJ quien ponga en marcha el expediente para nombrarlo. Pero, como señala PARRA LUCÁN[686], no hay razón para descartar, y el tenor literal del art. 88 del LJV lo respalda, que sea el juez quien directamente nombre defensor y le atribuya las funciones pertinentes. En estos casos, como destaca esta autora, hay que reparar en que estas medidas van unidas a una limitación de las funciones que corresponden a los titulares de las funciones de guarda, por lo que no resulta descabellado exigir una mayor presencia del juez.

---

686 PARRA LUCÁN, M.ª A., "La incidencia de las reformas del año 2015", cit., p. 294.

III. EL DEFENSOR JUDICIAL EN LOS EXPEDIENTES SUCESORIOS NOTARIALES

La Ley del Notariado contempla el nombramiento de un defensor judicial en tres expedientes: para la declaración de herederos abintestato (art. 56); en la presentación, adveración, apertura y protocolización de los testamentos cerrados (art. 57), así como para la protocolización de los testamentos ológrafos (art. 62). Estos tres expedientes en materia sucesoria fueron introducidos en la LN mediante la LJV[687]. En la redacción inicial de 2015, se preveía que "cuando cualquiera de los interesados fuera menor o persona con capacidad modificada judicialmente y careciera de representante legal, el Notario comunicará esta circunstancia al Ministerio Fiscal para que inste la designación de un defensor judicial".

El cambio introducido por la LAPD ha consistido única y exclusivamente en sustituir la referencia a "persona con capacidad modificada judicialmente" que "careciera de representante legal" por la de "persona con discapacidad sin apoyo suficiente". En efecto, respecto al expediente para la declaración de herederos abintestato, se establece que "[c]ando cualquiera de los interesados fuera menor y careciera de representante legal, o fuera persona con discapacidad sin apoyo suficiente, el Notario comunicará esta circunstancia al Ministerio Fiscal para que inste la designación de un defensor judicial" (art. 56.1.III de la LN). En cuanto al expediente destinado a la presentación, adveración, apertura y protocolización de los testamentos cerrados, está previsto que "[c]uando cualesquiera de los interesados fuera menor y careciera de representante legal o persona con discapacidad sin apoyo suficiente, el Notario comunicará esta circunstancia al Ministerio Fiscal para que inste la designación de un defensor judicial" (art. 57.3.II de la LN). En términos parecidos, para la protocolización de los testamentos ológrafos se establece que "[c]uando cualquiera de las referidas personas fuese menor y careciera de representante legal o fuese persona con discapacidad sin apoyo

---

687 La disposición final undécima de la LJV modifica la LN, con la finalidad de introducir un nuevo Título VII, en el que se incluye el Capítulo III, destinado a "los expedientes en materia de sucesiones".

suficiente, el Notario comunicará esta circunstancia al Ministerio Fiscal para que inste la designación de un defensor judicial" (art. 62.3 de la LN).

Con las modificaciones de estos preceptos se eliminan las referencias a la expresión "capacidad modificada judicialmente", lo cual resulta conforme a la reforma. Sin embargo, parece establecerse una equiparación entre los hijos menores no emancipados que carecieran de representación legal (esto es, que no estuvieran representados en el acto por su progenitores o tutores) y los mayores respecto de los cuales no se hubieran establecido medidas de apoyo. Esta ecuación no se adecúa, en cambio, al principio básico establecido por la reforma, cual es la autonomía de la persona con discapacidad para el ejercicio de su capacidad jurídica en igualdad de condiciones que los demás[688].

En efecto, en los tres expedientes mencionados, se prevé la comunicación de la minoría de edad o de la discapacidad del interesado sin apoyo suficiente por parte del Notario al Fiscal con la finalidad de que éste inste el nombramiento de un "defensor judicial". Cuando la persona afectada es menor de edad, la norma resulta adecuada, dado que la defensa de su mejor interés exige contar con un representante legal y, a falta de éste, con un defensor judicial. Por tanto, el nombramiento ha de ser automático: el Notario lo comunicará al Ministerio Fiscal y éste deberá instar la designación de un defensor judicial para el menor.

Esta automaticidad en el nombramiento del defensor judicial para las personas mayores de edad con discapacidad colisiona, en cambio, con el nuevo sistema de las medidas de apoyo, por lo que resulta necesario interpretar las normas citadas conforme a los nuevos principios[689]. No cabe, pues, interpretar estos preceptos en el sentido de que contienen un mandato imperativo, en cuya virtud, siempre que estuviera interesado en el expediente notarial una persona con discapacidad, el Notario ha de comunicar esta circunstancia al Minis-

---

688 *Vid.* CASTAÑO LÓPEZ, J., "Modificaciones en la Ley del Notariado y la LH", cit., pp. 789-793.

689 MARTOS CALABRÚS, M.ª A., *El defensor judicial de la persona con discapacidad,* cit., pp. 93-94.

terio Público para que inste la designación de un defensor judicial. Es importante tener en cuenta, por el contrario, que la designación del defensor judicial para la persona con discapacidad tan solo resulta procedente cuando ésta se encuentra "sin apoyo suficiente". Por tanto, en aplicación de los principios de necesidad y proporcionalidad, si la persona con discapacidad puede intervenir por sí misma en estos expedientes, sin contar con la asistencia de una medida de apoyo, o los apoyos formales o informales con los que cuenta son suficientes, no será preciso instar el nombramiento de un defensor. En la doctrina, además, se ha considerado que debiera preverse que el Ministerio Fiscal instase la adopción de la medida de apoyo que fuese necesaria, si es que lo fuese, atendiendo al caso concreto y no ceñirla, al nombramiento del defensor judicial, aunque *a priori* y, en términos generales, pareciese la más apropiada[690]. Por último, en los casos en que la persona precise contar con apoyo, en principio, el defensor judicial asumirá una labor meramente asistencial y, solo excepcionalmente, asumirá funciones representativas.

---

[690] TORRES COSTAS, M.ª E., *La capacidad jurídica a la luz del artículo 12*, cit., p. 246. Precisa, además, esta autora que esta medida, en contra de lo previsto en la CDPD y en el propio espíritu de la reforma, podría vulnerar el principio de proporcionalidad.

Capítulo Séptimo

El nombramiento del defensor judicial

I. LA DESIGNACIÓN DE LA PERSONA QUE EJERCERÁ EL CARGO DE DEFENSOR JUDICIAL

1. Personas llamadas a desempeñar el cargo de defensor judicial

El art. 300 CC, vigente hasta la entrada en vigor de la Ley 8/2021, indicaba que "se nombrará defensor a quien se estime más idóneo para el cargo"[691]. El mismo criterio es el que incorpora el art. 30.2 de la LJV que, en unos términos que han permanecido inalterados, dispone que se nombrará defensor judicial a quien el LAJ estime "más idóneo para el cargo".

Tras la reforma de 2021, no establece el Código civil preferencias para el nombramiento de defensor judicial del menor. No obstante, cabe considerar que deberá nombrarse a la persona que resulte más idónea para defender los intereses del menor, de acuerdo con su personalidad y con respeto a sus derechos (art. 236 CC). Asimismo, aplicando por analogía el art. 214 del CC (previsto para el nombramien-

---

691 Tal criterio de idoneidad había sido acogido en la jurisprudencia del Tribunal Supremo, de la que es ejemplo, entre otras, la sentencia de 8 de noviembre de 2017 *(Tol 6427812)*, que declara lo siguiente: "(…) Para el cargo de defensor judicial el art. 300 CC y el art. 30.2 LJV atribuyen al juez gran libertad a la hora de escoger a la persona que va a desempeñar el cargo de defensor judicial. No se establece un orden de prelación, ni hay remisión a las normas que lo establecen para el nombramiento de tutor. Tampoco se exige motivación alguna, aunque, naturalmente, para valorar la idoneidad el juez debe atender al beneficio del menor o incapaz, lo que dependerá del motivo que ocasione su nombramiento. En cada caso, el juez deberá escoger atendiendo a las circunstancias, a la amplitud y disponibilidad del círculo de personas cercanas al menor o incapacitado, pero también del asunto en cuya intervención esté requerida la actuación del defensor judicial".

to de tutor), se designará defensor a quien, por sus relaciones con el menor y en el interés superior de este, se considere más idóneo. Por supuesto, deberá oírse al menor, si bien, a diferencia de lo que ocurre en sede de curatela, donde, si la voluntad del interesado es clara, parece que disminuye el margen de maniobra de la autoridad judicial (art. 276.IV del CC), nada indica que la autoridad judicial deba nombrar, necesariamente, a quien señale el menor[692].

En relación con la persona con discapacidad, una vez oída esta, "la autoridad judicial nombrará defensor judicial a quien sea más idóneo para respetar, comprender e interpretar la voluntad, deseos y preferencias de aquella" (art. 295.II CC)[693]. La idoneidad viene referida a la aptitud para prestar el apoyo que precisa la persona con discapacidad atendiendo a su voluntad, deseos y preferencias. Este es el parámetro que debe guiar la elección de la persona adecuada para ostentar dicho cargo y ejercer la función inherente al mismo. En todo caso, la valoración de las condiciones personales e idoneidad del designado para atender a la voluntad de la persona con discapacidad exigirá atender a las circunstancias de cada caso[694].

---

692 MARTÍN AZCANO, E. M.ª, "El defensor judicial del menor", cit., p. 304.

693 Como señala el APP de Cáceres, Sección 1ª, de 30 septiembre de 2022 (*Tol 9395094*), "en orden a su designación, el artículo 295 del Código Civil, en consonancia con el artículo 30.2 de la Ley de Jurisdicción Voluntaria, ofrece una amplia *horquilla* en la determinación o elección de la persona que deba ostentar el cargo en beneficio de la persona con discapacidad, atendiendo en su designación, como no podía ser de otro modo, al cambio de paradigma que ha supuesto la nueva regulación, consolidando un sistema basado en el respeto a la voluntad, deseos y preferencias de la persona con discapacidad".

694 Entiende BELLIDO GONZÁLEZ DEL CAMPO, C., *La capacidad jurídica de las personas con discapacidad. Medidas de origen legal y judicial*, Aranzadi, Cizur Menor (Navarra), 2023, p. 88, que la idoneidad hay que referirla a "quien tenga más afinidad con la persona lo que implica que la conozca y la haya tratado". La STS de 8 de noviembre de 2017 *(Tol 6427812)* precisa, a este respecto, que "[e]n cada caso, el juez deberá escoger atendiendo a las circunstancias, a la amplitud y disponibilidad del círculo de personas cercanas al menor o incapacitado, pero también del asunto en cuya intervención esté requerida la actuación del defensor judicial".

A pesar de que el art. 297 del CC tan solo declara aplicables al defensor judicial las causas de inhabilidad, excusa y remoción del curador, sin incluir lo relativo al nombramiento, cabe también aplicar a la elección del defensor las reglas atinentes al curador, por existir identidad de razón y no existir previsión ni prohibición legales[695]. En concreto, resulta llamativo que en la regulación del nombramiento del defensor judicial se haya omitido por completo el valor de las disposiciones voluntarias de la persona con discapacidad, como acontece en el art. 271 CC respecto a la autocuratela, y que permitirían el nombramiento o la exclusión de un defensor judicial determinado, o la especificación de disposiciones sobre el funcionamiento y contenido del cargo. Como se expondrá *ut infra*, cabe interpretar que también respecto al defensor judicial es posible su propuesta en escritura pública por la propia persona con discapacidad como medida de apoyo.

Aplicando la norma del último párrafo del art. 276 del CC (en virtud de la remisión del art. 297), cabe entender que, en defecto de propuesta de defensor judicial formulada en escritura pública por la propia persona con discapacidad, cuando, una vez oída ésta, "no resultare clara su voluntad", la autoridad judicial podrá nombrar a la persona más idónea para comprender e interpretar su voluntad, deseos y preferencias. Por tanto, tan solo en el caso de que no resulte "clara" la voluntad de la persona con discapacidad podrá la autoridad judicial soslayar sus preferencias en orden a quien desea que sea nombrado su defensor[696].

---

695 MONTSERRAT QUINTANA, A., "El defensor judicial de la persona con discapacidad", cit., p. 737.

696 Considera ÁLVAREZ LATA, N., "Artículo 295 CC", cit., pp. 844-845, que "el defensor no tiene que ser quien la persona con discapacidad pueda preferir en todo caso" y que "la decisión de la autoridad judicial puede desviarse de la voluntad de la persona no tanto para decidir con el criterio del mayor interés cuanto para escoger, atendiendo a las circunstancias, a la amplitud y disponibilidad del círculo de personas cercanas a dicha persona, pero también del asunto en cuya intervención esté requerida la actuación del defensor judicial, quién está en mejores condiciones para llevar a cabo el encargo propio del defensor y entender su voluntad y preferencias".

Con anterioridad a la reforma, se suscitaba la duda sobre si la autoridad judicial se encontraba vinculada, a la hora de realizar el nombramiento de defensor judicial, por el art. 234 del CC, que establecía un orden de prelación de las personas que habían de ser nombradas tutores por el juez. En general, se estimaba que no, en tanto que el art. 301 del CC remitía a las causas de inhabilidad, excusas y remoción de los tutores y curadores, sin que figurase una remisión al nombramiento[697]. Esta interpretación venía corroborada por el hecho de que el párrafo tercero del art. 163 del CC, que fijaba criterios para nombrar al defensor judicial en caso de conflicto de intereses entre el menor y sus progenitores, con remisión a las reglas de la tutela, había sido suprimido por la LOPJM[698]. En el régimen vigente, a diferencia de lo que acontece en sede de tutela o de curatela, donde se establece un orden de preferencia para el nombramiento de tutor o curador (arts. 213 y 276 del CC, respectivamente), nada se dice en lo que concierne al nombramiento del defensor judicial, por lo que cabe concluir que la autoridad competente podrá designar a quien considere más idóneo para el cargo, sea o no pariente del menor o de la persona con discapacidad[699]. El nombramiento puede recaer, de este modo, en un pariente o en una persona extraña a la familia[700]. En este senti-

697 ANGOSTO SÁEZ, J.F., "Comentario a la Disposición final primera, apartado cincuenta y tres", en *Comentarios a la Ley 15/2015, de la Jurisdicción Voluntaria*, Fernández de Buján, A. (dir.) y Serrano de Nicolás, A. (coord.), Civitas-Thomson Reuters, Cizur Menor (Navarra), 2016, p. 921.

698 Tras la reforma de la Ley 11/1981, el art. 163.III del CC disponía que el juez nombraría defensor, "al pariente del menor a quien en su caso correspondería la tutela legítima, y a falta de éste o cuando tuviere intereses contrapuestos, a otro pariente o a un extraño".

699 ÁLVAREZ ÁLVAREZ, H., "Artículo 235 CC", cit., p. 450. Ello no es óbice, según señala ANGOSTO SÁEZ, J.F., "Comentario a la Disposición final primera, apartado cincuenta y tres", cit., p. 922, para que el LAJ "se apoye en la enumeración de «candidatos» [...] para elegir al más idóneo para desempeñar la función de defensor judicial, pero de no seguirla, desde luego que no tendrá que motivarlo".

700 En la redacción originaria del texto codificado, estaba previsto que el nombramiento de defensor recayese en el "pariente del menor a quien en su caso correspondería la tutela legítima, y a falta de éste, a otro pariente o a un extraño" (art. 165.II del CC).

do, la STS de 9 de mayo de 1968[701] dispuso que la "autoridad puede nombrar a un extraño, cuando los más próximos, parientes llamados por el artículo 165 del Código Civil, tengan idéntico interés que los padres". Asimismo, el AAP de Sevilla de 28 de octubre de 2021[702] nombra defensor judicial a la persona propuesta por la promotora, "sin que el hecho de que sea extraña a la familia sea óbice para ello".

Para el Tribunal Supremo no existe inconveniente alguno en el nombramiento de un defensor judicial que sea una persona jurídica, de manera que, "[e]n caso de ausencia de personas próximas a las que acudir para el nombramiento, lo razonable es precisamente acudir a una institución dedicada a promover la protección y defensa de personas con discapacidad"[703]. Podrán ser defensores, de este modo, las fundaciones y demás personas jurídicas que cumplan los requisitos para ser tutores o curadores[704]. A este respecto, resultan de aplicación los arts. 212 y 275.1.II del CC, en orden a la posibilidad de nombrar defensor a una "fundación y demás personas jurídicas sin ánimo de lucro, públicas o privadas, entre cuyos fines figure la protección y asistencia de menores" o "la promoción de la autonomía y asistencia a las personas con discapacidad". No obstante, en relación con los menores de edad, aunque en el régimen de la tutela se dispone expresamente la posibilidad de que la persona tutora sea una persona jurídica (art. 212 del CC), como ha destacado SOLÉ RESINA[705], en general, la regulación de la tutela parece estar pensando en el supuesto de que quien la ejerce es una persona física[706]. En la práctica, de este modo, sobre todo cuando el defensor judicial se nombre para

---

701 *Tol 4276597.*

702 *Tol 8796265.*

703 STS de 8 de noviembre 2017 *(Tol 6427812).*

704 Con anterioridad a la reforma, afirmaba LEGERÉN MOLINA, A., "El funcionamiento de la guarda legal ejercida por personas jurídicas", en *Los mecanismos de guarda legal de las personas con discapacidad tras la Convención de Naciones Unidas",* Dykinson, Madrid, 2013, p. 143, que las personas jurídicas, públicas o privadas, podían ejercer cualquiera de las instituciones tutelares, como ser nombradas defensor judicial.

705 SOLÉ RESINA, J., "La tutela de las personas menores", cit., p. 53.

706 Así, por ejemplo, cuando se establecen las preferencias en el nombramiento de tutor (arts. 213, 214 del CC) o cuando se disponen las prohibiciones o causas de inhabilitación (arts. 216 y 217 del CC). También cuando el

suplir la falta de desempeño de sus funciones por parte del tutor (o de los progenitores), se tenderá a nombrar defensor a una persona del entorno familiar o comunitario dispuesta a asumir el cargo, porque normalmente se considerará beneficioso para la persona menor.

En lo que concierne a la capacidad exigida a la persona que deba ostentar esta función, la reforma no se pronuncia de manera explícita acerca de si puede ser nombrado defensor judicial un menor emancipado[707]. El art. 275.1.I del CC, en sede de curatela, pero aplicable al defensor judicial del menor y de la persona con discapacidad (arts. 236 y 297 del CC, respectivamente), circunscribe el nombramiento a "las personas mayores de edad que, a juicio de la autoridad judicial, sean aptas para el adecuado desempeño de su función". No obstante, en principio, no parece existir impedimento para ello en todos los asuntos en los que el emancipado no necesite para completar su propia capacidad de la asistencia de sus progenitores o de su defensor (art. 247 CC).

No contempla el Código civil la posibilidad de que se nombre más de un defensor judicial. En el caso de la curatela está previsto que se pueda proponer el nombramiento de más de un curador "si la voluntad y necesidades de la persona que precise el apoyo lo justifican", en particular, se considera que "podrán separarse como cargos distintos los de curador de la persona y curador de los bienes". Dada la limitada extensión del ámbito de actuación del defensor judicial, no parece que resulte necesario el llamamiento a más de una persona. Con todo, si la propia persona con discapacidad propone que el nombramiento recaiga en más de un defensor o las necesidades de asistencia exigen la intervención de más de una persona, no parece que exista inconveniente en que se proceda a un nombramiento múltiple.

Por último, podrán ser defensores judiciales todas aquellas personas en quienes no concurra alguna de las causas de inhabilidad

---

Código sienta el criterio de que se considera beneficiosa para el menor la integración en la vida familiar del tutor (art. 213, *in fine,* del CC).

707 Para una exposición del debate acerca de si puede ser nombrado defensor judicial el menor emancipado *vid.* FLORENSA I TOMÀS, C. E., *El defensor judicial*, cit., pp. 164-175.

establecidas para los curadores (arts. 236, 297 y 275, apartados 2 y 3 del CC), y que serán objeto de análisis *ut infra.*

2. *La propuesta de nombramiento del defensor judicial por la propia persona con discapacidad*

El Código civil prevé que la curatela puede tener un origen voluntario, cuando la persona, con carácter preventivo, propone en escritura pública el nombramiento o la exclusión de una o varias personas determinadas para el ejercicio de la función de curador (art. 271.I del CC). Es la denominada "autocuratela", que permite al propio interesado configurar, si lo desea, su propia curatela[708]. La posibilidad legal de nombrar curador es "una manifestación del principio de la autonomía de la voluntad, del libre desarrollo de la personalidad y del respeto a la dignidad humana reconocidos por el art. 10 CE, que faculta a una persona mayor de edad o menor emancipada, para designar la persona que ejerza la función de curador o incluso excluir alguna o algunas del ejercicio de tal cargo"[709].

A mi modo de ver, esta posibilidad de que sea la propia persona concernida la que proponga *ex ante* el nombramiento de quien desea que cumpla el cometido de curador resulta plenamente aplicable

---

708 Expone GARCÍA RUBIO, M.ª P., "Artículo 250", cit., p. 237, que la "autocuratela" "permite autodeterminar el apoyo tomando como referencia el marco institucional que conforma la curatela diseñada por el legislador, si bien la autonomía de la voluntad del autor de la propuesta puede alterar ese diseño según sus propias preferencias, hasta el punto de perfilar un régimen distinto o, incluso, directamente opuesto al establecido por el legislador". Las características que delimitan la autocuratela, según se indica en la STS de 2 de noviembre de 2021 *(Tol 8639708)* son las siguientes: es un negocio jurídico de derecho de familia, de carácter unilateral, pues proviene de la voluntad del otorgante, sin necesidad de concordarla con la propia de la persona designada, al tiempo de su otorgamiento; es personalísimo; inter vivos, en tanto en cuanto desencadena sus efectos en vida de la persona con discapacidad; solemne, puesto que su validez precisa que la voluntad se manifieste en escritura pública notarial, como las medidas voluntarias de apoyo; vinculante, en principio, para el juez; revocable; e inscribible en el Registro Civil.

709 STS de 2 de noviembre de 2021 *(Tol 8639708).*

al defensor judicial; lo permite una interpretación extensiva del art. 297 del CC, en concordancia con la prelación que el nuevo sistema otorga a la voluntad, deseos y preferencias de la persona con discapacidad[710]. Es más, al igual que sucede respecto al curador, no solo podrán realizarse propuestas de nombramiento y sustituciones (art. 273 CC), sino que también cabe excluir a una o varias personas determinadas para el ejercicio de la función de defensor (art. 271.I del CC), así como establecer las reglas de funcionamiento y contenido del apoyo (art. 271.II del CC). Cabe también que se delegue en el cónyuge u otra persona la elección del defensor entre las llamadas en escritura pública a ejercer el cargo; no se trata, por tanto, de la designación del defensor, sino de la elección entre los escogidos por la persona interesada (art. 274 del CC)[711].

La persona interesada podrá designar defensor judicial a quien, "en virtud de su disponibilidad, solicitud, empatía, cercanía y afecto, considera más idónea para prestarle los apoyos precisos para el ejercicio de su capacidad jurídica en condiciones de igualdad; en definitiva, para acompañarla, asistirla o incluso excepcionalmente representarla, con la confianza que ejercerá dicho cargo con respeto a su voluntad, deseos, preferencias, creencias, valores y trayectoria vital (arts. 249 y 250 CC)". Ello se entiende "[s]in perjuicio, claro está, de la facultad de designar a una persona jurídica pública o privada que desempeñe tales funciones"[712].

La propuesta sobre el nombramiento o exclusión de una o varias personas como defensor judicial, vinculará a la autoridad judicial (art. 272.I del CC); no obstante, se podrá prescindir total o parcialmente de esas disposiciones voluntarias de autodelación del defensor judicial mediante resolución motivada, si existen circunstancias graves desconocidas por la persona que las estableció o alteración de

---

710 Aunque no se prevé expresamente, considera ÁLVAREZ LATA, N., "Artículo 295 CC", cit., p. 842, conveniente que la persona con discapacidad pueda expresar las preferencias o las exclusiones respecto de las personas que pueden desempeñar este cargo, e incluso expresar su preferencia por este apoyo en concreto.

711 STS de 2 de noviembre de 2021 *(Tol 8639708)*.

712 En estos términos se expresa la STS de 2 de noviembre de 2021 *(Tol 8639708)*, con relación a la propuesta de curador.

las causas expresadas por ella o que presumiblemente tuvo en cuenta en sus disposiciones (art. 272.II del CC). El Tribunal Supremo ha tenido ocasión de pronunciarse sobre el valor de la voluntad en la designación del titular del apoyo, con arreglo a la nueva normativa, en la sentencia de 19 de octubre de 2021[713]. En esta resolución, el Alto Tribunal estima, en contra de lo acordado por la sentencia recurrida, que no se podía prescindir del criterio preferente de la voluntad de la demandada respecto a quien deseaba que le prestara apoyos cuando no pudiera ejercer su capacidad jurídica[714]. A tales efectos, expone que "dentro del marco de la esfera de disposición de las personas, se comprende la elección de la que, en atención a su disponibilidad, cercanía, empatía, afecto o solicitud, desempeñe el cargo de curadora".

3. La designación del defensor judicial del menor por los progenitores

El art. 201 del CC permite que los progenitores que ostenten la patria potestad realicen, en testamento o documento público, una propuesta de una o más personas físicas o jurídicas para desempeñar la tutela de su hijo o hija menor, establecer órganos de fiscalización de la tutela, "así como designar las personas que hayan de integrarlos u ordenar cualquier otra disposición sobre la persona o bienes de sus hijos menores"[715]. Como sabemos, el art. 236 del CC considera aplicables al defensor judicial del menor las normas del defensor judicial

---

713 *Tol 8628066.*

714 En el caso resuelto por esta sentencia, la demandada tenía seis hijos y había previsto una autotutela, en cuya virtud, quería que, llegado el caso, se designase tutora a una de sus hijas, con la que convivía, y de forma subsidiaria, a otros dos hijos, expresando su deseo de que no se nombrase a ninguno de los otros tres hijos ni a una institución pública o privada. El juzgado de primera instancia sometió a la demandada a régimen de tutela designando tutor a la Agencia Madrileña para la Tutela de Adultos. La Audiencia Provincial revoca este aspecto y nombra tutores de manera mancomunada precisamente a dos de los hijos que la madre había dicho expresamente que no quería que, llegado el caso de perder sus facultades mentales, asumieran la tutela. La Audiencia lo justifica en que "son los más idóneos".

715 Esta facultad concedida a los progenitores respecto al hijo está prevista "para el supuesto de que, ante su falta por muerte o por imposibilidad so-

de las personas con discapacidad, pero nada dice, de manera expresa, en cuanto a las reglas para su nombramiento. Surge entonces la duda de si los progenitores, del mismo modo que pueden designar al tutor de sus hijos, tienen la facultad de nombrarles un defensor judicial a fin de que, llegado el caso, intervenga en las hipótesis legalmente previstas. A favor de esta posibilidad se utiliza el argumento *a maiori ad minus*: si los padres pueden designar al tutor deberían poder hacerlo con el defensor judicial. En contra se aprecia que la falta de remisión al régimen del nombramiento del tutor es deliberada, al estar fundada fundamentalmente en el parentesco; se invoca, a este respecto que, aunque las supuestas relaciones de afectividad con el menor parece que denotan la idoneidad requerida legalmente, sin embargo, tal relación familiar puede ser contraproducente en los supuestos legales en que procede nombrar un defensor judicial (piénsese en el caso más frecuente del conflicto de intereses)[716].

A mi modo de ver, nada impide que los progenitores propongan a una persona como posible defensor judicial del hijo. Téngase en cuenta que es la autoridad judicial la que tiene la facultad de conferir el nombramiento. La designación del progenitor o de los progenitores vinculará a la autoridad judicial, salvo que el interés superior del menor exija otra cosa, en cuyo caso dictará resolución motivada (art. 202 del CC, en sede de tutela). Así, si la persona propuesta no es la adecuada para intervenir en un asunto en el que existe conflicto de intereses, o en caso de imposibilidad transitoria de los progenitores, resultará justificado que el nombramiento recaiga en alguien con mayor idoneidad.

4. *La prohibición de nombrar defensor judicial a quien preste servicios a la persona con discapacidad*

A fin de evitar situaciones de influencia indebida y posible conflicto de intereses se prohíbe ser titular de medidas de apoyo —ya

---

brevenida de ejercerla, deje de estar sometido a su potestad" (SOLÉ RESINA, J., "La tutela de las personas menores", cit., p. 55).

716 ANGOSTO SÁEZ, J.F., "Comentario a la Disposición final primera, apartado cincuenta y tres", cit., p. 922.

sean voluntarias, legales o judiciales— a quienes, en virtud de una relación contractual, presten servicios asistenciales, residenciales o de naturaleza análoga a la persona que las precise (art. 250.VIII del CC)[717]. Estamos ante una causa de inhabilidad general para el desempeño de cualquier función de apoyo, de manera que no es posible que el apoyo recaiga en las personas físicas o jurídicas que presten servicios asistenciales profesionales a las personas con discapacidad. El CCCat ya introdujo esta prohibición en el art. 222-17 ("Exclusión por conflicto de intereses"), si bien de forma más matizada[718], al admitir que, "ante circunstancias excepcionales por necesidades de la persona tutelada, la autoridad judicial puede autorizar a las entidades tutelares a prestar servicios asistenciales y residenciales".

Esta prohibición alcanza al nombramiento del defensor judicial, que no podrá recaer en el titular de la residencia en la que se encuentre la persona con discapacidad o en quien la cuide en su domicilio y con la que tenga un contrato de servicios. La aplicación de esta prohibición al nombramiento de defensor judicial tiene sentido, en la medida en que se trata de una medida de origen judicial, por lo que se trata de evitar las situaciones de abuso de confianza o influencia indebida del defensor en la persona a la que asiste. En cambio, para las medidas de apoyo voluntarias, diseñadas por el propio interesado, se ha considerado que esta norma prohibitiva no respeta, sino todo lo contrario, la voluntad de la persona con discapacidad[719].

---

717 El art. 222-17 del CCat dice así: "1. No pueden ser titulares de la tutela ni de la administración patrimonial, ni ejecutoras materiales de las funciones tutelares, las personas físicas o jurídicas privadas que estén en una situación de conflicto de intereses con la persona protegida. En particular, no pueden serlo las que, en virtud de una relación contractual, presten servicios asistenciales, residenciales o de naturaleza análoga a la persona protegida. 2. No obstante lo establecido por el apartado 1, ante circunstancias excepcionales por necesidades de la persona tutelada, la autoridad judicial puede autorizar a las entidades tutelares a prestar servicios asistenciales y residenciales".

718 VAQUER ALOY, A., "El sistema de apoyos como elemento para el ejercicio de la capacidad jurídica", cit., p. 516.

719 GARCÍA RUBIO, M.ª P., "Contenido y significado general de la reforma", cit., p. 9.

5. Causas de inhabilidad

Son aplicables al defensor judicial las causas de inhabilidad previstas para el curador (arts. 236 y 297 CC)[720]. La aplicación de estas causas que inhabilitan para el desempeño de la curatela exige realizar las oportunas adaptaciones a las peculiaridades del cargo de defensor judicial, si bien, tratándose en ambos casos de figuras de designación judicial, no se aprecian diferencias significativas.

Comenzando por las causas de inhabilidad absoluta, no podrán ser designados como defensores judiciales, en ningún caso, por carecer de aptitud para ello (art. 275.2 del CC)[721]: quienes hayan sido excluidos por la persona que precise el apoyo; quienes, en virtud de resolución judicial, estuvieran privados o suspendidos en el ejercicio de la patria potestad o, total o parcialmente, de los derechos de guarda y protección; y, quienes hubieren sido legalmente removidos de una tutela, curatela o guarda anterior.

Junto a las causas de inhabilidad absoluta enumeradas en el art. 275.2 del CC, el número 3 consagra otras que pueden ser dispensadas por la autoridad judicial por "circunstancias excepcionales debidamente motivadas"[722]. En virtud de esta norma, no podrá nombrarse defensor judicial, salvo circunstancias excepcionales que deberá motivar la autoridad judicial, a quienes se encuentren en las siguientes situaciones: 1.º A quien haya sido condenado por cualquier delito que haga suponer fundadamente que no desempeñará bien la función de defensor judicial. 2.º A quien tenga conflicto de intereses con la persona que precise apoyo o con el menor. 3.º Al administrador que hubiese sido sustituido en sus facultades de administración durante la tramitación del procedimiento concursal. 4.º A quien le sea

---

720 El derogado art. 301 del CC también señalaba que eran aplicables al defensor judicial las causas de inhabilidad, excusas y remoción de los tutores y curadores.

721 MARTÍN AZCANO, E. M.ª, "El defensor judicial del menor", cit., p. 305.

722 Mientras las causas de inhabilidad absolutas tienen carácter evidente e irreparable, las relativas son excepcionalmente remisibles (MONTSERRAT QUINTANA, A., "El defensor judicial de la persona con discapacidad", cit., p. 739).

imputable la declaración como culpable de un concurso, salvo que solamente se le encomiende la protección o asistencia de la persona.

Respecto a la causa consistente en el conflicto de intereses, mientras el art. 217.5.º del CC, para el nombramiento de tutor, excluye de manera absoluta "a quien tenga conflicto de intereses con la persona sujeta a tutela", en el caso de la curatela, nos encontramos antes una causa que podrá ser salvada atendiendo "a circunstancias excepcionales debidamente motivadas" (art. 275.3.2.º del CC). Tanto en el caso del tutor como en el del curador, se trata de garantizar la actuación imparcial de la persona designada y evitar que pueda atender a sus propios intereses con prioridad a los de la persona menor o con discapacidad[723]. El conflicto de intereses solamente es causa de inhabilitación, cuando se plantea con carácter continuado o duradero en el tiempo; en otro caso, un conflicto de intereses puntual, como es sabido, se resolverá con el nombramiento del defensor judicial, según prescribe el art. 295.2.º del CC. Considero, asimismo, que la norma ha de interpretarse en el sentido de que podrá nombrarse curador a alguien que tenga en algún asunto puntual un conflicto de intereses con la persona con discapacidad, siempre que para las restantes cuestiones en las que se requiera su intervención no concurra dicha contradicción de intereses. Aplicado al defensor judicial, podemos señalar que el nombramiento no podrá recaer en una persona que también esté incursa en el conflicto de intereses que precisamente justifica su nombramiento (art. 295.2.º del CC). Esta situación de conflictividad ha de mantenerse, además, en el tiempo para que

---

[723] En relación con el tutor, SOLÉ RESINA, J., "La tutela de las personas menores", cit., p. 74. Respecto al nombramiento de curador, considera REPRESA POLO, M.ª. T., "Régimen jurídico. El nombramiento del curador. Posibles sujetos curadores. Duración del cargo de curador. La remoción y excusa del cargo de curador", en *La reforma civil y procesal en materia de discapacidad. Estudio sistemático de la Ley 8/2021, de 2 de junio*, De Lucchi López-Tapia, Y. y Quesada Sánchez, A.J. (dirs.) y Ruiz-Rico Ruiz, J. M. (coord.), Atelier, Barcelona, 2022, p. 342, que "cuando surja de inicio o esté presente ese conflicto en el momento de nombrar curador es más que justificado que no se nombre a esa persona curador, para evitar el riesgo presente en cualquier conflicto de intereses, que es que la persona atienda preferentemente los suyos y no a los de la persona que presta el apoyo".

impida el nombramiento de una persona como defensor judicial[724]. Para las restantes causas de designación del defensor (como el apoyo ocasional, aunque sea recurrente), creo que por el hecho de que la persona idónea se encuentre en una situación puntual de conflicto de intereses con la persona con discapacidad (por ej., ambas concurren a una herencia en la que tienen intereses contrapuestos), no quedará excluido su nombramiento para la intervención en otros asuntos distintos. Por lo demás, no existirá conflicto de intereses cuando en un procedimiento para la provisión de apoyos a la persona con discapacidad se nombre defensor judicial a la persona que finalmente asume la curatela[725].

6. *La excusa para el desempeño de la función de defensor judicial*

El cargo de defensor judicial es obligatorio, aunque su desempeño es excusable en aplicación de las causas previstas para la excusa de la curatela (art. 279, en la remisión efectuada por los arts. 236 y 297 del CC). En concreto, será excusable el desempeño de la defensa judicial si resulta excesivamente gravoso o entraña grave dificultad el ejercicio del cargo para la persona nombrada (art. 279.I del CC). Las personas jurídicas privadas podrán excusarse cuando carezcan de medios suficientes para el adecuado desempeño del cargo de defensor o las condiciones de ejercicio de la defensoría no sean acordes con sus fines estatutarios (art. 279.II del CC). No concurrirá causa de excusa cuando el desempeño del cargo de defensor judicial haya sido encomendado a una entidad pública (art. 281.IV del CC). El interesado que alegue causa de excusa deberá hacerlo dentro del

---

724 La STS de 23 de enero de 2023 *(Tol 9500850)*, aprecia que la vulnerabilidad de la demandada por la conflictividad con su hijo, no se ha mantenido en el tiempo, lo que permite mantener la guarda de hecho que aquel venía ejerciendo.

725 En este sentido, la STS de 8 de noviembre de 2017 *(Tol 6427812)*, respecto a un procedimiento para la limitación de la capacidad anterior a la reforma, no aprecia conflicto de intereses por el hecho de que se designase como tutora a la misma entidad que fue nombrada defensora judicial durante el procedimiento.

plazo de quince días a contar desde que tuviera conocimiento del nombramiento (art. 279.III del CC).

Dispone el art. 279.IV que "[m]ientras la autoridad judicial resuelva acerca de la excusa, el nombrado estará obligado a ejercer su función", norma que sin duda resulta aplicable al defensor judicial nombrado. Ahora bien, decreta seguidamente el precepto que "[s]i no lo hiciera y fuera necesaria una actuación de apoyo, se procederá a nombrar un defensor judicial que sustituya al curador, quedando el sustituido responsable de los gastos ocasionados por la excusa, si esta fuera rechazada". No parece razonable, sin embargo, que se proceda al nombramiento de un defensor judicial que sustituya, de manera transitoria, al defensor judicial ya nombrado y que ha planteado excusa para su desempeño. Lo procedente, en estos casos, será efectuar una nueva designación de defensor.

II. EL EXPEDIENTE DE JURISDICCIÓN VOLUNTARIA PARA EL NOMBRAMIENTO DEL DEFENSOR JUDICIAL

1. Regulación legal

Una vez vistos los presupuestos para la designación del defensor judicial, procede analizar el régimen de su nombramiento. Esta cuestión aparece regulada en el art. 295, *in fine,* CC y en los arts. 27 a 32 de la LJV, que establecieron en 2015 las reglas procedimentales para el nombramiento de cualquier defensor judicial y que han sido reformados por la LAPD, para que las disposiciones se apliquen al nombramiento del defensor judicial de la persona con discapacidad, cualquiera que sea la causa concreta de la designación[726].

El expediente para el nombramiento del defensor judicial se contiene en el Capítulo II del Título II de la LJV (arts. 27 a 32). Según se indica en el art. 27, las disposiciones de este capítulo se aplicarán, por un lado, en los casos en que procede conforme a la ley (funda-

[726] GARCÍA LÓPEZ, P., "El defensor judicial del menor", cit., p. 365.

mentalmente, según lo establecido en los arts. arts. 235 y 295 CC) el nombramiento de un defensor judicial de menores o personas con discapacidad; por otro lado, estas normas resultan también de aplicación en los casos en que proceda la habilitación y ulterior nombramiento de defensor judicial para intervenir en las actuaciones procesales (supuesto que ya ha sido analizado).

No obstante, como vamos a ver, cuando el defensor judicial se erige en una medida formal de apoyo ocasional, aunque sea recurrente, para la persona con discapacidad (supuesto del aparado 5.º del art. 295 del CC), deberán seguirse los trámites del "expediente de provisión de medidas judiciales de apoyo" del Capítulo III bis de la LJV [arts. 42 bis a), b) y c)].

2. *Autoridad competente*

Desde el año 2015, conforme al nuevo modelo competencial trazado por la LJV [727], la decisión de los expedientes para el nombramiento de defensor judicial se encomienda al LAJ y no al juez, como venía sucediendo hasta ese momento. Así, el art. 28.1 de la LJV atribuye la competencia para conocer de este expediente al secretario

---

727 Como indica el Preámbulo de la LJV, "la desjudicialización de determinados supuestos de jurisdicción voluntaria sin contenido jurisdiccional, en los que predominan los elementos de naturaleza administrativa, no pone en riesgo el cumplimiento de las garantías esenciales de tutela de los derechos e intereses afectados" (apartado V). Respecto al ámbito que nos ocupa, el apartado VIII declara que "el Secretario judicial va a encargarse de la decisión de algunos expedientes en los que se pretende obtener la constancia fehaciente sobre el modo de ser de un determinado derecho o situación jurídica, y siempre que no implique reconocimiento de derechos subjetivos: cumplen estas condiciones el nombramiento de defensor judicial o la declaración de ausencia y de fallecimiento –entre los expedientes en materia de personas–". La atribución al LJV de este expediente y la consecuente sustracción del ámbito competencial del Juez, "responde a razones de oportunidad política y de utilidad práctica, pues es notoria la cualificación técnica de aquél y ello permite a Jueces y Magistrados centrar sus esfuerzos en el ejercicio de la potestad jurisdiccional" (ANGOSTO SÁEZ, J.F., "Comentario a la Disposición final primera, apartado cincuenta y tres", cit., p. 921).

judicial (hoy en día, LAJ), que según el art. 30.2 de la LJV, nombrará al defensor y determinará las atribuciones que le confiera. A fin de adaptar las disposiciones del Código Civil a este cambio, se otorgó nueva redacción al art. 299 bis, en el sentido de atribuir la competencia para la designación del defensor judicial que administrase los bienes de la persona que debía ser sometida a tutela o curatela a los secretarios judiciales; y se suprimió la referencia a juez contenida en el art. 300 para el nombramiento del defensor.

La competencia de los LAJ para conocer del expediente para el nombramiento del defensor proviene, así pues, de la versión originaria de la LJV. El único cambio introducido en la LJV por la Ley 8/2021 ha consistido en la sustitución, en los arts. 27 y 28, de la referencia a "persona con capacidad modificada judicialmente o a modificar" por "persona con discapacidad". Llama por ello la atención que, en la nueva regulación del Código civil introducida por la referida Ley en materia de capacidad jurídica, la designación del defensor judicial se encargue, en algunas ocasiones, a la "autoridad judicial" y en otras al LAJ. Así, el art. 295 CC, en su párrafo final, decreta que "[u]na vez oída la persona con discapacidad, la autoridad judicial nombrará defensor judicial [...]". Asimismo, el art. 278.III del CC dispone que "[d]urante la tramitación del expediente de remoción la autoridad judicial podrá suspender al curador en sus funciones y, de considerarlo necesario, acordará el nombramiento de un defensor judicial". Por su parte, el art. 283 CC señala que "[c]uando quien desempeñe la curatela esté impedido de modo transitorio para actuar en un caso concreto, o cuando exista un conflicto de intereses ocasional entre él y la persona a quien preste apoyo, el letrado de la Administración de Justicia nombrará un defensor judicial que lo sustituya". En el mismo sentido, el art. 1060 CC parte del presupuesto de que la responsabilidad de designar al defensor recae en los LAJ.

Es evidente que existe una falta de coordinación terminológica —que podría haberse evitado— entre los preceptos citados del CC y de la LJV, en orden a la autoridad competente para el nombramiento del defensor judicial: en algunos preceptos se atribuye a la "autoridad judicial" y en otros al LAJ (antiguos secretarios judiciales). Esta incongruencia no puede salvarse alegando que los LAJ "ejercen sus funciones con el carácter de autoridad" (art. 440 de la LOPJ), pues eso no les concede la consideración de "autoridad judicial"[728], expresión reservada a los jueces y magistrados[729]. A mi modo de ver, debemos interpretar que, en principio, en todos los supuestos en que resulta procedente el nombramiento de un defensor judicial, la autoridad que tiene atribuida la competencia para su designación, a través del procedimiento de jurisdicción voluntaria de los arts. 27 a 32 de la LJV, es el LAJ. Esta regla cuenta con algunas salvedades, la principal, que cuando el defensor judicial se nombra para que preste apoyo a la persona con discapacidad, como una medida de apoyo autónoma (art. 295.5.º del CC), su designación deberá provenir de la autoridad judicial, a través del expediente de provisión de medidas judiciales de apoyo del Capítulo III bis de la LJV [arts. 42 bis a), b) y c)]. Téngase en cuenta que estamos ante una medida de apoyo judicial equiparada a la curatela, que no se discute que debe proveerse por parte de la autoridad judicial. En este caso, en la resolución por la que se nombre al defensor judicial se le deberán atribuir sus funciones, debiendo rendir cuentas de la gestión efectuada una vez concluida. En el sentido expuesto, el Grupo de trabajo del CGPJ sobre el nuevo sistema de provisión judicial de apoyos a personas con discapacidad y su aplicación transitoria (Cód. EX2201)[730], ha determinado que cuando el defensor judicial actúa como complemento de la capacidad procesal o cuando se suscite conflicto de intereses con el curador, el trámite procesal previsto legalmente se encuentra regulado en los arts. 27 a 29 de la LJV y se seguirá ante el LAJ, pero que cuando el defensor judicial es una medida específica de apoyo, la competencia para resolver es de la autoridad judicial. Se argumenta, a este respecto, que "se trata de una medida de apoyo al amparo de lo dispuesto en los arts. 249 y 250 CC, a la que debe dotarse

---

728 La STJUE de 16 de febrero de 2017 *(Tol 5958919)*, respecto a una petición de decisión prejudicial formulada por el secretario judicial de un juzgado español, determinó que no podía ser calificado de "órgano jurisdiccional" a efectos del art. 267 del TFUE.

729 En este sentido se manifiesta ÁLVAREZ LATA, N., "Artículo 295 CC", cit., p. 844.

730 Anexo I, Documento definitivo del Grupo de Trabajo sobre el nuevo sistema de provisión judicial de apoyos a personas con discapacidad y su aplicación transitoria, Consejo General del Poder Judicial, p. 12.

de contenido por el tribunal ya que afecta a derechos cuya decisión compete necesariamente a la autoridad judicial (art. 2.3 LJV)".

3. La tramitación del expediente

3.1. Competencia

Conocerá del expediente para el nombramiento del defensor judicial el LAJ del Juzgado de Primera Instancia del domicilio o, en su defecto, de la residencia del menor o de la persona con discapacidad (art. 28.1 de la LJV). Puede darse algún supuesto excepcional en que sea competente el LAJ del Juzgado de lo Mercantil, si la necesidad de nombramiento surge durante un proceso cuya competencia objetiva esté atribuida a estos órganos judiciales (art. 86 ter de la LOPJ)[731].

La remisión al expediente de jurisdicción voluntaria debe entenderse hecha también cuando en procedimientos de los que conocen otros órdenes jurisdiccionales haya que nombrar defensor judicial al menor o a la persona con discapacidad. Así resulta del tenor del art. 28.1 de la LJV, conforme al cual, será competente para el conocimiento de este expediente el LAJ "correspondiente al Juzgado de Primera Instancia que esté conociendo del asunto que exija el nombramiento de defensor judicial". Así, a título de ejemplo, puede acordarse el nombramiento de un defensor judicial a un menor en un procedimiento del orden contencioso-administrativo de repatriación para la reincorporación a su núcleo familiar[732]. El nombramiento de este defensor judicial requerido para los casos de repatriación de menores no acompañados está regulado en el art. 35.6 de la Ley Orgánica 4/2000, de 11 de enero, sobre derechos y libertades de los extranjeros en España y su integración social[733], redactado por el art.

---

731 ARIZA COLMENAREJO, A., "De la habilitación para comparecer en juicio y del nombramiento de defensor judicial", cit., p. 269.

732 Sobre el tema, STC de 22 de diciembre de 2008 *(Tol 1416115)*.

733 El art. 35.6 de la citada Ley declara lo siguiente: "A los mayores de dieciséis y menores de dieciocho años se les reconocerá capacidad para actuar en el procedimiento de repatriación previsto en este artículo, así como en el orden jurisdiccional contencioso administrativo por el mismo objeto, pudiendo intervenir personalmente o a través del representante que desig-

único.37 de la Ley Orgánica 2/2009, de 11 de diciembre, tras la STC, Sala Primera, de 22 de diciembre de 2008[734]. Cabe también que se acuerde nombrar un defensor que, en nombre del testigo menor de edad, le represente en su opción de dispensarse de declarar recogida en el art. 416 de la LECrim, cuando se aprecie en ambos progenitores un conflicto respecto a los intereses del menor representado[735].

3.2. Legitimación e iniciación de oficio

El tema de la legitimación para promover el nombramiento de defensor judicial estaba regulado, desde la reforma de la Ley 13/1983, en el art. 300 del CC[736]. Según este precepto, el expediente de jurisdicción voluntaria para esta designación podía iniciarse de oficio por el juez o a petición del Ministerio Fiscal, tutor, curador o de cualquier otra persona capaz de comparecer en juicio. La LOPJM[737] modificó el precepto a los efectos de conferir legitimación al menor[738] y suprimir la referencia al tutor o curador para instar este nombramiento. Se estableció entonces que el expediente se instruiría "de oficio o a petición del Ministerio Fiscal, del propio menor o de cualquier persona capaz de comparecer en juicio". El art. 300 se mantiene intacto con la

nen. Cuando se trate de menores de dieciséis años, con juicio suficiente, que hubieran manifestado una voluntad contraria a la de quien ostenta su tutela o representación, se suspenderá el curso del procedimiento, hasta el nombramiento del defensor judicial que les represente.

734 *Tol 1416115.*

735 STS, Sala de lo Penal, de 6 de octubre de 2021 *(Tol 8623981).*

736 Con la reforma de la Ley 11/1981, el art. 163 del CC disponía que el juez nombraría defensor, "a petición del padre o de la madre, del menor, del Ministerio Fiscal o de cualquier persona capaz de comparecer en juicio [...]" al pariente del menor a quien en su caso correspondería la tutela legítima, y a falta de éste o cuando tuviere intereses contrapuestos, a otro pariente o a un extraño". No obstante, este apartado fue suprimido por la LOPJM.

737 Disposición final decimoctava, apartado 1.

738 Destaca DE COUTO GÁLVEZ, R. M.ª, "Comentario a los artículos 299 a 302 CC", en *Comentarios al Código Civil,* II, 2.º, Rams Albesa, J. (coord.), Bosch, Barcelona, 2000, p. 2069, el alcance de la reforma del art. 300, que recogió la legitimación del menor (no así del incapaz) para instar ante el órgano judicial, el nombramiento de su propio defensor judicial.

LJV en lo que concierne a la legitimación para instar el nombramiento[739]; sin embargo, en el art. 28.2 de la LJV, el legislador opta por una redacción diferente: "El expediente se iniciará de oficio, a petición del Ministerio Fiscal, o por iniciativa del menor o persona con capacidad modificada judicialmente o cualquier otra persona que actúe en interés de éste". La principal novedad radica en que se amplía la iniciativa a la persona con capacidad modificada judicialmente. La LAPD simplemente ha sustituido la referencia a "persona con capacidad modificada judicialmente" por "persona con discapacidad". En la actualidad, por tanto, conforme a lo establecido en el art. 28.2 de la LJV, la iniciativa para el nombramiento del defensor judicial la tienen el Ministerio Fiscal, el menor o la propia persona con discapacidad, o cualquier otra persona que actúe en interés de aquellos[740]. A este respecto, no se requiere una especial relación de parentesco, o relación jurídico-material para gozar de legitimación[741].

Cabe también que el LAJ actúe de oficio para la designación del defensor judicial (art. 28.2 LJV)[742]. En relación con el defensor judicial de los menores no emancipados, el Tribunal Supremo había

---

739 El art. 300, tras la reforma de la LJV, decía así: "En expediente de jurisdicción voluntaria, de oficio o a petición del Ministerio Fiscal, del propio menor o de cualquier persona capaz de comparecer en juicio, se nombrará defensor a quien se estime más idóneo para el cargo" (disp. final primera, apartado 53).

740 No resulta preceptiva la intervención de letrado ni de procurador, pudiendo, en consecuencia, comparecer los interesados por sí mismos (art. 28.3 LJV).

741 ARIZA COLMENAREJO, A., "De la habilitación para comparecer en juicio y del nombramiento de defensor judicial", cit., p. 269.

742 La STS 7.11.2002 declaró que "[e]n atención a lo previsto en el artículo 300 del mismo Código, el nombramiento ha de hacerse de oficio por decisión del Juez cuando conoce alguno de los supuestos en que se haga necesario". En relación con el régimen del art. 28 LJV previo a la reforma, estimaban SANMARTÍN ESCRICHE, F. y LACALLE SERER, E., *Comentarios a la Ley 15/2015, de la Jurisdicción Voluntaria,* cit., p. 69, que "el Secretario judicial habrá de incoar este procedimiento cuando, en aras a la protección y defensa del menor o persona con capacidad modificada judicialmente o a modificar, conozca de pleito donde éstos se hallen o puedan hallarse en inseguridad jurídica y, por ende, se encuentren o puedan encontrarse desamparados y en peligro de incurrir en cualquiera de las circunstancias que

considerado, en atención a lo previsto en el (derogado) art. 300 del CC, que "el nombramiento (del defensor judicial) ha de hacerse de oficio por decisión del Juez cuando conoce alguno de los supuestos en que se haga necesario"[743].

3.3. Comparecencia y resolución

El expediente para el nombramiento de defensor judicial consta de una comparecencia y de la posterior resolución (art. 30 LJV). A la comparecencia serán convocados el solicitante, los interesados, aquellos cuya presencia se estime pertinente, el menor o la persona con discapacidad "si tuvieren suficiente madurez y, en todo caso, al menor si tuviere más de 12 años" y el Ministerio Fiscal (art. 30.1 LJV). Este trámite de la comparecencia está establecido a fin de que el LAJ pueda recabar información que le permita constatar si procede el nombramiento de defensor judicial y, en caso afirmativo, encontrar a la persona idónea para el ejercicio de esta función[744].

En la resolución en que se acceda a lo solicitado se nombrará defensor judicial a quien el LAJ estime más idóneo para el cargo, con determinación de las atribuciones que le confiera (art. 30.2 de la LJV). En esta decisión, cuando se trata de nombrar defensor a un menor, se atenderá a su interés superior; en cambio, si se nombra defensor a la persona con discapacidad, según se establece en el art. 295, párrafo segundo, del CC, se elegirá "a quien sea más idóneo para respetar, comprender e interpretar la voluntad, deseos y preferencias de aquella".

Según se establece en el art. 30.3 de la LJV, que ha permanecido inalterado con la reforma, "el testimonio de la resolución de nombramiento de defensor judicial en el caso previsto en la letra c) del apartado 1 del artículo 27 se remitirá al Registro Civil competente

---

dan lugar a la formación de este expediente, reguladas en el art. 27 de la LJV".

743 SSTS de 7 de noviembre de 2002 *(Tol 225448)*, 17 de enero de 2003 *(Tol 4927572)* y 4 de marzo de 2003 *(Tol 4927749)*.

744 ANGOSTO SÁEZ, J.F., "Comentario a la Disposición final primera, apartado cincuenta y tres", cit., pp. 922-923.

para proceder a su inscripción". Como puede observarse, se sigue haciendo en este inciso remisión al art. 27.1, en el que se enumeraban, antes de la modificación operada por la Ley 8/2021, los supuestos en los que procedía el nombramiento de defensor judicial. Concretamente, la letra c) del apartado primero del citado precepto disponía que resultaba procedente el nombramiento de un defensor judicial "c) Cuando se tenga conocimiento de que una persona respecto a la que debe constituirse la tutela o curatela, precise la adopción de medidas para la administración de sus bienes, hasta que recaiga resolución judicial que ponga fin al procedimiento". La remisión debe entenderse efectuada, hoy en día, al art. 295.4.º CC, que dispone el nombramiento del defensor "[c]uando se hubiere promovido la provisión de medidas judiciales de apoyo a la persona con discapacidad y la autoridad judicial considere necesario proveer a la administración de los bienes hasta que recaiga resolución judicial". De la dicción del párrafo tercero del art. 30 de la LJV se desprende que, solo en este caso, el nombramiento de defensor judicial tramitado a través de este expediente, será objeto de inscripción. La justificación parece residir en que, mientras se adopta la medida judicial de apoyo, la inscripción permitirá dar a conocer a los terceros que la administración del patrimonio de la persona con discapacidad corresponde a un defensor judicial[745], lo que abrirá la legitimación para impugnar los contratos celebrados sin su intervención (art. 1302.3, párrafo segundo, CC).

Conforme a lo dispuesto en el art. 31.1 de la LJV el defensor judicial deberá comunicar al órgano judicial la desaparición de la causa que determinó su nombramiento (por ej., la superación del conflicto

---

745 NÚÑEZ MUÑIZ, M.ª C., "Artículo 30", en *Estudio sistemático de la Ley de Jurisdicción Voluntaria. Ley 15/2015, de 2 de julio,* Lledó Yagüe, F., Ferrer Vanrell, Mª. P., Torres Lana, J.A. y Achón Bruñen, Mª. J. (dir.), Dykinson, Madrid, 2016, p. 198, señalaba que la razón parece clara, dado que "en este supuesto el menor o la persona que deba ser sometida a tutela o curatela todavía no tiene un representante legal en el caso del tutor o una persona que complete su capacidad en el caso del curador" y que "si éstas ya existiesen y fuese necesario el nombramiento de defensor judicial por existir conflicto de intereses o no estar ejerciendo el cargo la persona nombrada de forma temporal, por ejemplo, ya constaría en el Registro civil la tutela o curatela y no será necesaria la inscripción del nombramiento de defensor judicial".

de intereses o de la causa que imposibilitaba para actuar, la terminación del procedimiento en que se designó tutor al menor o curador a la persona con discapacidad, etc.), cesando en su cargo, una vez que el LAU verifique tal extremo. Igualmente deberá comunicar al órgano judicial cuando alguno de los progenitores o representantes o curador, en su caso, se presten a comparecer en juicio por el afectado, o cuando se termine el procedimiento que motivó la habilitación (art. 31.2 de la LJV).

III. LAS ESPECIALIDADES PARA EL NOMBRAMIENTO DEL DEFENSOR JUDICIAL COMO MEDIDA DE APOYO AUTÓNOMA

1. *La aplicación del expediente y del procedimiento de provisión de medidas de apoyo al defensor judicial en el supuesto del art. 295.5.º del CC*

Desde una perspectiva procesal, la reforma de 2021 ha afectado al procedimiento de provisión judicial de apoyos para la persona con discapacidad, que será un expediente de jurisdicción voluntaria, salvo que haya oposición, en cuyo caso deberá iniciarse un procedimiento especial de carácter contradictorio, que es, en esencia, una adaptación del procedimiento anterior [arts. 42.bis.a) a 42.bis.b) de la LJV y arts. 756 y siguientes de la LEC][746]. Se opta, por tanto, por el cauce de la jurisdicción voluntaria de manera preferente.

---

746 El Preámbulo de la LAPD declara, sobre el particular, en su apartado V que "[l]a adaptación normativa a la Convención también debe extenderse al ámbito procesal, de modo que se sustituyen los tradicionales procesos de modificación de la capacidad por los dirigidos a proveer de apoyos a las personas con discapacidad". Un estudio de las principales novedades de los procedimientos, contenciosos y de jurisdicción voluntaria, orientados a establecer la medida o las medidas de apoyo que requiere la persona con discapacidad, en el Proyecto de ley que dio lugar a la LAPD, en FÁBREGA RUIZ, C.F., "Breves notas sobre la reforma del proceso de protección de personas con discapacidad en el Proyecto de ley por la que se reforma el Código Civil y la Ley de Enjuiciamiento Civil en materia de discapacidad",

El expediente de provisión de medidas judiciales de apoyo a personas con discapacidad, regulado en el Capítulo III bis de la LJV, resulta aplicable "cuando sea pertinente la provisión de alguna medida judicial de apoyo de carácter estable a una persona con discapacidad" [art. 42.bis.a), apartado 1, LJV]. Cabe considerar, por tanto, que cuando se pretende nombrar un defensor judicial a la persona con discapacidad como medida de apoyo de carácter autónoma, la tramitación que deberá seguirse es la prevista en este expediente. La referencia al carácter "estable" de la medida judicial de apoyo a adoptar no puede interpretarse en el sentido de que solo resulta aplicable a la curatela. A este respecto, la única ocasión en que la LAPD utiliza la referencia al carácter "estable" de las medidas es cuando trata del expediente de provisión de medidas judiciales de apoyo[747], sin que contenga referencia alguna a esta característica de la estabilidad al regular la curatela. Por lo demás, como antes se expuso, la diferencia entre la curatela y el defensor judicial —en cuanto medida de apoyo autónoma— no reside en el carácter estable de la primera y "no estable" del segundo, sino en la asistencia continuada característica de la curatela y en la intervención ocasional o puntual, aunque sea recurrente, del defensor.

2. *El expediente de jurisdicción voluntaria para la provisión judicial de las medidas de apoyo*

El expediente de jurisdicción voluntaria para la provisión judicial de medidas de apoyo, al que habrá que acudir para el nombramiento del defensor judicial en el supuesto del art. 295.5.º del CC, se regula en los arts. 42.bis.a) y siguientes de la LJV.

---

en *Principios y preceptos de la reforma legal de la discapacidad. El Derecho en el umbral de la política,* Munar Bernat, P.A. (dir.), Marcial Pons, Madrid-Barcelona-Buenos Aires-São Paulo, 2021, pp. 303-322.

747 Se indica, así, en el apartado VI del Preámbulo de la LAPD que "[e]n segundo término, se incorpora un nuevo Capítulo III bis relativo al expediente de provisión de medidas judiciales de apoyo a personas con discapacidad para los supuestos en los que, de acuerdo con las normas civiles, sea pertinente la previsión de alguna medida judicial de apoyo de carácter estable y no exista oposición".

Podrá promover este expediente el Ministerio Fiscal, la propia persona interesada, su cónyuge no separado de hecho o legalmente o quien se encuentre en una situación de hecho asimilable, y sus descendientes, ascendientes, o hermanos [art. 42.bis.a), apartado 3]. Esta norma ha de cohonestarse con el art. 254 del CC, que otorga legitimación al menor para solicitar la adopción de medidas de apoyo para cuando concluya la minoría de edad. El precepto prevé la "participación" del menor en el proceso y no solo su "audiencia", por lo que la legitimación activa otorgada le permitirá comparecer en calidad de parte, promoviendo e interesando la provisión de las medidas que a su derecho convenga y quedando vinculado el juez por el respeto a su voluntad, deseos y preferencias.

En el expediente de jurisdicción voluntaria para proveer de apoyos a las personas con discapacidad resulta esencial la participación de la propia persona con discapacidad. A tales efectos, se facilita que pueda expresar sus preferencias e intervenir activamente[748].

En el nuevo sistema se refuerza la necesidad de que la autoridad judicial tenga el conocimiento lo más preciso y detallado posible de las circunstancias de la persona y de las dificultades que encuentra para el ejercicio de su capacidad jurídica para, así, poder diseñar una medida de apoyo personalizada, que se ajuste perfectamente a esas necesidades, respetando, como exige el artículo 268 CC, la máxima autonomía posible y estableciendo las salvaguardias necesarias. Para ello, junto al dictamen médico, la autoridad judicial podrá recabar

---

748 El art. 42.bis.b) determina, en el sentido indicado, lo siguiente:
"3. En la comparecencia se procederá a celebrar una entrevista entre la autoridad judicial y la persona con discapacidad, a quien, a la vista de su situación, podrá informar acerca de las alternativas existentes para obtener el apoyo que precisa, bien sea mediante su entorno social o comunitario, o bien a través del otorgamiento de medidas de apoyo de naturaleza voluntaria.
Asimismo, se practicarán aquellas pruebas que hubieren sido propuestas y resulten admitidas y, en todo caso, se oirá a las personas que hayan comparecido y manifiesten su voluntad de ser oídas.
4. Si, tras la información ofrecida por la autoridad judicial, la persona con discapacidad opta por una medida alternativa de apoyo, se pondrá fin al expediente".

informe de la entidad pública que, en el respectivo territorio, tenga encomendada la función de promoción de la autonomía y asistencia a las personas con discapacidad, o de una entidad del tercer sector de acción social debidamente habilitada como colaboradora de la Administración de Justicia [art. 42.bis.b), apartado 2, de la LJV]. Asimismo, la preceptiva exploración judicial se transforma en una "entrevista" [art. 42.bis.b), apartado 3 de la LJV], esencial para que la autoridad judicial pueda "diseñar" el apoyo "a la medida" en función de las necesidades de la persona y tener en consideración su voluntad[749].

La autoridad judicial, a través de la entrevista y de los demás modos de prueba utilizados, tendrá que hacerse una idea de cuál es la necesidad de apoyo de la persona y, si en función de esto concluye que el defensor judicial es el apoyo que precisa, deberá, teniendo en consideración la voluntad, deseos y preferencias de la persona o tratando de reconstruirla conforme a su trayectoria vital, proceder a su nombramiento. En la resolución judicial se deberá determinar la extensión e intensidad del apoyo, individualizando la medida de tal modo que se ajuste perfectamente a las necesidades detectadas y, en la medida que sea posible, a la voluntad y preferencias de la persona.

La regulación vigente da solución al problema derivado del cambio de residencia habitual de la persona con discapacidad cuando se encuentra pendiente el proceso de provisión de apoyos. Se prevé que si, antes de la celebración de la comparecencia, se produjera un cambio de la residencia habitual de la persona a que se refiera el expediente, se remitirán las actuaciones al Juzgado correspondiente en el estado en que se hallen [art. 42.bis.a).2.II de la LJV].

La oposición de la persona con discapacidad al nombramiento del defensor judicial, la oposición del Ministerio Fiscal o la oposición de cualquiera de los interesados pondrá fin al expediente [apartado 5 del art. 42.bis.b) de la LJV]. Ello no impide que las medidas puedan

---

749 PEREÑA VICENTE, M., "La curatela: los nuevos estándares de intervención", cit., p. 142.

ser solicitadas a través de un juicio contradictorio, regulado en los arts. 756 y ss de la LEC.

3. El proceso especial contencioso para la provisión judicial de las medidas de apoyo

3.1. Aplicación al defensor judicial cuando es nombrado medida de apoyo autónoma

En principio, como hemos visto, la provisión judicial de los apoyos y, en particular, la designación del defensor judicial como medida de apoyo autónoma (art. 295.5.º del CC), se tramitará conforme al expediente regulado en el art. 42 bis a) y ss de la LJV. Ahora bien, conforme a lo establecido en el art. 756.1 de la LEC, cuando "en el expediente de jurisdicción voluntaria dirigido a tal efecto se haya formulado oposición, o cuando el expediente no haya podido resolverse, la adopción de medidas judiciales de apoyo a personas con discapacidad se regirá por lo establecido en este Capítulo"[750]. Este

---

[750] Se produce, pues, una "configuración escalonada de los procesos relativos a las personas con discapacidad" (BANACLOCHE, PALAO, J., "Principales novedades procesales de la Ley 8/2021, de 2 de junio, en materia de medidas de apoyo a personas con discapacidad", en *La reforma de la discapacidad. Comentarios a las nuevas reformas legislativas*, Castro-Girona Martínez, A., Cabello de Alba Jurado, F. y Pérez Ramos, C. (coord.), vol. I, Fundación Notariado, Madrid, 2022, p. 578). En palabras de MORENO CATENA, V., "Los procesos sobre medidas judiciales de apoyo a las personas con discapacidad", en *Derecho Procesal Civil. Parte Especial*, Valencia, Cortes Domínguez, V. y Moreno Catena, V., Tirant lo Blanch, Valencia, 2021, p. 48, "[s]e priman, por consiguiente, las soluciones alejadas de la confrontación pues, si bien el proceso y los principios que lo rigen aportan mayores garantías a la decisión de la autoridad judicial, la regla del vencimiento —consustancial con la contradicción procesal— debe reducirse a los supuestos absolutamente imprescindibles, y se han de preferir las soluciones del consenso máxime en cuestiones que afectan a una persona con discapacidad a quien el ordenamiento jurídico, por definición, le reconoce la titularidad y la capacidad para ejercer sus derechos, actuando en el tráfico". Respecto a esta doble vía procesal, considera DE LUCCHI LÓPEZ-TAPIAS, Y., "El alcance de la intervención jurisdiccional con relación al ejercicio de la capacidad

Capítulo es el II del Título I del Libro IV de la LEC (arts. 756 a 763), que lleva por título "De los procesos sobre la adopción de medidas judiciales de apoyo a personas con discapacidad".

La existencia de un procedimiento contencioso en que se contempla la imposición de los apoyos fue puesta en tela de juicio desde que se dio a conocer el texto del Anteproyecto de la LAPD, por considerarlo contrario a la Convención, según la Observación General núm. 1 (2014) del Comité[751]. Ciertamente, en esta Observación General, el Comité deja muy claro que los apoyos deben proporcionarse a la persona que los desee y en la medida que los desee, es decir que la persona tiene derecho a rechazar los apoyos y a que no se le impongan. Sea como fuere, la oposición en el expediente de jurisdicción voluntaria provoca, según la regulación vigente, la reconducción a la vía contenciosa del procedimiento especial del Capítulo II del Título I del Libro IV[752].

---

jurídica de las personas con discapacidad", en *La reforma civil y procesal en materia de discapacidad. Estudio sistemático de la Ley 8/2021, de 2 de junio,* De Lucchi López-Tapia, Y. y Quesada Sánchez, A.J. (dirs.) y Ruiz-Rico Ruiz, J. M. (coord.), Atelier, Barcelona, 2022, p. 146, que "la bifurcación puede no resultar demasiado conveniente por truncar la necesaria agilidad procesal de estos expedientes". Esta autora, partiendo de que "la existencia de oposición no justifica, desde la LJV de 2015, la elección de la jurisdicción contenciosa", considera que "convertir un expediente de jurisdicción voluntaria en un proceso contencioso, retrasa, sin duda el procedimiento" y que "[s]e trata de una duplicidad, aunque no simultánea, innecesaria". Esta doble vía —primero, la jurisdicción voluntaria, y después, la jurisdicción contenciosa— constituye un "peregrinaje jurisdiccional" para CALAZA LÓPEZ, S., "Expedientes de jurisdicción voluntaria", cit., pp. 620-621.

751 ALONSO PARREÑO, M.ª J., "La esperada reforma civil y procesal en materia de capacidad jurídica", *El Notario del siglo XXI*, año 2020, núm. 89, p. 18.

752 Para GARCÍA RUBIO, M.ª P., "Contenido y significado general de la reforma", cit., p. 5, la configuración procesal del sistema de provisión de apoyos, que será de jurisdicción voluntaria salvo "que haya oposición", en cuyo caso pasará a ser un procedimiento contencioso, "cohonesta muy mal con el principio de respeto a la voluntad de la persona con discapacidad que preside toda la Convención y que pretende ser también la guía de orientación básica de la nueva Ley". Para esta autora (ob. cit., p. 13), "la prelación de la voluntad, deseos y preferencias de la persona con discapacidad parece

La norma parece restringir su ámbito de aplicación a aquellos supuestos en los que, de acuerdo con el Código civil, sea pertinente el nombramiento de un curador, es decir, a quienes precisen apoyo de modo continuado ("En los supuestos en los que, de acuerdo con la legislación civil aplicable, sea pertinente el nombramiento de curador [...]")[753]. Sin embargo, carece de sentido restringir este procedimiento a la constitución de la curatela, dado que, tras la práctica de la prueba, la autoridad judicial puede concluir que es suficiente con el apoyo ocasional, aunque sea recurrente, que puede prestar el defensor judicial (art. 295.5.º del CC)[754]. Se trata, en definitiva, de proveer a la persona con discapacidad de las "medidas judiciales de apoyo" que pueda precisar, por lo que, en aplicación de los principios de necesidad y proporcionalidad, la sentencia que decida sobre las medidas de apoyo puede resolver: que procede constituir la curatela porque la persona precisa de un apoyo continuado; que es suficiente con el nombramiento de un defensor judicial para la asistencia o representación en los asuntos puntuales, aunque reiterados en el tiempo, que afectan a la persona; o que la persona con discapacidad no precisa ninguna medida de apoyo judicial para el ejercicio de su capacidad jurídica, bien porque cuenta con un apoyo voluntario o informal (guarda de hecho) suficiente, bien porque puede tomar de forma autónoma las decisiones jurídicas que le conciernen.

---

exigir, como medida de cierre del modelo, el reconocimiento del derecho a rechazar el apoyo".

753 Pone de manifiesto TORIBIOS FUENTES, F., "Artículo séptimo. Modificación de la Ley 15/2015, de 2 de julio", cit., pp. 1397-1398, cómo afortunadamente el texto definitivo del art. 42.bis.a) de la LJV ha subsanado el error de que adolecía el Proyecto, que tan solo se refería al nombramiento del curador como medida judicial de apoyo, mientras que este mismo error se ha deslizado y no se ha corregido en la redacción del art. 756.1 de la LEC.

754 A juicio de TORRES COSTAS, M.ª E., *La capacidad jurídica a la luz del artículo 12*, cit., pp. 374-375, aunque, en realidad, el procedimiento al que se refería el art. 756 de la LEC proyectado estaba previsto para aquellos casos en los que se previese el nombramiento de curador, teniendo en cuenta el principio según el cual "quien pide lo más, pide lo menos", resultaba posible que durante la tramitación de este procedimiento se concluyese que la medida pertinente a adoptar fuera la figura del defensor judicial.

3.2. Aspectos novedosos del proceso contencioso para el nombramiento del defensor judicial

En el enjuiciamiento destinado a la provisión judicial de apoyos, como ha resaltado el Tribunal Supremo[755], "no rigen los principios dispositivo y de aportación de parte, se trata de procedimientos flexibles, en los que prima que pueda adoptarse la resolución más acorde con las necesidades de la persona con discapacidad y conforme a los principios de la Convención. El juez, además, goza de gran discrecionalidad en la valoración de la prueba practicada, pero no está exento de proceder a su justificación. Y en particular debe esmerar esa justificación cuando las medidas sean acordadas contra la voluntad manifestada por la persona interesada y supongan una afectación de sus derechos fundamentales". En efecto, si se autoriza un apoyo representativo para tomar decisiones por la persona con discapacidad en el ámbito patrimonial o en el de la salud, quedarán afectadas la intimidad y la libertad de la persona.

Al igual que en el expediente de jurisdicción voluntaria, el apartado 3 del art. 756 de la LEC resuelve el problema del cambio de residencia habitual de la persona con discapacidad cuando se encuentra pendiente el proceso de provisión de apoyos. Siguiendo el criterio sentado por la Sala de lo Civil del Tribunal Supremo[756], en esos casos las actuaciones deberán remitirse al juez de la nueva residencia, siempre que no se haya celebrado aún la vista. Así se facilita el desarrollo del proceso y se acerca este al lugar donde efectivamente se encuentra la persona con discapacidad[757].

La legitimación activa para promover este proceso especial corresponde a la propia persona interesada en que se adopten las medidas de apoyo y a determinados familiares de la misma que, sin orden de prelación, se mencionan en el art. 757.1 de la LEC[758]. Se atribuye

---

755 STS de 23 de enero de 2023 *(Tol 9500850)*.

756 ATS de 11 de enero de 2011 *(Tol 3427244)*.

757 Apartado V del Preámbulo de la LAPD.

758 LÓPEZ SIMÓ, F., "El nuevo proceso contencioso de adopción de medidas de apoyo a personas con discapacidad", en *Reformas legislativas para el apoyo a las personas con discapacidad. Estudio sistemático de la Ley 8/2021, de 2 de junio,*

también legitimación activa al Ministerio Fiscal si las personas mencionadas en el apartado anterior (los familiares) no existieran o no hubieran presentado la correspondiente demanda, salvo que concluyera que existen otras vías a través de las que la persona interesada pueda obtener los apoyos que precisa (por ej., a través de la guarda de hecho)[759].

El sujeto pasivamente legitimado en este proceso es la persona con discapacidad, salvo, claro está, que esta persona sea parte demandante, es decir, que sea la promotora del procedimiento, en cuyo caso deberá intervenir el Ministerio Fiscal en calidad de parte demandada *sui generis* o en sentido impropio, en su condición de defensor de la legalidad y del interés público[760]. El Ministerio Fiscal será siempre parte y "velará a lo largo de todo el procedimiento por la salvaguarda de la voluntad, deseos, preferencias y derechos de las personas con discapacidad que participen en dichos procesos" (art. 749.1 de la LEC).

Aplicando el art. 757.3 de la LEC al defensor judicial, cuando con la demanda se solicite el inicio del procedimiento de provisión de apoyos, la medida de apoyo de la defensoría jurídica y un defensor determinado, se le dará a este traslado de aquella a fin de que pueda

---

al año de su entrada en vigor, Lledó Yagüe, F., Ferrer Vanrrell, M.ª P., Egusquiza Balmaseda, M.ª A. y López Simó, F., Dykinson, Madrid, 2022, p. 1582.

759 A juicio de LÓPEZ SIMÓ, F., "El nuevo proceso contencioso de adopción de medidas de apoyo", cit., p. 1584, la expresión "otras vías" que emplea el art. 757.2 de la LEC sólo puede hacer referencia a la posibilidad de que en este momento se constituya una guarda de hecho, y el Ministerio Fiscal considere que ésta supone apoyo suficiente para la persona con discapacidad. Para este autor, otro caso que "quizás podría encajar en esa misteriosa expresión legal podría ser cuando el MF aprecie que la situación de la persona con discapacidad aún no requiere una asistencia permanente, sino ocasional, y sea por tanto suficiente con el nombramiento —a través del correspondiente expediente de jurisdicción voluntaria— de un defensor judicial para el acto o actos concretos de que se trate (art. 295, 5º CC)". Como he defendido a lo largo de este trabajo, sin embargo, el nombramiento del defensor judicial como medida de apoyo autónoma requiere la misma tramitación que la medida de la curatela.

760 LÓPEZ SIMÓ, F., "El nuevo proceso contencioso de adopción de medidas de apoyo", cit., pp. 1585-1586.

alegar lo que considere conveniente sobre dicha cuestión[761]. Como se indica en el Preámbulo de la LAPD, esta intervención "posibilita contar con más datos acerca de su disponibilidad e idoneidad para asumir tal encomienda"[762].

Admitida la demanda, el LAJ recabará certificación del Registro Civil y, en su caso, de otros Registros públicos que considere pertinentes sobre las medidas de apoyo que pudieran haberse inscrito previamente (art. 758.1 de la LEC). Como se ha analizado a lo largo de este trabajo, la existencia de una medida voluntaria de apoyo no constituye un impedimento para el nombramiento de un defensor judicial, si ésta resulta insuficiente (art. 255.V del del CC).

La persona necesitada de medidas judiciales de apoyo podrá comparecer en el proceso con su propia defensa y representación; si no lo hace de este modo, será defendida por Ministerio Fiscal, siempre que éste no haya promovido el procedimiento, o a través de un defensor judicial, si el Ministerio Fiscal hubiere iniciado el procedimiento judicial de medidas de apoyo (art. 758.2 de la LEC)[763].

Respecto a la sustanciación de este proceso, se aleja del esquema tradicional y pasa a ser de colaboración con profesionales especializados en el ámbito social y sanitario, que aconsejen las medidas de

---

761 En opinión de LÓPEZ SIMÓ, F., "El nuevo proceso contencioso de adopción de medidas de apoyo", cit., pp. 1587-1588, "estamos ante un caso de intervención provocada un tanto especial, porque la llamada al tercero —al sujeto propuesto como curador— para que intervenga en el proceso no se realiza aquí por alguna de las partes [...], sino por el tribunal, que, de oficio, debe darle traslado de la demanda".

762 Apartado V del Preámbulo de la LAPD.

763 "Una vez notificada la demanda por medio de remisión o entrega, o por edictos cuando la persona interesada no hubiera podido ser notificada personalmente, si transcurrido el plazo previsto para la contestación a la demanda la persona interesada no compareciera ante el Juzgado con su propia defensa y representación, el letrado de la Administración de Justicia procederá a designarle un defensor judicial, a no ser que ya estuviera nombrado o su defensa corresponda al Ministerio Fiscal por no ser el promotor del procedimiento. A continuación, se le dará al defensor judicial un nuevo plazo de veinte días para que conteste a la demanda si lo considera procedente" (art. 758.2 de la LEC).

apoyo que resulten idóneas para el caso concreto (art. 759.1.3.º de la LEC).

IV. EL NOMBRAMIENTO DEL DEFENSOR JUDICIAL COMO MEDIDA DE APOYO PARA LOS HIJOS EN LOS PROCESOS MATRIMONIALES

Uno de los aspectos introducidos por LAPD fue la posibilidad de adoptar medidas de apoyo respecto de los hijos comunes en el propio procedimiento de crisis matrimonial[764]. A tales efectos, la Ley añadió un nuevo párrafo segundo al art. 91 del CC[765], por el que se permite que, en el propio procedimiento de nulidad, separación o divorcio, se adopten medidas de apoyo cuyos destinatarios serán los hijos del matrimonio mayores de dieciséis años con discapacidad que las precisen[766]. Estas medidas entrarán en funcionamiento cuando el hijo deje de estar sujeto a la patria potestad de sus progenitores, por haber alcanzado la mayoría de edad. Dice así el texto de la norma: "Cuando al tiempo de la nulidad, separación o divorcio existieran hijos comunes mayores de dieciséis años que se hallasen en situación de necesitar medidas de apoyo por razón de su discapacidad, la sentencia correspondiente, previa audiencia del menor, resolverá también sobre el establecimiento y modo de ejercicio de estas, las cuales, en su caso, entrarán en vigor cuando el hijo alcance los dieciocho años de edad. En estos casos la legitimación para instarlas, las especialidades de prueba y el contenido de la sentencia se regirán por lo

---

764 Sobre esta cuestión, BLANDINO GARRIDO, M.ª A., "Incidencia de la reforma en materia de capacidad jurídica en los procesos de nulidad, separación y divorcio", *Actualidad Jurídica Iberoamericana*, núm. 16 bis, junio 2022, pp. 940-963.

765 Apartado 9 del artículo segundo de la LAPD.

766 En relación con el texto del Anteproyecto, señalaba TORRES COSTAS, M.ª E., *La capacidad jurídica a la luz del artículo 12*, cit., p. 254, que "[l]a intención del artículo 91 CC es que, por razones de economía procesal, el nombramiento del apoyo se pueda realizar también en procedimiento matrimonial".

dispuesto en la Ley de Enjuiciamiento Civil acerca de la provisión judicial de medidas de apoyo a las personas con discapacidad".

El art. 91.II del CC debe ponerse en relación con el art. 254 del CC, en el que se contempla la adopción por la autoridad judicial de estas medidas de apoyo "[c]uando se prevea razonablemente en los dos años anteriores a la mayoría de edad que un menor sujeto a patria potestad o a tutela pueda, después de alcanzada aquella, precisar de apoyo en el ejercicio de su capacidad jurídica". Mientras el art. 254 CC contempla, con carácter general, el establecimiento de medidas judiciales de apoyo con carácter anticipado, el art. 91.II se centra en el supuesto de que estas medidas se decreten en el proceso de crisis matrimonial.

El establecimiento de medidas de apoyo judiciales respecto del menor de edad mayor de dieciséis años, con carácter anticipatorio o preventivo de la discapacidad futura, y con efectividad desde la mayoría de edad, puede tener lugar, por tanto, bien en la sentencia de separación, nulidad o divorcio, bien en la sentencia dictada en el procedimiento "ad hoc" sobre la adopción de medidas de apoyo[767]. Las concretas medidas de apoyo que podrán adoptarse en el proceso de crisis matrimonial serán aquellas que resulten adecuadas y proporcionadas a las necesidades futuras de la persona con discapacidad o con razonable previsión de discapacidad para cuando alcance la mayoría de edad[768]. Entre estas medidas de apoyo se encuentra, sin duda, la figura del defensor judicial, que prestará el apoyo con carácter puntual u ocasional[769].

---

767 Informe del CGPJ sobre el Anteproyecto de Ley por la que se reforma la legislación civil y procesal en materia de discapacidad, de 29 de noviembre de 2018, apartado 138.

768 Informe del CGPJ sobre el Anteproyecto de Ley, apartado 138.

769 En la versión del art. 254 del CC contenida en el Anteproyecto de la LAPD, que se correspondía con el art. 250, las medidas de apoyo que se podían fijar con carácter anticipado se limitaban a la constitución de la curatela o al nombramiento de un defensor judicial. En su informe (apartado 138), el CGPJ alertó de que el establecimiento de medidas de apoyo institucionales o judiciales respecto del menor de edad mayor de diecisiete años, con carácter anticipatorio o preventivo de la discapacidad futura, y con efectividad desde la mayoría de edad, había de ser homogéneo, mediase o no

Los presupuestos para la provisión de las medidas de apoyo en el procedimiento de crisis matrimonial —en concreto, a efectos del nombramiento del defensor judicial— son los siguientes:

1º. Que, en el momento de iniciarse el procedimiento de nulidad, separación o divorcio existan hijos comunes mayores de dieciséis años (en el Anteproyecto la edad mínima se fijaba en los diecisiete años[770]) que se hallen en situación de necesitar medidas de apoyo por razón de su capacidad. Como es sabido, la regulación aprobada no se aplica a los menores de edad, dirigiéndose exclusivamente a las personas mayores de edad con discapacidad. Los menores con discapacidad tienen la protección derivada de su minoría de edad y el criterio básico de actuación ha de ser la protección de su mejor interés. No obstante, para evitar la solución de continuidad entre la protección y el apoyo previsible, algunas reglas concretas, como esta, se refieren a menores de edad con discapacidad, con el fin de que se anticipen las medidas de apoyo que puedan llegar a precisar una vez que alcancen la mayoría de edad; siguiendo la lógica del nuevo sistema, estas actuarán sólo si efectivamente las precisan llegado ese momento y los propios interesados no las sustituyen por otras de origen voluntario.

2º. Que el menor no haya adoptado medidas de apoyo voluntarias o estas resulten insuficientes. Téngase en cuenta que, en el nuevo sistema, la persona con discapacidad ejercerá su capacidad jurídica por sí misma, asistida por las correspondientes medidas de apoyo que, según el art. 250 CC, serán las que voluntariamente hubiese previsto la propia persona con discapacidad; en su defecto o por insuficiencia de las mismas, se articularán mediante la guarda de hecho, el defensor judicial y la curatela. Las medidas de apoyo voluntarias pueden otorgarse con carácter preventivo por los menores con discapacidad

---

una sentencia de separación, nulidad o divorcio, de manera que en todo caso pudiera la autoridad judicial fijar aquellas que resultasen adecuadas y proporcionadas a las necesidades futuras de la persona con discapacidad o con razonable previsión de discapacidad para cuando alcance la mayoría de edad, sin estar limitadas a la constitución de la curatela o al nombramiento de un defensor judicial.

770 Art. primero, apartado 9 del Anteproyecto de Ley por la que se reforma la legislación civil y procesal en materia de discapacidad.

a partir de los dieciséis años, para que surtan efecto al alcanzar la mayoría de edad (art. 254 del CC). Solo en el caso de que el hijo mayor de dieciséis años no haya hecho sus propias previsiones para cuando alcance la mayoría de edad, o estas resulten insuficientes, podrá la autoridad judicial adoptar en el proceso matrimonial otras supletorias o complementarias[771].

3°. Que ambos progenitores (si el procedimiento de separación o divorcio es de mutuo acuerdo) o el demandante o el demandado (en el procedimiento de nulidad o de separación o divorcio contenciosos) promuevan/a la adopción judicial de medidas de apoyo para el hijo. Dada la remisión del art. 91.II del CC a las disposiciones de la LEC, en lo relativo a la legitimación para instar las medidas, cabe entender que, si los progenitores no solicitan la adopción de las mismas, el Ministerio Fiscal deberá promoverlas[772].

4°. Que se conceda el trámite de audiencia al menor, pilar fundamental para averiguar qué medida resulta más adecuada a su interés. Sorprende que mientras el art. 91.II del CC tan solo exige que se preste el trámite de "previa audiencia al menor", el art. 254 del CC requiere que se conceda "participación al menor en el proceso, atendiendo a su voluntad, deseos y preferencias". Evidentemente, no es lo mismo que el juez preste audiencia al menor con discapacidad, sin que esté vinculado por su opinión, a que se deba atender a su voluntad, deseos y preferencias. En el primer supuesto, la voluntad, los

---

[771] El art. 254 CC prevé que las medidas de apoyo judiciales "se adoptarán si el mayor de dieciséis años no ha hecho sus propias previsiones para cuando alcance la mayoría de edad". Asimismo, el art. 255, párrafo quinto, CC precisa que "(s)olo en defecto o por insuficiencia de estas medidas de naturaleza voluntaria, y a falta de guarda de hecho que suponga apoyo suficiente, podrá la autoridad judicial adoptar otras supletorias o complementarias".

[772] El art. 757 de la LEC, establece en su primer apartado que el proceso para la adopción judicial de medidas de apoyo puede promoverlo la propia persona interesada o los familiares que se indican, señalando en su apartado segundo que "(e)l Ministerio Fiscal deberá promover dicho proceso si las personas mencionadas en el apartado anterior no existieran o no hubieran presentado la correspondiente demanda, salvo que concluyera que existen otras vías a través de las que la persona interesada pueda obtener los apoyos que precisa".

deseos y preferencias de la persona con discapacidad son conocidos (porque se concede el trámite de audiencia), pero no necesariamente han de ser respetados, en el sentido de seguidos.

Concurriendo los requisitos expuestos, el juez resolverá también en la sentencia de nulidad, separación o divorcio sobre el establecimiento y modo de ejercicio de estas medidas de apoyo respecto de los hijos comunes del matrimonio. A este respecto, la regla 8ª del art. 770 LEC prevé que "(e)n los procesos matrimoniales en que existieran hijos comunes mayores de dieciséis años que se hallasen en situación de necesitar medidas de apoyo por razón de su discapacidad, se seguirán, en su caso, los trámites establecidos en esta ley para los procesos para la adopción judicial de medidas de apoyo a una persona con discapacidad".

V. EL CONTENIDO DE LA RESOLUCIÓN DE NOMBRAMIENTO DEL DEFENSOR JUDICIAL

1. *La fijación de las funciones atribuidas al defensor judicial*

En el desempeño de sus funciones, el defensor judicial deberá atenerse a lo señalado por la resolución judicial de su nombramiento y a los concretos supuestos para los que ha sido nombrado. A pesar de que el régimen vigente carece de una norma como la del anterior art. 302 del CC, que disponía que el defensor judicial "tendrá las atribuciones que se le hayan concedido", también ahora las competencias del defensor están limitadas a las concretas situaciones que provocan su designación (arts. 235 y 295 del CC)[773] y sus atribuciones serán las que le haya conferido la resolución (art. 30.2 del LJV). Ello es una consecuencia ineludible de los principios de necesidad y proporcionalidad, y así se refleja de manera explícita para la curatela en los arts. 250.V y 269 del CC. Con anterioridad a la reforma, ya el Tribunal Supremo había señalado que cuando el defensor judicial actúa "debe obrar dentro de las facultades precisas y concretas que se le

[773] "El nombramiento del defensor judicial opera siempre en situaciones concretas" [STS de 17 de enero de 2003 *(Tol 4927572)*].

han atribuido y cuando actúa judicialmente debe probar que lo hace así"[774]. Dependiendo de cuál sea el supuesto en el que es nombrado, las atribuciones del defensor tendrán un distinto alcance.

Con carácter general, las atribuciones del defensor de la persona menor de edad y de la persona desaparecida serán las que le haya concedido el LAJ, de forma que su actuación se reduce a los actos para los que fue nombrado. Será también el LAJ el que deberá determinar, en el decreto de nombramiento, el objeto de la intervención del defensor judicial en los casos enumerados en los apartados 1.º a 4.º del art. 295 del CC. Sin embargo, cuando el defensor judicial se constituye como medida de apoyo autónoma para la persona con discapacidad (art. 295.5.º del CC), será la autoridad judicial la encargada de dictar y motivar esta medida.

Cuando el defensor se constituye como medida de apoyo autónoma para la persona con discapacidad, la autoridad judicial no podrá perder de vista que, bajo el principio de intervención mínima y de respeto al máximo de la autonomía de la persona con discapacidad, el contenido del cargo consistirá en las medidas de asistencia (o representación) puntuales que fueran necesarias en ese caso. Así pues, si la autoridad judicial considera pertinente el nombramiento de un defensor judicial por ser una medida adaptada a la necesidad de apoyo de la persona, deberá concebir su contenido, la extensión, intensidad y salvaguardas, las cuales deberán ser también proporcionales a la necesidad de la persona y al riesgo existente de que no se respete su voluntad o de que exista conflicto de intereses, abusos o influencia indebida. En este sentido, con relación a la curatela, pero de aplicación también al defensor judicial, el párrafo primero del art. 269 CC prescribe que la autoridad judicial debe precisar "los actos para los que la persona requiere asistencia del curador en el ejercicio

---

[774] STS de 7 de noviembre de 2002 *(Tol 4974993)*. En la STS de 10 de marzo de 1994, se indica, al respecto, lo siguiente: "El defensor judicial es un cargo de nombramiento judicial para un determinado asunto, con las atribuciones que le haya conferido el Juez al designarlo [...] y por ello, cuando actúa, debe obrar dentro de las facultades precisas y concretas que se le han atribuido, y cuando actúa judicialmente, debe probar que lo hace así, no exhibir sólo el auto judicial de nombramiento".

de su capacidad jurídica atendiendo a sus concretas necesidades de apoyo". En consecuencia, la resolución judicial deberá explicar las razones por las que existe necesidad de un apoyo para la toma de decisiones complejas en el ámbito personal y/o patrimonial, así como determinar los actos para los que la persona requiere asistencia del defensor en el ejercicio de su capacidad jurídica atendiendo a sus concretas necesidades de apoyo (art. 269.II)[775]. De este modo, cuando el apoyo que requiera la persona con discapacidad sea puntual y se proceda al nombramiento de un defensor judicial, las funciones que se atribuyan serán las que exija la situación[776]. Estas funciones podrán ser asistenciales o, de manera excepcional, representativas[777]. Respecto de los actos que no aparezca en la sentencia que debe intervenir el defensor judicial, podrá actuar por sí la persona con discapacidad o con el apoyo voluntario o del guardador de hecho, en su caso. Por lo demás, en ningún caso la sentencia que nombre al defensor judicial para prestar apoyo a la persona con discapacidad de manera ocasional, podrá contener una mera privación de derechos. A este respecto, el art. 269 CC establece como límite al contenido de la curatela, que no podrá incluir la mera privación de derechos. Con ello la ley quiere evitar que la discapacidad pueda justificar directamente una privación de derechos, sin perjuicio de las limitaciones que puede conllevar la medida de apoyo acordada, por eso habla de "mera privación de derechos"[778]. Esta regla entendemos que es también aplicable al defensor judicial nombrado en el supuesto recogido en el art. 295.5.º del CC.

---

775 En este sentido, en relación con las medidas judiciales de apoyo, se expresa la STS de 21 de diciembre de 2022 (*Tol 9353911*).

776 PALACIOS GONZÁLEZ, D., "Guarda de hecho, curatela o defensor judicial", cit., p. 426.

777 Como se indica en el art. 249, párrafo tercero, CC, [e]n casos excepcionales, cuando, pese a haberse hecho un esfuerzo considerable, no sea posible determinar la voluntad, deseos y preferencias de la persona, las medidas de apoyo podrán incluir funciones representativas".

778 SAP de Alicante, Sección 9ª, de 8 de abril de 2022 (*Tol 9166714*).

2. La posibilidad de fijar una retribución a favor del defensor judicial

El Código civil no determina la fijación de una retribución a favor del defensor judicial por el desempeño su labor, a diferencia del Código civil catalán, que lo contempla expresamente[779]. La remisión del art. 297 del CC a las normas de la curatela tan solo se refiere a "las causas de inhabilidad, excusa y remoción del curador". No obstante, cabe aplicar por analogía la normas que establecen esta retribución a favor del tutor (art. 229, para el caso del defensor judicial del menor)[780] o al curador (art. 281, para el defensor de la persona con discapacidad)[781]. En todo caso, deberá respetarse el principio de indemnidad, esto es, que no le produzca al defensor un perjuicio patrimonial el ejercicio del cargo[782]. Aplicando por analogía los arts. 230 y 281 del CC, el defensor tendrá derecho al reembolso de los gastos justificados y a la indemnización de los daños sufridos sin culpa por su parte en el ejercicio de su función, cantidades que serán satisfechas con cargo al patrimonio del menor o de la persona con discapacidad.

3. La dispensa de las ventas en subasta pública

Con fundamento en el principio de economía procesal, se permite que el defensor judicial resulte eximido de la obligación de proceder a la enajenación de los bienes de su asistido a través de subasta pública admitiendo como suficiente la venta con precio mínimo, así como de la aprobación judicial para el resto de los actos donde se exija con carácter general. En concreto, el art. 298 del CC determina

---

[779] El art. 224-5.1 del CCCat considera aplicables al defensor judicial, si procede, la normas relativas a la remuneración del tutor.

[780] El art. 229 declara lo siguiente: "El tutor tiene derecho a una retribución, siempre que el patrimonio del menor lo permita, así como al reembolso de los gastos justificados, cantidades que serán satisfechas con cargo a dicho patrimonio".

[781] Dispone el art. 281 del CC que "[e]l curador tiene derecho a una retribución, siempre que el patrimonio de la persona con discapacidad lo permita [...]".

[782] ÁLVAREZ ÁLVAREZ, H., "Artículo 235 CC", cit., p. 448.

que "en el nombramiento se podrá dispensar al defensor judicial de la venta en subasta pública, fijando un precio mínimo". La norma resulta concordante con la regla prevista en el art. 287.2.º para el curador con facultades representativas[783]. En la práctica, se venía haciendo así con los tutores, quedando plasmada la posibilidad de la venta directa en la versión originaria del art. 65.2 de la LJV, en relación con la efectuada por el tutor respecto a los bienes de un menor o persona con la capacidad modificada judicialmente[784].

La venta directa de bienes a la que se puede autorizar al defensor judicial alcanza a los enumerados en el art. 287.2.º del CC, esto es, "bienes inmuebles, establecimientos mercantiles o industriales, bienes o derechos de especial significado personal o familiar, bienes muebles de extraordinario valor, objetos preciosos y valores mobiliarios no cotizados en mercados oficiales".

La posibilidad de que el defensor judicial pueda proceder a la venta directa de los bienes y la exención de la aprobación judicial posterior debe contar con las debidas garantías[785]. Cuando el tribu-

---

783 Según este precepto, "[l]a enajenación de los bienes mencionados en este párrafo se realizará mediante venta directa salvo que el Tribunal considere que es necesaria la enajenación en subasta judicial para mejor y plena garantía de los derechos e intereses de su titular". Destaca MONTSERRAT QUINTANA, A., "El defensor judicial de la persona con discapacidad", cit., p. 744, que mientras en este precepto se habla de "subasta judicial", para el defensor la subasta se califica de "pública", que obviamente no es lo mismo, dado que el concepto de subasta pública es más amplio que el de subasta judicial, que es una especie de la primera.

784 El art. 65 LJV, en la versión de 2015, disponía lo siguiente: "1. El Juez, teniendo en cuenta la justificación ofrecida y valorando su conveniencia a los intereses del menor o persona con capacidad modificada judicialmente, resolverá concediendo o denegando la autorización o aprobación solicitada. 2. La autorización para la venta de bienes o derechos se concederá bajo la condición de efectuarse en pública subasta previo dictamen pericial de valoración de los mismos, salvo que se hubiera instado la autorización por venta directa o por persona o entidad especializada, sin necesidad de subasta y el Juez así lo autorice [...]". Este segundo apartado se suprime con la LAPD.

785 CAMPO IZQUIERDO, A. L., "Anteproyecto de Ley de reforma civil", cit. (versión digital Smarteca-LA LEY).

nal considere que la garantía de los derechos e intereses del menor o la persona con discapacidad quedarán mejor garantizados mediante la venta en pública subasta, no otorgará esta dispensa[786].

El art. 63.3 de la LJV prevé que en la solicitud para la realización de un acto de disposición de bienes de un menor o de una persona con discapacidad se incluya la petición de que la autorización se extienda a la celebración de venta directa, sin necesidad de subasta ni intervención de persona o entidad especializada. En este caso, deberá acompañarse de dictamen pericial de valoración del precio de mercado del bien o derecho de que se trate y especificarse las demás condiciones del acto de disposición que se pretenda realizar. Así, la resolución deberá fijar dicho precio mínimo, que será de obligado cumplimiento para el defensor judicial quien no podrá prestar su apoyo a una enajenación por debajo del mismo[787].

---

786 ÁLVAREZ LATA, N., "Artículo 298 CC", en *Comentarios a la Ley 8/2021 por la que se reforma la legislación civil y procesal en materia de discapacidad,* Guilarte Martín Calero, C. (dir.), Thomson Reuters Aranzadi, Cizur Menor (Navarra), 2021, p. 852.

787 TORRES COSTAS, M.ª E., *La capacidad jurídica a la luz del artículo 12,* cit., p. 326. Se plantea esta autora cuál es la naturaleza real de este apoyo, sobre todo si la voluntad del asistido fuese la de proceder a la disposición de sus bienes, incluso por debajo del precio fijado por la autoridad judicial. En estas condiciones, indica TORRES COSTA que "parece que el defensor judicial no podría apoyar dicha venta por no permitírselo la resolución judicial que le obliga".

Capítulo Octavo

Actos prohibidos al defensor judicial, celebrados sin su intervención o con extralimitación de funciones

I. ACTOS PROHIBIDOS AL DEFENSOR JUDICIAL

Dentro del capítulo de las disposiciones generales, el art. 251 del CC prohíbe a quien desempeñe alguna medida de apoyo una serie de actos jurídicos[788]. La norma reitera los actos prohibidos al tutor en el art. 226 del CC. Al defensor judicial, como medida de apoyo que es, le resultan de aplicación las salvaguardias legales que, a modo de prohibiciones, prevé el citado precepto. La norma resulta aplicable no solo al defensor judicial de la persona con discapacidad, sino también, en virtud de la remisión contenida en el art. 236 del CC, al defensor judicial de los menores. Si adaptamos los términos generales de esta norma a la figura objeto de nuestro estudio, podemos señalar que las prohibiciones que alcanzan al defensor judicial, en el desempeño de sus funciones, son las que seguidamente se exponen.

1.º El defensor judicial no podrá recibir liberalidades de la persona que precisa el apoyo, del menor o de sus causahabientes, mientras que no se haya aprobado definitivamente su gestión, salvo que se trate de regalos de costumbre o bienes de escaso valor[789]. En virtud

---

788 Se muestra crítica GARCÍA RUBIO, Mª. P., "Artículo 251", en *Comentario articulado a la reforma civil y procesal en materia de discapacidad*, García Rubio, Mª. P. y Moro Almaraz, Mª. J. (dirs.), Varela Castro, I. (coord.), Civitas - Aranzadi Thomson Reuters, Cizur Menor (Navarra), 2022, pp. 239-240, con las prohibiciones tan excesivas y la visión continuista de los términos en que ha quedado el art. 251 del CC.

789 La fórmula de este primer apartado del art. 251 del CC deriva del precedente art. 221 del CC, en el se prohibía a quien desempeñase algún cargo tutelar "[r]ecibir liberalidades del tutelado o de sus causahabientes, mientras que no se haya aprobado definitivamente su gestión".

de esta regla, se prohíbe al defensor judicial recibir liberalidades del menor o de la persona a la que asista. Esta prohibición cesará una vez que el defensor judicial rinda cuentas de la gestión realizada (art. 298.II del CC). A partir de este momento ya no se conculca la prohibición, por la sencilla razón de que ya no se ejerce la representación o el apoyo[790]. Como novedad de la reforma, quedan exentos de la prohibición los "regalos de costumbre o bienes de escaso valor".

Desde la versión originaria de la norma (art. 221 del CC, en su redacción anterior), ha suscitado dudas interpretativas en la doctrina el alcance del término "liberalidades". Se incluyen los actos a título gratuito *inter vivos* y *mortis causa* realizados por el menor o por la persona con discapacidad beneficiando a su defensor judicial[791]. La prohibición alcanza también a "los causahabientes" de la persona que precisa el apoyo, término que considero debe entenderse referido a los parientes con derecho a suceder abintestato a la persona con discapacidad[792].

2.° Contempla el número segundo del art. 251.2.° del CC la prohibición de "[p]restar medidas de apoyo cuando en el mismo acto intervenga en nombre propio o de un tercero y existiera conflicto

790 GARCÍA RUBIO, Mª. P., "Artículo 251", cit., p. 240.

791 La prohibición de recibir liberalidades *mortis causa* conecta con la prohibición para suceder establecida en el art. 753 del CC respecto de "quien sea tutor o curador representativo del testador". Para GARCÍA RUBIO, Mª. P., "Artículo 251", cit., p. 241, en atención a la interpretación restrictiva de las reglas prohibitivas y al propio sentido común, "la coordinación de ambos preceptos y su interpretación conjunta han de conducir a que prevalezca el 753 CC en el caso de disposiciones testamentarias, quedando así el guardador de hecho y el curador no representativo exentos de la prohibición de recibir liberalidades en testamento". Aplicado el defensor judicial, el que sea meramente asistencial (y no representativo) podrá recibir liberalidades de uso en testamento.

792 Considera GARCÍA RUBIO, Mª. P., "Artículo 251", cit., p. 241, que la expresión "causahabientes" del art. 251.1.° resulta a todas luces incorrecta, "porque tratándose de actos *inter vivos* en el momento de realizar el acto gratuito los disponentes estaban vivos y no podían ser CAUSANTES de nadie". Es por ello que esta autora propone limitar la prohibición a los actos *mortis causa* cuando afecte a esos causahabientes.

de intereses" [793]. La aplicación de esta prohibición a la intervención del defensor judicial, cuando precisamente uno de los supuestos que conduce a su nombramiento es la existencia de un conflicto de intereses —entre los progenitores o tutores y el menor, o entre el titular del apoyo y la persona con discapacidad— exige determinar si existe alguna situación en la que la actuación del propio defensor deba excluirse ante el conflicto de intereses que generaría su actuación[794]. Si el defensor judicial ha sido nombrado, precisamente, para sustituir a los progenitores, al tutor o al titular del apoyo en los que concurre una situación de conflicto de intereses, la designación habrá recaído en alguien idóneo y, por tanto, ajeno a dicho conflicto puntual. Sin embargo, cuando el defensor judicial no se nombra para un acto concreto, sino para que despliegue su actividad durante un tiempo, aunque sea provisional, o con relación a una diversidad de actos, esta prohibición adquiere sentido. Me refiero a las situaciones en que el

---

793 A la vista de que la prohibición afecta a quien "en el mismo acto intervenga en nombre propio o de un tercero", GARCÍA RUBIO, M.ª P., "Artículo 251", cit., p. 243, interpreta que debe entenderse limitada al supuesto en que el apoyo sea representativo, por ser el susceptible de afectar a las relaciones con terceros. VAQUER ALOY, A., "El sistema de apoyos como elemento para el ejercicio de la capacidad jurídica", cit., p. 526, en cambio, estima que la norma no exige que se trate de apoyo representativo de la persona con discapacidad.

794 En relación con el anterior art. 299 del CC, PARRA LUCÁN, M.ª A., "Artículo 299", cit., p. 2501, hacía una referencia al supuesto de que existiese conflicto de intereses entre el menor o incapacitado (o el pródigo) y el defensor judicial. Señalaba que la prohibición de actuar del art. 221 CC era extensible también al propio defensor judicial y que, en este caso, si el nombramiento del defensor judicial era sólo para un caso concreto, el criterio legal dirigido al Juez para que escoja a la persona más idónea para el cargo (art. 300 CC) evitaría el conflicto de intereses. Comentaba también esta autora que si, con posterioridad a su nombramiento, el defensor nombrado por el Juez se veía en trance de actuar representando o asistiendo al menor o incapacitado en un caso en el que se encontrara en conflicto de intereses debía abstenerse de actuar, poniendo los hechos en conocimiento del Juez para que adoptase las medidas oportunas, incluido el nombramiento de otro defensor judicial. Concluía PARRA LUCÁN afirmando que "[e]sto sucederá más fácilmente, por la razón expuesta, en los casos en los que el tutor o curador no desempeñe sus funciones hasta que cese la causa determinante o se designe otra persona para desempeñar el cargo".

defensor judicial ha sido nombrado ante la imposibilidad de ejercer su función por el tutor (art. 235.2.º del CC), cuando quien haya de prestar apoyo no pueda hacerlo (art. 295.5º del CC) o para prestar apoyo ocasional, aunque sea recurrente (art. 295.5º del CC). En estos casos, el defensor judicial no podrá intervenir en un acto asumiendo una doble condición, esto es, en su propio nombre (o de un tercero) y como defensor, si ello provoca un conflicto con los intereses del menor al que representa (o cuyo consentimiento complementa) o con los de la persona con discapacidad a la que presta asistencia (o, en última instancia, representa).

3.º Por último, el defensor judicial no podrá adquirir por título oneroso bienes de la persona que precisa el apoyo o del menor al que representa o cuya capacidad complementa, ni transmitirle por su parte bienes por igual título. Debe añadirse lo dispuesto en el reformado art. 1459.1 del CC que prohíbe adquirir por compra, aunque sea en subasta pública o judicial, ni por si ni por persona interpuesta, a los que desempeñen "funciones de apoyo, los bienes de la persona o personas a quienes representen". Esta prohibición del art. 251.3.º del CC, aunque se refiere a quienes desempeñen funciones de apoyo, con carácter general, se ha interpretado por algunos autores en el sentido de que se limita a aquellas medidas que implican representación[795]. Sea como fuere, el defensor judicial del menor o el de la persona con discapacidad (con funciones asistenciales o representativas, en función de cuál sea el alcance que se otorgue a la norma) queda sujeto a esta prohibición.

La infracción de estas reglas implicará que el apoyo prestado por el defensor judicial se considere nulo de pleno de derecho, nulidad

795 GUILARTE MARTÍN-CALERO, C., "Las grandes líneas del nuevo sistema", cit., p. 74. Es por ello que, para GARCÍA RUBIO, M.ª P., "Artículo 251", cit., p. 243, "[s]e trata de una norma innecesaria en la medida en que una prohibición análoga se contiene en el art. 1459 del CC". En contra de este criterio, opina VAQUER ALOY, A., "El sistema de apoyos como elemento para el ejercicio de la capacidad jurídica", cit., p. 528, que "la misión de este art. 251.3.º CC no es sino extender la prohibición a cualquiera de las medidas de apoyo, tenga o no efecto representativo".

que también se extenderá al propio acto realizado con dicho apoyo nulo[796].

El último párrafo del art. 251 del CC permite excluir estas prohibiciones en el caso de las medidas de apoyo voluntarias. En consecuencia, si el defensor judicial ha sido propuesto de manera voluntaria por la propia persona interesada (aplicando las normas de la autocuratela al defensor judicial), cabe que en la escritura pública en la que se propuso este nombramiento se contenga una disposición por la que se excluya expresamente alguna de estas prohibiciones del art. 251 del CC, o algunas o todas las previstas.

II. ACTOS CELEBRADOS SIN LA INTERVENCIÓN DEL DEFENSOR JUDICIAL

1. *Actos celebrados por el representante legal del menor o por la persona que tenga encomendado el apoyo cuando exista un conflicto de intereses*

En caso de conflicto de intereses, hemos visto que lo que marca la ley es la designación de un defensor judicial (arts. 235.1.° y 295.2.° del CC). Como es posible que no se haya procedido a este nombramiento, habrá que determinar cuál es el régimen de ineficacia que alcanza al acto celebrado por los progenitores, tutores o por quien preste apoyo a la persona con discapacidad, sin la intervención del defensor judicial. Con anterioridad a la reforma, se mantuvo que los contratos celebrados por los representantes legales del menor o del incapacitado, sin contar con la intervención del defensor judicial, cuando ésta resultaba preceptiva por existir contraposición de inte-

---

796 En general, respecto a los efectos de la infracción de esta norma por los apoyos, GARCÍA RUBIO, Mª. P., "Artículo 251", cit., p. 240. En contra de este criterio, VAQUER ALOY, A., "El sistema de apoyos como elemento para el ejercicio de la capacidad jurídica", cit., pp. 527-528, entiende que la consecuencia jurídica que se anuda a la infracción de estas prohibiciones, teniendo en cuenta que se protege un interés meramente privado, es la anulabilidad del acto, lo que permite su confirmación.

reses, ocasionaban la plena nulidad, por tratarse de disposiciones de carácter necesario y, como cogentes, de ineludible observancia[797]. Los negocios celebrados sin la intervención del defensor judicial, existiendo conflicto de intereses, en cuanto nulos de pleno derecho, no resultaban susceptibles de confirmación, remedio sólo aplicable a los afectados de vicio sanable, pero no a los contratos que no reúnan los requisitos expresados en el art. 1261 CC, tal y como preceptúa el art. 1310, ni a los ejecutados contra lo dispuesto en la ley (art. 6, párrafo tercero, CC). No era posible tampoco la ratificación, por lo que no siendo sanable la nulidad radical, sólo cabía que una vez desaparecida la causa determinante de la misma procediesen los sujetos intervinientes a la renovación del negocio, a fin de establecer *ex novo* la reglamentación de intereses trazada en el anterior viciado de nulidad[798]. En el sentido expuesto, aunque aplicado al proceso, se ha decretado la nulidad de actuaciones para permitir la actuación en el proceso del defensor judicial en los procedimientos de impugnación y reclamación de la paternidad entablados frente a un menor[799].

Con el régimen anterior, algunos autores manifestaron sus dudas acerca de que la nulidad fuera la sanción más adecuada respecto de

---

797 SSTS de 5 de noviembre de 1956, 9 de mayo de 1968 *(Tol 4276597)* y 7 de julio de 1978. En relación a los actos celebrados por los progenitores, no obstante el conflicto de intereses, DÍEZ-PICAZO y GULLÓN aprecian que "[e]ntre la protección de los hijos menores y la protección de terceros que pueden perfectamente ignorar aquel conflicto, hay que inclinarse por aquellos"; a lo que añaden que, "en realidad, en estos casos no hay representación y el acto es un acto realizado por quien no es representante, irrelevante o carente de efectos para el menor" (DÍEZ-PICAZO, L. y GULLÓN, A., *Sistema de Derecho Civil,* Vol. IV, T. 1, Derecho de Familia, 11ª ed., Tecnos, Madrid, 2012, p. 280). Se ha defendido que, habiendo conflicto de intereses, "debe considerarse que carece totalmente de legitimación el prestador de apoyos para intervenir en ese acto o contrato" (RUIZ-RICO RUIZ, J. M., "Capacidad jurídica y discapacidad", cit., p. 85). Señalaba SÁNCHEZ-CALERO ARRIBAS, B., *La intervención judicial en la gestión del patrimonio,* cit. *(Tol 955227),* que el art. 1259, párrafo segundo, del CC era el aplicable a los actos llevados a cabo por los representantes legales en nombre de los menores o incapacitados existiendo conflicto de intereses.

798 STS de 7 de julio de 1978.

799 STS de 7 de noviembre de 2002 *(Tol 4974993)* o 30 de junio de 2004 *(Tol 483355),* entre otras.

los actos realizados por el tutor, los progenitores o el curador, en situaciones de conflicto de intereses[800]. De este criterio de nulidad se apartó la RDGSJFP de 25 de abril de 2001[801] que, en una partición hereditaria en que el tutor actuó en su propio nombre y en representación de su hermano incapacitado y que, pese al conflicto de intereses subyacente, no se designó defensor judicial, optó por mantener la validez de la partición, con fundamento en que el tutor había obtenido posteriormente la aprobación judicial de las operaciones realizadas.

Con el régimen vigente, en que el apoyo no necesariamente implica representación, considero que es posible seguir manteniendo que la sanción de nulidad es la aplicable a los contratos celebrados por el titular del apoyo (sea representativo o asistencial), que entren en conflicto de intereses con la persona representada o asistida[802].

---

800 Sustenta PARRA LUCÁN, M.ª A., "Artículo 299", cit., p. 2509, sus dudas respecto a la nulidad de estos actos atendiendo a la razón de la prohibición y a los intereses en juego. Considera evidente que "el acto realizado por el tutor, atendiendo a las circunstancias concretas, puede resultar ventajoso para el menor o incapacitado, sin que parezca razonable imponer entonces una nulidad que no sólo no le conviene sino que, si aplicamos el régimen generalmente admitido para la nulidad radical, podría hacerse valer incluso por el tutor que participó en su otorgamiento, no en su calidad de tutor, sino incluso como contraparte". Es por ello que entiende que "puede aportar una solución más adecuada la consideración de que la prohibición de actuación al tutor en los casos de conflictos de intereses conlleva una privación de las funciones de representación que por ley le corresponden, de forma que carecería de competencia para actuar", Desde este punto de vista, expone que "la falta de competencia no impide que su actuación pueda ser sanada (de forma parecida a como sucede en los casos de actuación sin poder de representación), por el propio menor o el incapacitado que recupera su capacidad, o por un tutor posterior". Concluye que las mismas razones concurren en los casos de actuación de los padres en ejercicio de la patria potestad, "donde además ni siquiera se establece expresamente una «prohibición», sino la necesidad de que se nombre un defensor judicial para que represente al menor, lo que permite más fácilmente huir de la conexión intuitiva para los juristas con el art. 6.3 CC".

801 *Tol 52649.*

802 Defiende este planteamiento, RUIZ-RICO RUIZ, J. M., "Capacidad jurídica y discapacidad", cit., p. 85.

No se precisa que haya habido una lesión acreditada en el patrimonio del menor o de la persona con discapacidad, sino que bastará con la prueba del conflicto de intereses[803].

No es la nulidad la solución que adopta el Derecho civil catalán, cuyo art. 224-4 prevé que "[l]os actos realizados por el tutor, por el apoderado nombrado de acuerdo con el artículo 222-2.1 o por la persona puesta en curatela con la asistencia del curador, en caso de conflicto de intereses, si no ha nombrado a un defensor judicial, son anulables de acuerdo con lo que los artículos 222-46 y 223-8 establecen para la tutela y la curatela, respectivamente". En el sistema común, se ha planteado, con acierto, que, aun tratándose de una nulidad de pleno derecho, debe restringirse la legitimación activa al menor o a la persona con discapacidad (o al defensor judicial que pueda designarse como representante legal para esta actuación procesal concreta), negándola a la otra parte contratante y a quien intervino representando al menor o como titular del apoyo de manera indebida, anteponiendo sus propios intereses[804].

2. *Contratos celebrados por el menor o por la persona con discapacidad sin la intervención del defensor judicial*

Entran en la órbita de la anulabilidad los actos celebrados por los menores o por la persona con discapacidad sin contar, respectivamente, con la representación o la asistencia del defensor judicial (art. 1301, 3.º y 4.º del CC).

2.1. Contratos celebrados por el menor sin la representación o asistencia del defensor judicial

Conforme a lo establecido en el art. 1263 del CC, "[l]os menores de edad no emancipados podrán celebrar aquellos contratos que las leyes les permitan realizar por sí mismos o con asistencia de sus representantes y los relativos a bienes y servicios de la vida corrien-

---

803 RUIZ-RICO RUIZ, J. M., "Capacidad jurídica y discapacidad", cit., pp. 85-86.
804 RUIZ-RICO RUIZ, J. M., "Capacidad jurídica y discapacidad", cit., p. 86.

te propios de su edad de conformidad con los usos sociales". Si el menor carece de capacidad para celebrar un determinado contrato, siendo sus progenitores, tutores o el defensor judicial quienes pueden celebrarlo en su nombre y, a pesar de ello, lo concierta, el contrato será anulable o impugnable[805]. El art. 1302.2 del CC legitima para esta impugnación a "los representantes legales" y a los propios menores, "cuando alcancen la mayoría de edad". El precepto reconoce legitimación para instar la acción de anulabilidad a los progenitores o al tutor hasta que el menor alcance la mayoría de edad. A mi modo de ver, cuando el acto debía haberse celebrado por el defensor judicial —por existir un conflicto de intereses entre los progenitores o tutores del menor y el propio menor, o por imposibilidad de sus representantes legales para ejercer su función— y se celebra por el menor, el defensor judicial tendrá legitimación para el ejercicio de la acción de nulidad. El ejercicio de la acción de nulidad por los representantes legales o por el defensor judicial tan solo requiere que el menor haya concluido la contratación durante su minoría de edad, sin que resulte exigible que el otro contratante conozca tal circunstancia, ni que se aproveche de la ventaja que pueda implicar esa situación[806]. El plazo para el ejercicio de la acción de anulabilidad se computará "desde que salieren de la patria potestad o la tutela" (art. 1301.3.º del CC).

Como se ha analizado, el menor emancipado necesita para ciertos actos la asistencia de sus progenitores o, en su defecto, del defensor judicial. Son también anulables los contratos que celebre el emanci-

---

805 La Ley 19 del FN considera anulables las declaraciones emitidas por menores no emancipados salvo que se acredite que en el momento de emitirlas carecían por completo de juicio, en cuyo caso serán nulas de pleno derecho. Asimismo, reputa anulables las declaraciones de voluntad emitidas por personas emancipadas sin la debida asistencia cuando esta sea necesaria conforme a lo dispuesto en la ley 48. Respecto a los menores mayores de catorce años, el art. 29 de la CDFA consagra la anulabilidad del acto o contrato celebrado por el menor sin la debida asistencia.

806 EGUSQUIZA BALMASEDA, M.ª A., "La reforma del régimen de la anulabilidad", en *Reformas legislativas para el apoyo a las personas con discapacidad. Estudio sistemático de la Ley 8/2021, de 2 de junio, al año de su entrada en vigor,* Lledó Yagüe, F., Ferrer Vanrrell, M.ª P., Egusquiza Balmaseda, M.ª A. y López Simó, F., Dykinson, Madrid, 2022, pp. 1165.

pado sin contar con el consentimiento de sus padres o del defensor judicial[807]. El acto otorgado sin dicho asentimiento o asistencia es anulable, a instancia de los progenitores o del defensor judicial hasta que el menor alcance la mayoría de edad y por el mismo emancipado cuando llegue a la misma[808].

2.2. Contratos celebrados por la persona con discapacidad sin la representación o asistencia del defensor judicial

El art. 1263 del CC ha eliminado toda referencia a la falta de capacidad para contratar que no sea la que afecta a los menores de edad no emancipados[809]. La discapacidad no aparece ya en este precepto como una causa que impida celebrar válidamente un contrato[810], sin

---

807 El art. 211-12.3 del CCCat determina que los actos efectuados por el menor emancipado sin el complemento de capacidad son anulables, en el plazo de cuatro años, a instancia de la persona que debía prestarlo de acuerdo con el artículo 211-7 y, a partir del cumplimiento de la mayoría de edad, de la persona interesada.

808 LACRUZ BERDEJO, J.L, SANCHO REBULLIDA, F. A., LUNA SERRANO, A., DELGADO ECHEVARRÍA, J., RIVERO HERNÁNDEZ, F. y RAMS ALBESA, J., *Elementos de Derecho Civil,* I, vol. 2º, cit., p. 137.

809 En el Anteproyecto de LAPD se incluía un segundo párrafo en el art. 1263 del CC, que decía así: "Las personas con discapacidad que cuenten con medidas de apoyo podrán contratar sin más limitaciones que las derivadas de ellas". Valora positivamente la eliminación de ese apartado, por innecesario e incongruente, GARCÍA RUBIO, M.ª P., "La capacidad para contratar de las personas con discapacidad", en *Estudios de Derecho de Contratos, vol. I,* Morales Moreno, A.M. (dir), Blanco Martínez, E. (coord.), Agencia Estatal Boletín Oficial del Estado, Madrid, 2022, pp. 339.

810 Un notable sector de la doctrina aboga por mantener abierta la vía tradicional de la falta de consentimiento del art. 1261.1º del CC, para los contratos celebrados sin la aptitud y el discernimiento necesarios para prestar el consentimiento. Así, para GARCÍA RUBIO, M.ª P., "La capacidad para contratar de las personas con discapacidad", cit., p. 339, "el silencio del artículo 1263 CC al respecto significa que las personas con discapacidad, incluida aquella que afecta a los aspectos mentales o psicosociales que *a priori* pueden incidir en la toma de decisiones y en la formación y expresión de la voluntad negocial, tienen la misma capacidad de contratar que todas las demás y, por añadidura, tienen derecho a hacerlo con los apoyos que

perjuicio de la aplicación de las reglas generales sobre los vicios del consentimiento[811]. La nueva regulación mantiene, sin embargo, el

---

precisen, como claramente impone el art. 12.3 CDPD". Reconoce esta autora (ob. cit., pp. 339-340) que las particulares características de las personas con discapacidad de tipo cognitivo o volitivo o de expresión pueden derivar en ciertos casos en que en los contratos por ellas celebrados no se haya emitido un verdadero consentimiento contractual, si bien se trata de situaciones que se integran en un grupo más amplio cual es el de aquellas en la que se contrata con falta de conciencia y voluntad, por cualquier razón. La misma idea es la que late cuando CARRASCO PERERA "Brújula para navegar la nueva contratación con personas con discapacidad, sus guardadores y curadores", *Centro de Estudios de Consumo. Publicaciones jurídicas* 30 de junio de 2021, p. 13, afirma que "[e]l discapacitado a secas [...] no puede pretender que ha existido falta de consentimiento a causa de su discapacidad, aunque sí puede hacer valer el art. 1261 si la falta de consentimiento procede de razón exógena a su discapacidad efectiva (vgr. trastorno mental transitorio, violencia física de tercero, intimidación)". En el mismo sentido, para ALBIEZ DOHRMANN, K.J., "La capacidad jurídica para contratar de las personas con discapacidad", cit., pp. 530-531, el contrato celebrado por sí solo por un contratante que por una situación de discapacidad tiene grandes dificultades de entendimiento y de voluntad para manifestar su consentimiento, será, según los casos, nulo, en aplicación del art. 1261.1.º del CC, o anulable. Del mismo parecer es ÁLVAREZ LATA, N., "Artículo cuarenta y ocho. Artículo 1263", en *Comentarios a la Ley 8/2021 por la que se reforma la legislación civil y procesal en materia de discapacidad,* Guilarte Martín Calero, C. (dir.), Thomson Reuters Aranzadi, Cizur Menor (Navarra), 2021, p. 995, quien señala que "[l]a persona con discapacidad sin medida de apoyo establecida tiene capacidad contractual, pero para la validez del acto o negocio concreto necesitará conformar una voluntad negocial suficiente; en otro caso, corre (y asume) el riesgo de que su declaración negocial sea nula, siempre que se pueda acreditar para ese acto la falta de consentimiento ex art. 1261 CC"; precisa esta autora que "no es suficiente, en este sentido, la prueba de la discapacidad [...] sino la inexistencia de consentimiento en ese acto determinado". En contra de este criterio, RUIZ-RICO RUIZ, J. M., "Capacidad jurídica y discapacidad", cit., pp. 75 y 81, mantiene que "ya no hay incapacidades para contratar que puedan dar lugar a una posible nulidad contractual por esa causa" y que "el acto no podrá ser impugnado con base en una hipotética falta del mismo [el consentimiento], a la vista del presumible nulo o muy escaso discernimiento del sujeto firmante".

811 Indica RUIZ-RICO RUIZ, J. M., "Capacidad jurídica y discapacidad", cit., p. 81, que "el hecho de que haya quedado cerrada la posibilidad de impugnación por falta de capacidad o por falta de consentimiento, puede abrir

instituto de la anulabilidad en los arts. 1301.4.º y 1302.3 del CC para los contratos celebrados por personas con discapacidad[812]. El ámbito de este régimen de la anulabilidad queda circunscrito a los contratos celebrados por personas con discapacidad provistas de medidas de apoyo para el ejercicio de su capacidad de contratar prescindiendo de dichas medidas "cuando fueran precisas". Conjugando ambas normas —arts. 1301.4.º y 1302.3 del CC— puede afirmarse que la impugnación se aplica únicamente a los casos en que la persona con discapacidad otorgue el consentimiento contractual prescindiendo de las medidas de apoyo asistenciales de las que estuviera provista para ese acto. Partiendo de que no estimamos compatible con la reforma que el apoyo pueda consistir en un complemento de la capacidad (salvo que así se haya previsto de forma voluntaria), la falta de apoyo que permite impugnar el contrato es la que consiste en informar, acompañar y aconsejar a la persona con discapacidad contratante[813]. La impugnación del contrato, al amparo de los arts. 1301.4.º y 1302.3 del CC, no se aplica, en cambio, a las medidas de apoyo (voluntarias, guarda de hecho, defensor judicial o curatela) representativas. En es-

---

algo la puerta a un más amplio entendimiento y aplicación de los vicios del consentimiento respecto de los discapacitados".

812 Para CARRASCO PERERA, A., "Contratación por discapacitados con y sin apoyos", cit., p. 240, "para ser congruentes, la no discriminación reclama la simple inexistencia de normas particularmente protectoras de los discapacitados en el tráfico jurídico". Pone, asimismo, de manifiesto este autor (*ob. cit.*, p. 241) que la congruencia con el sistema instaurado hubiera exigido cerrar la posibilidad de que se anularan los contratos celebrados por discapacitados, "salvo que se pretenda —lo que es notoriamente incierto— que los arts. 1301.4ª y 1302.3 CC son normas de tutela indirecta de la autonomía y plena participación social de tales discapacitados y no normas de tutela frente a la presumible lesión de intereses propios que para el discapacitado comporta la participación plena y autónoma en los actos de tráfico". En términos idénticos, CARRASCO PERERA, A., "Contratación por discapacitados con y sin apoyos", *Revista CESCO*, núm. 42/2022 (doi.org/10.18239/RCDC_2022.42.3134), p. 198.

813 En contra, RUIZ-RICO RUIZ, J. M., "Capacidad jurídica y discapacidad", cit., p. 88, para quien la referencia a "cuando fueren precisas" del art. 1302 del CC está pensada únicamente para las medidas "que supongan la necesidad de concurrencia de los dos consentimientos (del discapacitado y del prestador de apoyos), de modo que la falta de consentimiento de este último es lo que puede dar lugar a la nulidad allí regulada".

tas situaciones, si no concurre el consentimiento del titular del apoyo representante, en tanto estemos dentro del concreto ámbito representativo asignado, el consentimiento prestado por la persona con discapacidad será irrelevante, en la medida en que carecerá de legitimación para la celebración ese contrato, negocio o acto jurídico[814].

Si aplicamos las reglas de los arts. 1301.4.º y 1302.3 del CC a la figura del defensor judicial, debemos entender que serán anulables los contratos celebrados sin contar con este apoyo, siempre que se den estos dos presupuestos: primero, la persona con discapacidad que ha celebrado el contrato ha de estar provista de la medida del defensor judicial como apoyo para el ejercicio de su capacidad de contratar para ese caso concreto; segundo, el contrato ha de celebrarse por la persona con discapacidad sin contar con la asistencia del defensor judicial (siempre que el apoyo no se haya rechazado por aquella, asumiendo las consecuencias que comporta el riesgo de equivocarse[815]). *A contrario sensu*, es posible deducir dos consecuencias: por un lado,

---

814 RUIZ-RICO RUIZ, J. M., "Capacidad jurídica y discapacidad", cit., p. 87. En el sentido indicado, la Ley 19 del FN reputa anulables las declaraciones de voluntad "emitidas por personas con discapacidad para las que se hayan establecido medidas de apoyo cuando actúen sin el complemento previsto en dichas medidas". En cambio, se consideran nulas "las efectuadas por persona con discapacidad cuando conforme a las medidas de apoyo establecidas procediera que actuara otra persona en su representación".

815 Para REPRESA POLO, M.ª. T., "Carácter subsidiario de la curatela", cit., p. 326, "cuando sea la persona sometida a curatela quien tras la labor de asesoramiento y apoyo del curador decida celebrar un acto que, en principio, puede ser perjudicial para sus intereses si aquél pese a la negativa del curador e incluso su falta de colaboración a la conclusión del acto decide celebrarlo será válida su actuación". No obstante, esta autora (ob., cit. pp. 326-327) considera que el acto podrá anularse al amparo del art. 1302 del CC. A mi modo de ver, en cambio, si la persona con discapacidad decide celebrar el contrato, pese a la oposición del apoyo, aquél será válido. Pone de manifiesto EGUSQUIZA BALMASEDA, M.ª A., "La reforma del régimen de la anulabilidad", cit., pp. 1157, "la contradicción en la que se puede incurrir en el supuesto de que la persona con discapacidad prescinda voluntariamente de los apoyos previstos para posteriormente instar la anulabilidad del contrato por razón de ello, legitimación que le concede el art. 1302 del CC". Para esta autora, el respeto a su voluntad, "parece que debería haber supuesto que quedara limitada la facultad de que aquella pudiera instar

que el contrato celebrado por la persona con discapacidad sin la asistencia del defensor judicial quedará sujeto al régimen de la anulabilidad, aunque la elusión de esta medida de apoyo no haya afectado a la aptitud para prestar el consentimiento contractual[816]; y, por otro lado, que cuando en el proceso de contratación ha intervenido el defensor judicial, el contrato no podrá ser impugnado, cualesquiera que fuesen las circunstancias del caso particular (consentimiento que no se ha formado adecuadamente, contrato celebrado con la asistencia del defensor judicial que no responda a la voluntad, deseos y preferencias de la persona con discapacidad…)[817]. Por último,

---

la anulabilidad del contrato habiendo prescindido voluntariamente de los apoyos para contratar".

816 En este sentido, para el supuesto del discapacitado que contrata sin que hayan sido observadas las medidas de apoyo establecidas, CARRASCO PERERA, A., "Contratación por discapacitados con y sin apoyos", cit., p. 242. Para ALBIEZ DOHRMANN, K.J., "La capacidad jurídica para contratar de las personas con discapacidad", cit., p. 537, la ausencia de las medidas de apoyo precisas en el momento de la celebración del contrato dará lugar a la anulabilidad del contrato, pero no es una consecuencia automática, sino que habrá que valorar debidamente el consentimiento que haya prestado la persona con discapacidad, analizando el caso concreto. Considera este autor (ob. cit., p. 538) que "[p]ara los casos en los que efectivamente no se ha apoyado a la persona con discapacidad, o deficientemente, habrá que examinar si ello ha incidido negativamente en la formación de la voluntad contractual", de manera que "[s]ólo en caso afirmativo, el contrato celebrado no obstante sería anulable, o incluso nulo con apoyo en el artículo 1261-1º del CC". Según este enfoque, defendido, entre otros, por ALBIEZ DOHRMANN (ob. cit. p. 538), "habrá que examinar, como en el sistema anterior, el nivel de entendimiento y de voluntad para prestar el consentimiento contractual del contratante que tiene discapacidad".

817 Este es el razonamiento utilizado por CARRASCO PERERA, A., "Contratación por discapacitados con y sin apoyos", cit., p. 242, cuando en el proceso de contratación se han aplicado las medidas de apoyo establecidas. Para ALBIEZ DOHRMANN, K.J., "La capacidad jurídica para contratar de las personas con discapacidad", cit., p. 534, el contrato "siempre será válido si ha contado con los apoyos necesarios de acuerdo con la resolución judicial", lo que estima coherente "con la protección que se quiere dar a la persona con discapacidad, y también con la estabilidad contractual que la reforma asegura". Considera, en la misma línea, REPRESA POLO, M.ª. T., "Carácter subsidiario de la curatela", cit., p. 325, que cuando la influencia indebida esté presente en los actos que realice la persona que recibe el

como se ha precisado, cuando la persona con discapacidad celebrare el contrato por su cuenta, a pesar de que para ese ámbito concreto tenía asignado un defensor judicial con funciones representativas, el contrato será nulo de pleno derecho.

La legitimación activa para instar la anulación del contrato la ostenta, en principio, la propia persona con discapacidad, con el apoyo que precise. La persona con discapacidad puede optar perfectamente por no anular el contrato en los cuatro años desde la celebración (art. 1301.4.º del CC), o incluso confirmarlo en un momento anterior[818]. Para GARCÍA RUBIO[819], si la persona con discapacidad ha rechazado voluntariamente y sin vicios, presiones o influencias indebidas, el apoyo del que disponía para celebrar un concreto contrato, asumiendo así voluntariamente los riesgos de la contratación, lo lógico es considerar que ese mismo sujeto no puede después instar la anulabilidad del contrato, pues ello supondrá una conducta contraria a sus propios actos. Están también legitimados los herederos, durante el tiempo que falte para completar el plazo de cuatro años, si el interesado hubiese fallecido antes del transcurso del tiempo en que pudo ejercitar la acción (art. 1302.3.I del CC).

Se otorga, asimismo, legitimación activa para impugnar el contrato a aquel a quien le hubiera correspondido prestar el apoyo, en nuestro caso, al defensor judicial que debió prestar su asistencia al acto, pero del cual se prescindió. En este caso, a diferencia del supuesto en que sea la propia persona con discapacidad (o sus herederos) quien solicite la anulación del contrato, es preciso que concurra una circunstancia adicional a la falta del apoyo en la celebración del

---

apoyo, "si esos actos se celebran con un tercero y en el mismo interviene el curador en la forma determinada por la resolución judicial, la seguridad del tráfico y la protección de terceros de buena fe determina que el acto sea válido y no pueda impugnarse el mismo, a salvo las responsabilidades del curador por el daño que pudiera causar al sujeto".

818 GARCÍA RUBIO, M.ª P., "La capacidad para contratar de las personas con discapacidad", cit., p. 343.

819 GARCÍA RUBIO, M.ª P., "La capacidad para contratar de las personas con discapacidad", cit., p. 344.

contrato[820]. Como indica el art. 1302.3.II del CC, "la anulación solo procederá cuando el otro contratante fuera conocedor de la existencia de medidas de apoyo en el momento de la contratación o se hubiera aprovechado de otro modo de la situación de discapacidad obteniendo de ello una ventaja injusta". Es necesario, de este modo, que la contraparte conociera que, para la celebración del contrato, se estaba prescindiendo del apoyo (prestado por el defensor judicial) o que haya obtenido una ventaja injusta lograda aprovechándose de la situación de discapacidad de su contratante. Son estas circunstancias de la contraparte y no el hecho de que la persona con discapacidad contrató sin el apoyo las que legitiman al defensor judicial para impugnar el contrato celebrado sin su asistencia[821]. No procede instar la nulidad del art. 1302, de este modo, cuando el co-contratante opera de buena fe[822]. Con la introducción de la "ventaja injusta" como causa de anulación del contrato se trata de evitar que los terceros que contraten con la persona con discapacidad abusen o se aprovechen de la situación de vulnerabilidad que supone haber contratado sin el apoyo disponible[823].

---

820 A juicio de GARCÍA RUBIO, M.ª P., "La capacidad para contratar de las personas con discapacidad", cit., pp. 346-347, esta circunstancia debe entenderse aplicable no solo al caso de que quien inste la anulabilidad sea quien hubiera debido prestar el apoyo, sino también cuando lo haga la persona con discapacidad. Esta interpretación (ob. cit., pp. 347-349) se considera más coherente y acorde con el espíritu y la letra de la CDPD y se justifica en los vaivenes que se produjeron en la tramitación parlamentaria de este art. 1302 del CC. Concluye esta autora (ob. cit., p. 349) afirmando que "la persona con discapacidad que carece de apoyo para celebrar un contrato y aun así lo celebra, solo puede instar la anulación del contrato si la otra parte ha obtenido una ventaja injusta".

821 En este sentido, en general, respecto a las medidas de apoyo, GARCÍA RUBIO, M.ª P., "Contenido y significado general de la reforma", cit., p. 5 y GARCÍA RUBIO, M.ª P. y TORRES COSTAS, M.ª E., "Artículo 249", cit., p. 215.

822 CARRASCO PERERA, A., "Contratación por discapacitados con y sin apoyos", cit., p. 252.

823 En este sentido, GARCÍA RUBIO, M.ª P., "Contenido y significado general de la reforma", cit., p. 16 y GARCÍA RUBIO, M.ª P. y TORRES COSTAS, M.ª E., "Artículo 249", cit., p. 218.

En estos contratos celebrados por personas con discapacidad prescindiendo de la asistencia del defensor judicial, el *dies a quo* de la acción de anulabilidad —que caducará a los cuatro años— se computará desde la celebración del contrato (art. 1301.4.º del CC). En cuanto a la restitución, cuando la nulidad proceda de haber prescindido de las medidas de apoyo establecidas, cuando fueran precisas, en particular, de la intervención del defensor judicial nombrado a la persona con discapacidad, ésta no estará obligada a restituir sino en cuanto se enriqueció con la prestación recibida, "siempre que el contratante con derecho a la restitución fuera conocedor de la existencia de medidas de apoyo en el momento de la contratación o se hubiera aprovechado de otro modo de la situación de discapacidad obteniendo de ello una ventaja injusta" (art. 1304 del CC). La misma solución es la que inspira la regla del art. 1314 del CC, para el caso de pérdida del objeto del contrato[824].

III. ACTOS REALIZADOS POR EL DEFENSOR JUDICIAL CON EXTRALIMITACIÓN DE SUS FUNCIONES

Al margen de las previsiones de los arts. 1302 y 1304 del CC, si el defensor judicial se extralimitase en sus funciones, los actos por él realizados caerán bajo la órbita del art. 1259 del CC. Quiere ello decir que cuando el defensor judicial actúe en nombre del menor o de la persona con discapacidad, la validez o ineficacia de su actuación respecto a aquellos no dependerá del régimen que hemos analizado en el apartado anterior, sino del art. 1259 del CC. La norma es aplicable a la actuación del defensor judicial que carece de funciones representativas, o que teniendo asumidas dichas funciones se extralimita en el ejercicio de las mismas. Imaginemos un defensor judicial que ha sido nombrado a un menor, ante la falta de desempeño de sus

824 Según el parecer de GARCÍA RUBIO, M.ª P., "La capacidad para contratar de las personas con discapacidad", cit., p. 356, "lo adecuado hubiera sido que las referencias a las personas con discapacidad hubiesen desaparecido de estos dos artículos, cuyo régimen privilegiado ha de quedar reservado a los menores de edad".

funciones por parte de su tutor o de los progenitores, y que asume un ámbito de actuación más amplio que el de los representantes legales del menor[825]. Igual acontece respecto al defensor judicial de la persona con discapacidad, con asignación de funciones representativas, que celebra un acto careciendo de poder suficiente de representación; o que sin contar con funciones para representar a la persona a la que presta apoyo, realiza un acto en su nombre.

¿Son válidos estos actos extralimitados realizados por el defensor judicial? ¿o quedan afectados, siempre y en todo caso, por la ineficacia? Si acudimos al segundo párrafo del art. 1259 del CC, se establece la nulidad del contrato celebrado a nombre de otro por quien no tenga su autorización o representación legal, a no ser que lo ratifique la persona a cuyo nombre se otorgue antes de ser revocado por la otra parte contratante. El acto o negocio ratificado por el menor o por la persona con discapacidad, será válido. Por otra parte, si el acto o negocio hubiese sido de utilidad al menor o a la persona con discapacidad, esto es, si hubiesen aprovechado las ventajas de la gestión, en los términos del art. 1893 del CC, dicho acto o negocio será válido. En consecuencia, cuando el defensor judicial que actúa con funciones representativas sin tenerlas celebra un contrato, éste será ineficaz si el menor o la persona con discapacidad no ha obtenido ventajas de la gestión[826]. Resulta irrelevante en estos casos que el otro contratante fuera conocedor de la extralimitación del defensor judicial en el ejercicio de sus funciones, dado que no procede aplicar aquí las normas de los arts. 1302 y 1304 del CC[827].

---

825 ÁLVAREZ ÁLVAREZ, H., "Artículo 235 CC", cit., p. 448.

826 En este sentido, respecto al guardador de hecho que actúa como gestor en nombre ajeno de negocios del discapacitado sin estar investido formalmente de funciones de representación, CARRASCO PERERA, A., "Contratación por discapacitados con y sin apoyos", cit., p. 264. Precisa este autor que la obtención de ventajas "no es medida de la restitución, como en el art. 1304 CC, sino parámetro mismo de validez".

827 En palabras de CARRASCO PERERA, A., "Contratación por discapacitados con y sin apoyos", cit., p. 264, "a diferencia de lo que se prevé nuevamente en los arts. 1163, 1302 y 1304, al cocontratante no le sirve haber procedido sin dolo".

Si en lugar de celebrar directamente el contrato para el menor o la persona con discapacidad, el defensor judicial abusa de su cargo o no cumple con los deberes que le imponen los arts. 249 y 250 del CC (por ej., no ha atendido a la voluntad, deseos y preferencia de la persona con discapacidad), el contrato será válido[828], sin perjuicio de que pueda exigirse responsabilidad al defensor por su actuación o incluso, en los casos más graves o reincidentes, promover su remoción.

IV. ACTOS CELEBRADOS POR EL DEFENSOR JUDICIAL SIN LA PRECEPTIVA AUTORIZACIÓN JUDICIAL

Como se ha expuesto *ut supra,* el defensor judicial deberá contar con autorización judicial para realizar una serie de actos. El defensor judicial del menor está obligado a contar con esta autorización cuando la misma es exigida a los progenitores a los que sustituye (art. 166 del CC). A su vez, el defensor judicial que actúa en lugar del tutor del menor no emancipado deberá contar con autorización judicial en los supuestos contemplados en el art. 287 del CC (dada la remisión efectuada por el art. 224 a las normas de la curatela). Respecto al defensor judicial de la persona con discapacidad, resulta aplicable, por analogía, la norma del art. 287 del CC, que exige esta autorización al curador que ejerza funciones de representación de la persona que precisa el apoyo en los casos que enumera. En aplicación de esta norma, el defensor judicial con funciones representativas necesitará autorización judicial para realizar el acto o actos que determine la resolución judicial de nombramiento o si el acto o actos para los que está prevista su intervención están comprendidos en el listado del art. 287 del CC.

---

828 Argumenta CARRASCO PERERA, A., "Contratación por discapacitados con y sin apoyos", cit., p. 254, que "[e]l contrato celebrado con el apoyo «establecido» y «preciso» no puede ser anulado si se han cumplido formalmente las medidas de apoyo establecidas, aunque en la relación interna el apoyador o representante haya abusado de su cargo o no cumplido con los altos deberes fiduciarios que le imponen los arts, 249 y 250, 261, 268 I, 270 I, 271 ii, 278, 282 CC".

La exigencia legal de autorización judicial contenida en los arts. 166 y 287 del CC (al igual que sucediera antes de la reforma con el art. 271) no va acompañada de un régimen jurídico que de manera expresa precise las consecuencias de los actos realizados por los progenitores, el tutor o el curador representativo sin autorización judicial[829]. El art. 1291.1.° del CC considera rescindibles los "contratos *que hubieran podido celebrar* sin autorización judicial los tutores o los curadores con facultades de representación", siempre que el menor o la persona con discapacidad hayan sufrido una lesión de más de la cuarta parte del valor de los bienes. La doctrina suele interpretar esta norma —tanto en su redacción precedente como en la actual[830]— en el sentido de que es el contrato celebrado por el tutor o el curador, que no cuenta con autorización judicial debido a que la misma no es precisa, el que puede ser rescindido por lesión. Esta disposición puede aplicarse al defensor judicial del menor, o al defensor de la persona con discapacidad a la que preste apoyo representativo; de tal manera que el acto que celebre el defensor será rescindible si causa lesión al menor o la persona con discapacidad en más de la cuarta parte.

En cuanto a la sanción aplicable a los contratos celebrados por el tutor o el curador representativo sin autorización judicial, contamos con el precedente de la STS de 10 de enero de 2018[831], que, tras descartar la sanción de la nulidad radical o absoluta y la asimilación a los supuestos de actuación del apoderado sin poder suficiente (art. 1259 del CC), opta por la aplicación del régimen de la anulabilidad. A mi modo de ver, los estrechos márgenes en que se mueve la anulabilidad, tras la reforma de la LAPD, dificultan su aplicación más allá de las situaciones expresamente allí previstas (contratos celebrados

---

829 Comenta ALBIEZ DOHRMANN, K.J., "La capacidad jurídica para contratar de las personas con discapacidad", cit., p. 539, que "[l]a polémica sobre la nulidad o anulabilidad cuando la debida autorización judicial sigue siendo la misma, y siguen sin ponerse de acuerdo ni la doctrina ni la jurisprudencia".

830 La redacción anterior a la reforma de 2021 del art. 1291.1.° del CC, que establecía la rescisión para los contratos celebrados por los tutores sin autorización judicial si causaban una lesión superior a la cuarta parte.

831 *Tol 6484713.*

por menores de edad o por personas con discapacidad prescindiendo de las medidas de apoyo que se requerían en el momento de la celebración del contrato). Es por ello por lo que estimo que los actos celebrados por el defensor judicial del menor o de la persona con discapacidad, en cuanto representante legal, sin contar con la autorización judicial cuando la misma es necesaria, han de quedar sujetos al régimen del art. 1259.II del CC[832]. En consecuencia, el contrato que celebre el defensor sin la correspondiente autorización judicial es nulo, pero susceptible de ratificación por el menor, cuando se emancipe, o por la persona con discapacidad para el caso de que su grado de discernimiento vuelva a recuperarse[833].

---

832 Estiman VÁZQUEZ DE CASTRO, E. y ESTANCONA PÉREZ, A.A., "Los retos a afrontar en el Derecho de obligaciones y contratos", en *El nuevo Derecho de las capacidades,* Llamas Pombo, E., Martínez Rodríguez, N. y Toral Lara, E. (dirs.), La Ley – Wolter Kluwer, Madrid, 2022, p. 206, que debe aplicarse a estos casos el art. 1259 del CC, "porque la autorización judicial para la realización del acto por el representante legal, cuando la ley lo requiera, tiene naturaleza imperativa en el Código civil y no es un simple complemento del acto a realizar.

833 ALBIEZ DOHRMANN, K.J., "La capacidad jurídica para contratar de las personas con discapacidad", cit., p. 540. Considera este autor *(ibidem)* que, para declarar, en su caso, la nulidad del contrato, "habrá que valorar también la voluntad hipotética, que de haberse tenido en cuenta por el curador representante puede subsanar el contrato celebrado sin autorización judicial".

Capítulo Noveno

La extinción del cargo de defensor judicial

Como sucede con la tutela o la curatela, cabe distinguir entre unas causas por las cuales se extingue el cargo de defensor judicial y unas causas por las que cesa en su función el defensor judicial que ha sido designado. En ambos casos, procede la rendición de las cuentas de la actuación que ha sido llevada a cabo.

1. La extinción del cargo de defensor judicial: causas objetivas de extinción

El Código civil no determina cuáles son las causas de extinción del cargo de defensor judicial, aunque sí determina, en el art. 291, las causas de terminación de la curatela[834]. De esta regulación legal cabe deducir las posibles causas por las cuales la defensoría judicial termina.

El defensor judicial del menor o de la persona con discapacidad se extinguirá, de pleno derecho, por la muerte o declaración de fallecimiento del menor o de la persona con medidas de apoyo (así se prevé para la curatela en el art. 291.I del CC), así como cuando el menor alcance la mayoría de edad. Asimismo, en aplicación de lo dispuesto en el art. 291.II del CC, la defensoría se extingue por resolución judicial cuando ya no sea precisa esta medida de apoyo o cuando se adopte una forma de apoyo más adecuada para la persona con discapacidad.

---

834 El art. 291 del CC dice lo siguiente: "La curatela se extingue de pleno derecho por la muerte o declaración de fallecimiento de la persona con medidas de apoyo.
Asimismo, la curatela se extingue por resolución judicial cuando ya no sea precisa esta medida de apoyo o cuando se adopte una forma de apoyo más adecuada para la persona sometida a curatela".

Así, si la designación del defensor judicial tuvo por causa la existencia de un conflicto de intereses en algún asunto (arts. 235.1.º y 295.2.º CC), el poder atribuido al mismo cesará cuando se haya resuelto el asunto que dio lugar al nombramiento; su función acaba cuando cesa la contraposición de intereses. La extinción del cargo acontece de forma automática, sin necesidad de proceder a la anulación del nombramiento.

Cuando se trate de un defensor judicial nombrado para los supuestos en que el tutor o quien haya de prestar apoyo no desempeñen sus funciones (arts. 235.2.º y 295.1.º CC), o mientras se designa a otra persona para el cargo (arts. 235.2.º y 295.4.º CC), se extinguirá en el momento en que el tutor o la persona que preste apoyo (apoderado, mandatario, curador o guardador de hecho) vuelvan a ejercer sus funciones o cuando recaiga la resolución judicial por la que se constituya la tutela o se establezca la medida de apoyo o se nombre una nueva persona para ejercer el cargo. En estos supuestos, si bien podría parecer que la extinción del cargo acontece de forma automática, sin que resulta preciso anular el nombramiento, el art. 31 LJV –que no se ha visto afectado por la reforma– impone al defensor judicial un deber de "comunicar al órgano judicial la desaparición de la causa que motivó su nombramiento". El precepto ha sido criticado, dado que, tratándose de la cesación en el cargo, hubiera sido más sencillo señalar directamente que una vez desapareciese la causa que motivó su nombramiento, el defensor decaería en su función[835].

Cuando el defensor judicial fue nombrado como medida de apoyo autónoma (art. 295.5.º del CC), aplicando por analogía la norma del art. 291.II del CC, procederá su extinción, por resolución judicial, cuando ya no sea precisa esta medida de apoyo o cuando se

---

835 Comenta NÚÑEZ MUÑIZ, M.ª C., "Artículo 30", en *Estudio sistemático de la Ley de Jurisdicción Voluntaria. Ley 15/2015, de 2 de julio,* Lledó Yagüe, F., Ferrer Vanrell, Mª. P., Torres Lana, J.A. y Achón Bruñen, Mª. J. (dir.), Dykinson, Madrid, 2016, p. 199, a este respecto, que se impone al defensor judicial "la obligación de comunicar dicha desaparición causal, forzando al intérprete a presumir tanto la veracidad de su declaración, como la ausencia de otros motivos que hagan conveniente su prórroga, o en su defecto, imponiendo la carga procesal de constatar la desaparición de la causa y sin mayor trámite dictar resolución".

adopte una forma de apoyo más adecuada para la persona. Conviene recordar que, por lo menos, cada tres años, el órgano jurisdiccional ha de revisar la situación (art. 268 del CC), y si en ese momento, o en cualquier otro se pone en su conocimiento un cambio de circunstancias, y tras la pertinente evaluación, se llega a la conclusión de que la medida del defensor no resulta pertinente, se extinguirá el cargo[836]. El apoyo prestado por el defensor judicial podrá terminar cuando sea la propia persona con discapacidad quien solicite que aquél se organice de otro modo. Esta posibilidad está prevista en el art. 267.1.º del CC para la guarda de hecho, pero no cabe duda de que también ha de resultar aplicable a las medidas formales de apoyo y, en concreto, al cese del defensor judicial. En este sentido, el art. 42.bis.c) de la LJV legitima a la propia persona con discapacidad para solicitar la revisión de las medidas antes de que transcurra el plazo previsto en el auto.

2. *El cese del defensor judicial nombrado: causas subjetivas de extinción*

Cabe apreciar, asimismo, unas causas de extinción por circunstancias que afectan a la persona que ha sido designada defensor judicial. Son causas por las cuales el defensor judicial deja de desempeñar el cargo. El defensor judicial cesará en su cargo cuando concurran las causas de remoción y de excusa previstas para los curadores, que la ley declara aplicables expresamente al defensor judicial (arts. 236 y 297 CC).

En concreto, serán removidos de la defensa judicial los que, después de ser nombrados, incurran en una causa legal de inhabilidad, de las contempladas en el art. 275 CC, o se conduzcan mal en el desempeño de sus funciones, por incumplimiento de los deberes atribuidos o por notoria ineptitud en su ejercicio, o cuando surgieran problemas de convivencia graves y continuados (art. 278 CC). Res-

---

836 En este sentido, respecto a la curatela, MUNAR BERNART, P. A., "La curatela: principal medida de apoyo de origen judicial para las personas con discapacidad", *RDC*, vol. V, núm. 3 (julio-septiembre, 2018) Estudios, p. 146.

pecto de la excusa para continuar en el ejercicio del cargo de defensor judicial, requiere la concurrencia sobrevenida de circunstancias que hagan excesivamente gravoso o entrañen grave dificultad para el desempeño de esta función (art. 279 CC). Tanto la remoción en el cargo de defensor judicial, como la apreciación de la excusa alegada, se tramitarán a través de un expediente de jurisdicción voluntaria (art. 32 de la LJV), cuya competencia corresponden al LAJ (art. 31 de la LJV).

Como es lógico, la muerte del defensor judicial y la discapacidad sobrevenida para ejercer el cargo, dan lugar, asimismo, a que se extinga el nombramiento efectuado. Llama la atención que el reformado art. 43 de la LJV se refiera tan solo a la tutela, la curatela y la guarda de hecho, pero no al defensor judicial. En concreto, el expediente del art. 45 de la LJV, solamente se considera aplicable a la curatela cuando, tras la tramitación de un proceso sobre la adopción de medidas judiciales de apoyo a una persona con discapacidad, sea procedente el nombramiento de un nuevo curador, en sustitución de otro removido o fallecido (art. 44.2 de la LJV). A mi modo de ver, este expediente también resultará aplicable para el nombramiento de un nuevo defensor judicial, que sustituya al que ha sido removido en el cargo o ha fallecido, cuando se haya constituido como medida de apoyo autónoma.

3. La rendición final de cuentas del defensor judicial

El art. 298.II del CC obliga al defensor judicial a rendir cuenta final de su gestión ("el defensor judicial, una vez realizada su gestión, deberá rendir cuentas de ella")[837]. Con anterioridad a la reforma de 2021, se suscitaba en la doctrina la cuestión de si resultaban aplicables a esta obligación de dar cuentas de la gestión por parte del defensor judicial las normas de la tutela relativas a este mismo de-

---

[837] La rendición de cuentas a la que alude el art. 298 del CC es obligatoria y no dispensable, por cuanto la eventual dispensa judicial se refiere únicamente a la venta en subasta pública y a la aprobación judicial posterior de los actos (MONTSERRAT QUINTANA, A., "El defensor judicial de la persona con discapacidad", cit., p. 745).

ber. La cuestión se planteaba en la medida en que, así como para las causas de inhabilidad, excusa y remoción, el anterior art. 301 del CC remitía a las normas sobre la tutela, el art. 302 del CC, al establecer este deber de rendir cuentas del defensor, no se remitía a las normas aplicables al tutor. En general, la doctrina consideraba que no podía negarse la posibilidad de acudir, por analogía, a las normas de la tutela sobre la rendición de cuentas (art. 4.1 CC)[838]. En la regulación vigente, tampoco el Código Civil contiene una remisión al régimen de la rendición de cuentas de la curatela (art. 298.II del CC), como sí se efectúa para todo lo relativo a la inhabilidad, excusa y remoción del defensor (art. 297 del CC). El art. 32 de la LJV, dentro del capítulo destinado al nombramiento del defensor judicial, declara aplicables al defensor judicial "las disposiciones establecidas para la formación de inventario, en su caso, la excusa y la remoción de los tutores y para su rendición de cuentas una vez concluida su gestión, que se tramitarán y decidirán por el Letrado de la Administración de Justicia competente". La redacción de este precepto no se ha visto alterado por la reforma de la LAPD. Es por ello por lo que, a mi modo de ver, lo lógico es considerar que serán aplicables al defensor judicial del menor las normas de la rendición de cuentas del tutor (art. 232 del CC) y al defensor de la persona con discapacidad, las previstas para la curatela (arts. 292 y 293 del CC). En todo caso, se trata de normas que contienen un régimen prácticamente idéntico.

En aplicación de los arts. 232, 292 y 293 del CC, cabe señalar el siguiente régimen de rendición de cuentas de la gestión realizada por el defensor judicial:

a) Sin perjuicio de la obligación final de dar cuentas de la gestión desarrollada, la resolución judicial de nombramiento puede imponer al defensor judicial una obligación de rendición periódica de cuentas de su cometido.

b) El defensor judicial (del menor y de la persona con discapacidad), al cesar en sus funciones deberá rendir ante el LAJ (o ante la autoridad judicial, si ha sido quien lo ha designado)

---

838 MORENO MARTÍNEZ, J. A., *El defensor judicial*, cit., p. 96.

la cuenta general justificada de su administración[839]. En principio, se entiende que la rendición de cuentas general se circunscribe a las actuaciones patrimoniales y no a las de carácter personal; en este sentido, el art. 51 de la LJV distingue entre los "informes sobre la situación personal del menor o persona con discapacidad" y las "rendiciones de cuentas". La cuenta deberá estar justificada, es decir, ha de acompañarse de todos los justificantes y motivaciones necesarias.

c) El defensor cuenta con un plazo de tres meses, prorrogables por el tiempo que fuere necesario si concurre justa causa, para la presentación de la cuenta general. Aunque nada se indique, se entiende que el *dies a quo* de esta obligación es el día del cese en la función de defensoría[840]. La acción para exigir la rendición de esta cuenta prescribe a los cinco años, contados desde la terminación del plazo establecido para efectuarla.

d) Antes de resolver sobre la aprobación de la cuenta, el LAJ (o la autoridad judicial) oirá también, en su caso, al menor o a la persona a la que se prestó apoyo, o a sus herederos.

e) La aprobación judicial de las cuentas no impedirá el ejercicio de las acciones que recíprocamente puedan asistir al defensor judicial y a la persona con discapacidad, al menor o a sus causahabientes.

f) Los gastos necesarios de la rendición de cuentas serán a cargo del patrimonio del menor o de la persona a la que se prestó apoyo. El saldo de la cuenta general devengará el interés legal, a favor o en contra del defensor. Si el saldo es a favor del defensor, el interés legal se devengará desde el requerimiento para el pago, previa restitución de los bienes a su titular. Si

839 Llama la atención que, con respecto a la rendición de cuentas del curador, se siga usando el término "administración", propio de la labor del tutor, dado que, en sentido estricto, el curador no administra el patrimonio de la persona con discapacidad. Considera ÁLVAREZ LATA, N., "Artículo 298 CC", cit., p. 854, que con dicho vocablo "habrá de referirse de forma laxa a las actuaciones patrimoniales" que se hayan llevado a cabo por el curador.

840 MONTSERRAT QUINTANA, A., "El defensor judicial de la persona con discapacidad", cit., p. 746.

es en contra del defensor, devengará el interés legal una vez transcurridos los tres meses siguientes a la aprobación de la cuenta. En ambos casos, la determinación de si el saldo es a favor o en contra del defensor vendrá fijada en la aprobación judicial de la cuenta, que dará lugar a que el saldo sea líquido y exigible[841].

La rendición de cuentas del defensor judicial debe entenderse adaptada en cada caso a las funciones que se le hayan encomendado, dado que se trata de dar cuenta del grado y forma de cumplimiento de la gestión encomendada, que será diferente en cada uno de los supuestos de nombramiento de defensor judicial legalmente previstos[842]. Por lo demás, la sujeción a control de la gestión efectuada, una vez concluida, no solo se aplica al defensor judicial del menor o de la persona con discapacidad[843], sino que también el defensor judicial de la persona desaparecida deberá rendir cuentas de su actuación.

4. *La responsabilidad del defensor judicial por los daños causados al menor o a la persona con discapacidad*

En la regulación de la curatela, se obliga al curador a desempeñar las funciones con la diligencia debida (art. 282.II del CC) y a responder por los daños que hubiese causado por su culpa o negligencia a la persona a la que preste apoyo (art. 294.I del CC). Dispone el art. 294.II del CC un plazo de tres años, contados desde la rendición final de cuentas, para la exigencia de esta responsabilidad. Idéntico régimen de responsabilidad se instaura para el tutor respecto a los

---

841 MONTSERRAT QUINTANA, A., "El defensor judicial de la persona con discapacidad", cit., p. 746.

842 GARCÍA LÓPEZ, P., "El defensor judicial del menor", cit., pp. 366-367.

843 Considera ÁLVAREZ LATA, N., "Artículo 298 CC", cit., p. 853, que la dación de cuentas completas aplicada al defensor judicial tiene pleno sentido cuando actúa como medida autónoma del art. 295.5.º del CC y en los de imposibilidad temporal del titular de las medidas de apoyo, pero no en los casos de intervención puntual y aislada del defensor, en los que se trataría de informar del sentido y buen fin de la actuación concreta.

daños que hubiese causado al menor por su culpa o negligencia en el art. 234 del CC.

Dada la remisión que efectúa el art. 297 del CC, en sede de regulación del defensor judicial, a las causas de remoción del curador, consideramos que también esta norma de responsabilidad ha de aplicarse al defensor judicial. Es más, aunque nada dispusiera el Código, en aplicación del principio de responsabilidad del art. 1902 del CC, el defensor judicial deberá responder de su actuación negligente (el patrón de diligencia viene determinado en el art. 1104 del CC).

Conforme a los arts. 294, 297 y 1902 del CC, cualquier defensor judicial (con o sin funciones de representación; exista o no convivencia con la persona cuyo apoyo ocasional tenga encomendado) responderá de los daños causados a la persona con discapacidad, cuando éstos puedan conectarse causalmente con una acción u omisión negligente en el ejercicio de las funciones de apoyo. Se trata de una responsabilidad por culpa y por hecho propio. Asimismo, el defensor judicial del menor responderá por los daños causados de manera negligente al menor al que represente. Es la acción o (sobre todo) omisión negligente propia del defensor judicial la que determina causalmente el daño y la que da lugar a su responsabilidad.

Suscita dudas la exigencia de responsabilidad prevista en el art. 294 del CC cuando, en la realización de un acto surjan discrepancias entre el defensor judicial —que considere gravemente perjudicial el acto proyectado— y "la voluntad, los deseos y las preferencias" de la persona con discapacidad[844]. Para quienes defienden que la persona con discapacidad tiene reconocido un "derecho a equivocarse" y que su voluntad prevalece, en cualquier caso, lo lógico será considerar que no podrá exigirse responsabilidad al defensor judicial cuando

844 GUILARTE MARTÍN-CALERO, C., "Las grandes líneas del nuevo sistema", cit., p. 49, considera razonable entender que "no estaría el curador obligado a colaborar en la toma de decisión si la conclusión del acto puede ser generadora de su responsabilidad *ex* art. 294 Cc; también podrá apartarse de esta voluntad, deseos y preferencias cuando obedezca a abuso, manipulación o influencia indebida".

pueda demostrar que ha seguido la voluntad de la persona con discapacidad a pesar de que, a su juicio, el acto no era recomendable[845].

---

845 Respecto a la venta directa de un bien con el apoyo del defensor judicial, considera TORRES COSTAS, M.ª E., *La capacidad jurídica a la luz del artículo 12,* cit., pp. 326-327, que si se admitiese que la persona con discapacidad puede optar por realizar el negocio por debajo del precio fijado judicialmente, en contra de lo aconsejado por el defensor judicial, aquella asumiría por completo la responsabilidad de sus propios actos, quedando exento, en todo caso, el defensor judicial que hubiera asesorado en sentido opuesto dejando constancia de tal oposición.

Bibliografía

ABRIL CAMPOY, J.M., "Capítol IV. El defensor judicial", en *Comentari al llibre segon del Codi civil de Catalunya. La persona física i les institucions de protecció de la persona,* Egea i Fernàndez, J y Ferrer i Riba, J. (dir.) y Farnós i Amorós, E. (coord.), Atelier, Barcelona, 2017, pp. 434-447.

AGUILAR RUIZ, L., *Derecho Civil I. Parte General y Derecho de la Persona,* Oliva Blázquez, F. y Vázquez-Pastor Jiménez, L., 4ª ed., Tirant lo Blanch, Valencia, 2022.

ALBIEZ DOHRMANN, K.J., "La capacidad jurídica para contratar de las personas con discapacidad tras la Ley 8/2021, de 2 de junio", en *La reforma civil y procesal en materia de discapacidad. Estudio sistemático de la Ley 8/2021, de 2 de junio,* De Lucchi López-Tapia, Y. y Quesada Sánchez, A.J. (dirs.) y Ruiz-Rico Ruiz, J. M. (coord.), Atelier, Barcelona, 2022, pp. 493-559.

ALONSO PARREÑO, M.ª J., "La esperada reforma civil y procesal en materia de capacidad jurídica", *El Notario del siglo XXI,* año 2020, núm. 89, pp. 16-19.

ÁLVAREZ ÁLVAREZ, H., "Artículo 235 CC", en *Comentarios a la Ley 8/2021 por la que se reforma la legislación civil y procesal en materia de discapacidad,* Guilarte Martín Calero, C. (dir.), Thomson Reuters Aranzadi, Cizur Menor (Navarra), 2021, pp. 442-450.

– "Artículo 236 CC", en *Comentarios a la Ley 8/2021 por la que se reforma la legislación civil y procesal en materia de discapacidad,* Guilarte Martín Calero, C. (dir.), Thomson Reuters Aranzadi, Cizur Menor (Navarra), 2021, pp. 450-452.

ÁLVAREZ LATA, N., "Artículo 295 CC", en *Comentarios a la Ley 8/2021 por la que se reforma la legislación civil y procesal en materia de discapacidad,* Guilarte Martín Calero, C. (dir.), Thomson Reuters Aranzadi, Cizur Menor (Navarra), 2021, pp. 831-844.

– "Artículo 297 CC", en *Comentarios a la Ley 8/2021 por la que se reforma la legislación civil y procesal en materia de discapacidad,* Guilarte Martín Calero, C. (dir.), Thomson Reuters Aranzadi, Cizur Menor (Navarra), 2021, pp. 852-855.

– "Artículo 298 CC", en *Comentarios a la Ley 8/2021 por la que se reforma la legislación civil y procesal en materia de discapacidad,* Guilarte Martín Calero, C. (dir.), Thomson Reuters Aranzadi, Cizur Menor (Navarra), 2021, pp. 846-852.

- "Artículo cuarenta y ocho. Artículo 1263", en *Comentarios a la Ley 8/2021 por la que se reforma la legislación civil y procesal en materia de discapacidad,* Guilarte Martín Calero, C. (dir.), Thomson Reuters Aranzadi, Cizur Menor (Navarra), 2021, pp. 988-997.
- "El impacto de la reforma sobre el ejercicio de la capacidad jurídica de las personas con discapacidad en el Derecho Civil de Galicia", *Cuadernos de Derecho Privado,* núm. 6, mayo-agosto, 2023, pp. 10-44.

ANGOSTO SÁEZ, J.F., "Comentario a la Disposición final primera, apartado cincuenta y dos", en *Comentarios a la Ley 15/2015, de la Jurisdicción Voluntaria,* Fernández de Buján, A. (dir.) y Serrano de Nicolás, A. (coord.), Civitas-Thomson Reuters, Cizur Menor (Navarra), 2016, pp. 917-920.

- "Comentario a la Disposición final primera, apartado cincuenta y tres", en *Comentarios a la Ley 15/2015, de la Jurisdicción Voluntaria,* Fernández de Buján, A. (dir.) y Serrano de Nicolás, A. (coord.), Civitas-Thomson Reuters, Cizur Menor (Navarra), 2016, pp. 920-923.

ARIZA COLMENAREJO, A., "De la habilitación para comparecer en juicio y del nombramiento de defensor judicial", en *Comentarios a la Ley 15/2015, de la Jurisdicción Voluntaria,* Fernández de Buján, A. (dir.) y Serrano de Nicolás, A. (coord.), Civitas-Thomson Reuters, Cizur Menor (Navarra), 2016, pp. 266-276.

ASOCIACIÓN DE PROFESORES DE DERECHO CIVIL (coord.), *Propuesta de Código Civil,* Tecnos, Madrid, 2018.

BANACLOCHE, PALAO, J., "Principales novedades procesales de la Ley 8/2021, de 2 de junio, en materia de medidas de apoyo a personas con discapacidad", en *La reforma de la discapacidad. Comentarios a las nuevas reformas legislativas,* Castro-Girona Martínez, A., Cabello de Alba Jurado, F. y Pérez Ramos, C. (coord.), vol. I, Fundación Notariado, Madrid, 2022, pp. 573-616.

BARBA, V., "El art. 12 de la Convención sobre los Derechos de las Personas con Discapacidad de Nueva York, de 13 de diciembre de 2006", en *La discapacidad: una visión integral y práctica de la Ley 8/2021, de 2 de junio,* Chaparro Matamoros, P. y Bueno Biot, A. (coords.) y De Verda y Beamonte, J. R. (dir.), Tirant lo Blanch, Valencia, 2022, pp. 23-54.

- "Autonomía progresiva e interés de la persona menor de edad", en *Un nuevo Derecho para las familias. A propósito del nuevo Código de las Familias de Cuba,* Pérez Gallardo, L. B. y Cerdeira Bravo de Mansilla, G. (dirs.) y García Mayo, M. (coord.), ediciones Olejnik, Santiago-Chile, 2023, pp. 197-241.

BARIFFI, F. J., *El régimen jurídico internacional de la capacidad jurídica de las personas con discapacidad y sus relaciones con la regulación actual de los or-*

denamientos jurídicos internos [Tesis Doctoral], Universidad Carlos III de Madrid, marzo 2014.

BELLIDO GONZÁLEZ DEL CAMPO, C., *La capacidad jurídica de las personas con discapacidad. Medidas de origen legal y judicial,* Aranzadi, Cizur Menor (Navarra), 2023.

BERENGUER ALBALADEJO, M.ª C., *Responsabilidad civil de la persona mayor con discapacidad y de sus guardadores por los daños causados a terceros,* Reus, Madrid, 2017.

BERROCAL LANZAROT, A. I., "Las medidas voluntarias de apoyo en la Ley 8/2021, de 2 de junio: los poderes y mandatos preventivos", *RCDI,* núm. 786, 2021, pp. 2392 a 2442.

– "Régimen jurídico del defensor judicial tras la reforma operada por la Ley 8/2021, de 2 de junio", *RCDI,* núm. 794, 2022, pp. 3219-3286.

BLANCO GONZÁLEZ, A. M., *El defensor judicial,* Tórculo, La Coruña, 2003.

BLANDINO GARRIDO, M.ª A., *El defensor judicial de la persona con discapacidad,* en *La reforma civil y procesal en materia de discapacidad. Estudio sistemático de la Ley 8/2021, de 2 de junio,* De Lucchi López-Tapia, Y. y Quesada Sánchez, A.J. (dirs.) y Ruiz-Rico Ruiz, J. M. (coord.), Atelier, Barcelona, 2022, pp. 401-431.

– "Incidencia de la reforma en materia de capacidad jurídica en los procesos de nulidad, separación y divorcio", *Actualidad Jurídica Iberoamericana,* núm. 16 bis, junio 2022, pp. 940-963.

CABANILLAS SÁNCHEZ, A., "Artículo 69", en *Comentarios a la Ley 15/2015, de la Jurisdicción Voluntaria,* Fernández de Buján, A. (dir.) y Serrano de Nicolás, A. (coord.), Civitas-Thomson Reuters, Cizur Menor (Navarra), 2016, pp. 392-399.

CALAZA LÓPEZ, S., "La justicia civil indisponible en la encrucijada: la asincronía entre la reforma sustantiva y procesal en la provisión judicial de apoyos a las personas con discapacidad (1)", *La Ley Derecho de Familia: Revista jurídica sobre familia y menores,* núm. 31, julio-septiembre 2021 (Ejemplar dedicado a la reforma civil y procesal de la discapacidad. Un tsunami en el ordenamiento jurídico), pp. 88-105.

– "Expedientes de jurisdicción voluntaria en materia de discapacidad: ¿era necesario confeccionar tantos «trajes a medida» procesales para único abrigo sustantivo?, en *La reforma civil y procesal en materia de discapacidad. Estudio sistemático de la Ley 8/2021, de 2 de junio,* De Lucchi López-Tapia, Y. y Quesada Sánchez, A.J. (dirs.) y Ruiz-Rico Ruiz, J. M. (coord.), Atelier, Barcelona, 2022, pp. 617-643.

CAMPO IZQUIERDO, A. L., "Anteproyecto de Ley de reforma civil y procesal en materia de discapacidad", *Actualidad Civil,* núm. 9, septiembre 2020 (versión digital Smarteca-LA LEY).

CANIMAS BRUGUÉ, C., "Decidir por el otro a veces es necesario", en *La incapacitación, reflexiones sobre la posición de Naciones Unidas.* Cuadernos de la Fundació Víctor Grífols i Lucas, núm. 39, 2016, pp. 13-31.

CARRASCO PERERA, A., "Brújula para navegar la nueva contratación con personas con discapacidad, sus guardadores y curadores", *Centro de Estudios de Consumo. Publicaciones jurídicas* 30 de junio de 2021, pp. 1-16.

– "Contratación por discapacitados con y sin apoyos", *Revista CESCO,* núm. 42/2022 (doi.org/10.18239/RCDC_2022.42.3134), pp. 196-233.

– "Contratación por discapacitados con y sin apoyos", en *El nuevo sistema de apoyos a las personas con discapacidad y su incidencia en el ejercicio de su capacidad jurídica,* Álvarez Lata, N. (coord.), Thomson Reuters Aranzadi, Cizur Menor (Navarra), 2022, pp. 239-275.

CASTÁN TOBEÑAS, J., *Derecho civil español, Común y Foral,* T. 4º, Instituto Editorial Reus, Madrid, 1942.

CASTÁN VÁZQUEZ, J. M.ª, "Comentario al art. 163", en *Comentario del Código Civil,* T. I, Ministerio de Justicia, Secretaría General Técnica, Centro de Publicaciones, Madrid, 1991, pp. 560-562.

CASTAÑO LÓPEZ, J., "Modificaciones en la Ley del Notariado y la LH", en *La reforma civil y procesal en materia de discapacidad. Estudio sistemático de la Ley 8/2021, de 2 de junio,* De Lucchi López-Tapia, Y. y Quesada Sánchez, A.J. (dirs.) y Ruiz-Rico Ruiz, J. M. (coord.), Atelier, Barcelona, 2022, pp. 779-816.

CASTILLO MARTÍNEZ, C. C., "Reforma de la Ley de Enjuiciamiento Civil", en *La discapacidad: una visión integral y práctica de la Ley 8/2021, de 2 de junio,* Chaparro Matamoros, P. y Bueno Biot, A. (coords.) y De Verda y Beamonte, J. R. (dir.), Tirant lo Blanch, Valencia, 2022, pp. 657-696.

CERDEIRA BRAVO DE MANSILLA, G., "Capacidad e interés superior del menor: entre el *favor libertatis* y el *favor minoris*", *La Ley Derecho de Familia: Revista jurídica sobre familia y menores. Monográfico: el interés superior del menor en las relaciones familiares,* núm. 40, octubre-diciembre 2023 (versión Legalteca).

CIÑERO BRUÑOL, M., "La Convención internacional sobre los derechos del niño: introducción a su origen, estructura y contenido normativo", en *Tratado del Menor: la protección jurídica a la infancia y adolescencia,* Martínez García, C. (coord.), Thomson Reuters Aranzadi, Cizur Menor (Navarra), 2016, pp. 85-121.

DE AMUNÁTEGUI RODRÍGUEZ, C., “Derecho de sucesiones y discapacidad: retos y cuestiones problemáticas”, en *Derecho de sucesiones y discapacidad: retos y cuestiones problemáticas,* De Amunátegui Rodríguez, C. y Martínez Martínez, M. (coord.), Fundación Coloquio Jurídico Europeo, Madrid, pp. 11-105.

DE CASTRO y BRAVO, F., “El autocontrato en el Derecho privado español”, *RGLJ,* vol. 76, núm. 151, 1927, pp. 384-455.

– *Derecho Civil de España,* Civitas, Madrid, 1984.

DE COUTO GÁLVEZ, R. M.ª, “Comentario a los artículos 299 a 302 CC”, en *Comentarios al Código Civil,* II, 2.º, Rams Albesa, J. (coord.), Bosch, Barcelona, 2000, pp. 2059-2073.

DE ERCILLA, J., “Defensor de menores”, *Enciclopedia Jurídica Española,* F. Seix, T. X, Barcelona, 1910, pp. 506-509.

DE LA CUESTA SÁENZ, J. M.ª., “Discapacidad y ejercicio de los derechos”, en *Contribuciones para una reforma de la discapacidad. Un análisis transversal del apoyo jurídico a la discapacidad,* Muñiz Espada, E., La Ley – Wolters Kluwer, Madrid, 2020, pp. 175-195.

DE LA IGLESIA MONJE, M.ª I., “Naturaleza actual de la curatela: asistencial, patrimonial e incluso representativa”, en *Contribuciones para una reforma de la discapacidad. Un análisis transversal del apoyo jurídico a la discapacidad,* Muñiz Espada, E., La Ley – Wolters Kluwer, Madrid, 2020, pp. 141-174.

DE LUCCHI LÓPEZ-TAPIAS, Y., “El alcance de la intervención jurisdiccional con relación al ejercicio de la capacidad jurídica de las personas con discapacidad”, en *La reforma civil y procesal en materia de discapacidad. Estudio sistemático de la Ley 8/2021, de 2 de junio,* De Lucchi López-Tapia, Y. y Quesada Sánchez, A.J. (dirs.) y Ruiz-Rico Ruiz, J. M. (coord.), Atelier, Barcelona, 2022, pp. 127-159.

DE PABLO CONTRERAS, P., “La incapacitación en el marco de la convención sobre los derechos de las personas con discapacidad. Sentencia del Tribunal Supremo de 29 de abril de 2009”, en *Comentarios a las sentencias de unificación de doctrina: civil y mercantil,* Yzquierdo Tolsada, M. (coord.), vol. 3, Dykinson, Madrid, 2009, pp. 550-590.

DE SALAS MURILLO, S., “¿Existe un derecho a no recibir apoyos en el ejercicio de la capacidad?”, *RCDI,* núm. 780, 2020, pp. 2227-2268.

– “Artículo 277”, en *Comentarios a la Ley 8/2021 por la que se reforma la legislación civil y procesal en materia de discapacidad,* Guilarte Martín Calero, C. (dir.), Thomson Reuters Aranzadi, Cizur Menor (Navarra), 2021, pp. 755-756.

DE VERDA Y BEAMONTE, J.R., "La guarda de hecho de las personas con discapacidad", en *El nuevo sistema de apoyos a las personas con discapacidad y su incidencia en el ejercicio de su capacidad jurídica,* Álvarez Lata, N. (coord.), Thomson Reuters Aranzadi, Cizur Menor (Navarra), 2022, pp. 81-123.

DÍEZ GARCÍA, H., "Artículo 163", en *Comentarios al Código Civil,* t. II, Bercovitz Rodríguez-Cano (dir.), Tirant lo Blanch, Valencia, pp. 1680-1693.

– "Artículo 181", en *Comentarios al Código Civil,* Bercovitz Rodríguez-Cano (coord.), 5ª ed., Thomson Reuters Aranzadi, Cizur Menor (Navarra), 2021, pp. 370-373.

DÍEZ-PICAZO, L. y GULLÓN, A., *Sistema de Derecho Civil,* Vol. I, Introducción. Derecho de la persona. Autonomía privada. Persona jurídica, 12ª ed., Tecnos, Madrid, 2012.

– *Sistema de Derecho Civil,* Vol. IV, T. 1, Derecho de Familia, 11ª ed., Tecnos, Madrid, 2012.

EGUSQUIZA BALMASEDA, M.ª A., "La reforma del régimen de la anulabilidad", en *Reformas legislativas para el apoyo a las personas con discapacidad. Estudio sistemático de la Ley 8/2021, de 2 de junio, al año de su entrada en vigor,* Lledó Yagüe, F., Ferrer Vanrrell, M.ª P., Egusquiza Balmaseda, M.ª A. y López Simó, F., Dykinson, Madrid, 2022, pp. 1151-1180.

FÁBREGA RUIZ, C.F., "Breves notas sobre la reforma del proceso de protección de personas con discapacidad en el Proyecto de ley por la que se reforma el Código Civil y la Ley de Enjuiciamiento Civil en materia de discapacidad", en *Principios y preceptos de la reforma legal de la discapacidad. El Derecho en el umbral de la política,* Munar Bernat, P.A. (dir.), Marcial Pons, Madrid-Barcelona-Buenos Aires-São Paulo, 2021, pp. 303-322.

FARNÓS AMORÓS, E., FERNÁNDEZ CRENDE, A., SEUBA TORREBLANCA, J.C., "Daños causados por personas con trastornos mentales", *Indret: Revista para el Análisis del Derecho,* núm. 2, 2004, pp. 1-28.

FERRER RIBA, J., "Article 211-7", en *Comentari al llibre segon del Codi civil de Catalunya. La persona física i les institucions de protecció de la persona,* Egea i Fernàndez, J y Ferrer i Riba, J. (dir.) y Farnós i Amorós, E. (coord.), Atelier, Barcelona, 2017, pp. 96-103.

FLORENSA I TOMÀS, C. E., *El defensor judicial,* Civitas, Madrid, 1990.

FLORS MATÍES, J., *Proceso Civil. Doctrina jurisprudencial y práctica forense,* 2 Tomos, 2ª ed., Tirant lo Blanch, Valencia, 2022.

GARCÍA GOLDAR, M., "Artículo 295", en *Comentario articulado a la reforma civil y procesal en materia de discapacidad,* García Rubio, M.ª. P. y Moro Almaraz, M.ª. J. (dirs.), Varela Castro, I. (coord.), Civitas - Aranzadi Thomson Reuters, Cizur Menor (Navarra), 2022, pp. 465-470.

GARCÍA GOYENA, F., *Concordancias, Motivos y Comentarios al Código civil español,* T. I, reimpresión obra 1852, Cometa S.A., Zaragoza, 1974.

GARCÍA LÓPEZ, P., "El defensor judicial del menor", en *Reformas legislativas para el apoyo a las personas con discapacidad. Estudio sistemático de la Ley 8/2021, de 2 de junio, al año de su entrada en vigor,* Lledó Yagüe, F., Ferrer Vanrrell, M.ª P., Egusquiza Balmaseda, M.ª A. y López Simó, F., Dykinson, Madrid, 2022, pp. 359-367.

GARCÍA RUBIO, M.ª P., "Las medidas de apoyo de carácter voluntario, preventivo o anticipatorio", *RDC,* vol. V, núm. 3 (julio-septiembre, 2018), pp. 29-60.

– "Contenido y significado general de la reforma civil y procesal en materia de discapacidad", *Sepin,* junio, 2021, pp. 1-17.

– "La responsabilidad civil de las personas con discapacidad y de quienes les prestan apoyo en el anteproyecto de Ley por la que se reforma la legislación civil y procesal para el apoyo a las personas con discapacidad en el ejercicio de su capacidad jurídica", en *Cuestiones clásicas y actuales del Derecho de daños. Estudios en Homenaje al Profesor Dr. Roca Guillamón,* Ataz López, J. y Cobacho Gómez, J.A. (coord.), T. II, Thomson Reuters Aranzadi, Cizur Menor (Navarra), 2021, pp. 969-1007.

– "Artículo 250", en *Comentario articulado a la reforma civil y procesal en materia de discapacidad,* García Rubio, Mª. P. y Moro Almaraz, Mª. J. (dirs.), Varela Castro, I. (coord.), Civitas - Aranzadi Thomson Reuters, Cizur Menor (Navarra), 2022, pp. 221-237.

– "Artículo 251", en *Comentario articulado a la reforma civil y procesal en materia de discapacidad,* García Rubio, Mª. P. y Moro Almaraz, Mª. J. (dirs.), Varela Castro, I. (coord.), Civitas - Aranzadi Thomson Reuters, Cizur Menor (Navarra), 2022, pp. 239-244.

– "La reforma operada por la Ley 8/2021 en materia de apoyo a las personas con discapacidad: planteamiento general de sus aspectos civiles", en *El nuevo Derecho de las capacidades,* Llamas Pombo, E., Martínez Rodríguez, N. y Toral Lara, E. (dirs.), La Ley – Wolter Kluwer, Madrid, 2022, pp. 47-78.

– "La capacidad para contratar de las personas con discapacidad", en Estudios de Derecho de Contratos, vol. I, Morales Moreno, A.M. (dir), Blanco Martínez, E. (coord.), Agencia Estatal Boletín Oficial del Estado, Madrid, 2022, pp. 333-357.

– "Los desafíos del nuevo modelo de discapacidad y las reticencias para aceptar la capacidad jurídica de las personas con discapacidad cognitiva, intelectual o psicosocial", en *La persona con discapacidad en el Dere-*

cho de sucesiones, Espejo Lerdo de Tejada, M. y Cerdeira Bravo de Mansilla, G. (dirs.), Murga Fernández, J.P. y García Mayo, M. (coords.), Aranzadi, Cizur Menor (Navarra), 2023, pp. 27-41.

GARCÍA RUBIO, M.ª P. y TORRES COSTAS, M.ª E., "Artículo 249", en *Comentario articulado a la reforma civil y procesal en materia de discapacidad,* García Rubio, M.ª P. y Moro Almaraz, M.ª J. (dirs.), Varela Castro, I. (coord.), Civitas - Aranzadi Thomson Reuters, Cizur Menor (Navarra), 2022, pp. 207-219.

GARCÍA VICENTE, J. R., "Artículo 1263", en *Comentarios al Código Civil,* Bercovitz Rodríguez-Cano (coord.), 5ª ed., Thomson Reuters Aranzadi, Cizur Menor (Navarra), 2021, pp. 1627-1631.

GETE-ALONSO Y CALERA, M.ª C., "Artículo 299", en *Comentario del Código Civil,* T. I, Ministerio de Justicia, Secretaría General Técnica, Centro de Publicaciones, Madrid, 1991.

GÓMEZ GÁLLIGO, J., "Cuestiones de Derecho de Discapacidad y Familia en la doctrina de la Dirección General de los Registros y del Notariado", en *Protección Jurídica de la Persona con Discapacidad,* Serrano García, I. y Candau Pérez, A., Tirant lo Blanch, Valencia, 2017, pp. 114-150.

GÓMEZ VALENZUELA, M.A., "Matrimonio, capitulaciones matrimoniales y sociedad de gananciales, *RDC,* vol. IX, núm. 3 (julio-septiembre, 2022), Estudios, pp. 207-254.

– "La *testamenti factio* activa: una reivindicación de la intervención de las medidas de apoyo en el negocio testamentario", *RDC,* vol. X, núm. 5 (octubre-diciembre, 2023), Estudios, pp. 93-171.

GONZÁLEZ Y MARTÍNEZ, J., "El defensor judicial", *RCDI,* 1930, núm. 63, pp. 193-200 y núm. 64, pp. 253-270.

GUILARTE MARTÍN-CALERO, C., "La configuración del interés del menor *ex* artículo 2 LOPJM y su posible aplicación a la determinación del interés de la persona con discapacidad intelectual o mental: una propuesta", en *El nuevo régimen jurídico del menor. La reforma legislativa de 2015,* Mayor del Hoyo, M.ª V. (dir.), Thomson Reuters, Aranzadi, Cizur Menor (Navarra), 2017, pp. 485-517.

– "Las grandes líneas del nuevo sistema de apoyos regulado en el Código Civil Español", en *El nuevo sistema de apoyos a las personas con discapacidad y su incidencia en el ejercicio de su capacidad jurídica,* Álvarez Lata, N. (coord.), Thomson Reuters Aranzadi, Cizur Menor (Navarra), 2022, pp. 21-80.

HERNÁNDEZ GIL, F., "Sobre la figura del defensor judicial de menores", *RDP,* T. XLV, 1961, pp. 201-225.

HUALDE SÁNCHEZ, J., "Comentario a los artículos 181 a 198 CC", en *Comentarios al Código Civil,* II, 2.°, Rams Albesa, J. (coord.), Bosch, Barcelona, 2000, pp. 1623-1649.

LACRUZ BERDEJO, J.L, SANCHO REBULLIDA, F. A., LUNA SERRANO, A., DELGADO ECHEVARRÍA, J., RIVERO HERNÁNDEZ, F. y RAMS ALBESA, J., *Elementos de Derecho Civil,* I, Parte General, vol. 2°, Personas, 3ª ed., revisada y puesta al día por Delgado Echevarría, J., Dykinson, Madrid, 2002.

– *Elementos de Derecho Civil,* IV, Familia, 4ª ed., revisada y puesta al día por Rams Albesa, J., Dykinson, Madrid, 2010.

LECIÑENA IBARRA, A., "Reflexiones sobre la formación de la voluntad negocial en personas que precisan apoyos en el ejercicio de su capacidad jurídica", *RDC,* vol. IX, núm. 1 (enero-marzo, 2022), Ensayos, pp. 257-293.

LEGERÉN MOLINA, A., "El funcionamiento de la guarda legal ejercida por personas jurídicas", en *Los mecanismos de guarda legal de las personas con discapacidad tras la Convención de Naciones Unidas",* Dykinson, Madrid, 2013, pp. 139-166.

– "La relevancia de la voluntad de la persona con discapacidad en la gestión de los apoyos", en *Claves para la adaptación del ordenamiento jurídico privado a la Convención de Naciones Unidas en materia de discapacidad,* De Salas Murillo, S. y Mayor del Hoyo, M.ª V. (dirs.), Tirant lo Blanch, Valencia, 2019, pp. 165-212.

LENTI, L., "La implementación de la Convención de Naciones Unidas en el entorno europeo: la «amministrazione di sostegno italiana», en *Claves para la adaptación del ordenamiento jurídico privado a la Convención de Naciones Unidas en materia de discapacidad,* De Salas Murillo, S. y Mayor del Hoyo, M.ª V. (dirs.), Tirant lo Blanch, Valencia, 2019, pp. 87-107.

LETE DEL RÍO, J. M., "Comentario a los artículos 299 a 302", en *Comentarios al Código civil y Compilaciones forales,* Albaladejo García, M. (dir.), Madrid, Edersa, 1985.

LLAMAS POMBO, E., "La responsabilidad civil de las personas con discapacidad", en *El nuevo sistema general de apoyos a las personas con discapacidad y su incidencia en el ejercicio de la capacidad jurídica,* Álvarez Lata, N. (coord.), Thomson Reuters Aranzadi, Cizur Menor (Navarra), 2022, pp. 277-300.

– "Discapacidad y responsabilidad civil", en *El nuevo Derecho de las capacidades,* Llamas Pombo, E., Martínez Rodríguez, N. y Toral Lara, E. (dirs.), La Ley – Wolter Kluwer, Madrid, 2022, pp. 271-302.

LÓPEZ AZCONA, M.ª A., "El sistema de apoyos a las personas con discapacidad en Derecho aragonés", *Actualidad jurídica iberoamericana,* núm. 17, 2022, pp. 48-79.

LÓPEZ SIMÓ, F., "El nuevo proceso contencioso de adopción de medidas de apoyo a personas con discapacidad", en *Reformas legislativas para el apoyo a las personas con discapacidad. Estudio sistemático de la Ley 8/2021, de 2 de junio, al año de su entrada en vigor,* Lledó Yagüe, F., Ferrer Vanrrell, M.ª P., Egusquiza Balmaseda, M.ª A. y López Simó, F., Dykinson, Madrid, 2022, pp. 1567-1608.

MAGARIÑOS BLANCO, V., "Comentarios al Anteproyecto de Ley para la reforma del Código Civil sobre discapacidad", *RDC,* vol. V, núm. 3 (julio-septiembre, 2018), Estudios, pp. 199-225.

MANRESA Y NAVARRO, J. M.ª, *Comentarios al Código Civil español,* T. II, Madrid, 1890.

MARTÍN AZCANO, E. M.ª, "El defensor judicial de persona con discapacidad", en *El ejercicio de la capacidad jurídica por las personas con discapacidad tras la Ley 8/2021, de 2 de junio,* Pereña Vicente, M. y Heras Hernández, M.ª M. (dirs.) y Núñez Núñez, M. (coord.), Tirant lo Blanch, Valencia, 2022, pp. 281-306.

– "El defensor judicial del menor", en *Derecho de Familia 2022,* Ortega Burgos, E. y Echevarría de Rada, T. (dirs.), Tirant lo Blanch, Valencia, 2022, pp. 291-310.

MARTÍN BRICEÑO, M.ª R., "La persona con discapacidad y su capacidad contractual: conflicto de intereses e influencia indebida en su voluntad", en *El ejercicio de la capacidad jurídica por las personas con discapacidad tras la Ley 8/2021, de 2 de junio,* Pereña Vicente, M. y Heras Hernández, M.ª M. (dirs.) y Núñez Núñez, M. (coord.), Tirant lo Blanch, Valencia, 2022, pp. 467-496.

MARTÍN CASALS, M., "La responsabilidad civil de las personas con discapacidad: acotaciones para un debate", en *Persona, familia y género. Liber Amicorum a Mª del Carmen Gete-Alonso y Calera,* Solé Resina, J. (coord.), Atelier, Barcelona, 2022, pp. 61-80.

MARTÍNEZ CALVO, J., "Compatibilidad del internamiento involuntario por razón de trastorno psíquico con el nuevo sistema de protección de las personas con discapacidad", en *Estudios de Derecho Privado en Homenaje al Profesor Salvador Carrión Olmos,* De Verda y Beamonte (dir.), Carrión Vidal, A. y Muñoz Rodrigo, G. (coords.), Tirant lo Blanch, Valencia, 2022, pp. 691-713.

MARTÍNEZ DE AGUIRRE ALDAZ, C., "La protección jurídica de las personas en situación de vulnerabilidad psíquica", en *La protección de las perso-*

nas vulnerables. Academia Notarial Europea. Jornadas CAE de la UNIL, Marcial Pons, Madrid-Barcelona-Buenos Aires- São Paulo, 2016, pp. 19-25.

– "Curatela y representación: cinco tesis heterodoxas y un estrambote", en *Claves para la adaptación del ordenamiento jurídico privado a la Convención de Naciones Unidas en materia de discapacidad,* De Salas Murillo, S. y Mayor del Hoyo, M.ª V. (dirs.), Tirant lo Blanch, Valencia, 2019, pp. 253-270.

– "Líneas básicas de la reforma del Código civil español sobre el régimen jurídico de la discapacidad psíquica", *Actualidad Jurídica Iberoamericana,* núm. 16 bis, junio 2022, pp. 690-711.

MARTÍNEZ-PUJALTE LÓPEZ, A. L., "Capacidad jurídica y apoyo en la toma de decisiones. Enseñanzas de las recientes reformas legislativas, en Argentina e Irlanda", *Derechos y Libertades* (junio 2017), número 37, Época II, pp. 167-192, DOI: 10.14679/105.

MARTOS CALABRÚS, M.ª A., "Artículo 181", en *Comentarios al Código Civil,* Cañizares Laso, A. (dir.), Tomo I, Tirant lo Blanch, Valencia, 2023, pp. 1420-1424.

– *El defensor judicial de la persona con discapacidad,* Aranzadi, Cizur Menor (Navarra), 2023.

MAYOR DEL HOYO, M.ª V., "Sobre la intervención del defensor judicial en los procesos de impugnación de la paternidad (comentario a la STS 481/1997, de 5 de junio)", *Anuario de Derecho Civil,* vol. 51, núm. 2, 1998, pp. 917-936.

MEDINA ALCOZ, M.ª., "La responsabilidad civil de la persona con discapacidad tras la reforma de 2021: ¿un régimen estrictamente novedoso?", en *El ejercicio de la capacidad jurídica por las personas con discapacidad tras la Ley 8/2021, de 2 de junio,* Pereña Vicente, M. y Heras Hernández, M.ª M. (dirs.) y Núñez Núñez, M. (coord.), Tirant lo Blanch, Valencia, 2022, pp. 611-649.

MEIER, P., "L'implémentation de la Convention des Nations Unies relative aux droits des personnes handicapées dans l'espace juridique européen. Le droit suisse de la protection de l'adulte, en en *Claves para la adaptación del ordenamiento jurídico privado a la Convención de Naciones Unidas en materia de discapacidad,* De Salas Murillo, S. y Mayor del Hoyo, M.ª V. (dirs.), Tirant lo Blanch, Valencia, 2019, pp. 67-86.

MONTSERRAT QUINTANA, A., "El defensor judicial de la persona con discapacidad", en *Reformas legislativas para el apoyo a las personas con discapacidad. Estudio sistemático de la Ley 8/2021, de 2 de junio, al año de su entrada en vigor,* Lledó Yagüe, F., Ferrer Vanrrell, M.ª P., Egusquiza Balmaseda, M.ª A. y López Simó, F., Dykinson, Madrid, 2022, pp. 730-746.

MORENO CATENA, V., "Los procesos sobre medidas judiciales de apoyo a las personas con discapacidad", en *Derecho Procesal Civil. Parte Especial*, Valencia, Cortes Domínguez, V. y Moreno Catena, V., Tirant lo Blanch, Valencia, 2021, pp. 45-57.

MORENO MARTÍNEZ, J. A., *El defensor judicial*, Montecorvo, Madrid, 1989.

– "Problemática actual del defensor judicial: hacia una nueva concepción de la institución", *RDP*, núm. 5, septiembre-octubre 2018, pp. 43-72.

MORENO QUESADA, B., "El curador, el defensor judicial y el guardador de hecho, *RDP*, abril 1985, pp. 307-330.

MUCIUS SCAEVOLA, Q., *Código Civil Comentado y Concordado extensamente*, T. III, 4ª ed., Madrid, 1903.

MUNAR BERNART, P. A., "La curatela: principal medida de apoyo de origen judicial para las personas con discapacidad", *RDC*, vol. V, núm. 3 (julio-septiembre, 2018) Estudios, pp. 121-152.

– "Notas sobre algunos principios y las últimas novedades del Anteproyecto", en *Principios y preceptos de la reforma legal de la discapacidad. El Derecho en el umbral de la política*, Munar Bernart, P. A. (dir.), Marcial Pons, Madrid, 2021, pp. 175-193.

NÚÑEZ MUÑIZ, M.ª C., "Artículo 30", en *Estudio sistemático de la Ley de Jurisdicción Voluntaria. Ley 15/2015, de 2 de julio*, Lledó Yagüe, F., Ferrer Vanrell, Mª. P., Torres Lana, J.A. y Achón Bruñen, Mª. J. (dir.), Dykinson, Madrid, 2016, pp. 194-198.

NÚÑEZ NÚÑEZ, M.ª, "La aceptación de la herencia y la intervención en la partición", en *El ejercicio de la capacidad jurídica por las personas con discapacidad tras la Ley 8/2021, de 2 de junio*, Pereña Vicente, M. y Heras Hernández, M.ª M. (dirs.) y Núñez Núñez, M. (coord.), Tirant lo Blanch, Valencia, 2022, pp. 587-610.

OGÁYAR AYLLÓN, T., "Artículo 181", en *Comentarios al Código Civil y Compilaciones Forales*, Albaladejo, M. (dir.), T. IV, Edersa, Madrid, 1985, pp. 11-28.

ORDÁS ALONSO, M., "Artículo 231", en *Comentarios al Código Civil*, Bercovitz Rodríguez-Cano (coord.), 5ª ed., Thomson Reuters Aranzadi, Cizur Menor (Navarra), 2021, pp. 441-443.

– "Artículo 235", en *Comentarios al Código Civil*, Bercovitz Rodríguez-Cano (coord.), 5ª ed., Thomson Reuters Aranzadi, Cizur Menor (Navarra), 2021, pp. 448-450.

PALACIOS GONZÁLEZ, D., "Guarda de hecho, curatela o defensor judicial: buscando el mejor apoyo para las personas con discapacidad psíquica", en *Un nuevo orden jurídico para las personas con discapacidad: Comentarios a las nuevas reformas legislativas,* Cerdeira Bravo de Mansilla, G. y García Mayo, M., (dirs.), Wolters Kluwer, Madrid, 2021, pp. 413-426.

PAU PEDRÓN, A., "De la incapacitación al apoyo: el nuevo régimen de la discapacidad intelectual en el Código Civil", *RDC,* vol. V, núm. 3 (julio-septiembre, 2018), pp. 5-28.

PARRA LUCÁN, M.ª A., "Artículo 299", en *Comentarios al Código Civil,* Bercovitz Rodríguez-Cano (dir.), T. II, Tirant lo Blanch, Valencia, 2013, pp. 2497-2516.

– "La incidencia de las reformas del año 2015 en la protección de las personas con discapacidad", en *Protección Jurídica de la Persona con Discapacidad,* Serrano García, I. y Candau Pérez, A., Tirant lo Blanch, Valencia, 2017, pp. 225-316.

PEÑA LÓPEZ, F., "Reformas en materia de responsabilidad civil", en *La discapacidad: una visión integral y práctica de la Ley 8/2021, de 2 de junio,* Chaparro Matamoros, P. y Bueno Biot, A. (coords.) y De Verda y Beamonte, J. R. (dir.), Tirant lo Blanch, Valencia, 2022, pp. 571-595.

PEREÑA VICENTE, M., "La curatela: los nuevos estándares de intervención, nombramiento, remoción y actuación tras la Ley 8/2021", en *El nuevo sistema de apoyos a las personas con discapacidad y su incidencia en el ejercicio de su capacidad jurídica,* Álvarez Lata, N. (coord.), Thomson Reuters Aranzadi, Cizur Menor (Navarra), 2022, pp. 125-159.

PÉREZ GALLARDO, L.B., "El testamento otorgado con apoyos por personas con discapacidad", *RCDI,* núm. 17, 2020, pp. 1261-1310.

PETIT SÁNCHEZ, M., "La adopción de medidas de apoyo para las personas con discapacidad: armonización entre la autonomía de la voluntad y el mejor interés", *RDC,* vol. VII, núm. 5 (octubre-diciembre, 2020), pp. 265-313.

PIZARRO MORENO, E., *El interés superior del menor: claves jurisprudenciales,* Reus, Madrid, 2020.

PUIG FERRIOL, L., "Comentario al art. 323", en *Comentario del Código Civil,* T. I, Ministerio de Justicia, Secretaría General Técnica, Centro de Publicaciones, Madrid, 1991, pp. 883-886.

QUESADA SÁNCHEZ, A. J., "Sobre el sentido de la discapacidad en la nueva regulación legal: reflexiones iniciales", en *La reforma civil y procesal en materia de discapacidad. Estudio sistemático de la Ley 8/2021, de 2 de junio,* De Lucchi López-Tapia, Y. y Quesada Sánchez, A.J. (dirs.) y Ruiz-Rico Ruiz, J. M. (coord.), Atelier, Barcelona, 2022, pp. 21-42.

REPRESA POLO, M.ª. T., "Carácter subsidiario de la curatela. Contenidos posibles de la curatela. Variabilidad de contenidos. El control judicial de la curatela. El ejercicio de la curatela. Actos para los que se precisa autorización judicial. Extinción de la curatela y rendición de cuentas", en *La reforma civil y procesal en materia de discapacidad. Estudio sistemático de la Ley 8/2021, de 2 de junio,* De Lucchi López-Tapia, Y. y Quesada Sánchez, A.J. (dirs.) y Ruiz-Rico Ruiz, J. M. (coord.), Atelier, Barcelona, 2022, pp. 309-332.

– "Régimen jurídico. El nombramiento del curador. Posibles sujetos curadores. Duración del cargo de curador. La remoción y excusa del cargo de curador", en *La reforma civil y procesal en materia de discapacidad. Estudio sistemático de la Ley 8/2021, de 2 de junio,* De Lucchi López-Tapia, Y. y Quesada Sánchez, A.J. (dirs.) y Ruiz-Rico Ruiz, J. M. (coord.), Atelier, Barcelona, 2022, pp. 333-356.

RIBOT IGUALADA, J., "La nueva curatela: diferencias con el sistema anterior y perspectivas de funcionamiento", en *Claves para la adaptación del ordenamiento jurídico privado a la Convención de Naciones Unidas en materia de discapacidad,* De Salas Murillo, S. y Mayor del Hoyo, M.ª V. (dirs.), Tirant lo Blanch, Valencia, 2019, pp. 215-252.

– "La proyectada reforma del Código Civil de Cataluña en materia de apoyo al ejercicio de la capacidad jurídica", en *El nuevo sistema de apoyos a las personas con discapacidad y su incidencia en el ejercicio de su capacidad jurídica,* Álvarez Lata, N. (coord.), Thomson Reuters Aranzadi, Cizur Menor (Navarra), 2022, pp. 161-187.

RIVES MARTÍ, F. P., "Defensor judicial", *Enciclopedia Jurídica Española,* F. Seix, T. X, Barcelona, 1910, pp. 509-511.

RUIZ-RICO RUIZ, J. M., "Capacidad jurídica y discapacidad. Las vías impugnatorias de los actos celebrados por la persona del discapacitado. La desaparición del principio de protección del interés del discapacitado", en *La reforma civil y procesal en materia de discapacidad. Estudio sistemático de la Ley 8/2021, de 2 de junio,* De Lucchi López-Tapia, Y. y Quesada Sánchez, A.J. (dirs.) y Ruiz-Rico Ruiz, J. M. (coord.), Atelier, Barcelona, 2022, pp. 73-100.

SÁNCHEZ-CALERO ARRIBAS, B., *La intervención judicial en la gestión del patrimonio de menores e incapacitados,* Tirant lo Blanch, Valencia, 2006.

– *El internamiento involuntario por razón de trastorno psíquico,* Tirant lo Blanch, Valencia, 2023, pp. 47-49.

SÁNCHEZ ROMÁN, F., *La codificación civil en España,* Madrid, 1890.

– *Estudios de Derecho Civil,* Vol. 2º, T. V, 2ª ed., Madrid, 1912.

SÁNCHEZ-VENTURA MORER, I., "Supuestos en los que interviene el defensor judicial: mención especial a la situación de conflicto de intereses", en *Claves para la adaptación del ordenamiento jurídico privado a la Convención de Naciones Unidas en materia de discapacidad,* De Salas Murillo, S. y Mayor del Hoyo, M.ª V. (dir.), Tirant lo Blanch, Valencia, 2019, pp. 271-290.

SANMARTÍN ESCRICHE, F. y LACALLE SERER, E., *Comentarios a la Ley 15/2015, de la Jurisdicción Voluntaria,* Tirant lo Blanch, Valencia, 2017.

SCHÜTZ, R.-N., "La représentation des personnes protégées en Droit français", *RDC,* vol. III, núm. 2 (abril-junio, 2016) Estudios, pp. 1-22.

SENIGAGLIA, R., "Prima lettura sistematica della disciplina del curatore speciale del minore", en *Nuovi paradigmi della filiazione. Atti del Primo Congresso Internazionale di Diritto delle Famiglie e delle Successioni,* Barba. V., Di Mauro, E. W., Concas B., y Ravagnani, V. (dirs.), Sapienza Università Editrice, 2023, pp. 687-714.

SERRANO GIL, A., "El defensor judicial", en *Protección Jurídica del Menor,* Pous de la Flor, M.ª P. y Tejedor Muñoz, L. (coords.), Tirant lo Blanch, Valencia, 2017, pp. 200-214.

SERRANO y SERRANO, I., *La ausencia en el Derecho español,* Ed. Revista de Derecho Privado, Madrid, 1943.

SEVILLA BUJALANCE, J. L., "Influencia de la Ley Orgánica 1/1996, de 15 de enero, de protección de menores, sobre la figura del defensor judicial", *La Ley,* 1998, pp. 1991-1993.

SOLÉ RESINA, J., "Apoyos informales o no formalizados al ejercicio de la capacidad jurídica y la guarda de hecho", *La Ley Derecho de Familia: Revista jurídica sobre familia y menores,* núm. 31, julio-septiembre 2021 (Ejemplar dedicado a la reforma civil y procesal de la discapacidad. Un tsunami en el ordenamiento jurídico), pp. 18-33.

- "Apoyos no formalizados al ejercicio de la capacidad jurídica", en *Un nuevo orden jurídico para las personas con discapacidad: Comentarios a las nuevas reformas legislativas,* Cerdeira Bravo de Mansilla, Guillermo y García Mayo, Manuel (Dir.), Wolters Kluwer, Madrid, 2021, pp. 379-392.
- "La reforma del Derecho catalán en materia de discapacidad", *Actualidad Jurídica Iberoamericana,* núm. 17, 2022, pp. 122-149.
- "La tutela de las personas menores después de la Ley 8/2021, de 2 de junio", *RDC,* vol. X, núm. 3 (abril-junio, 2023), Estudios, pp. 41-113.

SOLER MARTÍN-JAVATO, V., "La reforma de la legislación civil en materia de discapacidad en Cataluña", en *La reforma de la discapacidad. Comentarios a las nuevas reformas legislativas,* Castro-Girona Martínez, A., Cabello de Alba Jurado, F. y Pérez Ramos, C. (coord.), vol. I, Fundación Notariado, Madrid, 2022, pp. 349-368.

TINOCO VERGEL, D. A., "Aproximación a las medidas judiciales de apoyo a las personas con discapacidad", en *Un nuevo orden jurídico para las personas con discapacidad: Comentarios a las nuevas reformas legislativas,* Cerdeira Bravo de Mansilla, G. y García Mayo, M., (dirs.), Wolters Kluwer, Madrid, 2021, pp. 437-453.

TORAL LARA, E., "El defensor judicial de las personas con discapacidad", en *La discapacidad: una visión integral y práctica de la Ley 8/2021, de 2 de junio,* Chaparro Matamoros, P. y Bueno Biot, A. (coords.) y De Verda y Beamonte, J. R. (dir.), Tirant lo Blanch, Valencia, 2022, pp. 299-332.

TORIBIOS FUENTES, F., "Artículo séptimo. Modificación de la Ley 15/2015, de 2 de julio, de la Jurisdicción Voluntaria. Dos. Artículo 27", en *Comentarios a la Ley 8/2021 por la que se reforma la legislación civil y procesal en materia de discapacidad,* Guilarte Martín Calero, C. (dir.), Thomson Reuters Aranzadi, Cizur Menor (Navarra), 2021, pp. 1374-1386.

– Artículo séptimo. Modificación de la Ley 15/2015, de 2 de julio, de la Jurisdicción Voluntaria. Tres. Incorporación nuevo Capítulo III bis al Título II", en *Comentarios a la Ley 8/2021 por la que se reforma la legislación civil y procesal en materia de discapacidad,* Guilarte Martín Calero, C. (dir.), Thomson Reuters Aranzadi, Cizur Menor (Navarra), 2021, pp. 1386-1418.

TORRES COSTAS, M.ª E., *La capacidad jurídica a la luz del artículo 12 de la Convención de Naciones Unidas sobre los Derechos de las Personas con Discapacidad,* Agencia Estatal Boletín Oficial del Estado, Madrid, 2020.

– "La Convención de Nueva York y los principios que la inspiran", en *El nuevo Derecho de las capacidades,* Llamas Pombo, E., Martínez Rodríguez, N. y Toral Lara, E. (dirs.), La Ley – Wolter Kluwer, Madrid, 2022, pp. 15-45.

– "Artículo 235", en *Comentarios al Código Civil,* Cañizares Laso, A. (dir.), T. I, Tirant lo Blanch, Valencia, 2023, pp. 1609-1615.

VALLS I XUFRÉ, J. M.ª, "El papel del notario en el nuevo régimen de apoyos", en *El ejercicio de la capacidad jurídica por las personas con discapacidad tras la Ley 8/2021, de 2 de junio,* Pereña Vicente, M. y Heras Hernández, M.ª M. (dirs.) y Núñez Núñez, M. (coord.), Tirant lo Blanch, Valencia, 2022, pp. 85-153.

VAQUER ALOY, A., "El sistema de apoyos como elemento para el ejercicio de la capacidad jurídica de la persona con discapacidad", en *Reformas legislativas para el apoyo a las personas con discapacidad. Estudio sistemático de la Ley 8/2021, de 2 de junio, al año de su entrada en vigor,* Lledó Yagüe,

F., Ferrer Vanrrell, M.ª P., Egusquiza Balmaseda, M.ª A. y López Simó, F., Dykinson, Madrid, 2022, pp. 505-537.

VÁZQUEZ DE CASTRO, E. y ESTANCONA PÉREZ, A.A., "Los retos a afrontar en el Derecho de obligaciones y contratos", en *El nuevo Derecho de las capacidades,* Llamas Pombo, E., Martínez Rodríguez, N. y Toral Lara, E. (dirs.), La Ley – Wolter Kluwer, Madrid, 2022, pp. 179-270.

Inteligencia jurídica
en expansión

Trabajamos para
mejorar el día a día
del **operador jurídico**

Adéntrese en el universo
de **soluciones jurídicas**

prime.tirant.com/es/